ZhongWai XiaoXue SheHui

KeCheng BiaoZhun BiJiao YanJiu

中外小学课程标准比较研究丛书

潘洪建　刘久成　主编

中外小学社会课程标准比较研究

赵明玉　翟　楠等　著

中外小学课程标准比较研究，有助于我们了解不同国家小学课程改革的背景、动态、特点，揭示课程标准研制的内在规律，拓展小学课程设计视野，提高课程编制的科学化水平；有助于我们借鉴国外的成功做法，结合我国小学教育的实际与问题，完善我国小学课程标准文本，推动我国小学课程改革的理论研究和实践探索。

甘肃教育出版社

图书在版编目（CIP）数据

中外小学社会课程标准比较研究 / 赵明玉等著. --
兰州 ：甘肃教育出版社，2017.12(2020.10 重印)
ISBN 978-7-5423-4272-0

Ⅰ．①中… Ⅱ．①赵… Ⅲ．①小学—社会科学课—课
程标准—对比研究—世界 Ⅳ．①G623.102

中国版本图书馆 CIP 数据核字(2017)第 290091 号

中外小学社会课程标准比较研究

赵明玉 翟 楠等 著

责任编辑 冯 娟
封面设计 石 璞

出 版 甘肃教育出版社
社 址 兰州市读者大道 568 号 730030
网 址 www.gseph.cn E-mail gseph@duzhe.cn
电 话 0931-8436105 （编辑部） 0931-8435009 （发行部）
传 真 0931-8773056
淘宝官方旗舰店 http://shop111038270.taobao.com

发 行 甘肃教育出版社 印 刷 山东龙岳文化传媒有限公司
开 本 787 毫米×1092 毫米 1/16 印 张 24.75 插 页 2 字 数 330 千
版 次 2017 年 7 月第 1 版
印 次 2020 年 10 月第 2 次印刷
印 数 1 001~6 000
书 号 ISBN 978-7-5423-4272-0 定 价 75.00 元

总　序

　　随着全球化进程的加快，基础教育课程改革在很大程度上就是借鉴他国改革经验、满足本国发展需要、不断融于国际教育改革大潮的过程。由于各国的社会制度、文化传统和教育政策不同,其课程理念、内容、结构和形式均存在诸多差异,但也存在一些共同趋势。综观已有研究,小学课程改革的比较研究还不够全面、系统。从研究涉及的国别来看,有关美国、加拿大、英国、日本、澳大利亚的课程评介稍多,其他国家的甚少;从研究的内容来看,局限于某一方面(如课程目标、教材内容、教学方法)的比较研究较多,而对课程进行整体比较研究的较少。为此，我们选择了五大洲的一些代表性国家现行的小学课程标准和改革文献进行研究,并与我国小学课程标准进行比较。中外小学课程标准比较研究,有助于我们了解不同国家小学课程改革的背景、动态、特点,拓展小学课程设计视野,揭示课程标准研制的内在规律,提高课程编制的科学化水平,推动我国小学课程改革与发展。

　　该项研究属于国际教育比较研究，它是将国外最新颁布的小学课程标准与我国当前正在实施的小学课程标准进行横向比较。比较研究涉及的国家有欧洲、美洲、亚洲、非洲、大洋洲的众多国家,涵盖小学五个学科:母语、数学、外语、科学、社会。每一科目比较研究主要探讨的问题包括:

　　1.课程标准文本的形成和起源。课程标准文本是怎么形成的,什么情境、问题引发了此种课程的开发;该课程标准试图回应的是什么社会、经济、政治、文化和教育问题，哪些因素决定了该课程的开发过程；课程表现的是什么视角或理念，课程设计的基本思路是什么，其理论基础和基本原则有哪些。

2.课程的目标。课程目标的维度与层次是如何划分的；课程目标是如何表述的；课程目标的类型有哪些；课程目标背后所蕴藏的预设是什么。

3.课程的内容。课程内容的构成有哪些；课程内容的选择准则是什么；课程内容是如何组织的；课程内容的广度、深度如何平衡；课程内容是否考虑到多元文化及其教育功能；隐含在课程内容选择与组织背后的理论假设有哪些。

4.课程的实施。课程标准在课程实施方面提出了哪些建议，在政策、法规、时间、物质等方面对课程实施有何要求；教学中应当处理好哪些关系。

5.课程的评价。不同国家课程标准对课程评价理念、评价主体、评价标准、评价方法有哪些建议与要求，这些建议与要求能否判断课程目标的达成程度？

6.课程改革的启示。国外不同课程标准存在的共性、差异有哪些，其基本走向是什么；国外标准能为我国小学课程改革与课程标准完善带来哪些有益启示；我国当下的课程标准应该做哪些调整与改进，相关的政策建议有哪些？

该项研究的主要特色有：

1.比较研究所涉及的国家范围较广。从已有研究涉及的国家来看，有关欧美等发达国家的课程评介与比较较多，研究其他国家的较少。本研究涉及的国家范围有欧洲、美洲、亚洲、非洲、大洋洲五大洲共十六个国家，包括英国、德国、俄罗斯、芬兰、荷兰、爱尔兰、美国、加拿大、日本、韩国、新加坡、印度、泰国、南非、澳大利亚、新西兰。

2.比较研究的学科较为齐全。包括小学主要科目，如数学、语文、社会、科学、外语。音乐、美术、体育科目因较为特殊未列入其中。

3.比较研究的内容较为系统、完整。包括课程文本形成背景、课程理念、课程目标、课程内容、课程实施和课程评价等内容；考察不同国家小学课程的诸多异同，探讨这些异同产生的原因，厘清它们之间的复杂关系。

小学课程比较研究是小学课程改革与发展的一项基础性工作，有助于我们借鉴国外的成功做法，结合我国小学教育的实际与问题，完善我国小学课程标准文本,推动我国小学课程改革的理论研究和实践探索。

"他山之石,可以攻玉。"丛书作者广泛搜寻研究资料,耗费了大量时间、精力,付出了艰辛的劳动。但囿于资料、学识和视野,研究可能存在不少疏漏与错误,恳请读者批评指正。

该套丛书的出版得到扬州大学出版基金的资助,特别致谢!

《中外小学课程标准比较丛书》编委会

2017 年 1 月

扬州瘦西湖畔

目 录

前　言

　　社会课程是各国普遍开设的旨在培养儿童社会性的一门重要课程。在我国，社会是在小学中高年级开设的一门综合课程，本课程吸收了品德教育与社会性教育的核心思想，以"品德与社会"的形式融合了以往的思想品德课和社会课，以学生生活为基础，将品德的培养与儿童的社会生活紧密结合在一起，其目标在于培养现代公民的综合素养。这不仅是我国社会课程的价值取向，也是世界各国社会课程的共同特征。本书旨在通过对各国社会课程标准的比较，勾勒和概括出社会课程共有的特征及其发展趋势，同时展现不同国家各具特色的差异性，从而取长补短。

　　就我国而言，社会课程已有一百年的历史，无论是在课程理念还是内容安排上，都积累了比较深厚的学科基础。就课程标准来说，现行的品德与社会课程标准充分考虑了儿童本位、生活本位等现代课程价值观，扬弃了之前充斥于教学大纲的学科本位、知识本位等弊端，成为新世纪以来儿童品德教育与社会性教育的基本依据。但是，品德与社会课程标准诞生于新一轮基础教育课程改革之际，距今已逾十五年之久。在课程标准推行过程中，也逐渐显露出了其中存在的不足。为扬长避短，改进课标存在的问题，对其进行国际化的比较研究就显得尤为重要。本研究选取了英、美、加、澳、日、韩等八个国家，在翻译和评介其社会课程标准的基础上，对中外课标的异同进行了充分的比较研究。研究内容涉及课程标准的制定背景、基本框架、课程性质、课程目标、课程内容、实施建议等方面，较为系统地阐述了别国小学社会课程的发展过程及其学科经验，总结了国际小学社会课程的共同特点和发展趋势，为我国社会课程标准的改革与发展提供了可资借鉴的启示。

作为国别比较的研究，本研究无可例外地面临语言的转换和文化背景差异等方面的问题。由于涉及国别较多，语言多样化，翻译工作和文化理解成为我们遇到的最大问题。鉴于此，我们组建了师生研究团队，一个研究生负责一个国别的研究，选取国外最新课程标准进行翻译、研究。非英语文本先请专业人士翻译成英语，再做进一步翻译。术语的表达尽可能保留原始的含义，尊重各个国家的文化背景和教育差异，在此基础上提炼其特点及双方异同。在师生的不懈努力下，经过一遍又一遍的修改、讨论，终于有了今天的研究成果。其中不仅渗透着每一位参与者的心血，更折射着整个研究团队对这一问题的热爱，是共同的研究兴趣促成了这一成果的诞生。

本书作者及分工如下：赵明玉（第一章、第十章），李妍（第二章），李欢（第三章），潘姣姣（第四章），孔明英（第五章），吴岳（第六章），陆艺（第七章），黄雯雯（第八章），黄伟（第九章）。全书由赵明玉、翟楠负责统稿、修正。

本研究资料丰富，涉及国别较多，但翻译和研究的难度也相对较大，加之时间紧促，作者能力有限，缺点在所难免，真诚希望广大读者批评指正！

作者

2017 年 4 月

第一章　中国小学社会课程及
课程标准发展

　　小学社会课程是引导小学生由自我认知向社会认知发展的一门综合型启蒙课程。从国际小学教育的横向视角来看，小学社会课程因其与一国社会历史文化传统密切相关的学科性质而备受重视。社会课程是国家意识与民族精神在小学课程中的最直接体现，是小学教育中引领儿童"社会化"的关键课程。在当今世界各国的小学教育中，社会课程及与之直接相关的学科课程都已成为小学生的必修科目。从小学课程发展的纵向轨迹来看，国内外的小学社会课程都已经产生近 100 年的时间。我国自从近代小学开始设置社会课程以来，其实施形式并不固定——或分科教学，或多科综合；从其课程名称来看，分则为历史、地理、公民或思想品德等，合则为社会、品德与社会等。2001 年，我国教育部颁布的《基础教育课程改革纲要（试行）》中正式推出了"品德与社会"这一门新的社会课程，小学社会课程的教学亦随之进入新一轮改革中。中外的历次课程改革都是以致力于解决之前课程中存在的问题而肇始，因此，若想更加深刻理解课程改革的理念与精髓，我们就应追寻历史的脚步，从纵向视角对小学社会课程进行细致的考察，从而更全面地透视当前小学社会课程的改革现状。

一、中国小学社会课程的历史发展

(一) 清朝末年、民国时期小学社会课程的发端

1. 清朝末年新式小学堂的分型社会课程

(1)私学首设历史、地理课程

历史与地理是小学社会课程中的核心学科，我国小学社会课程正是以清朝末年新式小学堂开设历史与地理作为开端的。在维新运动的推动下，我国各地出现了大批新式的小学堂。1897 年，洋务派官僚中的大工商业资本家盛宣怀创办了南洋公学师范学院，秋季设外院（后改为南洋公学附属小学）。该校设有国文、算学、英文、舆地、史学和体操六门课程。这是我国近代学校开设史、地学科之始。①

(2)官学章程中的历史、地理课程

1902 年清政府颁布了《钦定学堂章程》，详细制定了不同以往的近代学制体系，这一章程虽未得以实施，却昭示着我国现代学制已初见端倪，且对后来的学制改革有着深刻影响。1904 年，清政府又颁布《奏定学堂章程》，确立了我国近代中小学的课程体系，其中初等小学课程"又分为两类：一为完全科，一为简易科。完全科五年毕业，其必修学科有八：(一)修身，(二)读经讲经，(三)中国文学，(四)算术，(五)历史，(六)地理，(七)格致，(八)体操。此外视地方情形，尚可加授图画、手工一科或二科，列为随意科。简易科也是五年毕业，其科目有五：(一)修身、读经合为一科，(二)中国文字科，(三)历史、地理、格致合为一科，(四)算术，(五)体操。""高等小学学习年数以四年为限。学科凡九：(一)修身，(二)讲经读经，(三)中国文学，(四)算术，(五)中国历史，(六)地理，(七)格致，(八)图画，(九)体操。此外视地方情形，可加授手工、商业、农业等科目为随意科。"②

现代学制的确立过程中，新兴课程多是借鉴国外已有的现代课程设置。

①沈晓敏.社会课程与教学论 [M].杭州：浙江教育出版社，2003：71.

②陈青之.中国教育史 [M].上海：东方出版社，2008：483-486.

我国的中小学课程就是当时的清政府仿效日本小学课程制定出来的。当时的社会课程主要包括历史、地理、格致。①其中，历史课"其要义在略举古来圣主贤君重大美善之事，俾知中国文化所由来及本朝列圣德政，以养国民忠爱之本源"。②可见，清政府希望借助此类社会课程向学生灌输封建正统观念，是为了维系其行将崩溃的封建统治的需要。这一时期的社会课程科目设置主要以分科课程教学为主，但在初等小学的第二种类型"简易科"也有规定"历史、地理、格致合为一科"，这是关于社会课程综合教学的较早提法，但实际上这却是一种无意之举，它并非是出于打破学科壁垒的原因而有意识地建立综合社会课程，主要还是由于新学制确立之初为了教学便利的权宜之计。但从另一个角度来看，这也表明当时国人已意识到了这三门学科之间确有内在紧密联系。

2. 民国时期小学社会课程由分科走向综合

辛亥革命推翻了中国 2000 多年的君主专制，于 1912 年建立了南京国民政府，蔡元培成为第一任教育总长，对清末的教育进行改革。1912 年 9 月颁布《小学校令》，其中总纲第一条即为"小学校教育以留意儿童身心之发育，培养国民道德之基础，并授以生活所必需之知识技能为宗旨"。在《小学校令》所规定的高等小学课程中，废除了充满封建意识的读经讲经课，历史、地理仍是分科型课程。

1919 年，"五四"运动标志着我国社会从旧民主主义革命时期进入新民主主义革命时期，我国的文化教育在此时期发生了巨大变革。1922 年，北洋政府以大总统令的形式颁布了由全国教育会联合会制定的新学制，即《壬戌学制》。次年春，全国教育会联合会公布由该会委托专人起草的《新学制课程标准纲要》。纲要规定，初级小学合并卫生、公民、历史和地理为社会，高小开设分科的历史、地理等课程。至此，我国小学的综合型社会课程首次出现。

---

① 《奏定学堂章程》中设置的"格致"课程类似于自然常识课程，主要讲授乡土动植物、矿产、生理卫生等，在高等小学阶段还增加物理、化学常识知识。

② 沈晓敏.社会课程与教学论 [M].杭州：浙江教育出版社，2003：76.

该纲要在初级小学阶段对原有四门课程的合并，"是为了教学上的便利，合并的理由有两条，其一，卫生、公民、历史和地理等，实际上是人生环境的社会事项，所以称'社会'；其二，公民与修身课程有所不同，修身注重涵养德行方面，而公民则重在探讨社会环境的状况，因而把公民并入社会，不开设修身。高小开设的是历史、地理等学科"。①

总之，小学社会课程从 20 世纪 20 年代在我国设置以后，一直到 40 年代末的 20 余年中，呈现出课程综合化、重视公民教育的基本特点，并且历史和地理知识在社会课程中占有重要地位。

3. 小学社会课程发端期的特征

(1)课程目的：引导儿童社会认同

民国时期设置社会课程的目的是使学生了解社会情形，引起其对社会问题的兴趣，培养他们的综合能力。对于小学生，"应该及早使他们知道社会的情形，负起改良社会的责任，将来出而任事，终能为国效忠，为人民谋幸福。但是社会情形，至繁且复，决非童稚所能彻底明了。在小学中不过希望他们有一些观察研究的兴趣罢了。因为观察不周，不能引起兴趣，无兴趣即不能明了社会的实况，不能应付社会的变化，更谈不到有促进社会的能力了"。②社会课程的教育可以使学生了解社会的历史发展以及人生与社会的关系，有助于学生形成正确的人生观；同时，也有利于培养学生关心社会、服务社会、参与社会的意识。③

(2)课程内容：以历史和地理为核心的多学科综合知识

从 1929 年至 1948 年，根据历年颁布的课程标准，小学社会课程的范畴迭有变化，有的合并卫生、公民、历史、地理，有的包括历史、地理、卫生，有的含有历史、地理、公民，较多的是包括历史、地理和公民，由此可见历史和地理是组成社会课程最基本的要素，是支撑社会的关键科目。社会课程

---

① 沈晓敏.社会课程与教学论[M].杭州：浙江教育出版社，2003：74.

② 沈百英.小学社会科教学法[M].上海：商务印书馆，1929：4.

③ 李稚勇，方明生.社会科教育展望[M].上海：华东师范大学出版社，2001：169.

有的在初小开设，有的在高小开设，也有初小、高小均开设社会课程的。此外，在初小阶段，也有设置常识，将社会和自然综合起来的情形。具体演变概况见表1—1。

表1—1 民国时期小学社会学科课程一览表

年 份	初 小	高 小
1923年	综合型社会（卫生、公民、历史、地理）	历史、地理
1929年	综合型社会（历史、地理、卫生）党义（含公民）	
1932年	综合型社会（历史、地理、公民）	
1936年	综合型常识（社会、自然）	公民、历史、地理
1942年	综合型常识（社会、自然）	综合型社会（公民、历史、地理）
1948年	综合型常识（社会、自然）	综合型社会（公民、历史、地理）

资料来源：李稚勇、方明生：《社会科教育展望》，华东师范大学出版社2001年版，第167页。按：引用时根据本书主题对原表结构有所调整。

在美国新教育和"五四"新文化运动影响下颁布的新学制小学课程纲要，小学课程废止了修身学科，加入公民、卫生两科，"公民是旧时修身课程的扩充，而以社会生活为背景，减少了偏重个人修养的分子。卫生在旧时修身课程里，也占一部分地位，但多系做法；现在更增广内容，详求衣食住方面的卫生事项，和公众卫生大要"。自然、社会列入初小课程，社会是原有的历史、地理两科和新增的公民、卫生两科的合称。时人认为，"历史和人文地理，旧时片段的散见于国文、国语教材中，现在把它汇集一起，完密组织起来，将人类社会进化的情势和人类社会展布的状态与相互的关系，使儿童学习知道，使儿童对于公民观念社会意义更加明了"。[1]

这四门课程在小学低年级施行混合教学，到高年级开始分科教学。为何

---

①新学制实施讨论会.新学制小学实施教学法论[M].上海：商务印书馆，1925：30.

要把这四项内容混合在一起施教，混在一起教是否相宜？按儿童的心理和智力发展状态说，在空间时间观念不甚明了的时候，这样的课程办法颇为相宜。因为要使儿童了解过去的社会情形，最好的办法是以现在人的生活情状为出发点，也就是说离开了现代人的生活，这些过去的社会情状，便难以真正理解。[①]

(3)课程实施：课程综合性与教学实践性

民国时期，我国小学社会课程由单纯的历史、地理分科教学开始转向多学科综合教学，谈及其中原因，同时期美国教育家杜威在其中的影响是不言而喻的。杜威批评传统的学科课程不能使学生学到系统的知识，认为学科课程是把人类长期积累的文化知识生硬地割裂开来，大部分内容脱离儿童的身心发展特点，超越或远离儿童生活经验。他主张课程内容必须以儿童的直接经验为依据，与儿童的社会生活活动相协调，才能培养出现代社会所需要的人才。他在《我的教育信条》中指出："学校科目相互联系的真正中心，不是科学，不是文学，不是历史，不是地理，而是儿童本身的社会活动。"[②]我国当时的教育改革家蔡元培、陶行知、胡适等人都曾师从杜威，深受其上述思想的影响。从 1919 年 5 月到 1921 年 7 月，杜威应众多中国学生的邀请，先后在我国直隶（今河北省）、奉天（今沈阳市）、山东、山西、江苏、江西、湖北、湖南、浙江、福建、广东等地进行演讲，宣传他的教育思想，对我国教育界产生了很大影响。

1923 年出台的小学社会课程纲要极力推行综合化课程："纲要明文规定'本科教材联络一起。力避公民、卫生、历史、地理分列形式'。第一学年围绕身体、家庭、学校、纪念日和节日安排课程内容；第二学年以衣、食、住的卫生，以及原始人和异地人生活为主；第三学年强调自己对于家庭、学校和地方团体的责任，并增设县和省的内容；第四学年列有近代本国大事、事

---

①新学制实施讨论会.新学制小学实施教学法［M］.上海：商务印书馆，1925：32.

②赵祥麟，王承绪.杜威教育名篇［M］.北京：教育科学出版社，2006：6.

物发明史、国家组织概况、本国与世界著名各国的关系，以及公民的责任等。打破了史、地等学科体系，以身体、家庭、学校、地区、中国、世界为线索，涉及衣、食、住的内容，以及本国大事、事物发明史、国家组织、与世界著名国际的关系等，强调公民的责任，以此来安排课程内容。实现了历史学、地理学、政治学和公民等学科的知识综合。该课程纲要还要求以儿童切身的经验为起点，用讲述、表演、设计、比较、问题、研究等方法，以及参观讨论，公民训练注重实践，以达到社会课程之教育目的，即'使知社会的过去，现在的情状，和社会与人生的关系；培养儿童观察社会的兴趣，和尽力社会的精神；养成社会生活的种种必要习惯'。"①

可见，清朝末期与民国时期我国小学设置综合型的社会课程是符合时代发展潮流的，社会课程有利于低年级学生更好地了解社会、适应社会，有利于学生形成正确的人生观和世界观。民国时期小学社会课程的初步探索，在某种程度上，也为 20 世纪 80 年代以后小学社会课程的复兴奠定了基础。

（二）中华人民共和国小学社会课程设置的变迁

1.中华人民共和国成立至 20 世纪 70 年代：小学社会课程的分科阶段

中华人民共和国成立后，我国教育再次面临对旧有教育制度的改造与革新，由于受到苏联教育模式的深刻影响，当时的小学社会有关课程采用了分科的形式，主要包括政治、思想品德、历史、地理。历史、地理两门课程虽依然被作为主要社会学科，但是由于受到当时的时局影响，政治与思想品德课程的地位明显更具优势。

---

①沈晓敏.社会课程与教学论［M］.杭州：浙江教育出版社，2003：77.

表 1—2 中华人民共和国成立至 20 世纪 80 年代初期小学社会学科课程

	1952 年	1954 年	1955 年	1963 年	1978 年	1981 年
政治					4、5（五年制）	
思想品德						1、2、3、4、5（五年制）
历史	4、5	5、6	5、6	5、6		5（五年制）
地理	4、5	5、6	5、6	5		4（五年制）

资料来源：沈晓敏主编：《社会课程与教学论》，浙江教育出版社 2003 年版，第 78 页。

1950 年 7 月，教育部印发了《小学课程暂行标准初稿》，规定小学一、二年级不单独设常识课，通过语文及其他科目进行常识教学；三、四年级每周开设 3 节常识课，向学生讲授社会常识和自然常识基础；五、六年级的常识进行分科教学，开设历史、地理、自然三科。1952 年 3 月教育部颁发《小学暂行课程（草案）》，其中规定开设历史和地理课。

1953 年开始我国实行第一个五年计划，为了适应经济发展需要，中小学教学计划在 1953 年、1956 年、1957 年接连被修订、调整。

1966 至 1976 年"文化大革命"期间，正常的教学活动被打断，教学秩序被打乱，常识课程被取消。1967 年 2 月 4 日，中共中央发出《关于小学无产阶级"文化大革命"的通知（草案）》，其中明确取消了小学高年级的自然、历史、地理课程。[①]后来各地学校陆续复课，但这一时期的常识教学内容是为政治运动服务的。

党的十一届三中全会后，教育战线在经历过十年浩劫后，重新恢复到正常的轨道上来。1978 年 1 月，教育部颁布《全日制十年制中小学教学计划试行草案》。1981 年，教育部颁发《全日制五年制小学教学计划（修订草

---

① 田正平.中国小学常识教学史［M］.济南：山东教育出版社，1996：362.

案)》，其中规定，小学 1—5 年级均开设思想品德课程，4 年级开设地理课程，5 年级开设历史课程。中小学恢复正常教学不久后，新的社会形势又将中国教育推向更加深刻的改革之路。这其中小学社会课程的改革尤为突出，历经 40 年分科教学的社会课程再度被整合为一门课程。

2. 20 世纪 80 至 90 年代：综合化小学社会课程的复兴

进入 20 世纪 80 年代，伴随改革开放的步伐不断加快，中国社会的发展日新月异，原有的高度整齐划一的全国教学计划、教学大纲与课程越发不能适应社会主义建设与学生的发展。特别是社会课程科目因其与国家社会发展的紧密关系而亟待改革。这一时期社会课程综合化的发展态势已经日趋明朗。

（1）综合化社会课程复兴的背景

综观 20 世纪末各国课程改革状况，课程的综合化成为课程改革发展的一大趋势。从知识方面看，随着近半个世纪以来科学技术的高速发展，学科之间的交叉综合进一步深化，各门学科之间的界限相对趋于模糊和融合，学校课程必然要反映一些综合性知识；从社会方面看，传统的分科知识和视野难以解决现实社会面临的种种问题，社会的发展需要综合性的知识；从学生方面看，传统的分科课程主要适应了学生认知分析的需要，在发展学生认知综合能力方面明显不足，因此学校开设综合课程有利于学生更快地将知识纳入自己的认知结构，提高综合运用各科知识解决问题的能力。[1]

20 世纪 70 年代，美国流行人本主义课程思潮，它将课程的中心从学科转向个人，关注个人的价值和目标。人本主义课程的一个显著特点就是注重统合。它提倡实行一种与当时社会流行的分科课程完全相反的综合课程，并且这种综合课程着眼于人的全部能力发展。不过，为了纠正这种课程理论和实践的某些缺陷，提高学校教育的质量，80 年代又出现了以结构为中心的新学科主义课程思潮。新学科主义课程的特征之一，就是围绕着学科的边缘特性，

---

[1] 课程教材研究所.综合课程论 [M] .北京：人民教育出版社，2003：2-3.

经常以单元形式出现，强调综合研究的重要性。①这是对当代社会变化及知识综合化的适应，也是人文主义思潮影响的产物。为此，科学教育家开发了许多综合科学课程项目，它们打破了个别学科间的界限，学习内容和活动涉及相关的几门学科，如化学、物理、生物及技术等都被综合起来试图解决复杂的问题。

目前跨学科开设综合课程的趋势正成为一种世界潮流并且正在改变以学科为中心的课程设置。综观当今各国课程改革的现状，课程综合化已成为一种世界潮流，特别是社会和综合理科自 20 世纪 70 年代以来更是席卷世界，长盛不衰。1989 年，美国学校社会学科委员会公布的面向 21 世纪学校的社会科学改革方案的一项重要内容，就是将学校的社会学科综合化、系统化。欧洲各国课程改革的特征之一也是注重综合课程的设置。如，英国教育界主张把"周围生活的要求和儿童兴趣"作为编制课程的基础，主张课程综合化。在德国，初等教育阶段在基础学校实施"事实教学"，其内容构成很大一部分是采取跨学科的模式。今日世界各国课程改革的主要趋势是课程的多样化、课程的乡土化、课程的个别化和课程的综合化。② 因此，课程的综合化是当前世界课程改革的重要趋势之一。尤其是在小学阶段，设置综合性课程已成为世界性课程改革的一种潮流。例如，美国、加拿大、日本、韩国、新加坡和中国（包括香港和台湾地区）等国家和地区在小学都开设了社会学科的综合课程。

1987 年以来，我国中央教科所多次主持召开了中小学综合课程学术研讨会，对是否开设综合课程问题进行了理论探讨，并组织力量编订了综合课程教学计划或课程标准，编写了教材，进行改革实验。因此，我国小学综合性社会课程的复兴正是在这样的背景下出现的。

其一，设置社会课程是社会发展的需要。我国改革开放以后经济飞速发

---

① 论综合课程的发展 ［EB/OL］.http://www.pep.com.cn/lsysh/jszx/xsdt/gnjj/201008/t20100827_805573.htm，2003-09-16.

② 钟启泉.现代课程论 ［M］.上海：上海教育出版社，1989：33.

展，当今社会问题错综复杂，经济的发展使得社会矛盾更加突出，社会上不断涌现各种各样的思潮，小学生面对各种社会现象往往会无所适从，而综合社会课程的设置，正好可以对小学生进行社会方面知识的教育，通过发掘课程内容的教育内涵，对学生进行正确的情感态度与价值观教育。

其二，设置社会课程是解决现实问题的需要。生活中的问题是复杂的，涉及多学科领域的知识，以往单一的课程无法解决诸多社会问题，而小学社会课程所含的知识面更为广泛，也更接近实际生活，可以使小学生更好地了解社会、认识社会，适应社会生活，更早地思考社会中的一些问题，从而形成正确的观念。就是说，开设社会课程有助于培养小学生解决现实问题的能力。

其三，设置社会课程是培养学生形成整体认识观的需要。客观世界本身就是一个相互联系着的整体。社会课程的设置能为小学生认识世界提供一个整体观念，使学生形成完整的世界图景。也就是说，社会课程可以培养小学生用联系的观点从多个角度思考问题，从而形成良好的思维方式。

除了上述原因外，小学社会课程还能激发儿童的兴趣，促进儿童学习的积极性，具有吸收新知识、淘汰旧知识、发展儿童个性等功能，以及培养学生良好的社会责任意识。同时，开设综合型社会课程减少了学科的门类，减轻了学生的负担，这在科技高速发展的时代尤显重要。总而言之，当今时代不断增长的学习内容与有限的学习时间之间的矛盾十分尖锐，设置综合社会课程不失为解决这一矛盾的有效途径和方式。①

(2)综合型小学社会课程的复兴之路

1986年，《中华人民共和国义务教育法》颁布以后，我国进行了课程教材改革。这一轮课改使得教材制度发生了显著变化，由全国使用一套统编教材的格局改为多套教材并存，小学社会教材也随之改革，既有供全国大多数地区使用的一套教材，同时也有上海中小学课程教材改革委员会编订及浙江

①李稚勇.小学社会科课程概论 [M].上海：上海教育出版社，2001：61.

省教材委员会编订的两套教材。也正是在这一次课程改革中，小学社会课程开始再度走向综合化。

我国教育部制定的课程计划中，为了加强社会常识教育，减少课程门类，规定小学四、五、六年级（五年制学校三、四、五年级）开设社会课，不再开设历史、地理课。1988 年国家教委颁布了《九年制义务教育全日制小学社会教学大纲（初审稿)》（以下简称《小学社会教学大纲》），1992 年颁布了大纲试用稿。小学社会的教学内容包括社会生活、历史、地理、法律常识四部分。这是中华人民共和国成立后第一次开设综合社会课程，也是教育部颁布的第一个社会教学大纲。①根据新的课程计划，小学社会在五年制和六年制小学中的课时安排都是每周 2 课时，共计 204 课时。上海制定的课程计划，小学于三、四、五年级设置社会。浙江的教学计划，小学设置综合程度更高的常识课，将与生活、生产密切相关的自然常识和社会常识组织在一起（详见表 1—3、表 1—4、表 1—5）。

表 1—3 20 世纪 90 年代国家九年制义务教育学校社会学科课程（五·四制）

课程＼年级	小学					初中			
	1	2	3	4	5	6	7	8	9
思想品德	√	√	√	√	√				
思想政治						√	√	√	√
综合型（任务）			√	√	√				
历史						√	√	√	
地理						√	√		

说明：当时的国家教委还制定了六·三制的教学计划。

---

①课程教材研究所.20 世纪中国中小学课程标准·教学大纲汇编（自然·社会·常识·卫生卷）[M].北京：人民教育出版社，2001：3.

表 1—4 20 世纪 90 年代上海市九年制义务教育学校社会学科课程

课程＼年级	1	2	3	4	5	6	7	8	9
思想品德（时事）与晨会	每天 10—15 分钟								
思想政治						√	√	√	√
综合型（社会）			√	√	√				
试行 历史（分科）							√	√	√
试行 地理（分科）						√	√	√	
试点 社会（综合）							√	√	√

表 1—5 20 世纪 90 年代浙江省九年制义务教育学校社会学科课程

课程＼年级	1	2	3	4	5	6	7	8	9
品德	√	√	√	√	√	√			
（综合型）常识	√	√	√	√	√	√			
公民							√	√	√
综合型（社会）							√	√	√

资料来源：沈晓敏主编：《社会课程与教学论》，浙江教育出版社，2003 年，第 80 页。

3. 世纪之交：综合化小学社会课程的重组

1999 年 6 月，《中共中央国务院关于深化教育改革全面推进素质教育的决定》明确指出"以提高国民素质为根本宗旨，以培养学生的创新精神和实践能力为重点"的总目标，要求"针对新形势下青少年成长的特点，加强学生的心理健康教育，培养学生坚忍不拔的意志，艰苦奋斗的精神，增强青少年适应社会生活的能力"。新世纪伊始，我国开始进行新一轮基础教育课程改革，教育部于 2001 年 6 月颁布了《基础教育课程改革纲要（试行)》。我国重新整体设置义务教育阶段的课程，构建了分科课程与综合课程相结合的课程结构，小学阶段以综合课程为主，初中阶段可综合与分科并行，供地方和学校自主选择。这样的课程结构，加强了课程内容的综合性，淡化了学科界限，加强了课程内容与现实生活和学生经验的联系，增进了各学科之间知识与方法的联系。

在小学课程中，品德与社会作为一门新型综合课程被正式推出。2001 年教育部颁布的《全日制义务教育品德与社会课程标准（实验稿）》（以下简称《课标（实验稿)》）中将小学阶段原有的思想品德与社会整合成一门综合程度更高的课程——在小学中高年级（三至六年级）开设品德与社会课程。品德与社会是一门以儿童社会生活为基础，促进学生良好品德形成和社会性发展的综合课程。

（1)两课重组的背景及原因

促成思想品德与社会合并的原因很多，其中主要表现为以下三点。[1]

首先，基于国家基础教育课程改革对课程体系的整体规划。《基础教育课程改革纲要（试行)》中对小学课程结构的要求就是以综合课程为主，这种做法是符合自 20 世纪 80 年代开始的世界课程改革潮流与趋势的。当代世界课程改革的一个重要走向就是课程综合化。这种综合化趋势主要是针对分科课程所存在的问题——长期沿袭下来的分科的课程被认为是"工具理性"的产物，因而受到包括社会学、知识社会学、心理学、教育学的质疑与批判，人们意识到至少在一些学习领域中，可以而且必须实现课程的综合化。正是在这样的大背景下，才有了小学思想品德与社会的合并，这些极具价值的现代课程思想为两课综合提供了理论基础。

其次，使学生在课程中所学习的知识和他们实际生活的世界之间建立起有意义的联系，提高德育的针对性、主动性、实效性。长期以来，思想品德与社会都不同程度地存在与学生生活相脱离、与社会实际相脱离的问题，原有课程中许多内容在小学生生活中是感受不到、体验不到的，也是用不到的。

---

[1]沈晓敏.社会课程与教学论［M］.杭州：浙江教育出版社，2003：89-90.

这样的学习或许对学生认识发展有一定意义，但对其人格发展却缺乏实际意义，这或许是许多小学生不喜欢说教味浓重的思想品德的重要原因。因此，绝不能离开家庭生活、学校、社区生活来谈学生品德的培养，也不能离开经济、政治、文化等生活来谈学生的社会性发展，更不能仅仅因为学科自身的需要，而割裂学生的生活。两课合并的重要目的就在于新课程的学习是对学生自身有意义的，是有助于他们现在和将来生活的。

再者，为了减少学习内容的交叉与重复，减轻学生的课业负担，尽管两课在并行开设以来一直试图追求自身的学科化，力求按照学科自身性质、范畴、体系来组织内容，划清与另外一学科间的"边界"，但事实上两门课程却始终是你中有我，我中有你，边界含混，这在一定程度上正好说明两课本身的确存在合并的"先天"基础。合并后的品德与社会，更有利于将原有交叉重复的内容进行精选、统整和有机融合，进行有意义的建构。

可见，两课综合的初衷不是将原有的两门课程做简单的拼凑，形成知识的拼盘，也不是形成以某门课程为主、另一门课程为辅的非实质性综合。相反，这种新课程追求的是一种真正意义上的融合。两课合并的最主要意义就在于，为小学生开辟一条通向他们生活的渠道，使他们在生活的内在联系中获得整体发展，特别是有利于他们的品德与社会性的发展。

（2）品德与社会课程的实施

2002 年 9 月，品德与社会课程开始进入 42 个课程改革实验区。随着国家和省级课改实验区的推进，品德与社会课程的实验规模进一步扩大，到 2003 年秋季，全国有一半以上的县（区）中小学开始实施义务教育新课程。到 2007 年秋季，小学思想品德课程正式退出历史舞台。随着 2007 年品德与社会课程的全面实施，品德与社会课程实施进入了一个新的阶段。一方面，课程实施已取得实质性进展和阶段性成果，同时也面临新的问题；另一方面，课程实施的实践与探索检验了课程标准，积累了丰富的修改建议，具备了修订的理论和实践基础。为进一步深化课程改革，由教育部牵头，对新课程实施进行了全面、广泛、深入的调查研究。课程标准的修订工作也正式全面启动。2011 年《义务教育品德与社会课程标准 (2011 年版)》(以下简称《课标 (2011)》) 的出台标志着小学品德与社会课程改革进入又一个新阶段。

(3)品德与社会课程的基本理念

"品德与社会课程是在小学中高年级开设的一门以儿童社会生活为基础，促进学生良好品德形成和社会性发展的综合课程。课程根据小学中高年级学生社会生活范围不断扩大的实际、认识了解社会和品德形成的需要，以儿童的社会生活为主线，将品德、行为规范和法制教育，爱国主义、集体主义和社会主义教育，国情、历史和文化教育，地理和环境教育等有机融合，引导学生通过与自己生活密切相关的社会环境、社会活动和社会关系的交互作用，不断丰富和发展自己的经验、情感、能力、知识，加深对自我、对他人、对社会的认识和理解，并在此基础上养成良好的行为习惯，形成基本的道德观、价值观和初步的道德判断能力，为他们成长为具备参与现代社会生活能力的社会主义合格公民奠定基础。课程在现代教育理念之下建构，强调帮助学生参与社会、学习做人是课程的核心，儿童的生活是课程的基础，教育的基础性和有效性是课程的追求。"[①]

(三) 我国小学社会课程演变的特点

从 1904 年清政府公布的《奏定学堂章程》中我国第一套近代学校课程中历史、地理、格致三门学科的开设，到 1923 年民国政府新学制中尝试开设综合社会课程，再到 20 世纪 80 年代末社会课程复兴，直至今日品德与社会课程的实施，社会课程在我国的发展已有百年历史。综观期间小学社会课程的演变发展，其特点可以总结如下：

第一，我国小学社会课程"从学日本、学美国、学苏联，到独立自主创设"。

"20 世纪初清政府借鉴日本中小学教育，开设了与日本中小学颇多相同的课程，如历史、地理等科目。20 世纪 20 年代新学制的确立与社会课程

---

①沈晓敏.社会课程与教学论［M］.杭州：浙江教育出版社，2003：85.

的创设，深受美国教育的影响。新中国成立初期学习苏联的教育，苏联长期设置的是分科型历史、地理，于是我们的中小学普遍开设分科型历史、地理，不设综合型社会。直至 20 世纪 80 年代，为了推行义务教育，我国进行了课程教材改革，学习各国的成功经验，独立自主地创设我国的中小学社会学科课程体系。不仅在小学普遍开设了综合型社会课程，而且在部分地区的初中进行了综合型社会课程的实验。不仅设置综合社会课程，而且在分科型历史、地理中进行跨学科的整合，努力实现课程综合化。世纪之交，社会课程的改革在借鉴世界各国课程改革的理论与经验的基础上，走出了自己的综合之路，尤其是在整合道德教育与社会认识教育、历史教育与社会认识教育方面的探索将为世界综合课程的发展贡献一份新的经验。"①

第二，小学社会课程经历了"分科—综合—分科—综合"的螺旋式发展过程。

如前所述，从 20 世纪初小学开设历史、地理，至 20 年代设置了社会；中华人民共和国成立后小学是分科形式的历史和地理，直至 80 年代末出现综合型的社会课程，这是第一次综合。21 世纪初，我国进行新一轮基础课程改革，小学将思想品德与社会合并，小学中高年级（三至六年级）设置综合程度更高的品德与社会，可以说这是第二次更大程度的综合。

"近百年来，小学社会学科课程在不断分化、整合的过程中螺旋式向前发展。如 20 世纪 20 年代创设的社会，虽然已具备了综合性与社会活动性的特点，但其整体结构线索不甚清晰。而 90 年代重设社会，课程的知识系统按'由近及远'的原则排列。该原则体现在两个方面：其一，地域、空间概念上的'由近及远'，从四年级到六年级按'家庭—学校—街道、镇—县、市—省—中国—世界'排列；其二，社会生活的方方面面，从学生最为熟悉的内容逐渐展开，日趋丰富。整体结构的基本线索清晰，并且也具备了综合性与社会活动性的特点。21 世纪初开始的中小学社会课程则比 20 世纪 90 年代的

①沈晓敏.社会课程与教学论［M］.杭州：浙江教育出版社，2003：83-84.

社会课程更具综合性和活动性，并强调了学生在学习中的主体性和研究性学习方式。小学课程结构也不只是按照单一的由近及远的顺序编排，课程结构更趋多元化。"①

第三，小学社会课程由关注"教师的教"开始转向以"学生的学"为中心，注重学生的个人成长。将民国时期直到中华人民共和国成立后的各版社会课程标准进行对照、比较，我们会发现这一明显特征。1988 年以前的各版课程标准（大纲）显然是指向"教师的教"，新世纪课程改革后的课程标准则明显转向了"学生的学"。该课程标准的基本理念之一就是帮助学生参与社会、学习做人是课程的核心。"课程要关注每一个儿童的成长，发展儿童丰富的内心世界和主体人格，体现以育人为本的现代教育价值取向，培养他们对生活的积极态度和参与社会的能力，成为有爱心、有责任心、有良好的行为习惯和个性品质的人"。②小学品德与社会强调以学生为主体，把儿童的生活视作课程的基础。

第四，历史和地理知识在社会课程整体发展历程中始终占有重要地位。无论是民国时期的综合型社会课程，还是 20 世纪 80 年代社会课程的复兴，历史和地理知识在小学社会的教学内容中均占非常大的比重，特别是历史知识。《课标（实验稿）》的知识目标中就明确指出，要使学生"知道近代以来列强对中国的侵略给中国人民带来的屈辱和危害，知道中国人民，尤其是在中国共产党领导下救亡图存的抗争事例，爱戴革命先辈，树立奋发图强的爱国志向。""知道我国的地理位置、领土面积、海陆疆域、行政区划，台湾是我国不可分割的一部分，祖国的领土神圣不可侵犯。"③由此可见，历史和地理知识在小学社会课程中占有十分重要的地位。

①沈晓敏.社会课程与教学论 [M].杭州：浙江教育出版社，2003：84.
②中华人民共和国教育部.全日制义务教育品德与社会课程标准（实验稿）[M].北京：北京师范大学出版社，2001：1.
③中华人民共和国教育部.全日制义务教育品德与社会课程标准（实验稿）[M].北京：北京师范大学出版社，2001：7.

综上所述，20 世纪 20 年代，我国受美国新教育和"五四"新文化运动的影响，小学开始社会学科的尝试。80 年代颁布《义务教育法》以后，为了推行义务教育，我国进行了课程教材改革，积极寻找适合我国小学的社会学科体系，并在 80 年代末重新设置了小学社会学科。21 世纪初，我国开始进行新一轮基础教育课程改革，小学社会学科有了较大的变革，注重培养学生的社会性，开设了品德与社会课程，课程的综合化程度更高。

二、小学社会课程标准（教学大纲）发展轨迹

课程标准或教学大纲，规定了所设课程的教学目标、课时安排、教学内容、教学要求和建议等方面的内容，是学校课程和教学的纲领性、规范性的文件，对于教材编写、教学组织与实施、教学评估等有着重要的指导意义。本章围绕小学社会课程标准（教学大纲）这个主题，梳理不同历史时期我国小学社会课程标准或教学大纲的规定，并进行综合比较，分析变化的原因，剖析各时期小学社会课程标准的结构与特点及其中蕴含的价值取向。

（一）民国时期的小学社会课程标准

民国时期，自 1922 年开始制定和推行壬戌学制以后，小学社会课程标准相继出台和修订了六次，分别为 1923 年的《新学制课程标准纲要：小学初级四年社会课程纲要》、1929 年的《小学课程暂行标准：小学社会》、1932 年的《小学课程标准：社会》、1936 年的《小学高级社会课程标准》、1942 年的《小学高级社会课程标准》、1948 年的《高年级社会课程标准》。从这六个版本的小学课程标准文本中，我们不仅可以看到社会课程受社会时局的影响而不断调整和变革的轨迹，而且还可以清楚地看到小学社会课程标准本身由"粗犷要求"到"精细规定"、由知识混杂到逻辑清晰这样的发展历程。我国小学社会课程标准的框架也正是在这段时间逐步确立起来的。

首先，从课程标准的基本框架结构来看，这六个版本的课程标准主要包括：

1. 课程的目的或目标。1923 年版的课程目标关注的是个人与社会的关

系；1929 年以后的版本则逐渐显现更加全面而深刻的课程目标，涉及个人与社会，公民与国家、世界之间的重要关系。

2. 课程内容。其在不同版本中的表述方式并不一致，1923 年版本称为"程序"，1929、1932、1936 年三版中称为"作业类别、要项"，1942 年版称为"教材大纲及要目"，1948 年版称为"纲要"。

3. 教学方法。教学方法在各版本中有的称为"方法"，有的称为"教育方法要点""教学要点"。 1923 年版本中仅笼统强调这门课的教学应强调以儿童经验为中心的一系列主动学习方法，要注重综合性的公民实践训练，避免分科教学；1929 年以后版本的课程标准相比而言则显得更加细致与全面，涉及教材的编写、教师的教学方法、学生的学习方法。其中，对教师的教学方法通常都是紧密结合前面的教学内容提出具体的建议。

4. 评价标准。在这些课程标准的最后基本都列出了对学生课程学习评价的基本要求，有的单独列出，被称为"最低限度"，并结合相关知识点提出不同要求，例如"知道""能说明" ……1932 年以后版本的评价标准均未单独列出，而是包含在教学要点之中。

其次，从课程标准涵盖的学科内容来看，1923 年民国政府教育部制定的《新学制课程标准纲要：小学初级四年社会课程纲要》指出，社会内容包括本地、本国的概况，衣食住的进化，重要纪念日和节日。①这是我国第一个小学社会课程标准。1929 年，当时的教育部又制定了《小学社会课程暂行标准：小学社会》内容包括历史、地理、公共卫生。1932 年，教育部正式颁布了《小学课程标准：社会》。此时小学社会内容包括历史、地理，删去了公共卫生。1936 年，教育部颁布了《小学高级社会课程标准》，内容包括公民、历史、地理。1942 年，教育部颁布了修订的《小学高级社会课程标准》。社会内容包括公民（个人与社会、政治、法律、经济）、历史（本国历

---

①课程教材研究所.20 世纪中国中小学课程标准·教学大纲汇编（自然·社会·常识·卫生卷）［M］.人民教育出版社，2001：1.

史概要、外国历史概要）、地理（本国地理大要、外国地理大要）。[①] 1948年，教育部又颁布了《高年级社会课程标准》，社会课程的内容同 1942 年的标准基本相同。民国时期综合性的社会课程标准在中华人民共和国成立以后暂时中断而改为分科教学。

据此可以看出，民国时期小学社会课程标准的特点主要可概括为以下三方面。

第一，课程内容的综合性。1923 年出台的《新学制课程标准纲要：小学初级四年社会课程纲要》指出："本科教材须联络一起。力避公民、卫生、历史、地理分列形式。"[②]这种综合化的社会课程在当时的社会条件下可以说是一种理想状态的课程，实施起来是有一定难度的。因此，后续的课程标准中都提出了课程内容必须综合，而教学时可"合科教学"，也可"分科教学"。如 1936 年、1942 年的课程标准中的"教学要点"中都着重指出："社会包含公民、历史和地理，以混合教学为原则，也得分科教学。但分科教学时，应注意相互的联络，对于作业要项，并应斟酌变通，重加组织。"[③]从中可以看出，小学社会课程在初创时期所显现的综合性主要体现在知识本身的综合，或者可以说当时的社会课程是一种多学科知识的综合。从这六版课程标准中可以看出，社会课程有时包括历史、地理和公共卫生，如 1929 年的《小学课程暂行标准：小学社会》；有时含有公民、历史和地理，如 1936 年的《小学高级社会课程标准》；较多的时候则包括公民、历史和地理。由此可以清楚地看到，虽然课程的范畴不断变化，但是历史和地理知识始终是小学社会课程最基本的构成要素。可以说，任何版本的社会课程标准都是以历史和地理作为基本支撑学科的。

---

①课程教材研究所.20 世纪中国中小学课程标准·教学大纲汇编（自然·社会·常识·卫生卷）[M].北京：人民教育出版社，2001：2.

②课程教材研究所.20 世纪中国中小学课程标准·教学大纲汇编（自然·社会·常识·卫生卷）[M].北京：人民教育出版社，2001：138.

③课程教材研究所.20 世纪中国中小学课程标准·教学大纲汇编（自然·社会·常识·卫生卷）[M].北京：人民教育出版社，2001：152.

第二，课程教学方法突出实践性与社会性。民国时期小学社会课程标准还要求以儿童的经验为起点，用讲述、表演、研究等方法，"使知社会的过去，现在的情状，和社会与人生的关系；培养儿童观察社会的兴趣，和尽力社会的精神；养成社会生活的种种必要习惯"。[①]另外，从编制社会课程的原则也可以看出小学社会课程具有社会实践性，"编制社会课程，至少须遵下列各原则：（一）能发现儿童的个性，与他们自己的生活，联络一气。（二）须包括一切原有的经验，如身体上的、社交上的、美育上的各种经验。（三）能使儿童实际去参加去领受，而得到亲切的经验的……（八）内容是活动的、有生气的，可以激发儿童努力学习的"。[②]

第三，受美国教育的影响，注重公民教育。民国时期小学社会课程的设置受美国课程的影响，强调公民素质教育。如 1923 年公布的《新学制课程标准纲要：小学初级四年社会课程纲要》中关于社会的教育宗旨，就强调进行公民教育。当时设置的社会课程包含公民，旨在使儿童知道社会的组织，自己和社会的关系，同时供给他们一种公民的常识。"社会是各个人相互发生关系而结合成为的团体。儿童所处的家庭是一个社会，受教育的学校也是一个社会。儿童是某省某县某学校某家庭的人，不是社会外的人，当然要熟悉社会的生活。总之公民的目的，希望儿童明白自己是社会里的一员，社会对于我自己有密切关系"。[③]1948 年的《高年级社会课程标准》的课程目标中就曾提及培养学生维护民权、民主宪政以及经济发展等意识。

（二）中华人民共和国成立后至 20 世纪 90 年代的小学社会课程教学大纲

中华人民共和国成立至 20 世纪 80 年代，我国由于长期受苏联课程体制的影响，小学实行分科的课程体系，主要开设了与社会课程相关的政治、思想品德、历史和地理等分科课程，而没有设置综合性的社会，自然也就没有

---

① 盛朗西.小学课程沿革［M］.上海：中华书局，1934：134-135.

② 沈百英.小学社会科教学法［M］.上海：商务印书馆，1929：16.

③ 新学制实施讨论会.新学制小学实施教学法［M］.上海：商务印书馆，1925：48.

相应的教学大纲或课程标准。改革开放以后，随着课程改革的不断深化，人们逐渐认识到传统的分科课程存在的某些缺陷，如，不利于培养具有综合视野的人才，不适应学生认知发展的客观需要等，因而提出课程综合化的目标。

1988 年国家教委颁布了《小学社会教学大纲》，这是中华人民共和国成立以来颁布的第一个小学社会教学大纲，也是我国小学社会课程再度走向综合化的重要标志。1992 年教育部又颁布了《九年制义务教育全日制小学社会教学大纲（试用)》，这一版教学大纲是对 1988 年版的修订，前后两部教学大纲内容基本相同，只是在某些细节上略有调整和改动。在这两部教学大纲中，小学社会的教学内容集中了社会生活、历史、地理、法律常识，是对 20 世纪 80 年代中期以前社会相关课程的一次综合化。

1988 年与 1992 年两版小学社会课程教学大纲的结构主要包括四个部分：教学目的和要求，教学内容的安排，教学内容要点，教学中应该注意的几个问题。

大纲规定，"社会的教学目的是使学生认识一些常见的社会事物和现象，初步了解一些家乡的、祖国的、世界的社会常识；从小培养他们正确观察周围社会、适应社会生活的能力；进行爱国主义教育和法制观念的启蒙教育，增强他们对社会的责任感"。

从教学内容来看，主要分为认识周围社会、认识祖国、认识世界三个部分，这是教学大纲的主体部分。大纲系统地规定了每个部分的知识点，以及学生对每个知识点应达到的学习水平，例如"知道""学会""了解"……从这些话语表达方式可以看出，这两部大纲强调学科的综合，同时也更加侧重于知识的学习，而相对忽略了学生的能力与情感方面的发展。

从教学方法来看，大纲要求教师在课堂教学中通过教学语言以及图片、实物等教学辅助工具激发学生的学习兴趣，同时"积极引导学生参加必要的参观、访问、社会调查等实践活动"。可以看出，大纲中提及的教学方法主要以课堂教学为主，而实践性的教学方法仅被作为教学辅助形式。

从评价标准和方法来看，两部大纲的规定比较模糊和笼统，仅在"教学中应该注意的几个问题"中简要提及。1988 年版大纲强调要重视考查，并以平时考查为主，考查形式应灵活多样。1992 年版大纲对评价的方式和标准做了修订，确定社会课程只进行平时考查，不进行考试，考查的成绩分为"及格"和"不及格"两个等级。

为了贯彻教育方针，提高教育质量，使中小学生在德、智、体诸方面得到全面发展，国家教委于 1994 年 7 月发布了《关于印发中小学语文等 23 个学科教学大纲调整意见的通知》，其中对《社会教学大纲》也进行了调整。调整后，社会的课时有所减少，部分教学内容的教学要求适当降低，一部分教学内容改为选学，如"认识祖国"和"认识世界"两大部分的教学内容有调整，其中变动较多的是"认识世界"这一部分的内容，选学的内容是相对较难较深以及与初中历史、地理有重复的知识，但核心内容没有太大的变化。

（三）新世纪小学社会课程的新标准

进入 21 世纪，人类社会迈入新的发展阶段。以信息技术为代表的高新科技迅猛发展，深刻改变了人类社会生活的基本面貌，经济全球化、政治民主化、文化多元化之不可逆转的潮流，给国家乃至每一个社会个体带来了机遇和挑战。在这种历史发展的关口，教育必须担负起培养适应未来社会发展需要的、具有终身学习的意愿与能力的、具有实践能力与创造能力的高素质的新型人才。根据时代的迫切要求，为了深化教育改革，实现由应试教育向素质教育的彻底转变，我国于 20 世纪末 21 世纪初启动了第八次基础教育课程改革，颁布了《基础教育课程改革纲要（试行）》，并随后制定了课程标准，小学阶段将以往的社会和思想品德合并为小学一至二年级的"品德与生活"和三至六年级的"品德与社会"两门课程，小学社会课程囊括的内容更充实，综合化程度更高。可以说，这是中华人民共和国成立后小学社会课程的第二次综合化。

《课标（实验稿）》全文共分为四个部分：第一部分是"总论"，包括"社会课程的改革背景""社会课程的基本理念""社会课程的性质与价值"；第二部分是"课程标准"，包括"总体目标"和"分类目标"；第三部分是"社会课程的年级标准及其基础"，包括"构建标准的依据""构建标准的原则""构建内容的主题及其内涵"（其中的主题：人与环境、个人与群体、社会生活与规则、生活与消费、历史与文化、和平与发展、社会与科学技术）、"年级标准"（由课程标准、教学活动指导、评价建议组成）；第四部分是"实施建议"，包括"教学建议""评价建议""课程资源的开发与利用""教材编写建议"。①

从 2001 年到 2011 年，我国基础教育课程改革已经过了十年的实践探索，课程改革取得了显著成效，随着改革的深入推进，在课程标准执行过程中也发现了一些标准有待调整与完善。"为贯彻落实《国家中长期教育改革和发展规划纲要（2010—2020 年)》，适应新时期全面实施素质教育的要求，深化基础教育课程改革，提高教育质量"②，教育部组织专家对义务教育各学科课程标准进行了修订完善。品德与社会是这次课程改革中创设的一门新课程，"品德与社会的改革力度比较大，而推进速度又比较快，标准的研讨、细化还不到位"③，在这样的情况下，出台了经过修订的《课标（2011)》。

与《课标（实验稿)》相比较，《课标（2011)》主要做了以下修订：

第一，课程性质的表述更加清晰。新版的课程标准将品德与社会的课程性质定位在："在小学中高年级开设的一门以学生生活为基础、以学生良好品德形成为核心、促进学生社会性发展的综合课程。"同时，增加了关于课程特征的阐述：综合性、实践性、开放性。

第二，对课程内容进行了年段区分。课程内容修改为"我的健康成长、

---

①教育部基础教育课程教材专家工作委员会.义务教育品德与社会课程标准（2011 年版）解读 [M].北京：高等教育出版社，2012：7.

②教育部关于印发义务教育语文等学科课程标准（2011 年版）的通知 [EB/OL].http://www.moe.edu.cn/publicfiles/business/htmlfiles/moe/moe_711/201201/129268.html，2011-12-28.

③高峡.使品德教育真正回归儿童生活——品德与社会课程标准实施十年 [J].基础教育课程.2011（91-92)：18.

我的家庭生活、我们的学校生活、我们的社区生活、我们的国家、我们共同的世界"六个领域，内容标准部分总体上没有做大的修改，只是适当调整、合并，使内容标准总条目数量有所减少，降低了难度，特别是对各年段（中、高）内容做出区分度的说明。具体见表1—6。

表1—6 品德与社会课程标准"内容标准"部分条目调整的基本情况

原标题	原条数	现标题	现条数（年段分配）
我在成长	9	我的健康成长	8（中2；高1；中/高5）
我与家庭	6	我的家庭生活	5（中3；高1；中/高1）
我与学校	8	我们的学校生活	7（中5；高1；中/高1）
我的家乡（社区）	11	我们的社区生活	11（中6；高1；中/高4）
我是中国人	14	我们的国家	3（中0；高7；中/高6）
走近世界	8	我们共同的世界	8（中0；高6；中/高2）
总计	56		52（中16；高17；中/高19）

资料来源：高峡：《品德与社会课程标准修订要点简述》，《基础教育课程》2012年1、2月，总第97、98期，第25页。

第三，增加了体现新时代要求的目标和内容。如，增加了"崇尚公平与公正""具有中华民族的归属感和自豪感"等情感、态度、价值观目标，在课程内容中增加了"有荣辱感与知耻心；懂得感恩；珍爱我国的文化遗产"等内容。

第四，对实施建议做了详细的、可操作性的补充与完善。在教学建议部分，对教师教学和课程的具体实施提出了更明确、清晰、翔实的指导意见，提供的教学方法也更丰富、更明确，可选择性更强。在评价建议部分，对原标准的评价目的与功能进行了整合与完善，评价目的和内容更加明确，评价方式和方法更加具体，易于操作。

（四）小学社会课程标准演变中的异同

通过对小学社会课程标准（教学大纲）的回顾，我们可以看出，20 世纪 80 年代以来，我国小学社会课程的发展有三个关键性节点，一是 1988 年国家教委颁布的《小学社会教学大纲》；二是 2001 年制定了《课标（初审稿）》；三是《课标（2011）》。1988 年版大纲标志着我国小学社会课程的首次综合化改革；2001 年版的课程标准是在 1988 年大纲综合课程的基础上，将社会课程与品德课程进行整合与重组；2011 年版的课程标准则是对 2001 年版的进一步完善，标志着我国小学社会课程由此走向深度整合。在此将从课程性质、目标、内容、结构以及价值取向这几个方面来比较这三个版本的小学社会课程标准（教学大纲）的异同。

1. 课程标准的结构

1988 年《小学社会教学大纲》分四个部分：教学目的和要求、教学内容的安排、教学内容要点、教学中应该注意的几个问题。其中的教学内容又分为"认识周围社会""认识祖国""认识世界"三个部分，每一部分内容的教学要求都用"初步知道""知道""初步学会""学会"等动词明确规定。

2001 年与 2011 年的品德与社会课程标准结构基本相同，主要由前言、课程目标、课程内容和实施建议这几部分组成，其中，课程内容又划分为六个主题。在此就课程标准结构的几个主要方面列表做一比较（见表 1—7）。

表 1—7 《小学社会教学大纲》与《课标（实验稿）》《课标（2011）》的对比

	《小学社会教学大纲》（1988 年）	《课标（实验稿）》（2001 年）	《课标（2011）》
整体结构	包括四个部分的内容：教学目的和要求、教学内容的安排、教学内容要点、教学中应该注意的几个问题	包括五大部分：前言、课程目标、内容标准、实施建议、教材编写意见，具体包括课程性质、基本理念、设计思路、教学建议、评价建议、课程资源的开发与利用等	包括四大部分：前言、课程目标、课程内容、实施建议，具体包括课程性质、基本理念、设计思路、教学建议、评价建议、教材编写建议、课程资源的开发与利用等
课程目标	对"教学目的"的表述大致分为三个部分：知识学习方面的要求、能力培养方面的要求和思想教育方面的要求	对于课程目标的表述更全面，分为总目标和分目标。三个分目标：情感·态度·价值观、能力、知识	对于课程目标的表述分为总目标和分目标。三个分目标：情感·态度·价值观、能力与方法、知识
课程内容	"教学内容"分为三个部分：认识周围社会、认识祖国、认识世界，其中认识祖国占较大比重，其次是认识周围社会，最后是认识世界	课程内容分为六个部分：我在成长、我与家庭、我与学校、我的家乡（社区）、我是中国人、走近世界	课程内容分为六个部分：我的健康成长、我的家庭生活、我们的学校生活、我们的社区生活、我们的国家、我们共同的世界
教学评价	教学中要重视考查，以了解学生的学习情况，及时改革教学内容和教学方法。社会应以平时考查为主。考查内容应有利于引导学生了解社会，有利于培养学生适应社会生活的能力。考查形式应灵活多样，从实际出发	提出了具体的"评价建议"，包括评价的目的与功能、评价内容、评价的方式和方法	"评价建议"包括评价的目的和原则、评价的目标和内容、评价的方式和方法、评价的实施和反馈

资料来源：笔者根据《九年制义务教育全日制小学社会教学大纲》（1988 年）、《全日制义务教育品德与社会课程标准（实验稿）》（2001 年）与《义务教育品德与社会课程标准》（2011 年）整理而成。

通过表 1—7 我们可以看到，2001 年版与 2011 年版的课程标准从总体上来说要比 1988 年版的大纲更加详尽，特别是课程实施方面。

从文本的整体结构方面看，新近两部课程标准比 1988 年的大纲多了"前言"和"教材编写意见"。"前言"包括课程性质、基本理念、设计思路，让教师和读者对这门课程有了宏观的把握；"教材编写意见"这部分则体现了"一纲多本"的现状，突出了课程标准的指导性作用，对教材编写者与广大教师有着实际的指导意义。

在课程目标方面，1988 年大纲中的"教学目的"分成三个部分：知识、能力和思想品德的要求；2001 年和 2011 年的课程标准对于课程目标的表述更全面、更细致，分为总目标和分目标，三个分目标是情感·态度·价值观、能力与方法、知识。可以看出，品德与社会课程把情感·态度·价值观目标放在第一位，而不再将知识目标置于首位。

在课程内容方面，1988 年大纲中的教学内容分为三个部分：认识周围社会、认识祖国、认识世界。《课标（实验稿）》中的课程内容分为六个部分：我在成长、我与家庭、我与学校、我的家乡（社区）、我是中国人、走近世界。《课标（2011）》的课程内容也同样分为六个部分，只是表述稍有不同。可见，两者都是按照由近及远、"同心圆放大"的逻辑安排内容的，两版新课程标准中的课程内容相比较而言划分得更为细致，并突出了学生的主体意识。

在教学评价方面，1988 年的大纲只有简单的三句话，而新版课程标准在"实施建议"中专门列出"评价建议"这一部分，包括评价的目的与功能、评价内容、评价的方式和方法，显得更为全面而具体。

2. 课程性质

关于课程性质，1988 年《小学社会教学大纲》中指出："社会是九年制义务教育阶段对小学生进行社会常识教育的一门重要课程。""社会教学内容包括社会生活、历史、地理以及法律等常识。"从这些表述可以看出，1988 年大纲中社会课程的重要特征就是将原有分科教学的相关社会学科进行了初步整合，小学社会课程的设置主要是为了让学生学习关于社会生活的综合性知识，与此同时，强调教师的教学方法应更加贴近实践。

《课标（实验稿）》中规定品德与社会的课程性质为"在小学中高年级开设的一门以儿童社会生活为基础，促进学生良好品德形成和社会性发展的综合课程"。①《课标（2011）》对课程性质的表述则更加清晰，将品德与社会课程的性质定位为："在小学中高年级开设的一门以学生生活为基础、以学生良好品德形成为核心、促进学生社会性发展的综合课程。"②如此表述，改变了上述"良好品德形成和社会性发展"并列的提法，明确了以德育为核心的理念。

《课标（实验稿）》指出：本课程根据小学中高年级学生社会生活范围不断扩大的实际，认识了解社会和品德形成的需要，以儿童的社会生活为主线，将品德、行为规范和法制教育，爱国主义、集体主义和社会主义教育，国情、历史和文化教育，地理和环境教育等有机融合，引导学生通过与自己生活密切相关的社会环境、社会活动和社会关系的交互作用，不断丰富和发展自己的经验、情感、能力、知识，加深对自我、对他人、对社会的认识和理解，并在此基础上养成良好的行为习惯，形成基本的道德观、价值观和初步的道德判断能力，为他们成长为具备参与现代社会生活能力的社会主义合格公民奠定基础。③《课标（2011）》又增加了关于课程特征的阐述，即综合性、实践性、开放性，并按照这三个维度具体阐述了课程性质，其基本内容与2001年版的标准大致相同。

将1988年《小学社会教学大纲》、2001年《课标（实验稿）》和2011年《课标（2011）》中的"课程性质"加以比较，我们可以发现：

第一，小学社会课程的综合化程度越来越高。1988年的大纲中规定："社会教学内容包括社会生活、历史、地理以及法律等常识。"④这是对原有分科课程内容的初步整合，从其"教学内容要点"的规定中可以看出，当时小

---

①中华人民共和国教育部.全日制义务教育品德与社会课程标准（实验稿）[M].北京：北京师范大学出版社，2001：1.

②中华人民共和国教育部.义务教育品德与社会课程标准（2011年版）[M].北京：北京师范大学出版社，2011：1.

③中华人民共和国教育部.全日制义务教育品德与社会课程标准（实验稿）[M].北京：北京师范大学出版社，2001：1.

④课程教材研究所.20世纪中国中小学课程标准·教学大纲汇编（自然·社会·常识·卫生卷）[M].北京：人民教育出版社，2001：172.

学社会课程的内容是一种知识拼盘式的整合。与之相比，2001 年的《课标（实验稿）》就不仅仅是将品德与社会内容简单地合并，而是显示出更广泛、更高程度的综合——"将品德、行为规范和法制教育，爱国主义、集体主义和社会主义教育，国情、历史和文化教育，地理和环境教育等有机融合"；《课标（2011）》将课程性质直接表述为"综合性"，并在课程内容的组织安排方面打破原来简单拼合的做法，巧妙地将社会生活中的各个相关知识"点"与儿童生活的不同"面"形成有机融合。

第二，小学社会课程的社会实践性特点愈来愈清晰。1988 年的大纲中指出，"要注意教学与实践相结合。社会科与社会生活有着密切联系，应安排一定时间，根据当地实际情况，积极引导学生参加必要的参观、访问、社会调查等实践活动"。[1]一直以来，人们对于社会课程的实践性质的认识是毋庸置疑的，但是如何理解社会课程的实践性，又如何将这种实践性体现在课程教学过程之中却是其中的关键。1988 年的大纲提出了"教学与实践"相结合，但"教学内容要点"中的大量需要"知道""学会"的知识点却挤压了"实践"的空间。在 1994 年的修订过程中，可以发现许多知识点的学习被降低了难度或进行了整合，或许我们可以这样认为，当时的修改正在努力地使社会课程有机会贴近实践。而 2001 年的《课标（实验稿）》在对相关学科知识进行有机融合的同时，也逐渐开辟出一条引领学生走向实践、走向生活的渠道。

第三，小学社会课程标准中的德育地位不断上升。1988 年的大纲中规定："开设社会科，对于贯彻德、智、体、美全面发展的教育方针，培养有理想、有道德、有文化、有纪律的社会主义公民，提高全民族的素质，有着重要意义。"[2]这表明，德育被作为小学社会的重要主题。2001 年的《课标（实验

---

①课程教材研究所.20 世纪中国中小学课程标准·教学大纲汇编（自然·社会·常识·卫生卷）[M].北京：人民教育出版社，2001：180.

②课程教材研究所.20 世纪中国中小学课程标准·教学大纲汇编（自然·社会·常识·卫生卷）[M].北京：人民教育出版社，2001：171.

稿)》指出，小学社会课程是促进学生良好品德形成和社会性发展的综合课程。而《课标（2011）》将品德与社会的课程性质表述为："在小学中高年级开设的一门以学生生活为基础、以学生良好品德形成为核心、促进学生社会性发展的综合课程。"①此处所谓"核心"，并非仅从课程内容方面强调品德教育的重要性，而是突出强调在各类知识的综合教学过程中应以培养学生的良好品德作为重要目的。

3. 课程目标

1988 年的《小学社会教学大纲》对社会课程的教学目的做了明确规定，它包括知识、能力和思想品德教育三个方面。

社会课程的教学目的是使学生认识一些常见的社会事物和现象，初步了解一些家乡的、祖国的、世界的社会常识；从小培养他们正确观察周围社会、适应社会生活的能力；进行爱国主义教育和法制观念的启蒙教育，增强他们对社会的责任感。②

在知识方面，"常见的社会事物和现象"，主要指学生家庭、学校、所在社区及其周围常见的社会事物和现象，这是小学生生活的范围。关于家乡和祖国的社会常识，主要是有关家乡、祖国的文化、历史传统、地理环境与人们生活的关系。关于世界的社会常识，主要是指世界上重大历史事件、世界上一些国家及其社会风貌，以及我国和世界的关系。在能力方面，主要提出了观察周围社会、适应社会生活的能力。社会现象复杂多样，需要小学生具有适应社会的能力，能判断是非。此外，社会课程根据小学生的接受能力和实际情况，适当渗透一些经济常识、新的观念等，有利于培养他们适应社会生活的能力。在思想教育方面，主要提出了爱国主义和法制观念的启蒙教育。就是说，要从小激发他们的民族自豪感和建设家乡、振兴中华的情感；使他

---

①中华人民共和国教育部.义务教育品德与社会课程标准（2011 年版）[M].北京：北京师范大学出版社，2011：1.

②课程教材研究所.20 世纪中国中小学课程标准·教学大纲汇编（自然·社会·常识·卫生卷）[M].北京：人民教育出版社，2001：171.

们从小了解一些与生活密切相关的法律常识，培养他们的法制观念，懂得遵纪守法。

2001 年《课标（实验稿）》的课程目标包括总目标和分目标，分目标又包括情感·态度·价值观目标、能力目标和知识目标三个部分。总目标具体表述为：品德与社会课程旨在促进学生良好品德形成和社会性发展，为学生认识社会、参与社会、适应社会，成为具有爱心、责任心、良好的行为习惯和个性品质的社会主义合格公民奠定基础。①

2011 年《课标（2011）》的课程目标也是包括总目标和分目标，分目标包括情感·态度·价值观目标、能力与方法目标和知识目标三个部分，与原来基本一致。总目标的表述更清晰：品德与社会课程旨在培养学生的良好品德，促进学生的社会性发展，为学生认识社会、参与社会、适应社会，成为具有爱心、责任心、良好行为习惯和个性品质的公民奠定基础。②这样的表述更加鲜明地体现了以德育为核心的理念。

2011 年《课标（2011）》和 2001 年《课标（实验稿）》关于分目标的内容表述变化不大，修订使得每一条目标更清晰、合理。修改分类目标时主要考虑的问题是将社会发展、国家对青少年思想道德教育的新要求纳入目标中，并考虑和品德与生活、思想品德课是否衔接、表述的深浅程度是否适当、难易度是否符合该年龄段的学生的发展基础。③

从目标层面对比 2001 年、2011 年标准与 1988 年版教学大纲，我们会发现除了内容表述上的区别外，目标设计本身也存在很大差异。

1988 年版大纲中设计的标题为"教学目的与要求"，"教学目的"即社会课程的总目的，"要求"则是对教师的教学提出的要求，例如，"指导学生

①中华人民共和国教育部.全日制义务教育品德与社会课程标准（实验稿）[M].北京：北京师范大学出版社，2001：2.

②中华人民共和国教育部.义务教育品德与社会课程标准（2011 年版）[M].北京：北京师范大学出版社，2011：5.

③高峡.品德与社会课程标准修订要点简述[J].基础教育课程，2012（97-98）：24.

初步了解祖国和家乡的历史传统、地理环境与现代生活的关系，从而激发他们的民族自豪感和建设家乡、振兴中华的情感。……指导学生初步了解一点与他们相关的法律常识，从小遵纪守法，逐步培养法制观念。"[1]无论是从总目的还是关于教师教学要求的表述中我们都可以看出，该大纲是按照知识、能力、情感与价值观这样的逻辑顺序组织起来的。知识的地位居于首位，能力次之，情感为后。

从 2001 年版与 2011 版标准的分目标设计中，可以明显看到新版社会课程标准都将学生的情感·态度·价值观置于首位，能力目标次之，知识目标居后。这种截然不同的课程目标源于前后教育理念的变革。1988 年版大纲是基于"教师教"的角度设计的，而 2001 年与 2011 年版标准显然是基于"学生学"的角度设计的。各分目标中的主语无疑是"学生"，而且学生对于知识的学习是应该建立在真切的经验、感受与实践的基础之上。目标的表述不再是"指导学生……""培养他们……"，而是凸显出学生学习的主动性。

4. 课程内容

1988 年《小学社会教学大纲》关于社会教学内容和要点安排方面，要求遵循小学生的认识规律，按照由近及远、由浅入深的教育原则，分为"认识周围社会""认识祖国""认识世界"三方面。

认识周围社会，就是"让学生从了解家庭生活开始，进而了解周围社会生活"。《小学社会教学大纲》规定："这部分教学内容安排在五年制小学的三年级，六年制小学的四年级。"[2]这一部分教学内容按照由近及远来编排，首先从家庭、学校到社区，以及周围社会中常见的工农业、商业、交通等社会事物和现象起步。认识祖国，就是"让学生初步了解有关祖国的社会常识和家乡（县、市）的社会生活实际"。《小学社会教学大纲》规定："这部分

---

①课程教材研究所.20 世纪中国中小学课程标准·教学大纲汇编（自然·社会·常识·卫生卷）[M].北京：人民教育出版社，2001：171-172.

②课程教材研究所.20 世纪中国中小学课程标准·教学大纲汇编（自然·社会·常识·卫生卷）[M].北京：人民教育出版社，2001：177.

教学内容安排在五年制小学的四年级和五年级上学期，六年制小学的五年级和六年级上学期。"认识世界，就是"让学生初步了解一点有关世界的社会常识"。《小学社会教学大纲》还规定："这部分教学内容安排在五年制小学的五年级下学期，六年制小学的六年级下学期。""与小学生有关的法律常识分散安排在各个年级。"[①]"认识祖国"和"认识世界"这两部分教学内容，是从小学生认识社会的需要出发，选取必要的社会生活常识、历史常识、地理常识和法律常识，组成认识祖国和认识世界的新的知识体系。

《小学社会教学大纲》的教学内容中，安排了一定的社会实践活动，引导学生参加必要的参观、访问、社会调查等。例如，在"认识周围社会"的教学中，让学生观察附近的食品店、百货店或农贸市场等，知道一些粮食、蔬菜、瓜果等的价格，学习去商店、市场购买商品；参观附近的工厂、农村，了解工厂的生产、运作等及农村变化的一些情况。在"认识祖国"的教学中，让学生搜集家乡的科学文化名人名事；凭吊当地的革命烈士纪念馆，访问当地的革命老人；参观当地的旅游景点等。这些表明社会课程重视社会实践活动，让小学生在社会实践中学习社会常识，培养社会生活能力和服务社会的意识。

由《小学社会教学大纲》的基本精神可以看出，社会是向小学生进行社会常识教育的一门综合课程。它既不是以往小学历史、地理学科教学内容的简单相加，也不同于现行小学历史、地理的学科体系，而是从社会的角度，将社会生活常识、历史常识、地理常识和法律常识有机地结合起来，组成社会综合课的知识体系。

《课标（实验稿）》与《课标（2011）》的第三部分为"内容标准"，课程内容由六个主题构成，以《课标（2011）》为例，其确定的六个主题为"我的健康成长""我的家庭生活""我们的学校生活""我们的社区生活""我们的国家""我们共同的世界"。这种主题式框架是各国设计综合课程时常采

---

①课程教材研究所.20世纪中国中小学课程标准·教学大纲汇编（自然·社会·常识·卫生卷）［M］.北京：人民教育出版社，2001：177.

用的，也被称为"同心圆扩大"的框架。这个内容框架的构建，遵循了以学生生活为基础开展学习的设计思路，体现了综合课程设计的特点。[①]每个主题下面的课程内容涉及多方面的知识、能力与情感·态度·价值观目标，如"我的健康成长"主题中，对学生的自我认识、行为习惯、理解尊重他人以及生活态度、法律意识等提出了多方面的要求，这些品质和能力的养成，既不是只在家庭或学校生活中就能形成的，也不是只懂得道理就可以完成的，它必然涉及学生不同侧面和范围的生活体验。

六个主题之下除了对课程内容的规定外，与课程内容相对应地还提出了对教师的教学活动建议，这是对达成内容标准的补充说明，其中主要呈现的是体验、探究、解决问题、合作学习等多种教学活动和教学设计，以体现《基层教育课程改革纲要》中改变学生的学习方式的精神。多样的教学活动，既将学生的经验作为学习的基础，同时也将形成新的经验作为学习的目标。

因此，与《小学社会教学大纲》比较，《课标（实验稿）》与《课标（2011）》在内容标准方面具有以下突出的特点：

（1）体现以学生为主体的改革思想

新课程标准把热爱生命、热爱生活放在第一位，强调育人为本，重在儿童文明行为习惯、良好道德品质的培养和健康的社会性的发展，引导儿童成为热爱生活、乐于探究、具有良好道德品质的好学生。为了更好地体现课程改革的价值取向，"内容标准"基本上采用了主体表述的方式，并以行为化的表述呈现。有关认知的内容，采用了"知道""了解""懂得""理解""辨别"等动词，体现了学生在教学中的主体地位，学生是学习的主人；有关培养学生情感、态度、价值观的内容，采用了"体会""感受""激发""感激""珍惜""珍视""热爱""关爱""尊重"等动词；有关活动过程和活动方式的内容，采用了"学习""整理""画出""提出""观察""参与""调查""比较"

---

①高峡.品德与社会内容标准解读［J］.课程教材教学研究，2003（9）:23.

"讲述""交流"等动词。这些行为动词的使用，使学生的主体性得到了充分的体现，是对学生学习过程和方法的引导，也是对教师教学活动的指导和要求，同时还是对教学进行评价的依据之一。同时，该标准强调学习方式多样化，倡导学生的主动参与，注重学生的体验、参与和实践等活动方式，注重教师在教学和学习活动中的引导作用，逐步培养学生的道德情感，引导学生形成正确的价值判断和行为习惯。

（2）课程内容编制以三维目标作为内在逻辑

课程标准中"内容标准"的各部分和各条目均不是按照学科体系和知识点呈现的。课程内容以六大主题形式呈现，借鉴"同心圆扩大"的方式，但又没有完全拘泥于一个封闭的"同心圆"，而是更多地关照儿童生活时代的特点。因此，新课程的设计是一种"点面结合"的新思路，即"在儿童不同的生活领域的'面'上，选取与儿童有关的不同社会要素的'点'，以主题形式组织教学内容，构建课程内容标准框架"。贯穿于此框架内部的逻辑性就在于前面提及的课程三维目标。仔细研究会发现，每一条内容标准都尽可能地体现出将知识学习、情感态度和行为能力养成融为一体的课程理念。如"我的家庭生活"部分中的"了解家庭经济来源和生活必要的开支。学习合理消费、勤俭节约的途径和方法。（中、高）"这一内容标准在知识方面要求学生了解家庭经济来源，在能力与方法上要求学生学习合理消费、勤俭节约的途径，在情感、态度、价值观方面要求学生养成勤俭节约的消费观。

（3）表述清晰明确，预留发挥空间

课程标准中对教学内容的叙述更加明确，减少了教师在内容理解时造成误差，同时内容标准也并不是呈现僵化的知识点，许多内容都为教师提供了可以灵活运用的空间，从而更便于实现教学目标。例如，在"我们的学校生活"这一主题内容方面用了这样的叙述："能利用简单的图形画出学校平面图以及上学路线图。"教师可以直接引导学生通过回忆所学的图形知识，运用所学的知识来画出学校周围的平面图和路线图。在"我们的社区生活"这一主题里面用了这样的叙述："了解本地区的自然环境和经济特点及其与人们生活的关系；感受本地区的变化和发展；了解对本地区发展有贡献、有影响的人物，萌发对家乡的热爱之情。"①每个学生的家乡都有自己的特色，教师可以结合所在地区的实际特点采取不同的教学方法，也能让学生达到教学目标的要求。同时，这一主题的叙述本身就体现了一定的开放性，对于生活在城市的小学生来说，可以根据自己生活的社区来进行学习，对于生活在农村的小学生来说，则可以通过自己所生活的村庄来加以理解。

有些内容标准的条目表述虽很简略，但在内容呈现时却可以很丰富，在学习时也不局限于一个课时。如，"我们的学校生活"中的"能利用简单的图形画出学校平面图以及上学路线图"，"我们共同的世界"部分中的"初步了解一些人类的文化遗产，激发对世界历史文化的兴趣"等，② 由于有的内容涉及实践和操作，有的内涵极其丰富，但标准并未规定出具体的"知识点"，因此在设计和实施的过程中，教师可以根据课时总体安排和学生的可接受程度，进行灵活处理。

(4)时代性与实效性进一步增强

重视树立学生的环保意识，重视学生收集、处理信息的能力，根据社会对复合型人才的要求，重视学生各方面素质的全面发展，拓展学生对多个领域的了解，重视对学生进行合作创新意识的培养，重视增强学生对各种信息的辨别能力和网络伦理道德规范的教育。例如，在"我们的国家"这一主题中，在内容标准里要求学生"知道现代通信的种类和方式，体会现代媒体，尤其是网络与人们生活的关系。在有效获取信息的同时，增强对信息的辨别能力，遵守通信的基本礼貌和网络道德、法律规范，做到文明上网"，③体现

_____

①中华人民共和国教育部.义务教育品德与社会课程标准（2011 年版）［M］.北京：北京师范大学出版社，2011：9-11.

②中华人民共和国教育部.义务教育品德与社会课程标准（2011 年版）［M］.北京：北京师范大学出版社，2011：9-16.

③中华人民共和国教育部.义务教育品德与社会课程标准（2011 年版）［M］.北京：北京师范大学出版社，2011：14.

了信息时代对学生的素质做出的新的要求。

思想品德的加入使得小学社会课程变成了一门综合程度更高的课程。对比这两个时期的小学社会课程标准可以发现，课程改革后的品德与社会课程有利于增强思想品德教育的实效性、真实性，使思想品德不再是纸上的概念，而是以鲜活的实例呈现在学生面前，通过情境化、生活化、具体化的内容，培养学生爱国主义、集体主义、奉献主义的情怀；有利于解决原来两门相对独立的课程之间的交叉重复，使得学生更加容易融会贯通。

5. 课程价值取向

20 世纪中叶以后，课程研究领域发生了很大的变化，课程改革运动也非常活跃，各种课程设计模式也随之出现。现代课程理论流派归纳起来主要有：强调以学术为中心的学科结构课程理论；强调以社会问题为中心的社会改造课程理论；强调以学生发展为中心的学生中心课程理论。[1]

学科结构课程理论认为，知识是课程中不可或缺的要素，强调要把人类文化遗产中最具学术性的知识作为课程内容，并且特别重视知识体系本身的逻辑程序和结构，因而通常把学术性作为课程的基本形式。[2]《小学社会教学大纲》中的"教学目的"从知识、能力和思想教育三方面提出要求，"使学生认识一些常见的社会事物和现象，初步了解一些家乡的、祖国的、世界的社会常识；从小培养他们正确观察周围社会、适应社会生活的能力；进行爱国主义教育和法制观念的启蒙教育，增强他们对社会的责任感"。可以说，上述目标体现出了对小学社会课程的价值定位——认识常见社会事物，拥有一般社会常识的知识价值、观察判断能力与社会适应能力的培养价值、热爱祖国的激励价值与法制教育的训练价值。按照这一价值定位，一门好的小学社会课程应该具有"知识性""能力性""教育性"等，在这三种价值诉求中，

---

①施良方.课程理论——课程的基础、原理与问题 [M].北京：教育科学出版社，1996：14.

②施良方.课程理论——课程的基础、原理与问题 [M].北京：教育科学出版社，1996：14.

"知识性"被列在首位，这就清楚地表明了课程编制者对于小学社会课程的"智育"职能的强调，即使学生认识一些常见的社会事物和现象，初步了解一些家乡的、祖国的、世界的社会常识。同时，《小学社会教学大纲》注重对小学生的爱国主义和法制观的启蒙教育，爱国主义是思想教育的基础，加强对学生进行近、现代史教育和国情教育。显然，小学社会受学科结构课程理论影响，课程的价值取向是知识倾向性的。

相比较而言，2001 年与 2011 年两部课程标准则明显受到学生中心课程理论的影响，该理论主张应以学生的兴趣和爱好、动机和需要、能力和态度等为基础来编制课程。这种课程有两个基本特征：(1)课程的核心不是学科内容，不是社会问题，而是学生的发展；(2)课程内容不是既定不变的，而是随着教学过程中学生的变化而变化的。这种课程思想起源于欧洲，在 20 世纪二三十年代经美国杜威（J. Dewey）的发展而形成。在此之后，20 世纪 70 年代后流行的人本主义课程理论非常推崇学生中心课程，它主张课程的重点不是放在学生的认知上，而是放在学生的情感方面。美国学者罗杰斯（C. Rogers）认为，教育的目的在于使学生从中获得个人意义。①

2001 年《课标（实验稿）》总的目标是"促进学生良好品德形成和社会性发展，为学生认识社会、参与社会、适应社会，成为具有爱心、责任心、良好的行为习惯和个性品质的社会主义合格公民奠定基础"。②品德与社会的课程目标是以学生的发展为中心的，突出了"学生中心"的设计思路，与《小学社会教学大纲》的"知识中心"的价值取向迥异。课程标准在总的目标下，又提出了三个分目标，分别是情感态度价值观、能力以及知识的目标。上述目标体现了对小学品德与社会课程的价值定位：热爱生命、热爱生活、热爱祖国、重视传统、关爱自然的激励价值；拥有良好品质、民主法制观念的训

---

①施良方.课程理论——课程的基础、原理与问题 [M].北京：教育科学出版社，1996：17.

②中华人民共和国教育部.全日制义务教育品德与社会课程标准（实验稿）[M].北京：北京师范大学出版社，2001：2.

练价值；自我调整、自我表达、观察分析、合作交流和搜集信息的能力的培养价值；了解儿童基本权利和义务、了解社会规则等社会生活常识、了解基本的地理和历史知识等的知识价值。把情感态度价值观目标放在首位，显然是受了人本主义课程理论的影响，把课程的重点放在对学生的情感教育上。在情感态度价值观这个分目标上，把珍爱生命、热爱生活放在了首位，这是与以往不同的，说明该课程真正从学生的角度出发，强调生命是最宝贵的，并把这个目标放在热爱祖国这一课程目标之前，这是值得肯定的。

我们看到，与之前的小学社会教学大纲相比，品德与社会同样强调这门课程的"知识性""能力性""教育性"等，然而在这三者之间，"教育性"被放在了第一位，这表明了课程编制者对于小学品德与社会的"德育"职能的强调。凸显"德育"，实际上也更加注重小学社会课程的"社会性"，因为所谓"社会性"首先是要做"人"，也就是人的社会化。

第二章 中国与英国小学社会课程标准比较

21 世纪的今天，世界各国的小学课程改革除了更加强调基础文化知识的重要性，也越来越重视活动课程和综合课程的改革，社会课程即是如此。在英国，基础教育的改革在近些年日趋频繁，并且国家不断加强了对课程的宏观调控。英国的小学社会课程主要涵盖了健康教育、生命教育、环保教育、公民素质教育等方面，该课程强调对学生的价值观教育，关注学生品德的发展，注重对公民素养的培养。

一、英国小学社会课程标准诞生的背景

（一）英国小学社会课程产生和发展的背景

"个人、社会和健康教育"课程即 PSHE（Personal，Social and Health Education）课程，于 20 世纪 80 年代在英国兴起，旨在促进小学生自信积极、身心健康、良好的人际关系，以适应社会发展。这门课程特色鲜明，覆盖面广，特别重视与学生的日常实际生活相联系，注重学生公共生活的实践性和参与能力，并且注意结合学生的年龄阶段和思想特点进行引导，培养他们真诚、正直、勇敢、独立、爱国、公正、遵纪守法等优秀品质，体现丰富的人文精神和课程价值，对英国小学生的健康成长有着不可替代的重要作用。

英国社会课程作为综合性的学科产生于 20 世纪 40 年代末 50 年代初，目的是为了打破第一次世界大战以来形成的"学科间的屏障"，它是由历史、公

民、地理或者时政时事问题、公民素质、科学、国语组成的广域性质的学科。①促使英国小学社会课程产生的因素诸多，如下所述。

第一，20 世纪 50 年代起，英国的教育教学与社会生活发展不相适应，矛盾特别突出。学生"大多数时候是在学习数学、化学、地理、生物等课程内容，但却很少有机会接触与自己相关的知识，更没有机会了解社会并参与各项社会活动"②的状况，受到了社会各界的广泛关注。70 年代后，英国的政治经济状况受到冲击，失业率上升，通货膨胀严重，国民道德素质下降。

第二，英国宗教教育的变迁，也是促进 PSHE 课程产生的一种重要因素。英国是一个具有宗教信仰的国家，宗教教育在教育活动中发挥着重要的作用。随着社会的发展，各种不同的宗教观念间出现了矛盾，宗教也不再占据主要地位，教育趋向世俗化，产生了世俗化的道德教育，从而出现宗教教育与世俗道德教育并存的局面。

第三，个人健康的需要。当时青少年儿童的身心健康状况不理想，缺少安全感，疾病、抑郁、自杀等事件发生概率呈上升趋势。社会道德水平低下，恶性犯罪事件屡屡发生，学校安全受到威胁，急需一套系统的教育措施来控制态势恶化。

第四，少年儿童的生活幸福感和生活质量普遍降低。学生课业负担过重，学科要求过高，课程内容过难，"填鸭式"的教育使得学生身心疲惫，生活学习压力逐渐增大，影响了学生的正常发展。

第五，20 世纪 70 年代，后现代主义教育广泛流行，它强调师生间的平等与探讨，强调过程的重要性。在课程范式转换的背景之下，英国社会开始强调个人和社会发展的重要作用。例如，英国教育和科学部（DES）与皇家督学（HMI）在 1979 年的调查报告伊始就明确指出：由于外在的负担、时代的变迁和学校自身的发展，个人与社会的发展应成为学校更加明确和重要的努力

①沈晓敏.社会课程与教学论［M］.杭州：浙江教育出版社，2003.

②Nash Popovic. An outline of a New Model of Personal Education ［J］.Pastoral Care，2002
（20）：12-20.

方向。①

综上所述，国家为了学生的全面发展，出台了相应的教育政策，旨在为了学生的未来生存做准备。为此，国家课程开始要求更加重视个人教育、社会与健康教育、公民教育之间的相似性与连贯性，从而英国个人、社会和健康教育（PSHE）课程在 20 世纪 80 年代应运而生。

（二）英国基础教育课程改革赋予 PSHE 课程新的理念与内容

英国社会课程一共分为四大阶段，小学社会课程处于第一和第二阶段，也就是小学 1—2 年级（5—7 岁）和 3—6 年级（7—11 岁），每个阶段有相应的课程内容、参照性目标与评价体系。英国小学社会课程涉及范围广，可以大致分为三大主线：个人教育、社会教育和健康教育。三者相互独立的同时又相互影响、相互联系、相互渗透，形成了一门综合性课程。

20 世纪 90 年代，英国教育部组建了公民教育和学校民主教育咨询委员会，它以伯纳德·科瑞克（Bernard Crick）为首带领相关专业人员专门研究调查公民教育。在 1998 年，最终递交《科瑞克报告》（Crick Report），该报告对公民教育的内容、重点、目标、方法等做了详细的说明。报告公布之后，英国资格与课程局在 1999 年宣布，20 世纪初，英国小学社会课程中将加入公民教育，并使之成为英国中小学必修的一门课程。需要强调的是，公民教育并不等于小学社会课程教育，即个人、社会、健康教育。它是采用学科渗透的方式，配合英国中学的公民课程进行教育的，教育渗透在学校的每一次活动和教学中。公民教育对国家的发展有重要的作用，能够强化学生的公民意识和政治素养，明白作为公民应该承担的责任与义务，并最终付诸行动。通过公民教育，能够加强学生社会生活的参与程度，同时也能掌握相关的知识与技能，明确个人在学校、社会中的价值与作用。

在英国，小学社会课程的目标与公民教育的目标是一脉相承的，虽然宽泛但具有针对性，对于推动公民教育的发展有着重要的作用。课程中的公民

---

①石伟平，陈霞.普瑞的课程理论概述［J］.全球教育展望，1999（4）：1.

教育主要涉及人与人、人与社会和人与生活的社会环境这几个部分，注重学生道德的培养、强调价值观的教育、重视人的情感、关注自我管理和强调实际能力等等，内容具有连贯性与一致性。在小学阶段的第一关键期中，"为成为一名积极的公民做准备"提到：强调学生能参与他人和班级的讨论、做出选择和判断、遵守纪律、有责任感、学会保护环境、为班级学校做贡献、意识到钱的用途等。第二关键期的同样部分提到：学会探讨一些热点问题，知道为何和怎样制定规则和法律，意识到反社会的后果和攻击行为，知道责任有时会相互冲突，学会思考精神文化和道德等方面的问题，通过抉择来解决问题，了解志愿者、社区和压力团体的作用，种族与宗教认同，资源收集有不同的方式，探讨媒体如何呈现信息等等。通过这些方面进行公民教育，是学生身心健康成长和提高社会民众整体素质的需求，也是现代社会进步的要求。

（三）英国小学 PSHE 课程标准的产生与发展

1988 年之前的英国课程是由地方和学校自主管理的，在 1988 年，英国进行了一次大规模的富有意义性的教育改革，并颁布了著名的《教育改革法》，以法律的形式规定并建立了国家课程标准，实施全国统一的课程。法案将义务教育划分为四大阶段，逐步加强国家对课程的宏观调控。PSHE 课程在这样的背景下逐渐发展，詹·坎贝尔（Jan Campbell）和莉斯·克拉夫特（Liz Craft）在《公民教育和个人、社会与健康教育——机会、责任和经验》一文中提出："PSHE 是指学校为了促进其学生个人与社会发展以及他们的健康和幸福（wellbeing）而提供的学习机会。"[1]21 世纪初，英国小学从 2000 年 9 月起开始实施的 《国家课程标准》 （The National Curriculum） 明确说明了学校课程的意义、社会的影响和他们希望的社会形态与教育的相互影响。对教育的追求是学校课程意义的主要来源，也就是说无论是校内教育还是校外教育，都

---

[1] Jan Campbell, Liz Craft. Citizenship and PSHE –opportunities, responsibilities and experiences. Education Review[J] . 2000, 17(2)：74.

需加强身心、道德和社会文化的发展。其中包括加强个人健康的发展，同时还要强调机会均等、公正公平、民主友好和连续性发展。①

虽然颁布了 PSHE 国家课程标准，并且已经在学校里普遍实施，但当时的 PSHE 课程没有受到足够的重视，只是作为一种补充性课程，还没有正式成为小学必修课程。针对这一情况，2007 年，英国国家教育标准局（Ofsted）于系列专题报告中发布了最新有关 PSHE 课程的报告《到改变的时间了？——个人、社会与健康教育》（Time for Change? Personal, social and health education）。英国中小学大臣吉姆·奈特指出，为了提高 PSHE 课程的教学水平，需要改变它在学校课程实施中的补充地位，在法定的必修课中它应该占有一席之地，奈特还强调需修订课程大纲，进行教师优化培训，配齐教育资源。②经历了近十年的课程实践后，课程的弊端与不足有所显现，教育专家以及相关人员对课程标准进行了研究与修订，对 PSHE 课程提出了相关修改意见。最终经英国儿童、学校与家庭大臣艾德·鲍尔斯确定，PSHE 课程于 2011 年 9 月正式成为国家必修课程，逐渐形成了一个较为完整成熟的课程体系，并且颁布了相应的课程标准。这也是到目前为止英国小学现行的社会课程标准，对英国的社会教育起着重要的作用。

二、中英两国小学社会课程标准结构框架比较

（一）中国小学社会课程标准的结构、框架

课程标准的结构和框架指的是课程内容和结构的主要组成部分，它是整个课程标准的线索与纽带，对于把握课程内容有着非常重要的作用。中国的

---

① The National Curriculum.National CurriculumOnline [EB/OL].http://www.nc.uk.net/nc_resources/html.

②Ofsted.Time for change? Personal, social and health education[EB/OL]. http://203.208.35.101/search q=cache:MdIKInWIjFkJ:https://www.edulink.networcs.net/sites/teachlearn/healthy/PSHE%2520 Resources/Ofsted%2520–%2520Time%2520for%2520change%2520summary%2520PSHE%2520 (2007) .doc +Time +for +change% 3FPersonal, +social +and +health +education&hl =zh –CN&ct = clnk&cd=1&gl=cn&st_usg=ALhdy29Sefnzz9KF3puyWQkH2ObnBv3zEw,2007–4.

小学社会课程标准有两个部分，小学低年级（1—2 年级）的《义务教育品德与生活课程标准（2011 年版）》和小学中高年级 3—6 年级的《义务教育品德与社会课程标准（2011 年版）》，它们分别都是由前言、课程目标、课程内容和实施建议这四大部分组成的。

第一部分：前言。这一部分又包括了课程性质、课程基本理念、课程设计思路几块内容。前言部分有着全文引导性作用，提出了良好品德的重要性，品德是健全人格的根基，是公民素质的核心成分。低年级的品德与生活课程标准强调学生的良好品德和行为习惯，中高年级的品德与社会课程标准强调道德认知、道德情感、道德判断力。接着课程标准对课程性质进行了描述，并总结了社会课程的几大基本特点，通过基本特点来具体说明课程性质，然后分条目阐述了课程的几大基本理念。最后对课程设计思路进行了总结性的说明，同时也为教材编写提供了一定的思路。课程标准的前言部分让我们对课程标准有一个总体的宏观上的把握。

第二部分：课程目标。这一部分将课程目标分为总目标和分目标分别进行表述，课程目标是整个课程编制过程中最为关键的一个模块。低年级品德与生活课程标准从情感与态度、行为与习惯、知识与技能、过程与方法这四方面来进行具体分析；中高年级的品德与社会课程标准指明学生应该从情感态度价值观、能力、知识这三个方面获得发展。

第三部分：内容标准。这一部分是课程标准的核心与重点，低年级的品德与生活课程内容分为健康安全地生活，愉快积极地生活，负责任有爱心地生活，动手动脑、有创意地生活这四个部分，四部分之间相互贯通并相互联系。中高年级的品德与社会课程内容部分分为我的健康成长、我的家庭生活、我们的学校生活、我们的社区生活、我们的国家、我们共同的世界这六个部分，范围不断扩展，旨在使学生全面和谐持续发展。

第四部分：实施建议。这一部分由教学建议、评价建议、教材编写建议、课程资源开发与利用建议这几部分组成，内容具体翔实，针对不同的部分提出了不同的途径与方法。

(二) 英国小学社会课程标准的结构、框架

英国的小学社会课程标准为《个人、社会与健康教育 (2011 版)》，简称 PSHE (Personal,Social and Health Education) 课程标准，适用于 1—6 年级。课程标准将小学阶段分为两个关键期，它的关键期是按照年龄段划分的，5—7 岁为第一关键期即 1—2 年级，7—11 岁为第二关键期即 3—6 年级。标准主要由概述、学习内容、关键期陈述目标三大部分组成 (如表 2—1 所示)。

表 2—1　教育学段 (KS) 与年级对应表

教育学段	年级	年龄
KS1	1—2	5—7
KS2	3—6	7—11
KS3	7—9	11—14
KS4	10—11	14—16

第一部分：概述。这部分陈述了 PSHE 课程是一门非法定课程，简要阐述了这门课程每个学段的教学重点和其他说明。例如，由第一关键期的学生从关注自身到第二关键期的关注他人、社会、国家乃至世界，按照年龄发展的特点，学生更加成熟、自信、有责任感。从第一关键期到第二关键期内容不断拓宽，范围更加广泛。这部分内容有助于我们从总体上了解这门课程。

第二部分：学习内容。学习内容是课程标准的主体部分，一共分为三个模块，由"知识、技能和理解力""学习的范围"以及"注解和跨学科参考"这三部分组成。第一模块按照知识、技能和理解力这个主题，对小学两个关键期的学习内容做出了规定，分别是：1.培养自信和责任感，充分利用他们的能力；2.为成为一名积极公民做好准备；3.养成一个健康、更安全的生活方式；4.培养人与人之间的友好关系并尊敬他们之间的差异。第二模块是"学习范围"，是指学生通过这些学习范围来获得知识、技能和理解力，且学习范围下的每条内容都有相应的知识、技能和理解力的具体内容。第三模块内容是

"注解和跨学科参考"，指明了本课程与其他课程相联系的地方。

第三部分：关键期陈述目标。是指在每个关键期结束以后，不同阶段的学生应该具备的知识、技能与理解力,它由若干的成绩陈述组成。由于社会学科的特殊性，它不像语文、数学、英语等学科那样可以通过测试和具体的目标来评价学生的学习水平，英国小学社会课程没有具体的成绩目标陈述，只有帮助教师评价的参照性陈述目标。这部分的内容对两个关键期的目标都做了参照性陈述，以此来对学生进行学业评价（如图 2—1 所示）。

图 2—1 英国学科课程标准框架图

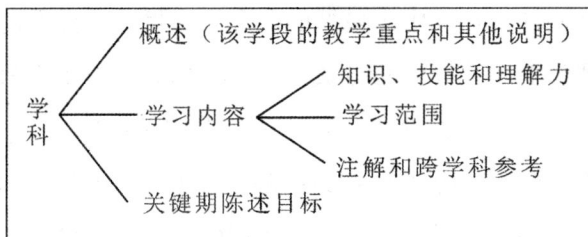

```
          概述（该学段的教学重点和其他说明）
                        知识、技能和理解力
学科   学习内容          学习范围
                        注解和跨学科参考
          关键期陈述目标
```

（三）分析与比较

中英两国社会课程标准的框架与结构有相似点，同时也有一定的差异性，通过比较分析我们得出以下结论。

1. 相同点

（1）主体构成模块相似

从课程标准的总体框架结构来看，首先，中英两个国家都对本国的小学社会课程标准有一个总体概括与介绍，让人们对本国的社会课程有一个大体上的认识与了解。中国的两个课程标准详细介绍了小学社会课程在所属阶段的课程性质、基本理念与设计思路，英国的课程标准也简要地介绍了课程的定位与重点说明等。

其次，中英两国都有内容标准这一部分，都在本国的小学社会课程标准中详细并全面地阐述了课程内容标准。这一部分也都是两国课程标准的核心部分，不管在教师教学、学生学习还是相关教育学者探索研究等方面都有非常重要的价值与意义。

最后，课程目标也是两国小学社会课程标准共同涉及的部分，它们为小学社会课程指明了方向，并对学生学习后要达成的结果做出了规定，同时也为教育教学实践提供了一定的思路与参考。英国课程标准的参照性陈述目标也为教师进行教学评价提供了标准，帮助判断评估学生的进步程度。这部分内容与中国社会课程标准实施建议中的评价建议相似，属于关键的一环。课程评价部分对课程标准的实施有引导作用，也影响着课程目标的实现。

（2）以学段来划分且衔接紧密

两个国家的小学社会课程标准的编排体系都比较完整，从框架到内容加强了学习阶段之间的衔接。中国遵循的是九年一贯课程标准设计，将义务教育分为几个学段，其中小学六年分成1—2年级和3—6年级两个学段。英国也将中小学教育分成几个关键期，5—7岁为第一关键期，7—11岁为第二关键期，两个阶段的框架结构理念与思路是一致的。两国都有各自的学习阶段，每个阶段侧重点不同，阶段与阶段之间密切联系，互不可分，从而使整体框架的呈现更丰富、更饱满。

比如，中国的品德与生活、品德与社会课程标准，两者虽然说是两个不同的学习阶段，低年级更加注重基础生活，中高年级强调社会生活扩展，但是它们都是在为一个整体服务。将品德与生活、社会相融合，作为一个整体而呈现，并且起到了承上启下的作用，即与学前教育和中学教育形成了良好的衔接，使得整个小学社会课程框架体系清晰明确。英国PSHE课程标准的两个不同关键期，有着大体相同的框架结构，虽然是分开阐述，但第一关键期与第二关键期相互联系并相互影响，同时注意与整体相结合，难度不断加深，且共同服务于一个整体，同时也保证从幼儿教育阶段到小学阶段以及中学教育之间的平稳过渡。

2. 不同点

（1）框架构建思路不同

中国的课程标准的划分思路是按照不同的模块进行划分的，各个模块的内容分散到各个年级当中去，难度随着年级的上升而不断加大，两个学段之间的划分模块不同，每个学段有自己的划分主线与思路。比如，3—6 年级的品德与社会课程标准是围绕儿童的社会生活，以"个人、家庭、学校、家乡（社区）、国家、世界"分别为六个主题，并以同心圆由近及远，范围不断扩大的方式发展，相互交叉且螺旋上升，难度也随年级的增加而增加，突出了学生的主体性，也体现了一定的顺序性与层次性。1—2 年级的品德与生活课程标准是围绕儿童与我、儿童与社会、儿童与自然这三条轴线展开的，并且从"健康、安全地生活，愉快、积极地生活，负责任、有爱心地生活，动脑筋、有创意地生活"这四个方面来阐述。[①]三条轴线与四个方面有机融合，互相联系，共同构成整体框架，这样更贴近学生实际，交织呈现了儿童生活的一个基本层面（如图 2—2 所示）。

图 2—2 义务教育品德与生活课程标准划分思路

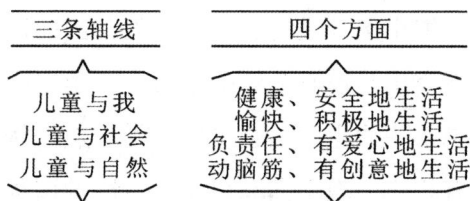

英国的 PSHE 课程标准依据学生身心发展特点以主题进行划分，两个学段的划分主题相同，都是以"培养自信和责任感并充分利用他们的能力，为成为一名积极公民做准备，养成一个健康、更安全的生活方式，培养人与人之间的友好关系和尊重他们之间的差异"这四部分来划分的。[②]其中以个人、健康与社会为主线，在各个学段中分别设置相应的课程内容与要求，三条主线不分主次，教育内容所占的比例差不多，巧妙地结合并贯穿其中，不断扩展，逐步推进，共同构成最终的基本框架结构，这样的构建更切合课程名称

---

①中华人民共和国教育部.义务教育品德与生活课程标准（2011 年版）[M].北京：北京师范大学出版社，2012.

②Personal, social and health education (PSHE): Key stage1 [EB/OL].http://webarchive.nationalarchives.gov.uk/20130904095020/https://www.education.gov.uk/schools/teachingandlearning/curriculum/primary/b00199209/pshe/ks1/2011.11.

与主题。

(2)框架体系详细度不同

不同的国家有不同的政治、经济、历史文化背景，不同的传统与人文素养，对学科的课程标准也有着自己的理解与思路，当然也就会出现不同的框架体系设计。

从两国社会课程标准的总体看来，中国的社会课程标准在框架体系方面条目比较多，主要分为前言、课程目标、内容标准、实施建议这四个部分，并且条理细致具体，相对完善；英国的社会课程标准在大体框架体系上比较简单，构成部分明了清晰，主要包括课程概述、学习内容和关键期陈述目标三大部分。我国的课程标准中包含了多级具体分条目，如第一部分前言，阐述非常全面详细，其中还包含了课程性质、基本理念、设计思路三方面，其下级又各自包括若干详细小点并进行了阐述。而英国的课程标准只是在开头做了简明扼要的概括性介绍，没有分细的条目。在学习内容这一部分，我国的小学社会课程标准中每一块主题下会具体归类小点。例如，品德与社会里的每一部分课程内容有相应的教学活动建议。英国的课程标准对内容标准只是进行简洁的分类。

对于课程内容划分，中国的中高年级品德与社会课程内容部分与中国之前一版的课程标准相比，有所调整与合并，内容条目有的减少了数量，有的难度有所下降，并且课程标准将"我的健康成长、我的家庭生活、我们的学校生活、我们的社区生活、我们的国家、我们共同的世界"这六个不同的主题内容，根据不同学段学生的接受程度与知识难易程度进行了年级段的划分。由于中高年级跨度从 3 年级到 6 年级，这四个年级的内容要求放在一起难以较好地理解、分析、教学和操作，课程标准便将中年级和高年级所属内容有所区分，在具体内容标准后面用括号明确标明，有的仅是中年级段学生要掌握的内容，有的部分是高年级学生才需要理解的，有的内容则是中高年级学生都需学习掌握。各个主题内容不仅仅只对应一个学段，有大约 1/3 以上的内容是对应了中高年级这两个学段，一样的主题出现在不同的学段。这样的课程内容划分看起来条理更清晰明确，也更有目的性，适合学生的身心发展规律（如表 2—2 所示）。

表 2—2 品德与社会课程标准"内容标准"部分条目调整的基本情况①

原标题	原条数	现标题	现条数（年段分配）
我在成长	9	我的健康成长	8（中 2：高 1：中/高 5）
我与家庭	6	我的家庭生活成长	5（中 3：高 1：中/高 1）
我与学校	8	我们的学校生活	7（中 5：高 1：中/高 1）
我的家乡（社区）	11	我们的社区生活	11（中 6：高 1：中/高 4）
我是中国人	14	我们的国家	13（中 0：高 7：中/高 6）
走近世界	8	我们共同的世界	8（中 0：高 6：中/高 2）
总计	56		52（中 16：高 17：中/高 19）

资料来源：高峡《品德与社会课程标准修订要点简述》《基础教育课程》2012 年 1、2 月，总第 97、98 期，第 25 页。

英国的小学社会课程标准相比较中国而言，第二关键期的内容标准就相对有点笼统，没有具体的年级段划分，只有主题学习范围的区分。由于这部分跨四个学年，使得学生学习需要掌握的具体内容不易把握。毕竟三年级的学生与六年级的学生身心发展的阶段水平不同，身心发展的特征也有一定的差异性。这些因素对教育工作者更好理解课程标准也有一定的影响。又如，我国在课程实施建议这一部分，规划得非常详尽具体，从教学建议、评价建议到课程资源的开发和利用，再到课程管理建议，最后到教材的编写建议，每一部分都有明确的说明和解释。相比较英国的 PSHE 课程标准，只是在最后的关键期陈述目标中提到了相关的教师评估，至于课程管理与资源开发以及教材编写等方面在课程标准中并未涉及。

综上所述，中国这样详细的课程标准框架脉络结构有助于广大教育工作者与学生更好地全面把握、理解与探究小学社会课程，拓宽了社会课程的实

---

①高峡.品德与社会课程标准修订要点简述［J］.基础教育课程，2012.1—2.

施范围。相比较英国的课程标准脉络清晰，简洁明了，方便阅读。总之，中英两国的小学社会课程标准框架的建构各有特点，划分明确，并自成体系，对我们更好地理解与探究两国的课程标准有非常重要的作用。

三、课程性质比较

对小学社会课程性质的定位直接决定了我们对本课程的认识与理解，同时也决定了教育学者如何对课程进行开发、利用以及教学，是课程标准中不可忽视的重要部分。

中国的品德与生活课程标准将低年级的课程性质定义为：是一门以小学低年级儿童的生活为基础，以培养有良好品德与行为习惯、乐于探究、热爱生活的儿童为目标的活动型综合课程。[1]并通过生活性、活动性、综合性和开放性这四个特征来阐述课程性质。品德与社会课程标准将课程性质定义为：是在小学中高年级开设的一门以学生生活为基础，以学生良好品德形成为核心、促进学生社会性发展的综合课程。[2]通过综合性、实践性和开放性这三个维度来陈述课程性质。

英国的小学社会课程标准《个人、社会和健康教育（2011版）》对它的课程性质并没有明确的文字描述，通过对课程标准文本的总体研究分析与查阅相关资料可以看出，个人、社会和健康教育是一门以培养小学生健康身心、道德人格以及公民教育为目标的综合性课程。

（一）中英两国小学社会课程性质的相同点

1. 强调课程的综合性

品德与生活、品德与社会课程标准都将我国的小学社会课程定义为一门综合性课程。《基础教育课程改革纲要（试行）》中也明确提到了"小学课程应

---

①中华人民共和国教育部.义务教育品德与生活课程标准（2011 年版）[M].北京：北京师范大学出版社，2012.
②中华人民共和国教育部.义务教育品德与社会课程标准（2011 年版）[M].北京：北京师范大学出版社，2012.

以综合课程为主"。课程应该贴近儿童生活，并且符合他们的年龄特征和身心发展的特点。①在小学低年级阶段即 1—2 年级的品德与生活课程标准中明确地提到，本课程是一门活动型的综合课程，具有综合性这一特征。它是以儿童生活为基础的，将儿童与自然、社会、自我内在融合到一起，相互渗透、相互促进且强调共同发展。小学 3—6 年级即小学中高年级的品德与社会课程标准里也明确指出，本课程是具有综合性特征的课程。中高年级的社会课程更加注重与社会活动、社会环境还有社会关系的接轨，重视学生品德的发展，在课程内容、课程的学习方式以及课程目标等方面都有所体现。课程加强了与其他多种学科教育的交叉融合，重视学生多方位、多角度了解个人和社会的能力，以便在此基础上能更好地形成良好品德。课程强调运用合作学习、探究学习、体验学习等多种灵活丰富的综合学习方式，且手脑口并用。

英国小学的 PSHE 课程标准对课程性质的定位是：一门集身心健康教育、道德人格教育与社会公民教育于一体的综合性课程。首先，英国小学社会课程具有综合性这一特点，从课程名称上来看就可以大致了解本课程的重点所在，它不仅仅是有一个重点的学科，还有自己的主线，是将个人教育、健康教育与社会教育三块领域相整合的教育，它们是不可分割相互联系的。朱迪思·莱德（Judith Ryder）和莱斯利·坎贝尔（Lwsley Campbell）的研究表明："PSHE 将学生个体的和社会的学习相互融合，且让其可以足够地获得健康的可能性。"②此外，PSHE 课程的综合性特点还表现在许多方面，比如说它是将课程内容与其他众多学科知识相互渗透的。课程本身并没有特定的知识体系，是知识、技能与理解力的有机联系与整合。

如今，课程的综合俨然已成为世界基础教育课程改革的一个重要走向和共同特点，学科综合化更能提高学生学习的效率，也防止了学科内容的重复

①教育部基础教育课程教材专家工作委员会.义务教育品德与生活课程标准解读（2011年版）[M].北京：高等教育出版社，2012.

②Judith Ryder, Lesley Campbell. Balancing acts in personal, social and health education: apractical guide for teachers [M]. London and New York: Routledge, 2003.12, 115.

与交叉，改变了过于强调学科本位的缺陷，同时也有利于幼儿园与小学阶段的衔接。日本学者安彦忠彦认为，当今教育内容正在由简单孤立的知识向网络化知识、由书面性知识向实践性知识、由基本内容向强调方法内容转化。强调课程的综合化的趋势，这实质也是课程价值观念的变革。[①]社会课程的综合有利于提高学生综合认识并解决问题的能力，以此获得品德与生活、社会的整体发展。

2. 注重课程的生活性

我国低年级品德与生活课程标准里明确强调本课程是以学生生活为基础的课程，并且努力培养其热爱生活的追求。课程的生活性特点也很明确，旨在让学生在生活中学习、发展与成长。从儿童的生活需求和问题出发，引导他们积极地参与生活和体验生活，并且能在一定程度上创造生活，因为儿童的生活也是一种可贵的教育资源。中高年级的品德与社会课程标准同样也将课程定位为以生活为基础的课程，将教育与实际生活相结合，通过学生的实际生活经验来学习，课程源于儿童生活的同时，也贴近儿童生活并引导儿童生活，强调学生内心的感受与体验。鲁洁教授就曾提出："德育课堂，追根求源就是一个指引学生去探求生活价值的课堂。它主要想让大家了解美妙的生活是怎样的，哪些是值得我们在生活中去追寻的，它要帮助人们去创建有价值的生活，让人们过上有价值的生活，去形成人的内在的、有道德内涵的世界。"[②]我国小学两个阶段的社会课程标准都强调课程的生活性，立足于儿童生活，从儿童的实际生活中提取素材设计教学，体现课程回归生活的基本观点，这样的课程才有实际效用。从文本分析来看，中高年级的品德与社会课程标准的生活性是在低年级品德与生活课程标准生活性的基础上更深层次的扩展。

英国小学的 PSHE 课程标准也重在强调课程的生活性，小学的第一关键

---

①教育部基础教育课程教材专家工作委员会.义务教育品德与生活课程标准解读（2011年版）［M］.北京：高等教育出版社，2012：18.

②鲁洁.行走在意义世界中——小学德育课堂巡视［J］.课程·教材·教法，2006.

期和第二关键期的课程均从学生的生活着手，促使学生健康生活，引导他们具有一定的生活能力，有良好的个性习惯以及健康安全的生活方式，并且引导学生尝试解决社会生活中存在的各种状况。从课程的内容设置来看，都是与生活密切相关的，也是学生关心的问题，这些内容不是空泛的条目，而是渗透在我们的吃、穿、住、行、用等各个方面，涉及个人生活、学校生活、家庭生活、社会生活等不同的范围。比如培养学生健康的情绪、健康的身体、良好的社会适应能力、注意个人安全，还有理财方面的教育和社会公民教育等，都与他们的生活密不可分，且讲求实用价值。这些也都涉及了英国的《国家课程标准》里规定的学生成长应该包括的一些因素。

陶行知曾经指出"生活即教育"，生活中的所有事物与现象，不仅能发展学生的能力，还能提升学生的责任感与生活情怀，生活有着重要的教育价值。总之，没有独立于教育的生活，也没有独立于生活的教育，两者是相互联系且相互影响的。中英两国社会课程的内容与形式都具有生活性，课程源于生活、贴近生活又高于生活，所以说生活性是社会课程的一个重要特性。

3. 同属国家必修课程

中国的品德与生活、品德与社会课程和英国的个人、社会与健康教育课程都属于国家的必修课程。国家必修课程是针对选修课来说的，是由国家教育部统一颁布且实施的，属于学生必须学习和掌握的课程，是学校课程必不可少的重要组成部分。必修课程的地位，凸显了社会课程在两国小学阶段教育的重要性，对学生的身心全面发展的成长也起到了非常关键的作用。虽然说英国的个人、社会与健康教育课程在经历了长时间的修订与调整后，直到2011年才正式成为国家必修课程，并对课程内容和课程目标等进行规定，且在各个学校普遍实施，但也足以显示社会课程越来越受到国家的重视。

（二）中英两国小学社会课程性质的不同点

1. 英国更重视健康教育

英国的小学社会课程将健康教育与个人、社会教育联系到一起，这是英国个人、社会与健康教育课程的一大重要特色。课程侧重于健康的个人和社会发展，并专门对学生的健康进行引导，重视学生的身心健康等与人类生活相关的更广阔的方面，因为个体的健康是获得其他成功的基础。就如西德豪斯（D. seedhouse）所认为的，"应该将健康视作获得其他成就的基础"。[①]个人、社会与健康教育课程是由个人与社会教育即"PSE"（Personal Social Education）课程演变而来的，如今把个人社会教育放在了一个更加广阔的平台上，加入了健康教育，使得课程覆盖面更广，特色更加鲜明。拥有健康的身体与良好的心理状态是学生个体成长发展的重要条件，而学生作为社会中的一员，学会积极处理自己的情绪，学会自我调节，发展培养良好的人际关系，知道尊重人与人之间的不同，培养有责任感、有自信且公正的态度等，是个人心理健康成长的重要因素。由此可见，健康教育在这门课程里的重要性是不言而喻的。英国小学社会课程将健康教育自然地融入个人与社会教育中去，三者巧妙结合，能更加有效地促使学生全面发展。

相比较而言，中国小学社会的课程标准中同样也涉及健康教育，比如在品德与生活课程标准中提到，学生要健康、安全地生活，养成良好的卫生和生活习惯，有自我保护的意识与能力等。在品德与社会课程标准中有"我的健康成长"这部分内容，但这部分内容在中国的课程标准里所占比例没有像英国社会课程中那么大，并且侧重于强调学生的生命与安全教育，使学生从小意识到生命的珍贵，获得生活能力，了解环境和人的关系。

2. 英国更强调公民教育

公民教育一般指"国家或社会根据社会发展的要求，培养其所属成员忠诚地履行公民权利和义务的品质与能力"。[②]由于英国社会一度出现暴力犯罪、种族主义、学生的学习积极性下降、个人主义膨胀等问题，因此社会公民责任的重要性不言而喻。英国资格与课程委员会的执行官尼古拉斯·塔特也

---

①Therese Mill. Nursing and the national curriculum initiative ［J］. Children & Society. 2001，（15）：147–148.

②张茂聪.小学品德与社会课程标准研究与实施 ［M］.济南：山东教育出版社，2005.

曾指出过，英国已经在消费主义、个人主义和物质主义的道路上渐行渐远了，对社会的认识和公民职责要不断强化。①近些年，英国较为重视学生的公民教育，通过公民教育的开展来推动学校的社会化教育。国家在中学开设专门的公民课，小学则以个人、社会与健康教育课程作为配合进行公民教育。英国小学社会课程标准里有明确的关于公民教育的具体内容与要求，它有专门的主题模块"为成为一个积极公民做好准备"。第一关键期的相关内容是学生要支持和遵循他们的小组和班级的规则；意识到人和其他生物的需求，并且有责任面对他们；知道自己是属于各种各样的团体和社区的，如家庭和学校等。第二关键期的相关内容是学生要了解规则和法律是为何和如何制定并且实施的，为何在不同的情况下需要不同的规则，并知道如何参与制定和修改的；意识到反社会的后果和攻击行为的后果，比如，个人和社区的欺凌和种族主义；知道在家庭、学校和社区有不同种类的责任、权利与义务，有的时候它们之间会相互冲突；知道什么是民主等。这些公民教育的内容旨在培养学生的社会责任感和自信心，以及他们参与社会活动、处理人际关系的能力等。英国小学的公民教育主要围绕人与人、人与社会以及人与环境展开，并且同时兼顾知识的传授、公民责任观念的培养和公民能力的引导。为致力于学生更好地生活，英国的公民教育实施多样化，除了课程教学外，还有相关学校、社区、政府各种各样实践活动的补充，公民教育网站的开设，进行网络教育等多种方式。

我国是一个社会主义国家，小学社会课程的教育思想渗透着我国的社会主义核心价值观，强调中国特色社会主义，强调马克思主义等，是具有中国特色的课程。相比较西方资本主义国家英国，我国的公民教育有待加强。我国最新的小学社会课程标准经过修订，已经涉及了公民教育，但相比较英国的公民教育的大力开展，中国的公民教育稍显滞后，还不太成熟。我国的公民教育正在努力探索当中，比如，在品德与社会课程标准中提到，"我们要

①林亚芳.英国的公民教育［J］.江西教育科研，2001：29.

知道自己是中华人民共和国的公民，初步了解自己所拥有的基本权利与义务，知道我国颁布的与少年儿童相关的法律、法规，学习拿起法律的武器保护自己，形成初步的民主与法制意识"等，这些都是公民教育的体现，意味着中国对完善公民素质、提高公民修养的重视。如今，加强学生的公民教育，提高学生公民素养是我国基础教育的一项重要的任务。我国小学社会课程标准有关公民教育的内容还有待进一步加强与完善。我国比较重视传统教育，教育者也多将精力放在小学生的智力发展上，相对忽视基本的社会公民的培养，然而教育重要的是先成人后方成才，课程内容应明确指向公民教育。教师也应该通过多种渠道对学生实施公民教育，不单单限于课堂教学，学校、家庭与社会需共同协作，引导学生更好地理解社会课程内容。

3. 中国更加关注实践活动

教育家陶行知说过，认识来源于行动，即"行是知之始，知是行之成"，只有从个人实践经历中获取的知识才是真正的知识。[①]所以说，亲身实践是获得真知的必要途径。随着基础教育课程改革的不断深入，我国的小学社会课程在不断地发展改进与更新调整，实践活动性的特质也越来越突出，越来越强调教学与实践的结合。课程只有不断引导学生走向实践，才能培养学生的道德认知、道德情感、道德意识以至道德行为。比如，小学低年级的品德与生活课程标准在课程性质里指出，课程的教学不单单局限于书本知识的传授，要让各种具有操作性的实践活动作为辅助中介，让学生在活动中体验与感悟，从而使得教学目标顺利实现。课程强调学生对课程活动性的理解，在此基础上教师加以指导与帮助。同时课程标准中还增加了综合实践活动这部分内容，强调在做中学，教师加以引导。在最后的实施建议部分，也在活动组织与活动指导方面做了细致的说明，强调学生的主体性，重视活动的过程与质量，且师生共同组织与参与。中高年级的品德与社会课程标

---

①樊健.课程评价：儿童道德生命成长的支点——小学品德与社会课程评价探究［J］.小学德育，2010.

准明确表示，强调学习知和行的统一，在实践中实现道德发展，且注重学生的亲身参与，并鼓励在实践活动中发现问题，不断激发学生的学习兴趣，加强其探究能力与创新意识的培养。课程标准还专门在每一块课程内容旁边添加了相对应的教学活动这一部分，并且鼓励教师根据教学的实际情况，自行开展各种各样的活动，这些内容直接体现实践的重要性。若不将理论与实践相结合，那么书本上的知识永远便在书本中，学生不能真正透彻理解学习。

英国的小学社会课程标准一直都有实践活动的部分。例如，在课程标准中减少了"了解""学会""知道"等词语的使用，而是用了"参与""分享""做""表达"等具有实践操作性的词语。但是单从英国的课程标准看来，在实践活动方面课程性质没有单独明确的文本表述，相比中国的文本对于实践活动的设计较少，也缺少相关明确的实践活动的教学建议。

综上所述，通过对中英两国小学社会课程性质的比较得出：两国各具特色，侧重点有所不同，进行比较分析也有助于我们更深刻地了解和把握两国的小学社会课程定位。

四、课程目标比较

课程目标是课程标准的重点部分，是课程本身所要达到的具体目的，它规定了学生在进行部分内容的学习之后，在德、智、体、美、劳等方面应该实现的程度或达到的要求。课程目标直接影响了课程内容和课程实施等相关因素的操作，是教学活动开展的前提与基础。

(一) 中国小学社会课程目标

中国小学社会两个学习阶段的课程目标都是由总目标和分目标两部分构成。总目标总领分目标，以确保分目标的各个不同组成部分的实现，从而保证达成总目标（如表2—3和表2—4所示）。

表 2—3 中国小学品德与生活课程目标

总目标		品德与生活课程旨在培养具有良好品德和行为习惯、乐于探究、热爱生活的儿童
分目标	情感与态度	·爱亲敬长、爱集体、爱家乡、爱祖国 ·珍爱生命，热爱自然 ·自信向上、诚实勇敢、有责任心 ·喜欢动手动脑，乐于想象与创造
	行为与习惯	·初步养成良好的生活、卫生习惯 ·养成基本的文明行为习惯 ·乐于参与劳动和有意义的活动 ·保护环境，爱惜资源
	知识与技能	·掌握自己生活需要的基本知识和基本技能 ·具有与同伴友好交往、合作的基本方法和技能 ·具有初步的探究能力 ·初步了解生活中的自然、社会常识 ·初步了解有关祖国的初步知识
	过程与方法	·体验提出问题、探索或解决生活中问题的过程 ·初步体验与社区和社会生活相联系的学习过程 ·学习几种简单的调查研究方法并尝试应用

　　低年级的品德与生活课程标准的总目标是"品德与生活课程旨在培养具有良好品德和行为习惯、乐于探究、热爱生活的儿童"。①总目标只用了一句话进行描述，语言简洁清晰，目的性明确，且有很强的概括性，反映了课程的价值导向，体现了人文性的特点，并贯彻了国家的教育总方针。其中"具有良好品德与行为习惯"，体现了国家对儿童德育的重视，"乐于探究"旨在培养学生勇于思考学习的习惯，"热爱生活"则是要使学生从小养成积极乐观的生活态度，且爱惜生命的生活理念。品德与生活的分目标分别从情感

---

　　①中华人民共和国教育部.义务教育品德与生活课程标准（2011 年版）［M］.北京：北京师范大学出版社，2012.

态度、行为习惯、知识技能、过程方法这四个维度来阐述课程标准，四个目标有机统一，体现了社会课程注重基础，并且让我们知道课程知识是儿童通过努力才能学会的。从四个分目标可以看出，社会课程不再将知识技能放在第一位，改变了以前过于偏重知识学习的倾向，而是更加强调情感态度的重要性。情感与态度是动力体系，对于培养学生的良好素质与竞争力有着重要作用，且学生学习的知识是建立在个人的感受和经验态度基础上的，所以情感态度是很重要的一环。行为与习惯对于小学生来说大多源于纪律的约束，有助于学生生活的顺利进行。比如，课程标准里提到的养成良好的卫生、生活以及文明行为习惯。知识与技能即基础知识与基本技能，是基础性的目标，也是以往老师最重视的目标，但是随着教育不断发展，教育理念也有所变化。过程与方法是指不能仅仅注重最终结果的获得，比如，初步体验与社会生活关联的学习过程，强调过程的体验也是很重要的一部分。当然，好的方法更是促进学生有效学习的助推器，比如，尝试运用简单的方法去调查研究。

表 2—4 中国小学品德与社会课程目标

总目标	品德与社会课程旨在培养学生的良好品德，促进学生的社会性发展，为学生认识社会、参与社会、适应社会，成为具有爱心、责任心、良好行为习惯和个性品质的公民奠定基础	
分目标	情感·态度·价值观	·珍爱生命，热爱生活，养成自尊自律、乐观向上、勤劳朴素的态度 ·爱亲敬长，养成长文明礼貌、诚实守信、友爱宽容、热爱集体、团结合作、有责任心的品质 ·初步形成规则意识和民主、法制观念，崇尚公平与公正 ·热爱家乡，珍视祖国的历史与文化，具有中华民族的归属感和自豪感，尊重不同国家和民族的文化差异，初步形成开放的国际视野 ·具有关爱自然的情感，逐步形成保护生态环境的意识

续表 2—4

分目标	能力与方法	·养成安全、健康、环保的良好生活和行为习惯 ·初步认识自我，掌握一些调查自己情绪和行为的方法 ·学会清楚地表达自己的感受和见解，倾听他人的意见，体会他人的心情和需要，与他人平等地交流与合作，积极参与集体生活 ·学习从不同的角度观察社会事物和现象，对生活中遇到的道德问题做出正确的判断，尝试合理地、有创意地探究和解决生活中的问题，力所能及地参与社会公益活动 ·初步掌握收集、整理和运用信息的能力，能够适用恰当的工具和方法分析、说明问题
	知识	·理解日常生活中的道德行为规范和文明礼貌，了解未成年人的基本权利和义务，懂得规则、法律对于保障每个人的权利和维护社会公共生活具有重要意义 ·初步了解生活、消费活动与人们生活的关系，知道科学技术对生产和生活的主要影响 ·知道一些基本的地理常识，初步理解人与自然、环境的相互依存关系，了解人类共同面临的人口、资源和环境等问题 ·了解家乡的发展变化，了解一些我国历史常识，知道在历史发展过程中形成的中华民族优秀文化和革命传统，了解影响我国发展的重大历史事件和社会主义建设的伟大成就 ·初步了解影响世界历史发展的一些重要事件，知道不同环境下人们有不同的生活方式和风俗习惯，懂得不同民族、国家和地区之间相互尊重、和睦相处的重要意义

中高年级的品德与社会课程标准的总目标是："品德与社会课程目的在于培养学生的良好品德，促进他们的社会性发展，为他们认识社会、参与并且适应社会，成为具有爱心、责任心、良好行为习惯和个性品质的公民奠定基础。"[1]这样的课程目标更加体现了以德育为重的理念，通过进行社会主义公民教育来培养品德，塑造合格的公民。课程总目标强调在社会中培养人格，在实践中培养道德能力。学生通过社会环境与活动的作用，以此加深对自我、

---

①中华人民共和国教育部.义务教育品德与社会课程标准（2011 年版）[M].北京：北京师范大学出版社，2012.

他人与社会的认知，并形成基本的道德规范与判断力。学生的社会性发展是由社会认知、情感、态度与行为组成，它伴随着人的一生，但是重点在儿童与青少年阶段，此时的学校生活有着重要的地位，对促进学生的社会性发展有重要的作用。品德与社会的分目标是从情感态度价值观、能力与方法和知识这三个部分来阐述的，强调三位一体的课程功能，注重三者内在的统一与整合。与品德与生活课程标准一样，也将情感态度放在了首位，在情感态度价值观目标部分，我们可以看到课程标准要求学生珍爱生命、热爱生活、敬爱师长、热爱家乡与关爱自然等，这些强调了学生要学会爱与体验；自尊自律、诚实守信、法制观念和环保意识等，强调德育始终与生活紧密相连，突出了"学生发展为本"的教学理念，树立学生的正确价值观念，以促进他们的全面有效发展。在能力与方法方面，课程目标分别列举了五条目标，重视学生的主体性，培养他们的主动性，目标阐述不再是以前的以教育者为主体，而是将学生看作学习的主人。在情感态度价值观方面，课程目标强调具有认识自我、表达自己的感受与情绪、平等交流等能力的同时，也注重合理的、创造性的社会实践能力的培养，注重掌握一定的方法与技能。在知识目标方面，课程目标重视学生的初步了解、认识，比如常识、基本权利与义务、规则、重要事件等，考虑了小学生午龄与身心接受程度的特点，为以后的学习奠定基础。

　　总而言之，中国的社会课程目标更注重学生的情感态度的培养，突显了学生的主动性，具有人文主义的特点。这也是中国经历了近十年的探索和合理性修改后的课程目标。

（二）英国小学社会课程目标

　　英国目前还没有像中国这样的小学社会课程目标，由于英国的个人、社会与健康教育课程的特殊性，使它有别于其他的传统课程。英国小学社会课程标准只有一个相关的关键期陈述目标，它的课程目标不按照行为性的目标表现出来，属于参照性的目标，旨在帮助教师评估判断学生的进步程度与相关成就的。

英国小学社会课程目标分为第一关键期和第二关键期这两个关键期，没有总目标和分目标一说，它们的具体目标内容是从个人目标、健康目标与社会目标这三个大目标出发来阐述的（如表2—5所示）。

表2—5 英国小学社会课程目标

个人目标	培养自信心和责任感，充分发挥学生的能力，为成为一个积极公民做准备
健康目标	养成一个健康、更安全的生活方式
社会目标	发展良好的人际关系，尊重人与人之间的差异

第一关键期目标从个人目标、健康目标和社会目标这三方面来表述，三个方面相互影响且相互联系。首先，在个人目标方面，课程标准提到学生要能表达出自己的感受和情感，学会分享观点以及设置一些简单的目标。其次，在健康目标方面，学生要知道保持自身健康、清洁和安全的方法，识别身体部位和知道一些家具和药物的有害方面等。最后，在社会目标方面，学生要认识到欺凌是错的，学会与他人合作，学会尊重人与人之间的差异，学会彼此相互照顾。总体来说，第一关键期的课程目标是要求学生认识一些基本的情感，能够做出较为简单的对错判断，对世界有一个大致的了解与认知。

英国小学社会课程的第二关键期课程目标同样分为三个方面，第一个是以"培养学生自信心与责任感，并且充分利用他们的能力"与"为成为一个积极公民做好准备"为目标的个人方面，课程标准要求学生要意识到自己与他人的价值，学会表达自己的观点，倾听与尊重他人的观点，积极迎接挑战，讨论青春期的身心变化并能正确处理，学会存储金钱等。在"营造一个健康、安全的生活方式"的健康目标方面，课程标准指出培养学生可以选择健康的生活方式，识别影响情绪健康与幸福的因素，学会抵制同辈带来的消极压力问题，能列出一些合法或者不合法的常用物质或者药物对人的健康与幸福的影响与风险，能够在一定的情况下处理危险情况。在"培养人与人之间的友好关系和尊重他们之间的不同"的社会方面，课程标准指出学生应该可以解释他们的行为会造成的影响，可以识别不同类型的关系，并且能够良好保持；对于消极的行为态度能积极面对与挑战，能描述世界上不同的价值观与信仰，且可以表示尊重与宽容。第二关键期的课程目标总体来说，是要求学生能够达到基本的自我认知，并且可以进行交流与选择，初步探究社会。

综上所述，英国小学社会课程目标简单、明确、清晰，分别用三段话描述了关键期的陈述目标，突出了知识、技能、态度和行为的产生与发展，并且从个人、健康与社会三个方面陈述，每个目标还有相应的教学任务与要求，在陈述目标的同时有括号标注且举例解释说明，这三个方面所占的比例差不多且相互紧密联系，共同合作组成总体的课程目标。课程目标的确定对英国小学社会课程的具体实施将会有重要作用。

（三）分析比较

中英两国小学社会课程目标有一些相似之处，同时也有一定的不同点。

1. 相同点

(1)两国均重视道德教育

中英两国的小学社会课程目标都注重培养学生做人，重视道德教育，强调素质教育，从而促进人文精神的发展。中国是有着灿烂历史文明的古老国家，有着悠久的传统美德。我国的小学社会课程是传承与弘扬民族道德的重要学科，也是进行小学道德教育的重要途径。例如，我国的小学社会课程目标指出，"要培养学生良好的品德与行为习惯""有爱心与责任感""自尊乐观""公平民主""理解道德行为的规范"，还有"文明礼貌"等，从学生的实际生活出发，在生活中自然而然地进行社会道德教育，使学生在成长中体验道德。

从素质教育的角度来讲，传统的教育强调基本知识的积累与学习，重在知识内容的掌握，而现在的社会课程目标强调的是基本的态度、品质、观念、意识的形成等，提升了情感态度价值观的重要性，且将三维目标整合并重，规定学生应该达到的基本素质，注重学生学习的过程而不是结果。英国同样如此，旨在培养学生符合社会需要的德行、信仰与礼仪。早在 20 世纪 80 年代，英国国家教育部就规定了学校必须向学生传授道德知识和价值观，因为教育不能与道德分离。英国的小学社会课程也非常重视学生的道德教育，强调学生个人素质的提升。例如，在两个关键期的陈述目标中，"强调情感的表达""学会倾听与关心""学会宽容""合作与照顾""责任心与自信""了解法律与道德之间的关系""尊重、平等对待与自己信仰和价值观不同的人"等，目标针对性强，务实且有启发性。

(2)两国都重视社会能力的培养

中英两国的小学社会课程目标都强调学生的社会能力的培养。中国的课程目标一直在强调社会能力的重要性，比如，品德与生活课程标准中提到学生要初步了解社会，体验提出问题、探究或解决生活中的问题的过程，体验与社区和社会生活相联系的学习过程。[①]品德与社会课程标准中有促进学生的社会性发展，为学生认识社会、参与社会、适应社会，成为具有爱心、责任心、良好行为习惯和个性品质的公民奠定基础。[②]从英国的小学社会课程目标中"让学生们意识到欺凌是错误的，认识到欺凌的一系列后果""尊重、宽容与自己有差异的人，彼此照顾和与他人合作交往""识别不同类型的关系"等的分析总结得出，要求学生要了解一些基本的社会规范，遵守一定的社会公德，帮助他人，意识到自己在不同的环境中的不同角色与地位等，这些也是培养学生成为合格社会成员必须具备的基本素质与基本能力。

(3)两国均强调学生的主体性发挥

中英两国的小学社会课程目标也都注重学生的主体性，教师不再是灌输与传道，如弗莱雷所述的情境：教师教，学生被教；教师无所不知，学生一无所知；教师思考，学生被思考；教师讲，学生听——温顺地听；教师制定

①中华人民共和国教育部.义务教育品德与生活课程标准（2011 年版）[M].北京：北京师范大学出版社，2012.

②中华人民共和国教育部.义务教育品德与社会课程标准（2011 年版）[M].北京：北京师范大学出版社，2012.

纪律，学生遵守纪律等。①它突出强调学生的主动学习，确认学生的地位，让学生在生活与学习中进行道德实践，此外在文字叙述方面更加严谨。比如，在品德与生活课程标准中的目标提到了"掌握自身生活必需的基本知识和基本技能"，品德与社会课程目标中指出了"认识自我""调整自己情绪和行为""表达自己的感受"等，旨在强调学生的主体地位和引导学生自主面对问题，而不再是教师主导或是站在教师教学生的角度。英国的小学社会课程标准也同样如此，《个人、社会与健康教育（2011版)》的课程目标中指出"孩子们可以认识到""孩子们可以证明""孩子们可以选择""孩子们可以判断"等，都是以学生为主体，而不是"使孩子们选择""让孩子们判断""让孩子们认识到"等，强调学生个体的主动体验与认知，注重学生个体的自主学习，在社会生活的体验中不断认识自己与改变自己，以便他们将来更好地接触社会。正如马克思主义学说所强调的那样，让每位学生的个性得到充分并且自由的发展。

2. 不同点

（1）中国的目标表述方式更具有层次性

我国的小学社会课程目标大致可以分为两个部分：总目标与分目标。其中的分目标又由三四个维度的目标构成，体现科学性，系统有条理，更具有层次性。相比较而言，英国的小学社会课程目标总体比较笼统，缺少具有概括性的总目标，即对课程目标整体宏观上的阐述与规定。英国的课程目标即关键期陈述目标，对学生在不同的关键期提出不同的要求与任务。中国的课程目标从宏观与微观上分别对课程目标进行了分析与归纳，相比较英国来说，这点是有效且值得肯定与推荐的。

（2）英国的目标更易理解与操作

课程标准中的课程目标最终是要展开实施，这要求我们能够深刻理解课

---

① 保罗·弗莱雷.被压迫者教育学.顾建新，赵友华，何曙荣译.［M］.上海：华东师范大学出版社，2001.

程目标。倘若目标难以理解而且脱离实际，那么想要在教育教学中达到目标是难以做到的。因此，若想在实践方面容易理解且具有更大的操作空间，课程目标的设置就应该更清晰、更具有亲和力，且语言朴实，自然易懂。在对两国的小学社会课程标准相互比较后发现，英国的课程目标简单明了，且每个目标后面会用括号标注出具体事例解释前面一句话的内容，文字表述清晰平实。而我国的品德与社会课程目标层次结构多样，比如在"能力与方法"这一分目标中提出学生要初步"养成安全、健康、环保的良好生活和行为习惯"，课程目标对这部分的解释仅限于这一句话，这在实践操作中还是比较难把握的。而英国的《个人、社会与健康教育（2011）》课程标准中提出的是，孩子们要知道且可以解释保持清洁的方法，保持安全的方法。这句话后面的括号会举例子，如洗手和保持头发整洁，知道如何和从哪里安全地过马路。[①]因此，英国的课程目标更容易理解与操作，而我国课程目标的设定过于注重系统性与多层次性，在这方面还有待加强与改进。

五、课程内容比较

课程内容是课程标准最主体的部分，占有重要的位置。它是构成课程的基本要素，它的形成有一定的逻辑思路，是课程目标的具体化和最直接的体现，也是实现课程目标的重要手段。

（一）中国小学社会课程内容

1. 品德与生活课程内容

中国品德与生活的课程内容部分分为四个层面：健康、安全地生活，愉快、积极地生活，负责任、有爱心地生活，动手动脑、有创意地生活。其中，"健康、安全地生活"这一部分由"初步养成良好的生活习惯""有初步的自我保护意识和能力"以及"适应并喜欢学校生活"三个主题构成，这

---

①Personal, social and health education (PSHE):end of key stage statements［EB/OL］. http: // webarchive.nationalarchives.gov.uk/20130904095020/https://www.education.gov.uk/schools/teachin-gandlearning/curriculum/primary/b00199209/pshe/statements/.2011.11

部分内容对学生的成长发展提出的要求中重点强调科学与生活，它是个人成长的基本前提与基础。"积极、愉快地生活"由"愉快、开朗""积极向上""有应对挑战的信心与勇气"这三块组成，这部分是要培养学生对生活的积极态度，重点在于品德与生活。"负责任、有爱心地生活"这部分由"学会做事，学会关心""遵守社会道德规范"和"爱集体、爱家乡、爱祖国"构成，这部分内容是强调学生参加集体生活应该具有的品质，反映了品德与社会。"动手动脑、有创意地生活"由"有好奇心和多样的兴趣""设计与制作"和"勤于思考，学习探究"组成，这部分则是学生进行各种类型活动的主要方式，注重强调科学教育的部分。① 这四个大层面下设的部分还有具体的内容和要求，且不同的部分有不同的侧重要求与意义，但总体四者之间有着内在的紧密联系。另外，单独一部分是"课程内容说明"，这部分内容对课程实施的开展与教材编写都做出了一系列说明，倡导基本标准与灵活调整并重。

2. 品德与社会课程内容

中高年级的品德与社会课程内容分为"我的健康成长""我的家庭生活""我们的学校生活""我们的社区生活""我们的国家"，还有"我们共同的世界"这六个主题板块。它的每个部分都由课程内容与教学活动建议组成，建议与内容相对应，作为补充说明，更加具体详尽，符合学生的身心发展特点与规律。课程内容按照"个人、家庭、学习、社区、国家、世界"的范围不断扩展，要求也不断提高，且内容对应的不只是一个学段，而是根据学生的特点来分中、高年级学段。

"我的健康成长"是第一个板块，这也体现了健康是一个人发展的基础与前提，强调学生要学会扬长避短、自尊自爱、勇于克服困难、诚实守信、感恩宽容、自护自救、不迷恋网络游戏、远离毒品等。同时，教学活动建议

①中华人民共和国教育部.义务教育品德与生活课程标准（2011 年版）［M］.北京：北京师范大学出版社，2012.

做出相应的活动设计，从而帮助学生更好地理解学习的内容。"我的家庭生活"强调培养学生的感激、尊敬与关心之情，具有一定的家庭责任感，拥有邻里和睦、勤俭节约、家庭成员之间互相交流与谅解的观念。"我们的学校生活"指出学生要看懂学校及周边平面图，了解学校主要部门的工作，懂得尊重师长、惜时不抄袭、同学友好相处且关心集体有集体荣誉感，知道班级规则，体会平等民主的现实意义。"我们的社区生活"提到学生要识读本地区的平面图，了解本地区的自然环境与经济以及生活关系等，尊重、珍惜各行业劳动者的劳动成果，独立购买简单的商品，了解本地区的交通情况，爱护公共设施，遵守公共秩序，关心弱势群体，尊重、平等对待不同的社会群体，了解本地区的民风民俗和加强生态保护意识。"我们的国家"这个主题强调学生了解我国地理位置、民族历史文化、自然环境、祖国的名山大川、自然灾害、工农业发展、交通状况、现代通信、文化遗产、民族抗争史、中国共产党取得的成就，热爱中国人民解放军，了解一定的法律法规等。"我们共同的世界"指出学生要了解世界地图，尊重文化的多样性，了解文化遗产、我国与别国的经济关系、科技的重要性，体会人类只有一个地球，知道我国在国际事务中的影响力，热爱和平。①课程内容说明仍然是在原有的基础上根据实际情况灵活扩展。

综上所述，中国的品德与生活、品德与社会两门课程标准有着内在的逻辑性与衔接性，虽然是两门课程，但它们的本质是一样的。前者是具备科学、品德、生活、社会教育等多种教育的综合课程，后者是以前者为基础并逐渐发展的促进学生具有良好的社会性的综合课程。

（二）英国小学社会课程内容

英国小学社会课程内容在一定程度上是课程目标的进一步细化，和目标

---

①中华人民共和国教育部.义务教育品德与生活课程标准（2011年版）[M].北京：北京师范大学出版社，2012.

一样，内容也是分为个人教育、社会教育、健康教育三大主线。课程内容是由知识、技能和理解力和为了掌握知识、技能与理解力而应该学习的范围，以及注解和跨学科参考构成。两个学段都分为"第一，培养自信心和责任感，充分利用他们的能力；第二，作为公民准备发挥积极作用；第三，营造一个健康、更安全的生活方式；第四，培养人们之间的友好关系和尊重他们之间的不同"这四大块。前两部分是属于个人方面，学生要明白自身需求并能够为此做出努力。其中学生作为公民的教育所占的比例较多，这与英国重视公民教育有着密不可分的关系。第三部分是健康方面的教育，培养学生掌握保持健康幸福与安全的知识。第四部分属于社会教育，要求学生积极参加学校与社区的活动，构建良好的人际交往关系。这四部分内容不单单是知识、技能或理解力，而是其中两者或者三者的综合。总之，这四部分是互相影响、互相关联且互相渗透的（如图2—3所示）。

图2—3 英国小学社会课程内容框架

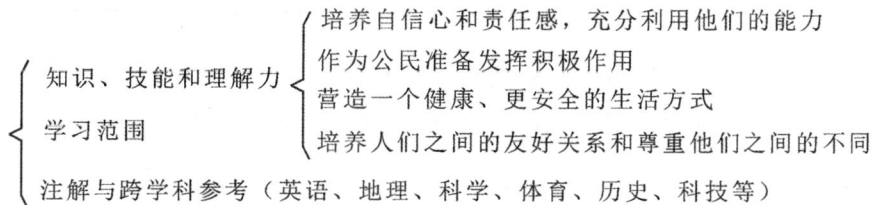

知识、技能和理解力
学习范围
{
培养自信心和责任感，充分利用他们的能力
作为公民准备发挥积极作用
营造一个健康、更安全的生活方式
培养人们之间的友好关系和尊重他们之间的不同
}
注解与跨学科参考（英语、地理、科学、体育、历史、科技等）

1. 个人教育

个人教育是个体对自我身心的了解，培养学生的自信心、责任感、社会意识、良好情绪和身心健康的教育，这是作为公民准备发挥积极作用的教育，以此形成较为完整的人格。英国的个人教育注重对个性的关注，不再强调共性的、统一标准化的学科培养。比如在自信心和责任感方面，个人教育要求识别喜欢和不喜欢什么，分享自己对事情的观点和想法，说出和处理个人的感受和情绪，学会自我思考并设定一些简单的目标，知道自己的优点和缺点，积极应对挑战等；在健康的生活方面，要求学生能保持自己的个人清洁，知道病菌如何传播并如何减少传播，加强锻炼，养成健康饮食习惯，知道人的身体主要部位并了解青春期身体的变化；在安全方面，要求知道日常用品和机器的安全使用以及一些基本的交通安全规则和方法，知道哪些物质是合法哪些是违法的，意识到哪些情况是危险的，懂得基本的紧急救援程序；在个人情绪方面，要求知道自我调节、掌握方法、乐观面对以及积极处理来自各方面的压力。①比如，学生学会关注自我成长，发展自身潜能，认识自身的优缺点。

2. 社会教育

社会教育是培养人与人之间的良好关系，尊重人与人之间的差异，使自己具有良好的社会适应力从而更好地融入社会的教育。他人和社会的作用在社会教育中是巨大的，人越早社会化就越能独立适应社会。它是由政府、社会、学校和家庭共同努力的结果，人的一生是由家庭逐渐进入校园这个小社会再进入真正的大社会，这是一个逐渐社会化的过程，社会教育在个人的成长史中有着不可替代的重要性。它包括学会倾听他人，乐于与他人合作，懂得家庭朋友之间应该相互关心，禁止欺骗，能够意识到并且学会处理不同类型的关系，了解不同地方的价值观和习俗等。这些都有利于对社会人际关系的认识、学习和理解。如英国小学积极培养学生参加各种各样的集体活动，培养学生能够与他人交往、友好相处的品质，培养互帮互助的精神，学生也开展一些自主组织的互动，培养他们的独立自主能力。同时学生们也参加一些有利于身心发展的校内外活动，学校联合社区开展实践活动，如社会公益活动，勤工助学活动，帮助孤寡老人、残疾人和失学儿童的活动等。②

3. 健康教育

健康教育旨在营造一个健康、安全的生活环境，使学生身心均衡发展的

---

①Personal, social and health education （PSHE）: Key stage1 [EB/OL].http://webarchive.nationalarchives.gov.uk/20130904095020/https://www.education.gov.uk/schools/teachingandlearning/curriculum/primary/b00199209/pshe/ks1/2011.11.

②王承绪,顾明远.比较教育[M].北京:人民教育出版社,2002.

教育。培养学生养成良好的生活习惯，促进他们的全方面健康发展，这看似简单但却是最基础的教育，没有健康的身体和心理，人的健康发展必定会受到影响。生理健康是指保持个人身体的卫生和安全健康，不吸烟、不酗酒、拥有健康的生活方式和良好的生活习惯等；心理健康包括个人情绪思想和价值观的健康，积极向上，情绪情感态度稳定；这两者是相互结合，密不可分的。健康教育的内容包括：保持个人卫生和健康的生活方式，了解身体的主要部分以及变化，知道基本的紧急救援程序等。如英国小学都有自己的诊所，在校学生一般进行三次体检，常见的小问题可以在学校里治疗。学校的环境都需符合卫生标准，同时为了培养儿童健全的个性心理品质，小学心理卫生教育也受到足够重视。

（三）分析与比较

课程内容的比较是比较研究的主体部分，中英两国小学社会课程内容的设置有相似之处也有不同之处，通过分析与比较我们得出了一定的结论。

1. 相同点

不管是中国的社会课程标准还是英国的社会课程标准，从两个学段的内容标准看来，均呈现出难度递增的趋势，并且课程标准根据学生的身心发展特点设置课程内容，以学生的生活为基础来开展学习。

比如，中国的小学品德与生活课程标准的"健康、安全地生活"有关学生生活卫生习惯这部分中提到："生活中自己能做的事情要自己做。"一句话概括，要求学生尽量做到自己的事情自己完成，不依赖别人的帮助。在小学中高年级的品德与社会课程标准的"我的健康成长"有关内容中指出："我们要能够面对学习和生活中所遇到的困难与问题，并且尝试自己解决问题，体验和克服困难，并最终取得成功的乐趣。"在中高年级内容部分，课程标准的难度要求相比较低年级而言，明显有所增加。内容要求强调的不仅仅是小学生自己能做的事情，而是在面对各种困难与问题时，也不能退缩，尝试着去解决。课程内容还注重过程，突出感受成功的快乐和情感态度的体验。中高年级增加了具有针对性的教学活动建议，建议提出："引导学生自己回忆在面对困难与问题时候的想法与表现，并跟大家交流一些实际的事例。"随着学生年龄的增加，身心特点也在不断变化发展，课程内容的难度也随之增加，课程内容的描述更加具体详细。如，中国品德与生活课程标准"负责任、有爱心地生活"这部分中提出"爱父母长辈，体贴家人"，在品德与社会的"我的家庭生活"中的内容是"感受父母长辈的养育之恩，以恰当的方式表达对他们的感激、尊敬和关心"。①课程内容要求具体明确，并且要求学生通过一定的方式将内心的感受表现出来，有一定的可实施性。

英国的小学社会课程内容围绕个人、社会与健康教育三个方面展开，并以学生的个人生活为基础，随着学生年级的上升，知识内容逐渐加深。例如，小学第一关键期的社会课程内容在"培养自信和责任感，充分利用他们的能力"部分提到，"学生要以一个积极的态度来识别、定义和处理他们的感受"，照顾好自己的情绪，这也是身心健康教育的一部分；在学生遇到心理矛盾时，尽量做出对自己有利的选择。到了第二关键期，相应的课程内容则为"引导学生学会识别，当他们进入青春期时，明白那时候人的情绪是怎样变化的，并且在面对自己、家人和他人时，知道如何以一个积极的方式处理自己的感受"。第二关键期的内容相比较第一关键期难度加大，不仅仅是情绪的感知与自我面对，还要学生知道情绪的起伏变化，学会在与他人的相处过程中如何良好地处理自我情绪，处理范围更广，要求也更高，内容也更具体详尽。再如，第一关键期中"培养人们之间的友好关系和尊敬他们之间的差异"这个主题内容里提到"区分和尊重人们之间的不同和相似"，到了第二关键期的内容为"人与人之间的差异和相似之处源于多种因素，包括文化、民族和宗教多样性、性别和残疾"。由此看来，两个关键期的要求明显不同，从简单地知道人们之间的差异与相似到探究差异与相似的来源因素，扩大了理解范围，以便学生更深入地了解、发展与处理人际关系。

---

①中华人民共和国教育部.义务教育品德与生活课程标准（2011 年版）［M］.北京：北京师范大学出版社，2012.

2. 不同点

（1）英国更注重多学科渗透

英国小学社会课程标准打破了传统模式，虽然说个人、社会与健康教育是一门独立的学科，但是没有固定的课程边界，内容形式多元化。课程内容的两个关键期均涉及其他如科学、英语、历史、地理、通信技术、体育等学科课程内容，且通过学科渗透的方式加以实施。小学社会课程与多门学科相互促进、相互交叉和相互渗透，也最大限度地突出了知识的广泛性和整体性。因为在一些课程内容方面，某些学科之间是互通的，可以相互交流补充和促进借鉴。突破本学科的内容，有利于学生对于知识与技能的掌握和相互之间的融会贯通。课程整合相关资源，以促进教学的全面开展，这样既能提高教学质量，也能激发学生的学习积极性，增强学校的聚合力，为学生今后进入多元化的社会做准备。在课程内容中，凡是和其他学科有关的地方，都有明确的指示。例如，在课程标准的第一关键期中涉及"学生要知道活动的重要性，学会识别并描述在不同活动中身体的感受"这类型的相关内容，英国小学社会课程要求学生在活动中掌握必备的健康与卫生知识和技能。在这部分的学习中，课程设置了相关小学体育教育课程的链接参考，学生可以通过这些链接比较容易了解到体育课程中有关身体活动的解释与说明，它要求学生知晓健康与卫生知识，以便认识、描述身体在活动中的感受，同时也加深了学生对相关知识的印象。

英国小学社会课程的跨学科参考体系涉及英语、地理、体育教育、历史、科学、设计与技术、信息通信技术这七门学科课程，课程内容参照多达十多处，可见跨学科参考已经形成了大范围的学习网络结构，这有助于学生更有效地理解与掌握学科知识。相比之下，虽然说我国的小学社会课程标准指明了小学社会课程是一门综合性课程，内容涉及历史、地理、品德和政治等众多科目，但课标里并没有将跨学科参考作为专门一部分进行详细解说，没有设置专门的跨学科参照体系，仅仅在课程内容表述时有所涉及，与其他的学科课程没有非常明显的联系与渗透。英国的这种具有特色的跨学科课程体系，具有重要的价值意义，值得我国去探索与借鉴。

（2）英国更强调自主开放

中国是一个古老的东方文明国家，有着上下五千年的悠久历史，且深受儒家思想的影响，蕴含着宝贵的历史文化，缔造了辉煌的文明，并一代代传承。在这样的社会背景下，社会课程产生并不断发展，继承吸收着古老的优良传统，两个学段课程标准中的爱亲敬长、诚实勇敢、文明礼貌、热爱集体、团结合作、珍爱生命、勤劳朴素等内容都是文化传递的最好证明。我国小学社会课程在传承古老东方文明的过程中起到了重要的作用，同时表现出了具有中国特色的社会主义的理念与精神。

英国是一个发达的西方资本主义国家，与我国有着截然不同的历史文化，勇气与礼貌是英国绅士精神的表现，并且倡导民主思想、和谐自由、尊重学生的主体性的发挥，提倡自主与个性的张扬等，这都体现了英国的自由开放进步式教育。例如，英国小学社会课程标准在第一、二关键期的健康安全方面明确提出：学生要说出自己身体的主要部位，接近青春期后，知道身体如何变化，意识到不同的情况有不同的危险，做出负责任的行为，会判断哪种身体接触是可以接受或是不可以接受的。在接下来的标准中，英国小学社会课程还会直接呈现性与性关系教育等开放性内容。这些内容在中国的相应课程标准里是没有的。比如，英国小学社会课程一直关注学生的个体发展，重视他们的自主性发挥，促进学生自主参与评价等。这些也是中国近些年课程改革后才突出强调的部分。

因此，不同的文化环境制约着社会课程的产生与发展，中英两国的社会课程深受国家传统文化的影响，将中国古老悠久的儒家文明与西方个性民主开放的思想文化相结合，互相借鉴吸收，取长补短，形成独特的文化体系，这将有利于两国小学社会课程更好地发展与进步。

（3）英国更注重思考能力的培养

中国古代曾有过这样两句话："学而不思则罔，思而不学则殆。""学以思为贵。"它强调了思考能力在学习过程中的重要作用。恩格斯更是把思考比作是"地球上最美的花朵"，可见思考能力对学生的学习发展有着不可替代的作用。

从两国陈述的小学社会课程内容看，中国的两个学段的课程标准中使用的大多是了解、懂得、理解、知道、养成等这一类的行为动词，体会、识别、分析、使用这种技能性和体验性的词语使用较少（如表2—6所示）。①

表 2—6 中国品德与社会课程标准中的行为动词

知识性行为动词	技能性目标行为动词	体验性行为动词
"初步了解""了解""理解""知道""懂得""掌握"等	"识读""识别""学会""观察""比较""辨别""分析""养成"等	"体验""体会""常识""识""感受""参与""遵守""关心"等

资料来源：高峡.义务教育品德与社会课程标准（2011年版）解读.高等教育出版社，2012.

而英国的个人、社会与健康教育课程标准则常使用的是recognise（识别）、explore（探究）、distinguish（区分）、identify（认出）、describe（描述）、use（使用）、relate（联系）等词语。对比来看，这些不同的行为动词明确清楚地表示出了两国的侧重点的不同。英国在传授基本知识的同时，更加注重学生的思维能力、学习理解力、知识的运用等各种能力的发展；而中国的课程标准则更强调学生的知识获得，养成良好的习惯态度，形成一定的意识，增强情感的体会等道德层面。

总而言之，英国的课程内容强调学生思维训练的应用，能够提高学生的学习能力，促进他们的自主发展，这是非常必要的。反观我国的社会课程，在强调道德训练的基础上还需更加重视思考能力层面的训练，这样不仅有助于学生的发展，也更有助于整个社会学科的发展。

六、 英国课程标准对我国的启示

小学社会课程是国家教育的一门重要课程，它有明确的目的，对培养小

---

①高峡.义务教育品德与社会课程标准（2011年版）解读［M］.北京:高等教育出版社，2012：101–103.

学生良好的公民素质以及对今后社会公民素质的提高都有不可替代的作用。中英两国由于政治、经济、历史文化、地理等方面的差异，使得小学社会课程标准各具特色，当然也有一定的相似之处。综合以上对我国《义务教育品德与生活课程标准（2011年版）》（1—2年级）、《义务教育品德与社会课程标准（2011年版）》（3—6年级）和英国《个人、社会与健康教育（2011版）》课程标准（Personal,Social and Health Education）的比较，可以获得以下五点认识。

（一）强化我国社会课程的公民教育

基础教育作为培养学生的初步阶段，在学生的成长发展中有着重要作用，我国基础教育的一个重要任务就是培养社会的合格公民，这也是世界各国的普遍目标。社会在不断进步发展，当今社会实质上是一个公民社会，公民教育对加强未成年人的道德修养与思想素质有巨大作用。英国小学社会课程标准将公民教育作为一个重要部分呈现，并且自始至终伴随着各种各样的教育教学活动，以此突出公民教育的重要性，旨在培养国家年轻一代的优质公民，以提升公民素质。

相比之下，中国的小学社会课程对于这一部分的把握还没有深入到位，不管是理论还是实践上都处于摸索和探寻阶段。虽然标准中有提到相关内容，如"了解作为一名公民的基本权利与义务"，但并没有明确形成公民教育这一块。近些年来，我国也开展了一系列实践活动，以求培养学生的社会责任感与自信心等，但是往往实践结束后，时效性还不够高，评价过于外在。所以我国的公民教育在教育理念上还要更新，应注重培养学生的公民主体性；公民教育目标还要更加明确清晰，可以设立专门的公民教育目标；方法要更加到位，如在教学现场、平日生活中、服务性活动中指导学生等；内容还需更加完善，注重增强学生公民意识、公民身份、公民品德、公民技能的教育；实施过程还需更加到位，安排好相应的课程与实践活动，以增强实施的有效性。教师的作用在公民教育中显得尤为重要，需加强教师队伍的建设，保证公民教育的质量，多多吸收学生的建议，以此使公民教育得到更好的完善。

(二) 增强课程目标实施的可操作性

与英国小学社会课程目标相比，中国课程目标有宏观总目标和具体的分目标，但课程的分目标对于实际教学而言，还是略显抽象笼统。

英国小学社会课程目标重视学生发展的适用性，关注学生的身心发展特点和年龄差异性，有效率并且切合教学实际，目标之后会带有具体的实施事例作为说明。我国小学社会课程目标虽然层次多，低年级品德与生活课程目标从"情感与态度、行为与习惯、知识与技能、过程与方法"四个方面来陈述，中高年级品德与社会课程目标分别从"情感态度价值观、能力与方法、知识"这三个维度来说明，条理清晰分明，内容详尽，但是在目标内容描述时，我国的课程目标语句略显理论化，理论与实践联系不够紧密，使得教育者不易理解与操作。比如，在两个学段的课程目标的第一大块分目标中都提到了珍爱自然、爱亲敬长、热爱家乡等，虽然条例多，但没有具体实际说明性事例，概括性的语句让教师在实际教育教学中不容易掌握，课程实施起来也较为困难。英国的课程标准对每条小目标会有明确的事例加以解释和说明，以促进内容与实践教学的连接，从而保证教学的有效性。可见我国课程目标在理解与操作方面还有所不足，可以借鉴学习英国的事例说明的方法，以待调整与完善。[①]

(三) 加强对个体发展与健康教育的关注

说起健康，并非仅仅是人们普遍理解的身体健康那么简单，健康教育是一个非常重要而且复杂的过程，尤其是对孩子的健康教育。英国的小学社会课程将学生的健康教育放在一个很重要的位置。健康教育可以帮助学生在生活中做出良好的选择，关系到一系列相关的道德判断与价值观念。健康的身心以及社会适应力是学生良好发展的基础与前提，对学生的一生发展都有不可忽视的作用。英国还保证学生每周有至少两小时的高效率锻

---

① 赵文杰.英国 PSHE 的心理学解析 [D].南京师范大学，2006.

炼时间，对于学生情绪的调节与管理都有一定的帮助。英国的健康教育在整个课程标准中占了近三分之一的比例，这些都表明了英国对于学生身心健康的重视。英国甚至还建立了"健康促进学校"。某种程度上来讲，学生的心理健康教育比身体健康教育更为重要，英国将健康教育有效融入社会课程，并且放在一个较为显眼的位置，占了较大的比重，显示了国家对学生身心健康发展的关注，这也是本课程的一大特点。课程明确强调了心理健康的重要性，比如增进学生的健康与幸福感、对情绪的感知与调节以及人际关系的处理等。

与之相比，我国的小学社会课程对学生的健康教育这一部分虽然有所涉及，但主要是生活科学教育和生命安全健康等相关内容，比如，养成良好的生活卫生习惯与态度、学会自我保护等内容。对个体的心理健康关注度方面虽有所涉及，但还不够细致不够突出，毕竟个体是与社会连接的基础和前提。当今学生的心理问题已然成了不可忽视的社会问题，我们需要充分挖掘促进学生身心健康发展的教育因素，让学生在活动体验中得到身心健康发展。健康教育是一个相对复杂而且重要的部分，它如今与社会的联系也越来越紧密，在学生的个人发展过程中的地位也越来越突出。我国小学社会课程可以加强对健康教育的关注与渗透，并加大学校与家庭以及社会的联合力度，在各种各样的活动、课程中不断渗透身心健康教育，激发学生积极健康的情感，使他们能够学会调节自己的心理状态，控制自己的情绪，不断完善学生的健康教育，增强健康教育的有效性。

（四）发挥社会课程的多学科渗透优势

英国的小学社会课程从教材到教学，不仅有自成一体的学科体系，实施途径灵活多样，针对性强，有的放矢，有明确的计划，还渗透于其他多门学科和学校的活动中。社会课程知识教学与其他学科教学相结合，这是一种自然潜在的教育，循序渐进，寓教于乐，不易引起学生的反感，容易被接受和认可，在学习的同时强化了学生的学习意识和学科知识之间融会贯通的本领，这也是它的课程特点之一。学科间的相互渗透会是一个必然的趋势，它改变了以往各学科间过于强调分界明确的特点，这不管是对本课程的学习还是对其他学科的学习都有一定的价值与启发。

相比较而言，我国的社会课程内容虽说广泛，但没有明显跨学科课程体系，与相关学科的衔接不够深入。比如，品德与社会课程标准在"我们的国家"这一主题中，我们不仅仅可以学习到社会课程有关的地图知识、民族风土人情、自然环境、工业生产、通信技术和交通安全知识等，其实还可以学习积累语文学科里的语文素材，加强语言表达能力，还可以获得科学学科中关于科学技术的发展等知识。我们可以将社会课程里面的政治、科学、历史、文化、经济等方面的内容进行综合，并与其他学科相结合，整合课程资源，增进学科渗透的实施，从而开阔学生的视野，促进他们的综合发展，这样有利于跨学科知识网络的构建。

（五）促进课程评价的实际应用

课程标准的评价是检验教师教与学生学的一个重要手段，它能够改进教师的教学，促进学生的学习。就社会课程的评价来说，难以通过像其他学科通过考试的方式直接测量并获得结果。社会课程是一门培养人的课程，如何检验出一个人的变化呢？詹姆斯·玛利说过，通过考试和测验所获得的仅仅是这个人面对自己需要做出的判断标准。①英国的小学社会课程标准没有统一固定的评价体系，只是通过我们前面提及的关键期陈述目标，来帮助教师判断学生的学业进程和进步程度。这些目标对学生学习 PSHE 课程在不同的阶段应该达到的水平有一个大致的表述。英国课程评价以学生的发展为宗旨，贯穿于教学过程的始终，有包容性，能反映所有学生的成绩，学生、老师及学校等各方面对象都可以参与评价。中国的社会课程标准明确提出课程评价建议，层次分明，内容详尽，分别从评价目的、目标与内容、方式与方法、实施等方面来阐述，强调评价不仅是学生的评价，也是教师的评价。中英两国的这些评价体系固然重要，但两国存在共同的问题：评价建议的内容

---

①MaryJames. Pastoral Care And persnoal-social Education. BiddlesLtd, Guildford and King's Lynn, 2000：262.

对老师难以起到实质性的指导作用，不易于实际操作把握。学生自评或是教师评价等如果处理不好，很容易流于形式，不易起到真正的作用。课程评价之父泰勒也曾经说过，课程评价过程本质上是一个确定课程与教学计划实际达到教育目的的程度的过程。所以要加强小学社会课程评价的实际应用，可以呈现一些丰富具体的示例，加强具体说明与操作性指导，以促进课程评价的优化。

第三章　中国与美国小学社会课程标准比较

20世纪末国际基础教育开始掀起了新一轮课程改革浪潮，小学社会课程正是各国课程改革中均十分重视的重要组成部分。小学社会课程作为引导青少年社会化的重要课程，其改革步伐与趋向体现了当今鲜明的时代特点。以下将以美国加州的社会课程标准与我国小学品德与社会课程标准进行综合比较，以期对我国小学社会课程的进一步发展与改革提出有针对性的建议。

一、美国《加州历史—社会课程标准（K—12）》制定的背景

（一）美国社会课程范式的演进

1.新社会科教育运动

1957年，苏联卫星发射成功，震惊了美国朝野。1958年，美国出台了《国防教育法》，加大了对教育的投资力度。20世纪60年代，伴随着结构主义教育思潮的兴起，一场"新社会科运动"为社会的研究与发展提供了一种新的理念，即关联的教育理念，为学生们解决社会科学中的一系列的问题提供了一种跨学科的学习与研究方法。[①]

---

①Barry K.Beyer.Gone but not Forgotten-reflections on the New Social Studies Movement [J]. Social Studies，1994，85（6）：251-255.

2. 情绪革命

20 世纪中叶以后，美国社会爆发的能源危机、女权觉醒、反对种族歧视、肯尼迪总统遇刺、暴力游行、新移民大量涌入等一系列问题使美国陷入混乱的同时，也给社会的发展带来了困境，学校设置的选修课不能激发学生的学习兴趣，学习社会课程的人越来越少，人们失去了对社会的幻想。

3. "回归基础"运动

由于 20 世纪 60 年代以来美国的教育改革引起了人们的强烈不满，出现了"回归基础学科运动"。鼓吹者要求在小学阶段强调阅读、写作和算数，而在中学阶段则主要把精力集中于教授英语、自然科学、数学和历史。[①]"回归基础"运动强调学习历史的重要性，将历史置于中心位置，开始改变社会课程的特征。

4. 基于标准的课程改革运动

20 世纪 80 年代，很多课程设计者认为学习历史有益于公民素质的提高，有益于美国民主社会，可促进受教育者成为良好公民并保持美国的生活方式。[②]1983 年，美国"国家教育优异委员会"（the National Commission on Excellence in Education USA）提出了题为《国家在危急中：教育改革势在必行》（A Nation at Risk: The Imperative for Educational Reform）的报告，进行了以卓越教育、研究学习、国家课程标准、统一考试为核心内容的课程改革，揭开了美国 90 年代教育领域"基于标准的课程改革运动"的序幕。1989 年，美国总统与 50 个州的州长举行了联席会议，讨论设定全国性教育目标并提出了要制定具有国际竞争力的全国性课程标准。1990 年，联邦教育部颁布了《美国 2000 年:教育战略》(American 2000: An Education Strategy)，旨在"为有教养的公民制订一个适应下

---

①美国"全国学校历史科教学中心"、加州大学洛杉矶分校.美国历史科国家课程标准——探讨美国经验、美国历史科世界史国家课程标准——探索通往现在之路 [M].台湾地区教育研究委员会，1996.

②Kenneth T. Jackson. The Teaching of History in the United States Since 1945,载台湾师范大学. 国际历史教育研讨会论文集[C],1985.

世纪的新标准"。[1]1992 年，美国总统克林顿决定"建立世界级的课程标准，并建立全国考试系统，以检测学生是否能达到标准"。1993 年，克林顿总统签署的《2000 年目标：美国教育法》依旧将历史确定为核心课程。在联邦政府和各州的积极推动下，20 世纪 90 年代美国的中小学课程改革提出了"课程标准运动"和"基于标准的课程改革运动"。[2]相应地，1994 年全美社会科协制定推出了美国历史上第一部全国性的社会课程标准——《社会课程标准：追求卓越》。此课程框架以主题轴的形式整合了历史学、地理学、考古学、人类学、经济学、哲学、法学、宗教、社会学、心理学、政治学等学科内容，包括数学、人文科学、自然科学适当的内容，以文化、时间、连续与变迁等 10 个主题轴为核心，课程内容由浅入深，重复出现，螺旋上升。美国是一个教育管理极为自由宽松的国家，教育管理权归各州、学区所有。因此，此课程标准的颁布被用来作为州、学区编制具体课程的依据，并不是为了建立国家社会课程体系。基于标准的课程改革运动倡导课程精密化，提倡卓越，对美国社会课程的发展影响重大，意义非凡。

（二） 《加州历史—社会课程标准（K—12)》的制定

20 世纪 80 年代以前，由于受进步主义教育者杜威相关教育思想的熏染，美国社会课程整体呈现出浓烈的经验主义色彩。在课程内容的组织上主要采用环境扩展模式。80 年代以后，美国社会课程采用的环境扩展模式弊端日益突出，不符合从具体到抽象的逻辑顺序，加州率先对此模式提出了挑战。1987 年，州教育会议一致通过了"历史—社会"课程方案，这是美国社会课程模式改革的一个重大突破。此课程为学生更广泛、更深入地认识美国与世界提供了一个更好的机会。"历史—社会"课程方案强调以历史和地理为核心内容重新构建社会课程内容体系。1989 年，美国在社会课程领域先后出台了四份有影响力的改革报告，即美国学校社会科委员会推出的《21 世纪社会

---

①Beverly Falk. Standards-based Educational Reforms: Problems and Possibilities [J] Phi. Delta Kappan, 2002, 83 (8)：34.

②柯森.当代美国中小学课程概观 [M]. 广州：中山大学出版社，2005：78.

课程指导》、布拉德利学校历史学会推出的《美国教育中的历史课现状》、美国教师联合会出版的《半截的故事：美国历史教科书应该加入些什么》、全国州长协会发表的《转变中的美国：国际前沿》[1]，它们都强调了历史和地理学科的重要性，提倡将历史和地理作为社会课程的核心内容。1988 年，加州教育部对 1987 年历史—社会课程方案进行了修订与完善，形成一部新的以历史、地理为主线的加州公立学校历史—社会课程标准。2000 年，加州教育委员会对原有课程标准进行了补充、完善，形成了《加州历史—社会课程标准(K—12)》；2003 年，加州教育委员会通过了以评价内容标准与课程标准一致性要求的《加州历史—社会教材评估标准》，该评估标准的适用范围为 K—8年级，这部分内容在 2005 年修订版《加州历史—社会课程标准 (K—12)》中得到体现。

二、中国和美国加州小学社会课程标准基本框架的比较

课程标准基本框架以简洁的文字清晰明朗地呈现了课程标准的脉络和各组成部分，各国或各地区课程标准框架受当地政治、文化、教育体制、学科特征等因素的影响而呈现出各自的特色。课程标准基本框架的差异意味着课程内容等方面的差异性。因此，在对我国和美国加州社会课程标准制定背景进行比较之后，对两者的基本框架进行一个系统的比较，这更有助于从整体上把握两者的差异性，为以下课程目标、课程内容的比较理清思路。

（一）中国《义务教育品德与社会课程标准（2011 年版）》（以下简称《课标（2011）》）基本框架

我国最新义务教育品德与社会课程标准颁布于 2011 年，是在 2001 年课程标准实验稿修订基础上形成的，与实验稿相比，品德与社会课程经过 10 年的发展，2001 年版课程标准整体框架结构在多处发生了局部变动，2011 年版课程标准的文本框架主要包括以下几个方面（表 3—1）：

---

①John J Patrick. Social Studies Curriculum Reform Reports[A]. ERIC digest[C], Bloomington IN:ERIC

表 3—1 《义务教育品德与社会课程标准（2011 年版）》基本框架

前言	课程目标	课程内容	实施建议
课程性质 课程基本理念 课程设计思路	总目标 分目标	我的健康成长 我的家庭生活 我们的学校生活 我们的社区生活 我们的国家 我们共同的世界	教学建议 评价建议 教材编写建议 课程资源开发与利用建议

首先，前言部分主要介绍了品德与社会的课程性质、课程基本理念以及课程设计思路。关于课程性质，从开放性、实践性、综合性三个维度进行了具体而详细的阐述。关于课程的基本理念，主要包括以下几个方面：帮助学生参与社会、学会做人是课程的核心；学生的生活及其社会化需求是课程的基础；提高德育的实效性是课程的追求。关于课程设计思路，《课标（2011）》给出了精炼而准确的描述：一条主线，点面结合，综合交叉，螺旋上升。[①]

其次，课程目标分为总目标和分目标两个部分。在课程总目标下，设立情感态度价值观、能力与方法、知识三类分目标。总目标对品德与社会课程在小学中高年级社会性发展方面的预期水平做出了总的概括和规定；分目标则从情感态度价值观、能力与方法、知识三个维度对品德与社会发展的具体水平做出了明确的要求与规定。

再次，课程内容则采用了"同心圆扩大"的构建方式，以综合主题的方式呈现的，主要内容包括：我的健康成长、我的家庭生活、我们的学校生活、我们的社区生活、我们的国家、我们共同的世界。除此之外，品德与社会课程标准还详细呈现了每一个综合主题的具体教学活动建议。

最后，实施建议分别从教学建议、评价建议、教材编写建议、课程资源

---

①中华人民共和国教育部.义务教育品德与社会课程标准（2011 年版）[M].北京：北京师范大学出版社，2012.

开发与利用建议等几个部分，从不同对象和角度做了详细的分析和阐述。

（二）《加州历史—社会课程标准（K—12)》（以下简称《加州标准》）基本框架

2005年版加州历史—社会课程标准是在1998年版的基础上修订而来的，《加州历史—社会课程标准（K—12)》的基本框架主要包括7个部分，分别是绪论（前言、致谢)、导论、课程目标与主线、课程描述、内容标准、教材评估标准（K—8年级)、附录。

首先，《加州历史—社会课程标准（K—12)》绪论部分包括前言(Foreword)及致谢(Acknowledgements)两部分内容。具体来说，前言部分主要包括由加州公共机构督导和加州教育委员会主席签署的关于历史—社会课程重要性的阐述和对2005年版标准制定的背景和后续修订的基本情况的一些介绍；致谢部分主要列举了1997年以来参与课程标准研制与修订的各类工作群体人员名单及对编制过程的概述。

其次，在导论(Introduction to the Framework)部分，主要介绍了《加州标准》制定的时代和社会背景、核心理念依据、目标与意图、学习预期效果以及该标准的17个显著特点。

再次，在课程目标与主线(Goals and Curriculum Strands)部分，《加州标准》主要是从知识与文化理解、民主理解与公民价值、技能习得与社会参与三个维度阐述了历史—社会课程的核心目标，此外，还对历史—社会课程要求的具体核心素养进行了详尽的阐述和说明。在加州，小学阶段主线内容标准包括两个年段跨度，分别是第一年段：K—3，第二年段：4—5。

接下来，在课程描述(Course Descriptions)部分，从完整性和连续性方面描述了课程目标的发展，介绍了课程对学生评价的要点以及对教师专业素养的要求，罗列出K—12课程内容的主题，描述了基于时间线索的世界与美国历史课程的课程目标与课程内容，同时，提供了每学年的历史年代表。

然后，教材的评估标准(Criteria for Evaluating Instructional Materials)部分是2005年修订版新增加的内容，主要是针对幼儿园到8年级的学生。

最后，附录（Appendixes）部分由附录A、B、C、D、E、F、G、H 8个部分组成，对课程教材内容进行了相应的补充与更新。它主要包括美国历史、世界历史、地理、经济、政治、宗教、教学、文化等课程内容的扩展，还包括了历史—社会学习与职业选择、社会服务学习之间的关系与应用等。

（三）中国和美国加州社会课程标准框架的共性与差异

由于我国品德与社会课程标准和加州历史—社会课程标准都是基于文本的形式而存在的，为更加直观、清晰地比较两者在课程框架结构方面存在的异同，在此将两者的框架结构以表格的形式呈现（表3—2）。

表3—2 中国和美国加州社会课程框架结构

	品德与社会课程标准	加州历史—社会课程标准
框架结构	前言 课程目标 课程内容 实施建议	绪论 导论 课程目标与主线 课程描述 内容标准 教材评估标准 附录

资料来源：中华人民共和国教育部，义务教育品德与社会课程标准（2011年版），2012；加州教育部，加州公立学校历史—社会课程标准（K-12），2005.

1. 共同之处

（1）各相应板块内容基本对应

通过对我国和美国加州社会课程框架结构进行全面的对比，发现两者大同小异。虽然两者各个板块之间不是完全对应，但也具有一定的相似性。有些对应板块部分内容是吻合的，具体表现为我国品德与社会课程标准的前言和加州历史—社会课程标准的导论相当；我国的课程目标和加州的课程目标与主线相当；我国的课程内容和加州课程描述相当；我国品德与社会课程标准将实施建议作为一个单独板块列了出来，体现了新一轮基础教育课程改革以来我国对品德与社会课程具体的实施过程的重视，美国加州历史—社会课程标准则没有明确提出与我国品德与社会实施建议相对应、相交叉和重合的板块。

（2）两者都属于综合课程

从课程性质角度来看，我国品德与社会课程和加州历史—社会课程都属于综合课程。我国明确提出"品德与社会课程是在小学中高年级开设的一门以学生生活为基础，以学生良好品德形成为核心，促进学生社会性发展的综合课程"[①]；与此同时，加州历史—社会课程采取学科整合的方式，将历史、地理、政治、经济、文化、法律、人类学等学科统整在以历史学科为核心的课程框架中。由此反映出我国品德与社会课程和加州历史—社会课程从课程性质角度来定位都属于综合性课程。

2. 各自特点与差异

（1）课程名称不同

我国关于课程实施指导文件的名称不是一成不变的，随着以往课程改革的一次次推进，从清末到现在，课程指导文件的名称也几经变化和更改。"课程标准"是我国使用最早的一个概念。清末废除科举建立学校以后，一直采用"课程标准"的名称。中华人民共和国成立初期也曾颁布过小学各科和中学个别科目的课程标准(草案)。1952年后，受苏联教育学影响，把"课程标准"改为"教学大纲"。新一轮基础教育课程改革以来，我国课程实施的指导性文件名称由"教学大纲"转变为"课程标准"。教学大纲即国家教育主管部门规定学校各门学科的目的任务、教材纲目和教学实施的指导性文件。它以纲要形式规定各学科知识范围、深度和结构、教学时间以及教学法上的具体要求。[②]

相比之下，加州历史—社会课程标准的名称并未发生大的变动，从1987年加州教育部初次提出历史—社会课程标准到1998年的一次修改以及2005年

---

①中华人民共和国教育部.义务教育品德与社会课程标准（2011年版）[M].北京：北京师范大学出版社，2012.

②刘革秋.中国小学教学百科全书·教育卷[M].沈阳:沈阳出版社，1993：76.

版本的进一步完善，一直沿用"历史—社会课程标准"这一名称。

我国品德与社会课程标准和美国加州历史—社会课程标准名称如下（表3—3）：

表3—3 我国和加州课程标准名称列表

国别	标准名称	发行部门及时间	备注
中国	义务教育品德与社会课程标准（2011年版）	中华人民共和国教育部（2011年）	文中称《课标（2011）》
美国加州	加州公立学校历史—社会课程标准	加州教育部（2005年）	文中称《加州标准》

（2）课程规定性的不同

本章主要从课程理念、课程设计思路、课程目标等维度分析我国品德与社会课程标准和加州历史—社会课程标准的异同。我国品德与社会课程标准在前言部分对课程理念、课程设计思路做了清晰明确的说明。相比之下，加州历史—社会课程标准虽有提及，但并没有用明确的文字表述对课程理念及课程设计思路和课程目标做详细的规定和介绍。

首先，从课程理念角度来看，《课标（2011）》提出以下三条教学理念：其一，帮助学生参与社会，学会做人是课程的核心；其二，学生的生活及其社会化需求是课程的基础；其三，提高德育的实效性是课程的追求。[1]加州教育者认为，未来社会最突出的特点是"连续性与变化"。[2]因此，历史—社会课程的目的就在于帮助学生理解"连续性与变化"及如何变化的。

其次，从课程设计思路角度来看，我国品德与社会课程的设计思路是一条主线，点面结合，综合交叉，螺旋上升。"一条主线"即以学生的生活发

---

①中华人民共和国教育部.义务教育品德与社会课程标准（2011年版）［M］.北京：北京师范大学出版社，2012.

②California State Board of Education. History–Social Science Framework for California Public Schools, Kindergarden through Grade Twelve ［M］. Sacramento: California State Department of Education，2005.

展为主线；"点面结合"的"点"是社会生活的几个主要因素，"面"是学生逐步扩展的生活领域，在面上选点，组织教学内容；"综合交叉，螺旋上升"指的是每一个生活领域所包含的社会要素是综合的，在不同年段层次不同，螺旋上升。①与此同时，品德与社会课程前接品德与生活课程，后接思想品德课程和思想政治课程，实现了整体与阶段的完美融合，共同构成了新的学校德育课程体系，体现了整体性与阶段性相统一的特点。我国品德与社会课程有十分明确的指导思想，即"品德与社会课程以社会主义核心价值体系为指导"。②在品德与社会课程标准结尾的实施建议部分，分别从教学、评价、教材编写、课程资源开发与利用等维度提出了具体建议，为具体的德育教学提供了可创造的弹性空间。相比之下，加州历史—社会课程标准没有用准确清晰的语言文字表明课程设计思路，没有提出具体的指导思想，而是采用统整性与阶段性相统一的方式，在总目标之下分别按学年提出学年目标和内容标准，体现了加州历史—社会课程由浅入深，循序渐进，环环相扣的特点。在加州历史—社会课程标准的最后，主要从教材评估的角度提出了可供参考的建议，与我国品德与社会课程标准对应部分相比较而言，略显单一。

最后，从课程目标维度来看，我国品德与社会课程目标和加州历史—社会课程目标都从思想教育、知识、能力三个方面做了阐述。加州历史—社会先对基础教育阶段本课程的预期目标做了一个综述，再分别对各年段和各年级提出分目标要求，目标明确，层次清晰。我国虽然也采用"总目标 + 分目标"的表述方式，相比之下，加州课程目标的表述更为细致具体，我国课程目标略显粗线条，缺乏垂直分层。

---

①中华人民共和国教育部.义务教育品德与社会课程标准（2011 年版）［M］.北京：北京师范大学出版社，2012.

②中华人民共和国教育部.义务教育品德与社会课程标准（2011 年版）［M］.北京：北京师范大学出版社，2012.

（3）整体框架结构组成不同

从课程标准整体框架结构的组成部分来看，我国品德与社会课程标准和加州历史—社会课程标准的框架组成内容上存在差异性。具体来看，品德与社会课程标准包括前言、课程目标、课程内容、实施建议四个部分内容，加州历史—社会课程标准虽然各组成部分的名称与我国品德与社会课程标准的名称和呈现的顺序都不完全一致，但是加州历史—社会课程标准除了涵盖我国品德与社会课程标准的相应内容外，还介绍了 2005 年版课程标准制定的背景和后续修订的基本情况，以及参与课程标准研制与修订的各类群体的工作人员名单及编制过程和课程标准的 17 个显著特点，让读者对课程标准的发展情况有一个清晰的了解。此外，在课程标准最后的附录部分为教师寻找课程教材内容提供了方便。

（4）编排体系不同

从课程标准的编排体系来看，我国品德与社会课程标准以"我的健康成长""我的家庭生活""我们的学校生活""我们的社区生活""我们的国家""我们共同的世界"6 个主题来组织，并且在每个主题下分别列出了学生应该形成的情感·态度·价值观和应该掌握的能力与方法和知识，在每个主题内容后面都提供了相应的体验、探究、解决问题、合作学习等多种教学活动和教学设计的建议，为课程的顺利实施提供了极具价值的参考意见，为教师教学提供了有效的参考，但它并没有列举出各个年级所应达到的具体要求，缺乏层次性。相比之下，加州历史—社会课程标准则采用了"学段—年级—主题——般目标—下位目标"的多样编排方式，为读者从不同角度了解课程标准提供了一个平台。

（5）学段划分不同

我国品德与社会课程主要是针对小学中高年级开设的一门课程，在 3—6 年级并没有再进行细致的学段划分，但是对相应的课程内容做了年段划分，并且对各年段内容做了区分度的说明。加州历史—社会课程标准对学段进行了划分，K—3 年级为低年段、4—8 年级为中年段、9—12 年级为高年段，这样的学段划分符合儿童心理发展的基本规律。

通过以上对我国品德与社会课程标准和加州历史—社会课程标准整体框架结构的比较分析，发现作为课程实施的政府指导性文件，两者都涵盖了课程目标、课程内容等重要部分，并且都对这两部分内容做了详尽的阐述。虽然它们存在一定的差异性，但都没有影响到课程标准内部的整体性和系统性。而比较明显的差异产生于各国传统课程理念，简言之，两者并无实质性的差异。从课程标准的整体框架来看，我国品德与社会课程标准在编排体系上更为清晰，系统性更强，在课程目标和课程内容的呈现方面却显得比较笼统。加州历史—社会课程虽然在课程性质、课程理念、课程设计思路方面没有做出明确的规定，但其在课程目标和课程内容的设置方面更加细致、详细，这是我们需要借鉴和完善的地方。

三、课程目标的比较

课程目标即学生课程学习应达到的结果及其程度要求，是关于学生学习活动结束之后行为变化的描述。[1]课程与教学论基础课程目标对课程内容的选择、实施及评价具有重要的指导作用，同时也体现着课程自身的性质和理念。本章将会对我国和美国加州社会课程标准的课程目标部分进行比较分析，试图从课程目标的具体内容及课程目标的结构来分析两者的异同，在此基础上，充分借鉴加州课程目标的长处，来完善我国品德与社会课程目标的设置。

（一）中国《课标（2011）》中的课程目标

我国品德与社会课程目标分为总目标和分目标两个部分。在课程总目标下，设立情感·态度·价值观目标、能力与方法目标和知识目标。

《课标（2011）》在总目标部分提出："品德与社会课程旨在培养学生的良好品德，促进学生的社会性发展，为学生认识社会、参与社会、适应社

---

①潘洪建，刘华，蔡澄.课程与教学论基础［M］.镇江：江苏大学出版社，2012.

会，成为具有爱心、责任心、良好行为习惯和个性品质的公民奠定基础。"①
《课标（2011）》的总目标采用中高年级整体一贯设计，用简洁明了的文字概括了品德与社会课程所承担的教学活动的总体目标与要求，体现了以德育为核心的课程理念，前接品德与生活，后接思想品德，在德育课程体系中形成了良好的衔接。品德与社会课程作为德育课程中的一门具体的课程，着重培养学生成为社会主义的接班人和建设者，实现社会主义合格公民的国家意志，帮助学生形成良好的价值观以及良好的品行。在加州历史—社会课程标准中则没有提出一个明确的课程总目标，而是按不同年段，分别确立了学段目标和相对应的内容标准。我国现有的品德与社会课程标准在课程目标的划分上，单单围绕三个基本维度做了横向划分的说明，纵向上却没有进行必要且详细的描述，显得比较笼统，缺乏层次性、渐进性，这也恰恰是我国品德与社会课程标准需要不断改进和完善的地方。青少年的心理发展和认知发展遵循一定的规律性，课程目标在注重青少年学生全面健康发展的同时，更应该注重适应青少年学生认知发展的阶段性、层次性，加强不同年级阶段社会课程的整合性、连续性和渐进性，逐步实现课程目标的螺旋式上升，更好地促进课程目标的有效达成。

表 3—4　《课标（2011）》情感·态度·价值观分目标

情感·态度·价值观
·珍爱生命，热爱生活，养成自尊自律、乐观向上、勤劳朴素的态度
·爱亲敬长，养成文明礼貌、诚实守信、友爱宽容、热爱集体、团结合作、有责任心的品质
·初步形成规则意识，民主、法制观念，崇尚公平与公平
·热爱家乡
·具有关爱自然的情感，逐步形成保护生态环境的意识

资料来源：中华人民共和国教育部，义务教育品德与社会课程标准（2011 年版），2011：5。

①中华人民共和国教育部.义务教育品德与社会课程标准（2011 年版）［M］.北京：北京师范大学出版社，2012.

表 3—5 《课标 (2011)》能力与方法分目标

能力与方法
·养成安全、健康、环保的良好生活和行为习惯
·初步认识自我，掌握一些调整自己情绪和行为的方法
·学会清楚地表达自己的感受和见解，倾听他人的意见，体会他人的心情和需要，与他人平等地交流与合作，积极参与集体生活
·学习从不同的角度观察社会事物和现象，对生活中遇到的道德问题做出正确的判断，尝试合理地、有创意地探究和解决生活中的问题，力所能及地参与社会公益活动
·初步掌握收集、整理和运用信息的能力，能够选用恰当的工具和方法分析、说明问题

资料来源：中华人民共和国教育部，义务教育品德与社会课程标准 (2011 年版)，2011:5-6。

表 3—6 《课标 (2011)》知识分目标

知识
·理解日常生活中的道德行为规范和文明礼貌，了解未成年人的基本权利和义务，懂得规则、法律对于保障每个人的权利和维护社会公共生活具有重要意义
·初步了解生产、消费活动与人们生活的关系，知道科学技术对生产和生活的重要影响
·知道一些基本的地理常识，初步理解人与自然、环境的相互依存关系，了解人类共同面临的人口、资源和环境等问题
·了解家乡的发展变化，了解一些我国历史常识，知道在历史发展过程中形成的中华民族优秀文化和革命传统，了解影响我国发展的重大历史事件和社会主义建设的伟大成就
·初步了解影响世界历史发展的一些重要事件，知道不同环境下人们有不同的生活方式和风俗习惯，懂得不同民族、国家和地区之间相互尊重、和睦相处的重要意义

资料来源：中华人民共和国教育部，义务教育品德与社会课程标准 (2011 年版)，2011:6-7。

通过以上对我国品德与社会课程目标部分文本内容的呈现，可以发现虽然课程目标以三个独立维度的目标形式呈现，但三者之间并不是毫无联系的独立个体，实质上三者整合于品德与社会课程实施的整个过程中。此外，课程目标的设立体现了新课程的一些基本理念，例如，以往我国基础教育偏重于对学习结果的关注，忽视了对学生学习过程和学习方式的关注。课程目标将能力与方法作为一个单独的维度列出来，体现了新一轮基础教育课程改革所提倡的转变学生学习方式的理念，一定程度上维护了学生在学习过程中的主体地位。

（二）《加州标准》中的课程目标

20 世纪 80 年代，针对环境扩展模式的弊端，加州教育部制定了以历史和地理为核心的历史—社会课程标准。加州教育部制定的历史—社会课程目标体系主要分为知识与文化理解目标、民主理解与公民价值目标、技能获得和社会参与目标三个方面。细化到这三个维度的具体目标内容，知识与文化理解目标包括历史素养、伦理素养、文化素养、地理素养、经济素养、社会政治素养；民主理解与公民价值目标包括国家认同、宪法传承、公民价值、权利和责任；技能获得和社会参与目标包括参与能力、批判性思维能力、基本学习技能。

图 3—1 历史—社会 K—12 年级课程目标及范畴

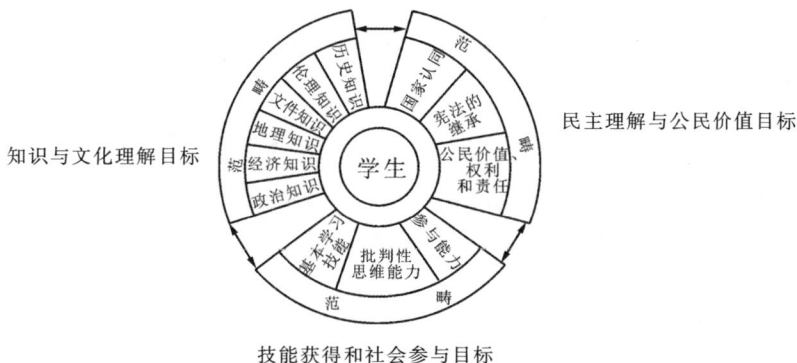

知识与文化理解目标

民主理解与公民价值目标

技能获得和社会参与目标

资料来源：California State Board of Education. History–Social Science Framework for California Public Schools, Kindergarten through Grade Twelve .Sacramento: California State Department of Education,2005：11。

加州历史—社会课程目标的三个维度是相互联系与共存的，彼此衔接贯通。在保持相互独立性和连续性的同时，各目标范畴之间相互关联，交互作用，贯穿于课程的整体。不同年段和学段之间的课程目标和内容标准反复出现，螺旋上升，不断深化拓展。课程目标十分注重学生技能与社会参与能力的培养，相应地提出了一系列具体要求，与此同时，也十分重视学生的情感态度价值观的形成。

表 3—7　加州公立学校历史—社会知识与文化理解目标体系

知识与文化理解目标
·历史素养 　　发展研究技能与深入历史技能；理解时间与年代的含义；分析历史原因和影响 　　理解连续性与变化的原因；理解宗教、哲学和其他历史中主要信仰系统的重要性
·伦理素养 　　认识到生命的神圣与个人的尊严；理解不同社会在解决伦理问题上的不同的方式；理解影响人们行为的理念；意识到无论何时何地人权与伦理问题都是人们所普遍关注的问题
·文化素养 　　理解文化的丰富性与复杂性；识别国家文化生活中的各个部分之间的关系；了解神话、传说、价值观和人们的信仰；识别文学与艺术以及对人们内心世界的反映；发展对自有文化遗产的自豪感以及多文化视角
·地理素养 　　发展空间意识；发展地理定位技能与理解；理解人与环境的内在关联；理解人类的迁移；理解世界各大宗教的历史、文化、经济和政治特点
·经济素养 　　理解各类社会中所面临的基本的经济问题；理解经济体系的比较；理解基本的经济目标、表现以及所处社会中的问题；理解国际经济体系
·社会政治素养 　　理解社会与政治系统之间的紧密关系；理解社会与法律之间的紧密关系；理解政治体系的比较

资料来源：California State Board of Education. History-Social Science Framework for California Public Schools, Kindergarten through Grade Twelve. Sacramento: California State Department of Education,2005：12-19。

表 3—8　加州公立学校历史—社会民主理解与公民价值目标体系

民主理解与公民价值目标
·国家认同 　　理解美国意识形态；认识到在美国历史上不同时期少数民族和妇女的地位；理解来自亚洲、太平洋岛屿和拉丁美洲移民的独特体验；理解美国在世界历史中作为一个移民国家的特殊地位；认识到真正的爱国主义是一种对于不同文化、种族、宗教与伦理群体的包容并蓄的道德力量
·宪法传承 　　理解民主的基本原则；理解民主政府存在于人民的原则以及人民通过宪法选择和被统治者同意的程序进行统治；理解诸如代议制政府、三权分立、陪审审判等基本宪法概念的历史起源；学生需要在它们的历史背景下形成宪法概念的理解
·公民价值、权利和责任 　　理解参与性民主制度中的公民素养要求；理解民主体制下的公民责任

资料来源：California State Board of Education. History-Social Science Framework for California Public Schools, Kindergarten through Grade Twelve. Sacramento: California State Department of Education,2005：13-24。

表3—9 加州公立学校历史—社会技能获得和社会参与目标体系

技能获得和社会参与目标
·参与能力 　　发展个人的技能；发展群体交互技能；发展社会政治参与技能 ·批判性思维能力 　　定义与澄清问题；批判与问题相关的信息；解决问题得出结论 ·基本学习技能 　　获取信息；讨论与辩论 　　撰写条理清晰、论证合理的论文

资料来源：California State Board of Education. History–Social Science Framework for California Public Schools, Kindergarten through Grade Twelve. Sacramento: California State Department of Education,2005：24–27。

综合以上三个维度课程目标的具体内容，可以发现三者是相互联系、相互影响的有机整体，因此，在具体课程实施的过程中，必须树立整体观念，合理处理好三者之间的内在逻辑关系，才能全面而有效地实现课程目标。

（三）中国和美国加州社会课程目标的共性与差异

通过我国《课标（2011）》中课程目标和《加州标准》中课程目标的梳理和系统比较，可以发现两者存在着共同之处，同时也各有特点，彼此存在着差异。

1.共同之处

（1）课程目标涉猎维度相同

从所涉猎的维度来看，中国品德与社会课程目标和加州历史—社会课程目标都包含认知目标、技能方法目标、价值观目标。加州历史—社会课程目标由知识与文化理解目标、民主理解与公民价值目标、技能获得和社会参与目标三部分组成，采用 K—12 年级整体设计的思路，在不同年段和不同学段分别列出了具体的学习目标和具体内容范畴，重复出现，螺旋上升。我国《课标（2011）》在总目标之下分别设立了情感·态度·价值观目标、能力与方法目标、知识目标，根据六个具体主题，分别在各年级确立了具体的课程内容，一定程度上加强了课程的综合性，克服了传统分科学科零乱、分散的弊端，构建了充满活力的综合性课程体系。

（2）十分注重学科之间的融合

我国《课标（2011）》和《加州标准》都十分注重学科之间的融合，逐步突破学科中心的模式，走向学科综合、多元化，为相关课程提供了一个完整的课程框架，一定程度上也改变了以往学生机械的学习方式，为教学目标的实现提供了方向。

（3）十分关注学生人文精神的培养

我国《课标（2011）》和《加州标准》都十分关注学生人文精神的培养。如我国品德与社会课程标准中提到的"初步理解人与自然、环境的相互依存关系，了解人类共同面临的人口、资源和环境等问题"，加州历史—社会课程标准中提到的"理解人与环境的内在关联"等，都体现了对人文精神的重视。

（4）十分重视学生健全人格的养成

我国《课标（2011）》和《加州标准》都十分重视学生健全人格的养成，两者课程目标体系包括知识、能力之外，分别从情感·态度·价值观和民主理解与公民价值维度对学生的人格培养提出了具体期望和要求。如中国品德与社会课程标准中有"珍爱生命，热爱生活，养成自尊自律、乐观向上、勤劳朴素的态度"，加州历史—社会课程标准中有"理解参与性民主制度中的公民素养要求；理解民主体制下的公民责任"等。

2. 各自特点与差异

（1）三维目标呈现顺序不同

首先，我国和加州都将课程目标分为认知目标、技能方法目标、价值观目标三类，但这三类目标在我国和加州社会课程标准中的名称及呈现顺序存在一定的差异性。我国品德与社会课程目标的呈现顺序依次为情感·态度·价值观、能力与方法、知识，加州历史—社会课程的三维目标呈现顺序依次为知识与文化理解目标、民主理解与公民价值目标、技能获得和社会参与目标。从两者呈现顺序的差异可以反映出我国和加州社会课程目标的侧重点存在差异性，加州将认知目标排放在第一位，可见十分重视认知目标，究其原因，是因为获得必要的学科知识是学生认识社会、形成正确民主理解与公民价值的基础。在我国，一方面，由于品德与社会课程承担着德育的重任；另一方面，由于长期以来，我国重视知识技能的传授，忽视情感态度价值观的培养，为改变传统教育的这一弊端，因此将情感·态度·价值观目标放在第一位。

（2）三维目标描述细致程度和学生个性品格培养的重点不同

在课程目标的具体内容方面，虽然两者涉猎的基本范围相似，但也存在很大差异。相比之下，加州将课程目标分为知识与文化理解、民主理解与公民价值、技能获得和社会参与三大领域，与此同时，在各领域内又分成若干贯穿于学生学习始终的子领域目标，体现了加州教育目标体系的一体化。首先，在认知目标方面，加州历史—社会在知识与文化理解目标维度又具体列出了历史素养、伦理素养、文化素养、地理素养、经济素养、社会政治素养六个板块内容，每一板块又提出了一些具体要求，明确提出了学生应掌握的一些基本能力；相比较而言，我国《课标（2011）》在知识领域维度只是简单地列出了五条条目性要求，并没有更进一步深入细化，显得过于单薄和笼统。其次，在技能方法目标方面，我国《课标（2011）》和《加州标准》的差异性一方面在于加州的能力目标要求高于我国的技能目标要求；另一方面，教育必须能够促进道德的发展，这不仅仅是为了意识形态的教育，更是为了实现民主社会实施教育规划和承担教育供给的必然结果。在一个民主社会里，教育必须为年轻人传授民主的道德观。[1]加州社会比我国更加注重参与技能的培养。在价值观维度，我国《课标（2011）》和加州历史—社会的侧重点存在很大差异，一方面加州历史—社会课程重视爱国主义精神的渗透和培养，但更重视民主观念和美国价值观的培养，着眼于将学生培养成为合格的美国公民；我国品德与社会则更加

①Kelly，A.V.'Personal, social and moral education in a democratic society'，in Edwards, G. and Kelly,A.V. (eds) Experience and education: Towards an Alternative National Curriculum [M]．London: Paul Chapman Publishing, 1998:161–177.

强调爱国主义教育，缺乏对学生人文素养和价值观的培养。思想政治教育
是和本国的历史相联系的，我国是一个有着悠久历史的统一的多民族国家，
所以，在社会中强调爱国主义教育和社会主义道路的教育，让学生了解我
国的国情国策，从而激发学生们的民族自豪感、自信心；培养建设家乡、
服务祖国、振兴中华和反对种族歧视、热爱世界和平的情感；增强社会主
义公民的意识。加州历史—社会注重民主观念和美国价值观的培育，与美
国的社会文化传统有着密切的联系。因其建国历史较为短暂，因此，十分关
注爱国主义情感的培养，更为强调民主观念和价值观，立足于将美国移民同
化为美国本土公民。民主观念是约束公民的国家共同遗产，美国公民的道德
价值观就是认识关于公民权利和义务的民主思想和自由平等的观念。而这个
价值观，正像过去那样，今天也正帮助公民在正确与错误，同时也在两个价
值观发生冲突时进行选择。[①]另一方面，加州历史—社会课程目标强调多元文
化价值观，而我国《课标（2011）》强调单一化的价值观。

（3）课程目标描述方式不同

在课程目标描述方面，加州历史—社会课程目标以主体＋认知过程维度
的动词＋学习条件＋内容对象构成的目标形式体现了教育目标分类学的思想，
从低级思维到高级思维，自上而下、逐步深入、不断演绎与扩大；我国《课
标(2011)》在知识目标维度采用的主要表述方式为"结果性目标"表述方式，
情感·态度·价值观维度和能力与方法维度主要采用"体验性目标"的表述方
式，较之加州显得有些单薄、空洞，难以操作。

（4）内部逻辑结构不同

加州历史—社会课程目标设计的内部逻辑性更贴近学生的身心发展规律，
除了列出三个具体领域的目标范畴之外，还详细地罗列出每个学段必须掌握
的知识、能力方面的具体要求，体现出较高的渐进性和层次性；我国品德与

---

①Charlotte Crabtree. Improving History in the schools ［J］.Educational Leadership，1989，(11)：25-28.

社会课程目标虽然也提出了三维目标，但在具体呈现时显得比较零散，较之加州，渐进性和层次性略显薄弱，这恰恰是我国品德与社会课程目标需要进一步反思并完善的地方。

通过对我国品德与社会课程目标和加州历史—社会课程目标的比较分析发现，两者各自存在优点与缺点。两者在目标结构和培养合格公民的具体素质要求上具有异曲同工之妙，但侧重点以及具体内容和课程目标描述上又各具特色。美国作为世界上最早开始社会学科的国家，历史知识作为学科基础的核心内容，是和社会实施的最终目的一致的。我们应充分吸收借鉴美国社会学科的成功经验，在深化课程改革的新时期，改进对《课标（2011）》课程目标的设计。

四、课程内容的比较

课程内容既是教材编写的依据，也是课程标准的核心内容，全方位体现品德与社会课程的性质和基本理念，体现了国家意志和要求。同时，课程内容是课程目标的实现手段，本章将会对我国和美国加州社会课程标准的课程内容部分进行比较分析。

（一）中国《课标（2011）》中的课程内容

中国品德与社会课程内容依据课程设计思路，按综合主题方式呈现为六个部分：我的健康成长、我的家庭生活、我们的学校生活、我们的社区生活、我们的国家、我们共同的世界。①这种主题式框架是各国设计综合课程时常采用的，也被称为"同心圆扩大"的框架。这个内容框架的建构，遵循了以学生生活为基础开展学习的设计思路，体现了综合性设计的特点。②由于课程标准对课程内容做了明确的年段划分，这样的设计适当降低了难度，与此同时，课程标准对中高年级做了区分度的说明，更好地适应了学生身心发展的特点。品德与社会课程的六大主题及对应具体条目见表3—10、表3—11。

---

① 义务教育品德与社会课程标准（2011年版）解读.北京：高等教育出版社，2012.
② 高峡.《品德与社会》内容标准解读 [J].课程教材教学研究·小教研究.2003.

表 3—10 中国品德与社会课程内容的主题和分布情况

标题	条数
我的健康生活	8（中 2，高 1，中/高 5）
我的家庭生活	5（中 3，高 1，中/高 1）
我们的学校生活	7（中 5，高 1，中/高 1）
我们的社区生活	11（中 6，高 1，中/高 4）
我们的国家	13（中 0，高 7，中/高 6）
我们共同的世界	8（中 0，高 6，中/高 2）
	52（中 16，高 17，中/高 19）[①]

　　每个主题下面设几个具体学习的条目，呈现出大德育的概念，突出了对青少年公民意识和素养方面的要求，体现了德育为先、育人为本、能力为重、知识为基础的设计理念。中国品德与社会课程内容后面相应地设置了教学活动建议，突出了教学活动形式多样化的特点。新课标中教学活动建议包括主题活动、游戏、查找地图、实物展览、访问、模拟表演、实地调查、观看影视片、模拟活动、访问、交流讨论会等方式，体现了以学生为本的理念，旨在培养学生的学习主动性，体现素质教育的本质。

---

①高峡.义务教育品德与社会课程标准（2011 年版）解读［M］.北京：高等教育出版社，2012：99.

表 3—11 《课标（2011）》课程内容主题与核心①

主题	核心	条数
我的健康生活	认识自我；自尊、自爱；应对困难；诚信做人；与人为善；生命·安全；控制不良行为；健康生活	8
我的家庭生活	亲情和感恩；自理和责任；邻里和睦；家庭开支和消费；沟通和谅解	5
我们的学校生活	地图技能；尊师爱校；学会学习；同学交往；个人与他人；个人与群体；集体规则；集体生活	7
我们的社区生活	地图知识和技能；环境与生活；尊重劳动者；商业—消费；交通—安全；公共设施、公共秩序和公共安全；尊重、平等；文化和文明生活；社区环境保护	11
我们的国家	国土意识和环境意识；文明史和文化遗产；屈辱—抗争—救亡图存；爱党，爱社会主义；工农业生产；交通发展；学会使用网络和信息；人民解放军；权利和义务	13
我们共同的世界	地理和文化；经济和科技；和平与发展；中国与世界	7

1. 关于"我的健康成长"的内容

品德与社会课程内容的第一主题"我的健康成长"是根据学生的年龄特征和自身发展需求，主要围绕学生的身心健康和自我发展来设计的，从自我认识、行为习惯、理解尊重他人以及生活态度、法律知识等方面对学生提出了相应的要求，这些素养和能力的形成绝不是在家庭或学校抑或社会某一环境中形成的，而是涉及学生生活方方面面的体验。

2. 关于"我的家庭生活"的内容

"我的家庭生活"这个主题主要是围绕着日常家庭生活中小学生应当懂得的伦理规范和遇到的问题来设计的，从亲情和感恩、邻里和睦、家庭开支和消费、沟通和谅解等方面对学生提出了相应的要求。家庭是社会最基本的细胞，是最重要的社会组织，良好的家庭环境和家庭教育对小学生道德形成和人际关系的发展以及行为倾向都有十分重要的影响。处于这个年龄段的小学生自主意识已形成，因此，在教学过程中，要因势利导，鼓励他们参与家庭

---

①高峡.义务教育品德与社会课程标准（2011 年版）解读 [M].北京：高等教育出版社，2012：104-138.

事务并提供相应的机会，帮助他们初步形成家庭责任感。

3. 关于"我们的学校生活"的内容

"我们的学校生活"主要是围绕小学生的学校生活开展的，学生的生活范畴已经从家庭扩展到学校这一具有社会雏形的环境中，学校生活主要包括对学校的认识以及有关学校和学习生活两个方面的内容。虽然小学中高年级的学生对学校已经十分熟悉，但由于学习科目的增加，学习负担的增强，在教学过程中，教师应该帮助学生培养良好的学习习惯，帮助他们掌握学习的方法，帮助学生处理和同学之间的关系。

4. 关于"我们的社区生活"的内容

"我们的社区生活"是以学生的社区生活为背景的，通过对社区的自然环境、人文地理、文化传统、社区文化等的全面认识，引导学生从多个不同角度认识、理解社区生活，激发学生对社区的归属感，旨在帮助学生了解和参与社会公共生活。在对这个主题的内容进行教学时，首先，要注意让学生理解社区的含义；其次，要根据学生各自所在地区的实际情况进行教学。

5. 关于"我们的国家"的内容

"我们的国家"是以帮助学生初步认识自己的国家，形成对祖国的归属感和自豪感为目的设计的。与前一部分内容相比，本部分将学生的视野逐步扩大到对我们国家的认识。通过对我们国家国土、疆域、行政区划、地区自然环境和自然灾害、历史、社会生活、经济发展、国情、民族、文化等多方面的学习，引导学生从不同角度多方面地认识和了解我们的国家，增强身为中国人的自豪感和民族荣誉感；通过对社会发展的变化及面临的新问题的了解，提高自身的辨识能力，增强自身道德的自觉性，提高自我保护意识。我国历史悠久，幅员辽阔，具有丰厚的文化底蕴，因此，本课题的教学范围十分广泛。

6. 关于"我们共同的世界"的内容

"我们共同的世界"这一主题是以帮助学生初步认识世界、形成国际理解能力和全球意识为目的设计的，为更好地拓展学生的视野，为后续的中学学习奠定坚实的基础。本部分内容看似与小学生的现实生活相隔甚远，其实不然，主要通过节日风俗、民俗习惯、科学技术、文化遗产、地理环境等形式充分展示给学生，成为学生生活中不可割舍的一部分。随着经济的发展，全球一体化进程的加快，国家之间、地区之间的关系也日趋紧密的同时，各国也面临着一些全球问题。在这样的大背景下，除了要认识我们国家的教育，更需要认识世界的国际理解教育。在这一主题的教学过程中，要着重培养学生的全球视野，引导学生走近我们的世界，了解关心我们的世界，有机地将自己的个人生活、家庭生活、学校生活、社区生活和我们共同的世界联系起来，增进对世界的亲近感，成为一个自立于世界的独立的中国人。

（二）《加州标准》中的课程内容

通过对全美社会课程标准和各州社会课程标准的文本原文的翻译和比较，可以发现虽然在课程内容部分存在细微差别，各州确立的领域或主题有所区别，但是最后还是围绕各自确定领域或主题的框架来组成课程内容，依据具体的领域和主题设计各年级和年级段所应掌握的具体学习内容及相关要求。

加州历史—社会课程除了体现整体一贯的特点，K—12 年级课程内容的标题如表 3—12 所示。

表 3—12 历史—社会课程内容

年级	课程内容
	基础学段
幼儿园	学习和工作的过去与现在
1 年级	时空中的儿童世界
2 年级	不断创造差异的人们
3 年级	连续性和变化
	中级学段
4 年级	加利福尼亚州：变化中的州
5 年级	美国历史与地理：一个新国家的诞生

续表 3—12

年级	课程内容
6 年级	世界历史与地理：古代文明
7 年级	世界历史与地理：中世纪和早期工业化时代
8 年级	美国历史与地理：成长与冲突
	高级学段
9 年级	历史—社会学科选修课
10 年级	世界历史、文化和地理：现代世界
11 年级	美国历史和地理：20 世纪的延续和变化
12 年级	美国民主和经济原理

资料来源：California State Board of Education. History–Social Science Framework for California Public Schools, Kindergarten through Grade Twelve. Sacramento: California State Department of Education, 2005.

2005 年版的课程内容打破了"由近及远"的板块凝聚模式，将学生与更为广阔的、有趣的世界联系在一起。与 1987 年课程标准比较，2005 年版课程标准对学段划分做了重新规划，将幼儿园列入基础学段，纳入课程内容体系。在课程内容设置方面，2005 年版历史—社会按学生认知发展水平和学科逻辑结构重新规划了课程内容。总体来看，历史—社会课程依然以历史课程为主线，幼儿园至 4 年级主要围绕人文学科展开，3 年级开始接触设置历史学科的内容，从 6 年级开始按照历史年代顺序构建，6 年级为古代世界至公元 500 年，7 年级为中世纪和早期工业化时代，8 年级为 1783 年至 1914 年美国的成长与冲突，10 年级为 1789 年至今，11 年级为 1900 年至现今，主要阐述美国的继续发展与变化。从 5 年级正式开始了以历史为主线的核心课程的设置，其中 5、8、11 年级主要是美国史的相关内容，6、7、11 年级则主要是世界史的相关内容，基于学生实际生活经验，融合其他课程知识，将美国史和世界史交叉设计，兼顾各自的时间体系和两者的内在协调联系，以时间顺序为主轴，以历史知识为核心，改变了以往按照传统历史事件编年顺序设计的方式，构建了以历史为核心课程的综合课程体系。3 年级主要是关于本土历史和国家史的相关内容，从 4 年级开始，学生的学习范畴已从家族、邻居、社区扩大到州史、美国史和世界史。学生开始区分和使用一手与二手资料来学习、研究历史问题，空间思维能力得到发展，能够使用地图和定位技能分析所处地域的优势和劣势。同时还继续通过研究工作的地方、州和国家政府来发展他们的公民技能。

　　由于我国品德与社会课程主要是针对 3—6 年级的学生，虽然加州小学阶段包括 K—3、4—5 两个年段，为保证研究对象的对等性，列出了加州历史—社会课程 3—6 年级课程内容的标题及主要内容，如表 3—13 所示。

表 3—13　历史—社会 3—6 年级课程内容标题及主要内容

年级	主题	主要内容
3 年级	连续与变化	·我们本土历史：发现我们的过去和传统 ·我们的国家史：通过自传、故事、寓言和传说认识平凡与超凡的人们
4 年级	加利福尼亚州：变化中的州	·地理概况 ·前哥伦比亚时期的定居点与人们 ·探索与殖民史 ·任务、牧场与墨西哥独立战争 ·淘金热、州与西进运动 ·人口快速增长的时期，大规模的农业，与美国其他地区的联系 ·现代加州：移民、技术和城市
5 年级	美国历史与地理：一个新国家的诞生	·在哥伦布之前的土地和人民 ·探索时期 ·殖民地时期 ·穿越阿巴拉契亚 ·独立战争 ·生活在年轻的共和国 ·新国家的西部扩张 ·连接过去与现在：今昔美国人
6 年级	世界历史与地理：古代文明	·早期的人类和人类社会的发展 ·文明的开端在近东和非洲：美索不达米亚、埃及和库什 ·西方思想的基础：古希伯来和希腊人 ·西方与东方：早期的文明，印度和中国 ·东方和西方：罗马

　　资料来源：California State Board of Education. History–Social Science Framework for California Public Schools, Kindergarten through Grade Twelve. Sacramento: California State Department of Education, 2005：54-55.

从以上对加州历史—社会课程框架具体文本内容的呈现，可以发现加州的课程内容注重通盘性的设计思路，体现了整体一贯设计的理念，一定程度上克服了课程内容结构的相对割裂性，加强了课程内容的整合性，逐步由浅入深，层层递进，以一种波浪式前进、螺旋式上升的模式逐步呈现课程内容。

（三）中国和加州社会课程内容的共性与差异

1.共同之处

（1）课程内容组织形式相同

从课程内容的组织形式来看，我国品德与社会课程和加州历史—社会课程都采用螺旋式的课程组织形式，两者都涵盖了承担公民教育的德育内容。我国品德与社会课程采用"一条主线，点面结合，综合交叉，螺旋上升"[①]的设计思路，以小学生的社会生活为圆心，将"个人、家庭、学校、社区、祖国、世界"的顺序逐步扩展，以小学生的社会生活为主线体现螺旋式的要求；加州历史—社会课程以历史学科为核心课程，将历史、地理、经济、政治、人类学、心理学、社会学和人文学等贯穿于K—12年级的始终，知识范畴逐步拓展，课程难度与深度也随之逐步提升，以知识的螺旋式排列契合学生心理发展，体现出螺旋编排的特点。由此可以反映出两者都采用了螺旋式的课程组织形式，按照小学生的认知发展水平和年龄特征，将相同的主题内容以不断拓展、层层上升的广度和难度在不同年级出现。

（2）课程内容呈现生活化特征

学习的成果不单单是知识的获取，认知水平的提高。我国品德与社会课程内容以小学中高年级学生的社会生活为主线，改变了以往课程教学只重认知而轻情感体验、片面强调行为习惯的养成而忽视其与认知情感之间的关系的弊端。加州历史—社会课程内容改变了过于注重学术化的特点，面向学生的实际生活，关注学生的现实生活，着重解决学生现实生活中的问题，将学科知识体系和学生的现实生活与经验紧密结合，以学生个体为中心，注重学

---

①中华人民共和国教育部.基础教育课程改革纲要（试行）［M］.2001.

生社会化发展能力的培养和个体发展与群体发展的交互，注重学生自我认识、社会认知的发展和基本参与交互技能的培养，克服了课程学科性与现实性脱节的弊端，有利于促进学生社会化发展。

（3）课程内容都呈现综合化特点

我国和加州小学社会课程内容都是学科统整性的综合课程。具体操作方面，两者都遵循小学生认知发展水平，按照小学生身心发展水平和社会认知心理，关注各分科课程的内在逻辑层面、价值层面的相互关联性等，将相互隔离的课程内容整合起来，形成富有弹性的多领域、跨学科的综合课程体系。从宏观角度看，两者知识领域结构比较相似，中国品德与社会课程内容是将情感·态度·价值观、能力与方法、知识三个领域的内容分为学生个体、家庭、学校、社区、国家、世界六个方面展开，沿着学生生活范围的不断扩大和成长的路线展开，整合了生活、地理、历史、道德、法律、政治、经济、文化、环境等方面的内容。加州历史—社会课程以历史课程为核心，涵盖了历史学、地理学、政治学、经济学、心理学、社会学、人类学以及其他自然学科的基础知识，它横向贯穿其他学科课程，纵向实现各学段的有效衔接，充分注意到历史学本身的逻辑，包括美国史与世界史的逻辑联系、断代史与编年史的逻辑联系、现代文化史观与全球文化史观的逻辑联系等，呈现出由简单到复杂、由低级向高级、螺旋式上升的特点，使社会的时间与空间紧密结合。开设综合型社会课程，不仅因为它所含的知识面更为广泛，也更接近实际生活，而且有利于学生初步了解社会，认识社会，适应社会生活，而且减少了学科的门类，减轻了学生的负担，这在科技高速发展的时代尤显重要。①

2.各自特点与差异

（1）行为动词的使用不同

在我国品德与社会课程中，为了使课程内容和教学活动建议更好地适应小学中高年级学生的实际需求，对课程内容的表述方式和程度要求进行了整

———————————

①李稚勇.小学社会课程概论［M］.上海：上海教育出版社，2001：61.

理。在品德与社会课程标准的课程内容部分主要以三类行为动词描述学习内容和活动，如表 3—14 所示。

表 3—14 中国品德与社会课程标准中的行为动词

知识性目标行为动词	技能性行为动词	体验性行为动词
"初步了解""了解""理解""知道""懂得""掌握"等	"识别""学会""观察""比较""辨别""分析""养成"等	"体验""体会""尝试""感受""参与""遵守""关心"等①

我国品德与社会课程标准中的这些行为动词的使用充分体现了新课改强调的以学生为中心的理念，以学生为学习的主体，既是对学生学习过程和学习方法的指导，也是对教学活动指导的要求。加州历史—社会课程标准中的行为动词如"列举、陈述、分类、说明、解释、归因、比较"等，这些行为动词的使用使得课程标准的陈述显得更加清晰，从抽象到具体，由上至下，层层深入，不断演绎扩大。同时，这些动词明确地区分了课程学习难度与学生预期达标水平，使得课程目标具有可测量性。从另一方面看，加州历史—社会课程内容标准中认知过程"理解、知道"等动词使用不够精确，在教师教学、评价时很难观察与测量，以至于目标、教学与评价的一致性很难达成。

（2）课程体系一体化程度不同

从课程体系角度来看，我国品德与社会课程和加州历史—社会课程一体化程度存在差异性。我国品德与社会主要是针对小学 3—6 年级学生开设的一门课程，虽然前面与小学低年级品德与生活相衔接，后面与初中历史与社会课程相衔接，但依然具有较强的独立性；加州历史—社会课程则贯穿于 K—12 年级，十分关注课程整体性与连续性，将 K—12 年级作为一个整体来进行设计，高度体现了课程一体化的特点。相形之下，我国品德与社会课程一体化设计方面有所欠缺。究其原因，主要表现在以下两方面：第一，虽然我国很

---

①高峡.义务教育品德与社会课程标准（2011 年版）解读 [M].北京：高等教育出版社，2012：101-103.

早就开设社会课程，《基础教育课程改革纲要（试行）》也明确提出了"整体设置九年一贯的义务教育课程"，但由于品德与社会课程作为新一轮基础教育课程改革而产生的一门创新课程，实现课程一体化也不是一蹴而就的，需要在不断借鉴和继承的基础上进一步发展，所以短期之内很难实现高度的一体化；第二，加州实行 K—12 年级的义务教育，并且社会学科作为一门综合课程在美国有强大的理论支撑和较为成熟的实践经验，为实现课程的一体化奠定了基础。

（3）课程内容的学科基础不同

我国品德与社会主要承担德育的任务，在课程内容的选择上偏向于德育相关内容，虽然也有涉及历史等内容，重视跨学科课程内容的研究，但是对于如何进行融合与渗透缺乏深入、细致的探讨。加州历史—社会课程合理处理了各基础学科之间的横向关联及各学科自身的纵向发展关系。横向上，历史—社会将其本身所包含的历史学、地理学、政治学、经济学、心理学、社会学、人类学等各基础学科很好地衔接、融合在一起，将社会发展的时间观念和空间观念有机地结合在一起；纵向上，同时也注重了各学科自身发展的逻辑，将历史—社会课程形成一个有机整体。兼顾横向关联和纵向发展，历史—社会形成了一个左右关联、前后衔接、循序渐进、环环相扣的课程体系结构，实现了社会学科的综合，也体现了学生实际的认知情况和心理。

课程内容是课程的核心内容，通过比较可以发现，两者既有相似之处，也具有自身的特征，在这一部分，加州历史—社会有很多值得我国学习和借鉴的地方。

五、美国课程标准对我国的启示

前面几章分别对我国品德与社会课程标准和加州历史—社会课程标准的制定背景、课程框架、课程目标、课程内容进行了比较，加州历史—社会课程标准从结构安排到内容组织都体现出清晰性和具体性，形成了较为成熟和有效的实践模式和理论体系。本章基于前文对两者几方面的全面比较基础之上，进一步总结归纳加州历史—社会课程标准研制的长处和不足，为我国处于起步和探索阶段的品德与社会课程标准修订提出具有建设性的建议，以不断完善我国品德与社会课程标准。

（一）强调课程目标与课程内容的整合，注重课程内容的连接

加州历史—社会课程标准针对义务教育阶段（K–12年级）的每一个年级段，对加州基础教育阶段的学习领域做了全局统整性安排，规定了学生在每个年级必须掌握的内容及应该达到的水平，课程内容贯穿于基础教育阶段的各个年级，由浅入深，循序渐进，螺旋上升，层次分明，具体翔实，克服了课程内容割裂分散的弊端，将幼儿园、小学、初中、高中作为一个统一的整体来考虑和安排，符合学科知识体系和学生身心发展规律，具有很强的实践操作性。

加州历史—社会课程标准连贯完整的体系结构以及全面、系统、富有弹性、可操作的课程内容都是我们要吸收借鉴的地方。教育目标的实现依赖于教育内容的支撑，为最大限度实现社会的教育目标，必须将教育目标与教育内容进行整合。我国品德与社会课程标准在总目标之下，分设情感·态度·价值观、能力与方法、知识三个维度，与加州历史—社会课程目标相比较而言，品德与社会课程总目标十分清晰、全面、系统，但是分目标领域划分则不够细致。品德与社会课程标准按照课程理念，体现课程的综合性，将总目标分为情感·态度·价值观、能力与方法、知识三个维度，条理清晰，系统性强，涵盖面广，而课程目标忽视了纵向层次性，忽视了学生身心发展的顺序性与阶段性特征，无法为教师教学和评价学生学业提供有效指导。我国品德与社会课程内容虽然以主题轴的形式逐步推进教学内容的深度与广度，但具体的知识内容较为笼统抽象，内容表述可操作性低，忽视了学生的实际发展。加州历史—社会课程标准首先列举出三维目标，然后列举各年级的分项目标要求，层次分明、目标明确、内容翔实、易于操作，依据学生年段发展水平设置课程目标和课程内容，将同一年段的课程目标和课程内容很好糅合，有利于教师把握课程目标和课程内容的衔接，从而有效组织教学。

加州历史—社会课程标准针对 K—12 年级的每一个年段的所有学习领域做出了全局性思考，课程内容贯穿于幼儿园到 12 年级，将其作为一个整体来考虑，由浅入深、循序渐进、螺旋上升，体现了学科知识体系和学生身心发展的规律。加州基础教育范围为 K—12 年级，因而历史—社会课程标准进行 13 年整体一贯设计，确定横向的内容范畴，对各领域的内容要素由浅入深进行编排，各年级的课程内容呈螺旋式上升，克服了教学内容零散、割裂的弊病。相比之下，首先，从纵向角度来看，我国品德与社会作为一门综合性课程，虽然下与小学低年级段的品德与生活相承接，上与初中历史与社会相衔接，但是这几门学科的课程标准都是分别制定的并且是独自成为一册的，并不如加州历史—社会课程衔接得自然、完美。其次，从横向角度来看，加州历史—社会课程将地理、政治、经济、文化、人类学等基础学科统整在以历史学科为核心的社会课程框架中，重视跨学科课程内容的研究，并提出了一些跨学科内容设计的方法和策略。我国的社会课程虽然也强调学科间知识的融合与渗透，但对于如何进行融合与渗透，却缺乏深入、细致的研究和探讨，从而直接制约了课程与教材的科学设计，也制约了该课程在教学实践中的有效实施。我国品德与社会课程内容虽然涉及多门具体的基础学科课程内容，但是相比较于加州来说，加州的课程内容的综合性更高。因此，我国品德与社会课程标准在后续的修订过程中，应加强各门基础学科的高效融合，处理好与其他基础学科的逻辑性和协调性，提高综合化程度。

（二）重视历史教育的作用，构建具有中国特色的社会课程标准

美国是一个多民族的国家，虽然建国仅 200 多年，但是其教育传统十分重视历史教育。加州的历史—社会课程标准是学习社会学科的指导性文件，要求学生掌握历史与社会课程的核心知识，以历史学科的内容为核心，将地理、政治、经济、文化、人类学以及其他自然学科的基础知识统整在社会课程框架中，实现了历史学科在历史—社会中的重要地位，充分体现出历史教育的社会功能。为什么将历史学科设置为历史—社会的核心内容，美国社会

学科专家麦歇尔·威兰这样解释："历史告知人类，他们是谁。"①事实上，美国历史教育的目标和社会学科最终的教育目标是一致的。

社会课程具体采用何种模式，取决于国情和具体的教育情况。加州历史—社会课程标准十分重视历史教育的价值与美国特定的历史状况和文化的联系，这既是加州历史—社会课程体系的特点，也是我们国家需要效仿和借鉴的经验。我国是一个有着五千年悠久历史的文明古国，中华文化源远流长。因此，对小学生加强历史教育在学校教育中则显得格外重要。邓小平同志曾说："要懂得些中国历史，这是中国发展的一个精神动力。"②江泽民同志在致白寿彝同志的信中提到："特别是要在青少年中普及中国历史的基本知识，以使他们学习掌握中华民族的优秀传统，牢固树立爱国主义精神和正确的人生观、价值观，激励他们为中华民族的伟大复兴而奉献力量。"鉴于此，我国实施社会课程，修订社会课程标准应注重历史教育的作用，充分利用和挖掘丰富的历史教学资源，从历史中汲取智慧，建立起以历史教育为核心的具有中国特色的社会课程模式。

（三）课程标准制定过程注重多方合作、集思广益

加州课程标准的研制工作主要采取由州政府组织、出资，委托相关委员会牵头，召集各大学研究所、相关研究者和教学前线的一线教师共同完成。加州历史—社会由加州教育部、教育委员会等机构人员共同组成的课程标准行政监督组，聘请部分大学教授及社会督学、中小学一线教师等共同参与研制的。加州历史—社会课程框架的显著特征就是其多元团队协作，保证其发展性、专业性、持续性、科学性、实践性与系统性。同时，为加强不同阶层社会的各行各业的不同人士对历史社会课程框架的认同，促进历史社会课程框架的实施与推广，在课程框架的具体研制过程中，也注重加强与上述人员的联系，充分尊重他们的权益，与他们进行有效沟通，促使他们自觉投入到

---

①Michael Whelan. "Why the Study of History Should Be the Core" IN E.Wayne Ross, The social studies curriculum [M]. State University of New York Press, 2001：p54-55.

②邓小平文选（第三卷）[M]. 北京：人民出版社，1993：358.

使用和评价的工作中。

我国的课程标准编制是由教育部或地方教委组织的，由政府教育部门发起，召集学科专家、学者、教研员、学科骨干教师来编制，研制和推广都是由政府统筹，自上而下进行推广实施，虽然有利于提高课程标准的权威性和实施的有效性，却忽略了课程标准的开放性、多元化的实现。我国除了上海等少数地区可以自行制定课程标准以外，其他地区都需要采用国家课程标准，因此，在品德与社会课程标准的制定过程中应力求做到多方合作，集思广益，重视集中专业化的研究人员来提高课程标准编制的质量。

（四）课程标准的推行需要统一性与多样性相结合

在具体推行过程中，全美基础教育阶段的课程标准体现出鲜明的层级性和多样性特点。其中，国家课程标准集中体现国家意志，州级课程标准着眼于体现地方特色，实现地方自治。全美社会课程标准虽然不是官方规定的国家层面的统一标准，但事实上，却为各州、学区、学校建构自身特色的社会课程及改进教学与评价起到了积极作用。从教育管理传统的角度来看，美国长期处于教育管理极其放任、自由的社会大环境中，其联邦体制和地方分权体制决定了社会课程呈现出多元化的地方特性。加州历史—社会课程标准体现了美国教育传统的特点。美国分国家、州和学区三级课程标准体系，国家课程标准提供的是一种目标定向较高且合理的要求，为提高美国教学质量和水平提供了一个有益的参考和依据，为保证基础教育质量起到了十分重要的指导作用。州一级的课程标准则是在参照国家课程标准的基础上，结合本州和本学区的地方特色和实际状况对国家课程标准灵活运用与具体化，制定出符合本州实际情况的地方性课程标准。

我国推行统一的国家课程标准，不利于课程的创新与多样化发展，不利于维护地方特色和文化的多样性，不利于发挥地方的积极性。我国幅员辽阔，各地区经济、文化、教育存在差异性，如何处理好多样性与差异性的关系，是我们需要关注的重点。

第四章　中国与加拿大小学社会课程标准比较

世界经济和文化的发展对各国的教育起到了极大的推动作用，也对人才培养的规格提出了新的要求。重视儿童实践创新能力和社会参与的意识与能力，是各国都普遍意识到的问题。与英国和美国一样，加拿大也是在 20 世纪加大了对社会课程的改革力度，以期促进儿童在社会实践和公民素养方面的发展。本章将结合加拿大安大略省的社会课程，与我国的社会课程进行一番比较研究。

一、加拿大安大略省小学社会课程标准制定背景

（一）加拿大小学社会课程标准的演变

加拿大实行联邦制，1867 年加拿大宪法正式生效。根据法案，加拿大四个省共同组成统一的联邦国家，合并为"加拿大自治领"，标志着加拿大开始走上联合和独立国家的发展道路。1922 年，普及义务教育进展迅速，7—12 岁的儿童可以接受各类初等教育，一些省还把义务教育的年限延长至 16 年。根据《英属北美法案》规定，自治领的教育领导权归各省专有，各省自己制定本省的教育制度。在此政策的引导下，各省政府办教育的积极性空前高涨，各级各类教育机构以及群众性的教育团体如雨后春笋涌现出来。安大略省除了设省教育部外，其所辖的各个村、镇、郡、城均设置学务委员会。各教

育行政机构分工明确，各司其职。除了学务委员会，各省还设有各种类型的教育协会、教师联合会、家校俱乐部等民办组织，成为各省教育行政部门的重要合作伙伴。安大略省教育部在审定课程时一般都要得到教师联合会的帮助和认可，这种与广大教师密切合作的教育管理模式，对于加拿大教育的发展是很有帮助的。从课程的发展角度看，这个时期，加拿大各省都努力加强学校课程的管理，这不仅有利于增强各级各类学校课程的统一化和标准化，而且保证了教育质量。

1971年，加拿大颁布多元文化主义政策。自此，加拿大逐步走出"同化"主义的阴霾，开始建立起一个自由、宽容、平等的国家。这一时期，中小学公民教育深受多元文化主义政策的影响。学校着重帮助弱势文化群体的学生，增强他们参与未来国家政治生活的信心，培养真正的民主和平等意识。[1]在20世纪70至80年代，公民教育课程最显著的特点就是课程资料发展迅速。加拿大各省均在公民教育课程中侧重对"加拿大化"内容的描述，课程资料也被要求作为辅助内容，这种做法强化了学生的加拿大意识，让他们了解国家的概况。此时，加拿大中小学的公民教育课程摆脱了美国式的课程模式，已明显形成了"加拿大化"的趋势。90年代，公民教育的理念转变成培养学生的"社会凝聚力"，注重在课程中传授学生技巧、态度和价值观，与此同时课程内容不断改革，逐步发展成为较为完善的课程体系。其中，较为突出的特点是公民课程以教育的经济价值为起点，注重强化学生掌握高科技知识，特别是计算机的使用能力，以此提升学生的竞争力、参与力和适应力，鼓励其积极参与到社区和国家的政治活动中。[2]在联邦政府以及各省、地区教育部的协作下，在教师的教学反馈中，加拿大小学的公民教育课程已经呈现出具有加拿大特色的课程形态，并朝着积极的方向发展。安大略省在1998年颁布

---

① 尚立新.多元文化背景下的加拿大公民教育[D]. 东北师范大学硕士毕业论文,2006.

② Maud Barlow,Heather-Jane Robertson. Class Warfare:The Assault on Canada's Schools [M].Toronto:Key Porter,1994.

了第一个具有综合性质的社会课程标准，即《安大略省课程：社会 1—6 年级；历史与地理 7—8 年级（1998 年版）》，统一的社会课程标准的颁布对加拿大社会课程教育具有重要的意义。之后，在 2004 和 2013 年，安大略省相继对社会课程标准做出了修订。

（二）安大略省教育改革

近年来，加拿大的各个省都开始了如火如荼的教育改革。作为加拿大经济中心和教育中心的安大略省也不例外。安大略省迄今为止发布了三次轰动全国的教育改革报告。第一个是 1968 年的《生存与学习》，即《霍尔——丹尼斯报告》。该报告在进步主义思潮的影响下，针对当时的政治、官僚体制以及社会变动的弊端，抨击了在教育中以记忆、操练和考试为主的做法，阐述了教学与人生存的本质联系。这篇报告向加拿大的传统教育发起挑战，是几十年中最有战斗力的教育文件。[1]这篇报告不仅对安大略省，乃至整个加拿大都产生了重大的影响。到 20 世纪末，加拿大中小学教育环境又发生了重大的变化。有些问题直接或间接地指向了《生存与学习》这份报告。中小学教育的发展与当时倡导的思想产生了严重的矛盾，出现了一系列不稳定的因素，比如经济动荡、学校的正常运转出现问题等，家长、教育工作者都呼吁安大略省进行教育体制改革。于是，教育委员会发布报告——《为了热爱学习》。该报告重新确定了安大略省的社会教育发展目标，创造性地提出了要建立高效率的学习制度。同时，该报告更加强调了教师的地位和作用，指出学校改革成功与否的关键在于教师，提出要把对教师的奖励提上日程。[2]

其后的几年，安大略省自由党大选获胜。在新一届政府任期内，针对教师情绪低落、学生学习成绩停滞等问题，教育部在安大略省中小学发布《激发学生学习潜力》教育改革报告。此计划由多伦多大学迈克尔·富兰协同教育

①冯妍.加拿大安大略省基础教育新兴改革政策的措施及成效研究［D］.西北师范大学硕士毕业论文，2011：32.

②戈白文.为了热爱学习——加拿大安大略省第二个由全国影响的教改报告［J］.2007（6）.

部常务理事开罗·卡布尔和艾维斯·格拉兹共同完成，目的是通过学区与学校的合作，使小学高年级学生在阅读、写作方面的成绩达标率达到 75%。现行加拿大安大略省学制为 8 年，学生在小学阶段的年龄一般为 6—12 岁或 6—14 岁。加拿大规定，6—16 岁的儿童必须接受义务教育，在义务阶段，学生上学一律免费。小学教育是加拿大初等教育的主体，也是实施义务教育的开始。[①]小学课程以必修课和基础课为主，一般包括语言、社会、自然、算术、音乐、体育、美术、手工等。加拿大的教育由地方行政当局全权负责，各省小学的课程设置带有很强的地方特色。

二、中加小学社会课程标准框架结构比较

（一）中国小学社会课程标准的框架结构

我国《义务教育品德与社会课程标准（2011 年版）》（以下简称《课标（2011）》）包括前言、课程目标、课程内容和实施建议四个部分。

在前言部分，分为课程性质、课程基本理念和课程设计思路三个板块，从综合性、实践性和开放性三方面介绍了品德与社会的课程性质，提出了课程的核心在于帮助学生参与社会、学会做人。课程基于学生的生活及其社会化需求，以提高德育的实效性。课标同时提出了课程设计思路：一条主线、点面结合。主线是学生的生活成长，点是影响学生社会生活的重要因素，面是学生逐渐拓展的生活范畴。三个方面相互交织，螺旋上升。[②]

在课程目标部分，用总目标和分目标进行描述。在总目标上，除了培养学生的优良素质以外，还增加了学生认识社会、参与社会和适应社会的内容。从原先培养热爱生活的儿童增加为培养有爱心、责任心和良好个性品质的公民，从"儿童"到"公民"的表述上，我们能够发现，课程标准对学生的要求明显提高。在分目标上，从知识、情感态度价值观、能力与方法三方面分

---

①汪霞.国外中小学课程演进［M］.济南：山东教育出版社，2001：112.

②中华人民共和国教育部.义务教育品德与社会课程标准（2011 年版）［M］.北京：北京师范大学出版社，2012.

别对课程目标进行了详细描述。

在课程内容方面，从学生的角度进行内容阐述，充分说明了课程改革要以学生为中心的主题。课程标准从个人、家庭、学校生活、社区生活、国家和世界六个方面设计课程内容，内容更加丰富多样。

最后，在实施建议部分，分别从教学建议、评价建议、教材编写建议和课程资源开发与利用建议四个方面进行不同的叙述。每个部分各自从不同的角度，进行系统说明分析。

（二）加拿大小学社会课程标准的框架结构

在说明安大略省社会课程标准框架前，必须说明的是安大略省小学社会课程的情况：安大略省的小学学制是八年制，在1—6年级设置了社会课程，在7—8年级设置历史和社会课程。以下将2013年出台的《安大略省课程：社会1—6年级》《安大略省课程：历史与地理7—8年级》合并简称为《安大略省标准（2013版）》。该标准主要是由前言、引言、社会课程的计划、评估与评定学生成绩、社会课程的一些注意事项、社会1—6年级几个部分组成，另外还有附录和词汇表作为补充部分。

前言由两部分组成，第一部分标题为"21世纪的小学"，这部分用简短的语言介绍了安大略省课程学习的目的，即帮助每一个学生通过课程的学习，激发出与学生年龄相当的全部潜力。第二部分标题为"支持学生的身心健康和学习能力"，主要描述了安大略省教育工作者的任务，即促进全体学生的健康发展，让所有学生充分发挥潜力。[①]

引言由五个部分组成，分别是"社会课程的远景和目标""社会课程的重要性""社会课程""社会课程的相关概念"和"社会课程中的角色和责任"。

第三部分是"社会、历史、地理的计划"，由四个部分组成："课程的期

---

①安大略省教育部.安大略省课程:社会1-6年级;历史与地理7-8年级（2013年版）[M].2014.

望""社会、历史和地理课程的困境""探究过程中的社会、历史、地理""空间技能：使用地图，地球仪和图形"。

第四部分"评估与评定学生成绩"介绍了一些评定学生成绩时的基本注意事项，并展示了社会课程的成果图。

第五部分"社会课程的一些注意事项"是由"跨学科和综合学习""为有特殊教育需要的学生规划社会课程""英语学习者的程序注意事项""社会中的环境教育""社会课程的健康人际关系""社会课程中的公平及全纳教育""社会课程中的财务知识""社会课程中的素养，数学素养和疑问""社会课程的批判性思维与批判性素养""学校图书馆在社会课程中的作用""信息和通信技术在社会课程中的作用""通过社会课程进行教育及职业或人生规划"和"社会课程中的健康和安全"等部分组成。

社会课程从主题、概念、探究过程三个维度进行课程情况的具体介绍。《安大略省标准（2013 版）》相比 2004 年版的标准，创新之处在于多了前言部分。安大略省的社会课程标准把课程目标和性质的描述放在了引言部分。就引言部分来说，新修订的社会课程标准与 2004 年版的课程标准相比，在引言方面有了比较大的改变。2004 年版课程标准的第一部分（引言）是由以下五个部分构成的："社会课程的重要性""社会学科""社会教育的目标""社会课程的深层概念""社会的角色和责任"。很明显，《安大略省标准（2013 版）》在引言部分创造性地修改了一个方面的内容，即"社会课程的远景和目标"。在"社会课程的重要性"这个板块，又增加了安大略省的"公民教育框架"。新修订的课程标准，把"目标"这个板块放在了"社会"这个概念之前，体现出安大略省教育部对社会目标的重视。另外，在描述目标时，新修订的课程标准用"社会课程的远景和目标"取代了原先的"社会的目标"，"远景"一词的加入，体现了安大略省设置社会课程的前瞻性，它的目光不只是局限在实现眼前的目标，而是把目标放在了未来，这是具有时代意义的进步。

（三）中加小学社会课程标准框架结构的异同

1. 中加小学社会课程内容表述不同

2001年，为了适应新课程改革的要求，教育部颁发了小学思想品德课程标准修订版，废弃了原本的课程标准。2002年，随着课程改革的继续推进，各个学科纷纷制定学科的课程标准以取代原先的教学大纲。同年，教育部颁布了《全日制义务教育品德与社会课程标准（实验稿）》。各学科颁布各自的课程标准，这是新一轮课程改革实行的重要措施。从此，"课程标准"取代了"教学大纲"，成为各个学科教学的基本依据。自中华人民共和国成立以来，我国社会课程发展曲折，课程标准取代教学大纲就是具有重大意义的变革。在我国，"课程标准"并不是一个新名词。从民国时期到中华人民共和国成立后的一段时间，我国一直运用"课程标准"这个词来颁布各个学科的课程标准。直到1952年，由于全面学习苏联模式的推动，我国才把"课程标准"改名为"教学大纲"。因此，新一轮课程改革重新使用以往的"课程标准"一词，可以说，是一次重大的回归。

相比之下，由安大略省教育部颁布的《安大略省标准（2013版）》就其名称而言，并没有变化。安大略省在1998年、2004年、2013年都对社会课程标准进行了内容的修改，但在名称上，只是对时间进行了调整。比如，1998年的社会课程标准名称是《安大略省课程：社会1—6年级；历史与地理7—8年级（1998年版）》；2004年的社会课程标准名称是《安大略省课程：社会1—6年级；历史与地理7—8年级（2004年版）》。

2. 中加小学社会课程标准规定性不同

"课程规定性"是指中加两国的社会课程标准在课程性质、理念、目标以及设计思路等方面的规定性差异。我国的社会课程标准《课标（2011）》作为我国小学思想品德课程的指导性文件，在课程性质、课程基本理念、课程设计思路、课程目标等方面都做出了明确的说明，每个章节的内容都很具体清晰。在前言部分，开头一句着重强调一句话，即良好品德对培养公民素质的突出作用，明确表达了品德教育和公民素质教育的重要地位。①相比较而言，安大略省的社会课程标准则对课程性质、课程设计理念等方面没有做出具体说明，表述也不够清晰。新修改的安大略省社会课程标准，即2013年版的安大略省社会课程标准，在前言部分就名称而言，并没有像我国一样，用概括性的语言来表述前言，取而代之的是"21世纪的小学"和"支持学生的身心健康和学习能力"。

在课程目标上，对课程总目标的概括清晰明确，而安大略省的课程目标则是简单抽象。在分目标上，从情感态度价值观、能力与方法、知识三方面进行阐述，要求明确；而安大略省的分目标则是从社会、历史和地理三个学科的维度分别进行阐述的，它站在学生的角度来解释学生学习这门课程后将要达到的目标，语言简短。与之不同的是，《安大略省标准（2013版）》在阐述完分目标后，还进一步阐述了帮助实现该计划远景的工具和战略，值得我们充分理解和挖掘。

作为一门综合课程，社会课程具有独特的规定性。这种规定性对教师和课程研究者正确理解课程具有重要的意义。在课程目标的表述方面，两国的划分依据和表达各有所长，值得互相学习借鉴。

3. 中加小学社会课程内容设计和内容划分依据不同

在社会课程的内容设计方面，中国和安大略省的社会课程标准具有一定的相似性。我国的课程标准从学生的立场出发，围绕各自的主题，用"同心圆扩大"的形式展开叙述。根据学生个人、家庭、学校、社区、国家、世界六个不同的内容设定主题，逐层递进深度和拓宽广度。安大略省课程内容的设计也是采取"同心圆扩大"的方式，根据学生的年龄和身心发展特点设计课程内容，问题和角度遵循学生身心发展的顺序性和差异性。

在课程内容的划分依据方面，我国和安大略省表现不同。安大略省以学

①中华人民共和国教育部.义务教育品德与生活课程标准（2011年版）［M］.北京：北京师范大学出版社，2012.

年为划分依据，课程内容清晰。根据学生的年龄特征，在1—8年级的每一个学年设置了相对的课程内容，内容丰富多彩。每个年级规定了不同的总体要求，与社会思维相关的概念、大思路、框架问题和样本空间技能的开发，内容丰富，罗列清晰。比如在一年级时，安大略省就开始对学生进行责任的教育，要求学生理解国家的文化遗产和自身的作用和责任，通过社会调查，关注自身变化着的作用和责任。

中国的课程标准在每个主题之下将内容分布在年级中，主要的年级分布情况有三种，即中、高和中/高三种，见表4—1。

表4—1 中国《课标（2011）》课程内容的主题与分布①

标题	条数（年级分布）
我的健康成长	8（中2；高1；中/高5）
我的家庭生活	5（中3；高1；中/高1）
我们的学校生活	7（中5；高1；中/高1）
我们的社区生活	11（中6；高1；中/高4）
我们的国家	13（中0；高7；中/高6）
我们共同的世界	8（中0；高6；中/高2）
	52（中16；高17；中/高19）

根据各个主题，课程标准给不同的年级规定了不同的内容。用"中/高"这种表述来分配课程内容的方式却是不够合理的，显示了一定的模糊性和不确定性。学生的发展具有一定的特征：顺序性、阶段性和不平衡性。四年级和五年级所代表的中年级学生在认知水平上具有明显的差异，中高年级的学生的认知水平差异更明显。中国的课程标准以这样的方式划分课程内容，忽视了学生的差异性，是不合理的。相比较而言，《安大略省标准（2013版）》根据学年划分内容的做法则显得比较合理且细致。

①高峡.品德与社会课程标准修订要点简述[J].基础教育课程，2012（1-2）.

三、课程目标比较

课程目标是教育目标中的一个层次，是指学生在学习课程后应该达到的程度和结果，它描述了学生在学习活动结束后的行为变化。课程目标是课程设置、课程编排、课程实施和课程评价的指导准则，体现课程性质和理念，是教师进行教学设计和开展教学活动的基本依据。在新一轮课程改革积极实习的今天，课程目标实现了从"三项任务"到今天的"三维目标"的转变。

（一）中国小学社会课程的课程目标

2002 年 5 月，教育部发布了《〈全日制义务教育品德与社会课程标准（实验稿)〉的通知》，同年秋季，在全国基础教育课程改革的实验区小学进行了改革。自此，"品德与社会"取代了思想品德课。新课程的设置对于促进学生素质的全面发展，完善基础教育课程体系具有重要的作用。新一轮的课程改革中，我国教育部还颁布了《课标（2011)》，经过修订以后的这个标准，设计了更加合理的课程内容和课程结构，为我国下一个十年的品德与社会课程指明了发展方向。

在课程目标方面，依旧是由总目标和分目标构成。在总目标部分指出品德与社会课程的要旨，认为小学中高年级是一个关键阶段，总目标注重其与低年级品德与生活课程和初中的思想品德课程的良好过渡。新的课程标准特别重视社会实践对学生的作用，强调要让学生通过实践，认识、参与并适应社会，进一步体现了实践的作用。学生品德的形成如果只是在课堂中依靠教师教学，那么效果是不能尽如人意的。学生良好品德的形成，必须经过一个循序渐进的过程，首先是在课堂中学习，其次是在课后对实际生活的观察、认识和思考，然后逐渐认识社会、适应社会。

首先，在情感·态度·价值观部分，主要包括健康的人生态度、良好的个人品质以及正确的价值观三个部分。与 2001 年《全日制义务教育品德与社会课程标准（实验稿)》相比较，新的课程标准在课程目标上，增加了符合时代要求的内容，比如"崇尚公平与公正"等内容。将情感·态度·价值观放在三个方面目标的首位而不再将知识放在首位，突出了学生的情感体验对本课程学习的重要性。新的课程标准以儿童的生活为主线索，将行为规范教育、法制教育、爱国主义教育、社会主义教育等相互融合，始终强调学生自身的实际生活与社会环境、活动的相互作用，体现"以学生为本"的基本理念。①品德与社会课程是基础课程教育的一个重要组成部分，对学生实施德育具有重大的责任和作用。

其次，在能力和方法分目标上，从五个方面进行叙述。能力与方法分目标的设定打破了原先过分注重知识的局面，强调了"能力和方法"对学生学习的重要性，体现了"体验"的重要性。能力与方法分目标重在培养学生良好的习惯，改变传统的被动的学习方式，培养学生表达、倾听、道德判断和信息运用的能力。社会的事物和现象复杂多样，千变万化，需要学生具有适应社会的能力，能够对生活中遇到的一系列问题做出正确的判断，并且根据学生的实际情况和接受能力，适当地渗透一些能够帮助他们适应社会生活的观念。为了强调生活对学生良好品德形成的作用，在能力与方法分目标的修订上，教育部做出了一些改变。比如把"民主参加集体活动"改成"积极参与集体生活"；删除了原先的"认识、分析社会事物和现象"的表述。②降低了学生学习本课程的难度，使目标的设定更加符合学生的实际。在对学生进行能力培养时，选择恰当的工具和方法十分重要，正确的方法是成功解决问题的关键，是一种重要的适应社会生活的能力。

第三，基础教育阶段不可忽视的一项基本要求就是学生能够形成比较系统的知识技能体系。作为基础教育课程的重要组成部分，课程不可忽视知识的教学。知识分目标从知识的角度出发，可以归纳为四个领域：社会领域、经济领域、历史领域和地理领域。③考虑到学生有限的认知水平，知识分目标中设计的知识还是处于常识层面的，这样也在一定程度上降低了学生学习的

---

①潘洪建主编，朱煜，崔恒秀，赵明玉.小学历史·地理·社会课程60年：1949-2009 [M].长春：吉林出版集团有限责任公司，2012：259.

②高峡.品德与社会课程标准修订要点简述 [J].基础教育课程，2012（1-2）.

③李稚勇.品德与生活品德与社会课程与教学 [M].北京:高等教育出版社，2006：84-85.

难度。从学生的家庭、学习、社区、家乡、祖国再到世界，反映出学生学习的广度在逐渐提升，也反映出品德与社会课程的综合性特征。

（二）加拿大小学社会课程的课程目标

作为一个多元文化的多民族移民国家，加拿大的教育制度是独特的。加拿大教育的最终目的是提高学生的学习能力，给学生提供公平竞争的机会，通过实施公平的教育来促进社会公平。[1]加拿大教育一直把学生的利益放在首位，坚持"儿童是太阳""学生想学什么就教什么""学生想怎么学就怎么教"等教育理念。自1998年加拿大社会课程标准颁布以来，社会课程的定义就一直在完善，课程概念的界定越来越明确，学生通过课程能学习到的内容也更加清晰。与中国不同的是，安大略省1—8年级的社会、历史、地理课程与9—12年级的加拿大和世界的研究课程是共用一个总意见和总目标的。在总意见上，《安大略省标准（2013版）》做出了如下的说明：社会课程以及加拿大和世界研究课程将让学生在他们自己所属的不同社区中成为负责任的、积极的公民，并且成为一个珍视社会价值、具有知情权的公民。课程将培养学生所需的解决问题的能力，在重大的事件和问题上交流意见和决策的能力。[2]

加拿大社会课程的总意见部分的表述清晰，要求明确。《安大略省标准（2013版）》对总意见做出了详细的解释：安大略省小学努力支持高品质的学习，同时给每个学生提供最适合他或她长处和需求的方式来学习的机会。安大略省课程的目的是通过对该方案的学习帮助每一个学生达到与他一致的、相关的、年龄合适的全部潜力。它承认，现在和将来，学生必须严格识字，用综合的信息做出明智的决策，跟别人进行有效的沟通，并在一个不断变化的全球社区茁壮成长。重要的是，学生要有课程意识，这样他们能够看到自己正在被教些什么，被如何教，以及如何将其应用于整个世界。课程认识到学习者的需要是多种多样的，并帮助所有学生发展知识、技能和观点、他们

①杜青钢.大国文化心态·加拿大卷［M］.武汉：武汉大学出版社，2014:97.
②安大略省教育部.安大略省课程:社会1-6年级；历史与地理7-8年级（2013年版）［M］.安大略省教育部，2014.

需要在自己的社区和世界成为明智的，富有成效的，有爱心、责任心，积极的公民。①总意见是从两个方面进行叙述的，一是从学生的角度出发，描述了学生自身能够形成的能力；二是从国家的角度，是按照国家的意志，把学生培养成什么样的公民的需求。加拿大务实的教育是其获得成功的重要原因之一。校长、教师、学校、家长和社区等教育工作者所做的一切会对孩子产生许多相对应的影响，这就是为什么会产生"什么样的学校培养出什么样的人"的原因所在。②学校教育的根本，是在促进人发展的基础上，为社会培养人才，为社会的发展服务。著名的教育家杜威"学校即社会"的教育思想，在加拿大得到了很好的认同。学校不但是培养学生的重要机构，还是社会、社区的重要活动场所。学校与社会的结合，对于学生来说是很有帮助的。

在总目标的表述上，加拿大不像我国一样，明确地把分目标分成三维目标来逐条叙述。安大略省社会课程的总目标主要是叙述了学生在学习这门课程后能够获得的具体能力，能够获得怎样的帮助，或者说是社会这门课程能够帮助学生获得什么。虽然表述不同，但是安大略省的总目标还是围绕知识、技能和情感态度三个方面来叙述的。其具体内容如下，见表4—2。

表4—2 《安大略省标准（2013版）》总目标

在社会、历史、地理课程，以及加拿大和世界研究的所有课程中，学生能够实现愿景，因为这些课程能够：

·开发使用"学科思维概念"来调查问题、事件和事态发展的能力

·发展确定和采用适当的标准来评估信息和证据，做出判断的能力

·发展需要的学科具体查询，并且可以转移到其他生活领域的技能和个人素质

·建立协作和合作的工作关系

·使用适当的技术作为一种工具来帮助他们收集和分析信息，解决问题，并进行交流③

①安大略省教育部.安大略省课程:社会1–6年级；历史与地理7–8年级（2013年版）[M].安大略省教育部，2014.

②林森.教育走向改变，加拿大中小学素质教育面面观［M］.长春:吉林大学出版社，2012:2.

③安大略省教育部.安大略省课程:社会1–6年级;历史与地理7–8年级（2013年版）[M].安大略省教育部，2014.

在社会、历史和地理课程中，学生能发展自己的技能、知识和认识，并且发展可以在学校内和学校外，包括在他们的社区和其他地方的学习态度。课程的教学重点是让学生获得他们需要的可转移的技能，这项技能可以帮助他们获取、应用和理解知识的能力。学生掌握这些技能，就能在各种情况下，严格审查信息，评估事件和过程的意义，发展理解和尊重不同的观点的技能，并达成统一的结论，提出解决问题的办法。安大略省的社会课程的重要性也在这得以体现。

与我国有所不同的是，加拿大的分目标是根据学生如何实现这一基本课程的个别科目的目标——社会、历史、地理以及这些科目如何为他们准备实现该方案的意见来阐述的。①具体的阐述见表4—3。

表4—3 《安大略省标准（2013版）》分目标②

社会的目标——发展"我是谁"的感觉，进而是"我们是谁"	历史的目标——发展时间感	地理的目标——发展一个地方的感觉
我从哪里来？是什么让我属于这里？我们现在是在哪里？我怎么能对社会有所贡献	我们是谁？谁来到了我们面前？我们如何改变	知道是什么地方，为什么在那里，为什么关心
学生们将致力于： ·发展负责任的公民的理解 ·发展对当地、国家和全球社区的多样性的理解，无论是过去和现在 ·发展自然环境和人类社会之间的相互关系的理解 ·为未来在地理、历史、经济、法律、政治中的研究开发知识、理解和技能奠定基础 ·发展能使他们在调查发展、事件和问题上的好奇心和技能的个人特质的培养	学生们将致力于： ·发展一种能使他们解释和分析历史，以及当前问题的能力，理解过去的社会、发展和事件 ·分析从不同的群体中来的人们如何有互动以及它们随着时间的推移是如何改变的 ·了解经验，并移情于在过去社会的人们 ·通过分析和从初级和次级来源对证据的解释来发展历史素养的技能	学生们将致力于： ·开发一个理解的特征、自然空间分集、人文环境和社区，从本地到对全球范围内 ·分析自然与人文环境和社区的连接 ·通过使用空间技术和对各种类型的地图、地球仪、图形的解释，分析和建构，发展空间技能 ·通过发展一种对自然、人类环境和社区的理解和尊重，成为地球负责任的管家

①②安大略省教育部.安大略省课程:社会1–6年级；历史与地理7–8年级（2013年版）[M].安大略省教育部，2014.

社会课程主要是为了发展学生理解事物的能力，比如对负责任的公民的理解、对国家和全球社区的多样性的理解、对自然环境和人类社会之间的相互关系的理解。这里，将学生要形成对负责任的公民的理解放在首位，突出了社会课程在学生公民教育中的重要地位。其次，社会课程还注重对学生社会发展能力的培养，比如开发学生未来在研究地理、历史、经济、法律、政治的知识和技能；发展学生社会调查能力的发展。加拿大的社会课程注重对学生未来的潜在能力的挖掘，这与它的教育基本理念之一，开发每一个学生的潜能是密切相关的。同时，它还注重学生的社会发展，强调对学生社会调查能力的培养，很好地体现出加拿大"为学生适应未来"服务的教育理念。①它尊重学生的个性发展规律，注重发挥学生的个性意识、特长和自主精神。注重对学生好奇心的培养，尊重每个学生的价值，使每一个学生的特长和优势都能得到发展，这种做法值得我们借鉴。

（三）课程目标方面的比较

中加两国的社会课程标准虽然都包含着知识、能力、情感、态度和价值观方面的基本要素和要求，但是两国的侧重点不同，内涵更是存在着显著的差异。

1.中加两国小学社会课程目标的内涵不同

在内涵上，社会课程都强调公民素质教育，课程目标都包含有思想教育、知识和能力培养的要求。思想教育方面的要求，与一个国家的历史发展和特点相关，两国都十分重视能力的培养，而能力的培养以知识的教学作为基础，两者密不可分。作为一门综合课程，尤其是一门在课时上取代了历史和社会课程的课程，两国都高度重视培养学生的空间和时间观念。空间和时间观念是学生认识世界的基础，世界上许多教育学家都高度重视以纵向时间观念为主要逻辑顺序的历史课以及以横向空间观念为主要逻辑顺序的地理课。现在，各国的中小学都把历史和社会课程作为核心课程或必修课程。所以在课时上

---

①林森.教育走向改变，加拿大中小学素质教育面面观 [M].长春：吉林大学出版社，2012：2.

取代了历史和社会课程的加拿大社会课程，必须要教授学生相关的知识内容，把培养学生的时间和空间观念作为课程学习的一大任务。加拿大的社会课程不是历史和地理的简单相加，而是一个适合学生学习的系统的知识体系。这一体系紧紧围绕社会问题、现象而展开，课程目标更是清晰地反映了这种要求，它明确地提出要让学生进行社会调查，通过所学的知识和社区中一切能提供帮助的人或事物获得调查结果，这正是我国社会课程所缺少的。[①]

2. 中加两国小学社会课程目标的呈现方式不同

加拿大社会的课程目标，提出了一个总意见和总目标，并以构成课程框架的六大战略为基本单位，然后按科目分别列出阶段要求，在每个科目中均由目标、内容和学生活动构成，课程目标具有弹性。并且，用"预期目标"取代了"课程目标"，给予了课程实施更大的空间和自由。六大战略分别是：公民教育框架、学科思维的概念、探究的过程、大思想、划分问题和空间的技巧。

（1）公民教育框架：这个框架汇集了公民教育的主要内容，加强了教育公民的机会。

（2）学科思维的概念：这些概念提供了一种方法，让学生发展批判性地思考重大事件、培养质疑的能力，无论是在他们生活的社区或是在课堂外。

（3）探究的过程：学生利用探究过程的组成部分进行调查，并表达他们调查重大事件发展、进行质疑的结果。通过应用探究过程，培养学生的技能，他们需要以批判性的思考解决问题，做出明智的判断，并交流思想。

（4）大思想：大思路的学科思维涉及他们的总体期望和概念。大思路反映了学生对事物持久的理解，学生将注意力转移到其他科目，并描绘出对他们的生活的影响。

（5）划分问题：目的是激发学生的批判性思维，并鼓励他们要考虑什么，他们正在研究的事物具有怎样更广泛的意义。

---

①李稚勇,方明生.社会科教育展望［M］.上海：华东师范大学出版社，2001：80.

（6）空间的技巧：学生使用空间的技巧和工具来分析和构建各种类型的地图和图表。通过发展这些技能，学生将能够理解和分析可视化的数据和信息，有助于其解决问题的能力。①

而我国的小学社会课程标准，采用按照"教学目的和要求""教学内容"两大项进行表述，即首先较为详细地提出课程的总体目标，然后在教学内容和要求中，分别再阐述具体要求，这样的呈现方式其优点是严谨、构成系统，便于操作。课程标准也具有了一定的"弹性"，以主动适应教材多样化的现状，满足各地教学的实际需要，贯彻"以学生为本"的指导思想，促进素质教育的进一步推进。中加两国社会课程目标的呈现方式，总的来说，差异大于共性，东西方差异是显而易见的。

3. 中加两国都注重培养学生能力

中加两国都十分重视对学生进行能力的培养，能力的培养与知识的教学是分不开的，这是两国社会的共同之处。但是，两国在能力的要求上有各自的做法和特点。

学生的实际生活是社会课程的基础，只有关注学生的现实生活，才能在课程中体现学生的价值，促进学生良好素质的形成，促进学生的社会性发展。我国的社会课程是在整合原有的思想品德、自然、社会的基础上形成的一门全新的、以学生品德教育为核心的综合性课程。中国的课程标准将课程目标表述为促进学生的社会性发展，让学生认识社会、参与社会、适应社会。两个标准充分体现"以学生为本"的教育思想，体现基础教育的本质，也是学生与社会发展所需的根本利益与价值的统一。②学生的发展是指全体学生适应社会需要的发展，学生的发展与社会的发展需求是统一的。社会实践是学生在生活中开展的，对学生社会性发展有重要作用的实践活动，在活动中学生可以获得直接的情感体验，能力也能获得提高。虽然在目标中没有明确指

①安大略省教育部.安大略省课程:社会 1–6 年级;历史与地理 7–8 年级（2013 年版）[M].安大略省教育部，2014.

②李稚勇.品德与生活品德与社会课程与教学 [M].北京:高等教育出版社，2006；57.

出学生生活对课程的重要性，但在字里行间却无不透露出生活对学生发展的影响。

在加拿大社会课程标准的课程目标部分，明确提出了"发展需要具体查询的学科，并且可以转移到其他生活领域的技能和个人素质""建立协作和合作的工作关系""让学生在他们自己所属的不同的社区中成为负责任的，积极的公民"，突出了对学生的实际生活在社会课程的重要地位以及作为一名社会公民所应具备的基本素质的重视。安大略省社会课程强调社会成员所应具备的能力，主要是指学生参与社会、为社会做出贡献的能力。

中国在课程目标部分没有明确给出社会课程与生活或社会性问题的关系，但是安大略省却明确地分析了学生的生活对课程的重要作用。两国的社会课程都对学生社会能力的发展做出了足够的重视。两国课程目标的提出都具有时代针对性，中国强调学生良好品德的形成，成为社会主义合格的公民，而安大略省则是强调学生良好的公民素质的形成，两者在本质上是一样的。

4. 中加两国都重视公民教育

公民教育是指国家和社会培养公民忠诚地履行公民权利和义务的要求。[①]公民教育的价值取向体现在三个方面：首先是对国家、民族历史的热爱；其次是进行"权利和义务"教育；最后是强调国际理解和多元化的教育。[②]社会课程是公民教育发展到一定阶段的产物，也是国际开展公民教育的主要途径。两国社会课程目标中所包含丰富的教育内容，都旨在培养现代化社会的合格公民。自古以来，我国就是一个统一的多民族国家，虽然从近代鸦片战争开始，我国备受欺凌。但是中国人民奋起反抗，进行了各种反帝反封建的英勇斗争。最终，中国人民在中国共产党的领导下，推翻了三座大山，建立了中华人民共和国。所以在社会主义取得巨大成就的今天，我国的社会课程就自

---

①顾明远.教育大辞典·增订合编本［M］.上海：上海教育出版社，1988：448.
②郭艳芬.国外小学社会课程与公民教育初探［D］.北京：首都师范大学，2004.

然地强调了对学生进行爱国主义教育和社会主义道路的教育，让学生了解我国的国情、国策，从而激勉民族自豪感和自信心；培养建设家乡、服务祖国、振兴中华、热爱世界和平的感情；强化社会主义公民的意识。[①]

　　加拿大安大略省的社会课程教育中，十分关注加拿大的民主传统教育。安大略省社会课程标准中就明确指出，公民教育是学生的整体教育的一个重要方面。在社会、历史、地理课程中，每个年级的学生有机会了解它的意思并且在课堂内和课堂外、不同社区、社会中成为一个负责任的、积极的公民。它让学生明白，他们属于多个社区，而且更重要的是让他们明白，所有公民最终是全球社会的一员。安大略省教育委员会认为社会课程对所有公民来说都十分重要，属于全社会公民共同的课程。在进行民主传统教育的同时，提供学生认识自己所处的社会，理解人类历史的状况的机会。加拿大整个初等教育阶段的社会课程意在培养学生的全球意识，热爱自己国家的历史文化，让学生成为有文化、有品德、有责任和有行动力的社会公民。

　　通过对比就能发现，中加两国虽然都重视公民素质的培养，但是两国的侧重点不同。我国更重视的是对学生进行爱国主义教育，而加拿大侧重的是对学生的民主主义教育，这与两国不同的国情是密切相关的。两国的社会课程的学科基础相近，都主要是社会生活、历史和地理，但我国强调的是对学生的道德教育，而加拿大自社会课程诞生起，在对学生进行道德教育的同时，更注重的是让学生掌握学习该课程内容的方法和能力，让学生形成一种思考、质疑内容或事实的能力。[②]安大略省教育委员会迈克叶儿（Mike Yell,）2009 年在《思维与社会》（Thinking and Social Studies）一文中就指出，社会教学不只是让学生重复他们已经听过或读过的信息，相反，它激发学生在思考概念、人物、地点、事件的想法，即使是事实也不例外。 两国社会课程标准的课程目标中与公民素质教育有关的内容如下，

　　①李稚勇,方明生.社会教育展望［M］.上海：华东师范大学出版社，2001：72.
　　②赵亚夫.学会行动:社会课程公民教育的理论与实践［M］.北京：高等教育出版社，2004（36）.

见表 4—4。

表 4—4　中加社会课程目标中有关公民素质教育的内容

社会课程目标	中国	安大略省
总目标	培养具有良好品德和行为习惯、乐于探究、热爱生活的儿童；爱心、责任心、良好行为习惯和个性	让学生在他们自己所属的不同的社区中成为负责任的，积极的公民，且成为一个珍惜广泛社会的严格周到的、具有知情权的公民
分目标	爱亲敬长，爱集体、爱家乡、爱祖国；珍爱生命，热爱自然；自信向上，诚实勇敢，有责任心[①] 旨在将小学生培养成为自尊、自爱、乐观向上、诚实守信、友爱宽容、热爱祖国、热爱集体、有责任心并且崇尚公平正义的社会主义事业接班人[③]	发展负责任的公民的理解 发展对当地、国家和全球社区的多样性的理解，无论是过去和现在[②]

　　我国根据学生的年龄特点、接受能力等实际情况，提出了社会课程要强调积极的情感体验在学生成长中的重要性，注重对学生个性品质的培养、对祖国的热爱之情的培养，这是由我国的社会主义性质决定的。加拿大的社会课程中也能看到道德教育的内容，但集中表现在对个体所在区域的热爱、对本国国土的热爱以及对本国历史传统的热爱等。但是相比之下，在课程目标中，中国道德教育的内容比加拿大道德教育的内容丰富，加拿大社会课程目标中道德教育的内容略显单薄一些。

---

　　①中华人民共和国教育部.义务教育品德与生活课程标准 (2011 年版) ［M］.北京：北京师范大学出版社，2012.

　　②安大略省教育部.安大略省课程:社会 1–6 年级；历史与地理 7–8 年级 (2013 年版) ［M］.安大略省教育部，2014.

　　③中华人民共和国教育部.义务教育品德与社会课程标准 (2011 年版) ［M］.北京：北京师范大学出版社，2012.

四、课程内容比较

(一) 中国小学社会课程内容

中国品德与社会课程标准中的课程内容是根据课程设计思路，按综合主体的方式呈现的，见表4—5。

表4—5 中国品德与社会《课标 2011 版》课程内容与核心①

主题	核心	条数
我的健康成长	认识自我；自尊、自爱；应对困难；健康生活；诚信做人；与人为善；生命安全；抵制不良行为	8 条
我的家庭生活	亲情和感恩；自理和责任；邻里和睦；家庭开支和消费；沟通和谅解	5 条
我们的学校生活	地图技能；尊师爱校；学会学习，同学交往——个人与他人；个人与群体；集体规则；集体生活	7 条
我们的社区生活	地图知识和技能；环境与生活；尊重劳动者；商业—消费；交通—安全；公共设施、公共秩序和公共安全；尊重、平等；文化和文明；生活；社区环境保护	11 条
我们的国家	国土意识和环境意识；文明史和文化遗产；屈辱、抗争、救亡图存；爱党，爱社会主义；工农业生产；交通发展；学会使用网络和信息；人民解放军；权利与义务	13 条
我们共同的世界	地理和文化；经济和科技；和平与发展；中国与世界	7 条

1. 个体——"我的健康成长"

"我的健康成长"是六个主题的第一个主题，是品德与社会课程内容的起点。小学中高年级学生是品德与社会教学活动的主体，他们的发展是品德与社会课程关注的核心内容。随着学生年龄的增长，他们的身体、心理等方面的活动能力都会逐渐得到发展，但是他们自身的认知能力、判断能力、鉴别能力、行动能力仍没有发展成熟，不具有面对和处理许多问题的能力。这就要在教学活动中，教师更加重视学生的心理健康、自我意识、交往意识和能力等方面的引导。总体来说，这些课程内容可以概括为对己、对人和对事

①高峡.义务教育品德与社会课程标准 (2011 年版) 解读 [M].北京：高等教育出版社，2012：104–138.

三个方面。[①]

在教学"个体成长"主题的内容时，教师首先要有自己对待问题的独特视角，能够把宽泛的教学内容与学生日常生活中的言语、态度、行为、事件联系起来，使教学内容具体化、形象化。在生动活泼的教学活动中让学生认识到自己的优缺点，正视自己的不足，了解与人交往时诚实守信、与人为善的重要性；面对困难时不惧困难并尝试解决，体验成功的喜悦；意识到网络游戏、毒品等有害的事物会带来的危害并主动远离。在教学过程中，教师可以多引用生活中的一些简单事例进行讲解，引导学生换位思考，鼓励学生积极发言，与同学、老师交换自己的想法；教师也可以根据学生实际的接受能力，适当扩大取材范围，有计划、有目的地选取最近的新闻、广告或故事，帮助学生理解课堂上所学的内容。

2. 家庭——"我的家庭生活"

家庭是一个小型的社会，良好的家庭环境、教育环境及生活环境对学生各方面的发展都有着至关重要的影响。小学中高年级的学生自主意识与活动能力逐渐发展，各种家庭角色也逐渐明了，教导学生如何正确与家长、邻里沟通处理家庭事务，形成家庭责任感是内容标准的核心。在教学活动中，教师可以跟家长合作，让学生参与家庭的日常生活，比如向各自的父母、长辈询问他们养育自己的故事或是共同记录下家庭的经济开支情况，以此为基点学会如何体谅父母的辛苦，并且能够顺利迁移到自身的学校生活中，与同学交流彼此的体验感受。教师要尽量调动学生参与活动的积极性，同样重要的是，学生要在活动中意识到自己与邻里和谐相处的重要意义，在交往中形成公共意识，做文明礼貌、宽容体谅的新世纪小学生。

3. 学校——"我们的学校生活"

学校在教育学生方面扮演着不可取代的角色，也是一个孩子学习成长的

---

①高峡.义务教育品德与社会课程标准（2011年版）解读［M］.北京：高等教育出版社，2012：104.

起点。小学中高年级学生在经历了几年的学校生活后，已经具备了一定的学习、生活和与人交往的能力和方法。但是随着他们年级的升高，必然会出现学习任务加重、教学活动丰富、教师与同学之间的关系变化等情况，这就需要教师帮助他们更好地理解和掌握方法，帮助学生养成独立完成学习任务的习惯是本内容的重点，除此之外，还要帮助他们更好地融入集体生活，学会处理和同学、老师、学校工作人员之间的关系，积极参与集体活动。

在教学时，教师应引导学生相互合作、积极观察，掌握借助图表表现事物的技能，把周围的实景图转化为平面图，掌握能够对他们有所帮助的、他们需要的操作技能并及时加以训练。教师也要适时地对学生加以正面引导，用学校或生活中的具体事例引起学生的思考，启发学生在日常生活中维护与同学、老师、集体之间的美好情感，在此过程中发展彼此之间平等相处、相互尊重的为人处世之道。

4. 社区——"我们的社区生活"

"我们的社区生活"的原名是"我们的家乡（社区）"，关于"社区"的界定有很多，而这里所讲的社区主要包括地理环境、生态环境、历史变化、经济发展、商业服务与消费、公共交通、公共设施、民俗民风等多个方面。教学本主题内容的关键是加强学校与本地区的社区合作，共同促进学生的发展。例如，学校可以组织学生为各自的家乡拍照并做成宣传册供互相交流，也可以开展如竞赛、演讲、表演等活动，用生动活泼的教学活动发展学生观察、收集、分析事物的能力。这也是 2011 年版课程标准的精华所在之一。此外，在与社区紧密联系的同时，教授学生一些基本的常识、基本的规范和价值理念，也能够帮助学生认识社会，参与社会生活。

5. 国家——"我们的国家"

中国是一个疆域辽阔、历史悠久的多民族大国。培养学生从小认识自己国家的情况对每一个公民都是至关重要的，因为这对学生建立对国家的认同感、归属感和自豪感有重要的意义。然而，对小学中高年级的学生来说，"归属感"和"自豪感"是两个模糊的概念，相当空泛，要让学生理解并非易事。所以在教学过程中，教师要注意将学生的个人情感与国家的特色相联系，将每一个内容的条目精简化、具体化，帮助学生形成民族归属感与自豪感。可以说，本主题的内容相当宽泛，内涵十分丰富，除了一般的社会常识之外，还包括了历史、地理、民族、法律等方面的内容。虽然内容深度并不是很高，对学生的要求也不高，但是这却对教师的要求有了很大的提高，教师必须具备扎实的基本功和充实的知识储备。教学时，教师可以把主动权让给学生，让学生主动搜集资料，分析整理并在班级中以做汇报的形式展现，向其他同学讲述自己对国家的深厚情感，学生在竞争的氛围中能够保持旺盛的学习动力。另外，开展这样的活动，一定程度上也有利于形成班级凝聚力，一举两得。同时，在实现教学目标时，也能够发展学生的学习能力与交流能力。

6. 世界——"我们共同的世界"

本内容标准主要是要让学生形成世界的地理和文化、经济和科技、和平与发展、中国与世界的概念。当今世界，"和平与发展"成为全球性的主题，知识经济发展迅速，科学技术占据着重要的地位，全球化趋势日益显现。本内容标准的设置旨在帮助学生认识世界，初步形成国际理解力和全球意识。在教学地理与文化内容时，教师可以借助地图和地球仪来吸引学生的注意力，并在教授地理的基础上，要求学生收集各地区的文化遗产；在进行经济与科学方面的教学时，教师也可以通过列举两者之间的相互关系，并结合实际生活中因科技发展而带来改变的事例，让学生直观地了解科学技术的巨大作用。另外，教师可以通过对我国的外交政策的分析，引导学生了解全球和平与发展的重要性，也可以通过"反面教材"——战争给全球带来的灾难，在对比中引起学生的思考。

（二）加拿大小学社会课程内容

加拿大社会课程在小学阶段以学生的学年为依据，划分为六个阶段。在课程内容方面可以看出由近及远、由低到高、由浅入深的顺序性。社会课程的主题按 1—6 年级的期望分为两段：A.遗产和身份；B.人与环境。每个年级的具体主题见表 4—6。

表 4—6　加拿大社会课程 1—6 年级主题

年级	主题
1 年级	A.我们改变角色和职责 B.当地社区
2 年级	A.改变家庭和社区传统 B.全球社区
3 年级	A.加拿大的社区，1780 年至 1850 年 B.生活和工作在安大略省
4 年级	A.早期社会，公元前 3000 年到公元 1500 年 B.加拿大的政治和地区
5 年级	A.在新法兰西和加拿大初期的原住民和欧洲人 B.政府和负责任的公民的角色
6 年级	A.加拿大社区的今昔 B.加拿大全球社区的相互作用①

除此之外，加拿大还提出了社会思维的六个概念：意义、原因和后果、连续性和变化、模式和趋势、相互关系、角度。六个概念的提出，是为了在社会课程中巩固学生所有的思维和学习。在 1—6 年级，社会课程的研究至少有一个概念被确定为重点。

1. 一年级——"我们的角色"

一年级学生对学校生活既有新鲜感，但又有可能一时难以适应学校生活。加拿大一年级社会课程根据学生的年龄特点设置内容标准。一年级的社会，学生将研究各种角色、关系和责任，这些如何发生变化、为什么会发生变化，以及它们如何连接到一个人的身份、文化和自我意识。他们将对待所有的人以及在建筑与自然环境中开发喜爱的需要，成为负责任和尊重他人的人。学生们还将考察当地社区的特点和服务，以及它如何满足生活和工作在那里的人们的需求。学生将被引入社会学探究过程，并进行相关的角色、关系和责

———————————
①安大略省教育部.安大略省课程：社会 1–6 年级；历史与地理 7–8 年级（2013 年版）[M].安大略省教育部，2014.

任调查时，将使用此程序以及当地社区的帮助。此外，学生将学习如何使用地图的基本要素，帮助他们从中提取信息，并为特定目的建立映射。一年级社会课程提供了一个起点的规划指导，对于每一个整体的预期，它确定了社会学思考的一个相关概念和一个大的想法，以刺激学生的好奇心和批判性思维，并以此提高他们的相关性学习。一年级社会的具体内容见表4—7。

表4—7 一年级社会课程链 A 的具体内容

总体要求	社会思维的相关概念	大思路	框架问题	样本空间技能/活动介绍/开发
传承与认同：变化中的角色和职责				
A1.介绍人的角色、关系和责任的一些方法，涉及他们是谁以及他们的情况，并如何变化和为什么变化的情况下可能会影响人的角色、关系和责任，以及他们的自我意识	延续与改变	一个人的角色、责任和关系随着时间的推移而在不同的情况下改变	人们的角色和职责变化如何以及为什么变化，当他们遇到新情况，如何处理不同的人的关系？人们的各种角色和责任如何帮助塑造他们是谁？为什么尊重他人很重要？我们如何尊重别人	*地图和地球仪使用地图元素（如标题、符号、方向、比例［非标准］和颜色）帮助他们提取信息或构建生产地图用于特定目的
A2.用社会学探究过程调查的相互关系的一些方面，在他们在日常生活中的身份/自我意识，他们的不同的角色、关系和责任，以及各种情况	相互关系	自己的角色、职责和关系在发展自己的身份中的角色		
A3.展示理解，他们和其他人有不同的角色、关系和责任，所有的人都应该受到尊重，无论自己的角色、关系和责任①	意义	所有的人都是值得尊重的，无论自己的角色、关系和责任有什么不同		

①安大略省教育部.安大略省课程:社会 1—6 年级；历史与地理 7—8 年级（2013 年版）[M].安大略省教育部，2014.

对一年级社会内容的表述，《安大略省标准（2013 版）》又分别提出了学生在一年级结束时将要达到的总体要求和子要求，并强调了子要求的具体期望，表述清晰明确。比如，链 A 的子要求之一是应用。应用的重点是连续性与变革。当学生一年级结束时，学生将能描述如何以及为什么一个人的角色、关系和责任在不同的地方、情况或在不同的时间可能会发生改变，例如，如何及为什么与老师学生的关系不同或对等；他们父母的角色，在家里、在工作中怎么有所不同；一个孩子在家里的责任如何随他或她的成长改变；为什么当自己在家和在客人家时，对餐桌礼仪的期望可以是不同的。

2. 二年级——"我们生活的社区"

加拿大安大略省二年级的学生，在一学年的学习基础上，能力得到一定发展，但认识事物的能力还未成熟。二年级学生将发展当地社区的认识，并开始审视全球社会。学生将探索多种家庭和当地社区内的传统，发展这些传统如何有助于理解和丰富自己对社区和加拿大社会的认识。他们还将学习认识世界各地的社区、发展的位置、气候、物理特征之间的关系，以及各个社区人们是如何生活的。学生将利用社会调查过程中发现的调查传统、生活方式，以及与当地的环境和全球社区的关系中提取的信息，建立映射特定目的的能力。二年级的社会课程，学生将围绕以下几个问题开展课程，见表 4—8。

表 4—8 二年级社会课程需要研究的主要问题

涉及方面	框架问题
链 A.遗产和身份：改变家庭和社区传统	·对独特的个人和团体的理解如何帮助我们欣赏我们的社会多样性 ·为什么了解自己家庭的过去很重要 ·为什么我们应该尊重我们生活的社区的多样文化和传统
链 B.人与环境：全球社区	·物理特征和气候如何影响世界上人们的生活方式 ·自然环境如何影响人们满足自己需求的方式 ·为什么人们生活在他们生活的地方 ·世界上有哪些不同的地方生活方式是不同的[①]

————————

①安大略省教育部.安大略省课程：社会 1-6 年级;历史与地理 7-8 年级（2013 年版）[M].安大略省教育部，2014.

3. 三年级——"1780 年—1850 年的社区"

加拿大安大略省三年级的学生在两个学年的学习基础上，各方面能力迅速发展，但解决问题的能力还未成熟，体现出这一阶段学生的特殊性。三年级的社会课程，学生将会学到 1780 年—1850 年存在于加拿大的多样化社区。学生将要探讨在那段时间内，不同群体的加拿大人的生活方式，并将比较这些人与现今加拿大人的生活方式。他们将使用期刊、信件、地图和绘画为主要资源来调查早期的加拿大人如何应对生活的挑战。学生们还将了解安大略省的自然区和市级区域，他们将要探索自然环境、土地使用和就业机会之间的关系，以及不同的土地和资源的使用方式如何影响环境。学生将继续发展空间技能，从图形、地球仪和地图提取信息，构建印刷和数字地图，并使用映射方案，以帮助他们确定过去和现在环境和土地利用的关系。三年级社会预期为学生提供一些与公民教育框架有关的概念探索机会，包括信仰和价值观、文化、身份、关系、管理。学生将围绕以下几个问题开展课程，见表4—9。

表 4—9 三年级社会课程需要研究的主要问题

涉及方面	框架问题
链 A.遗产和身份：加拿大社区，1780 年—1850 年	·我们生活的方式什么地方是与过去的人们相同的 ·用什么方法可以帮助我们找出过去的人们遇到的挑战 ·用什么方法可以帮助我们找出过去人们面对困难的感受和他们处理问题的方式 ·过去的人们怎么和环境相处？怎么与人相处
链 B.人与环境：生活和工作在安大略省	·物理特征如何影响土地使用 ·土地利用的方式是如何影响当地的社区和工作 ·人类的活动和不同的土地利用方式是怎么影响环境的？我们如何减少他们的影响 ·为什么安大略省的人们居住在他们居住的地方？为什么一些公司的位置在那里[①]

①安大略省教育部.安大略省课程：社会 1–6 年级;历史与地理 7–8 年级（2013 年版）[M].安大略省教育部，2014.

4. 四年级——"公元前 3000 年到公元 1500 年的社会"

加拿大安大略省四年级的社会课程，学生将发展学习过去的能力，使用各种方法来检查社会组织、日常生活，和存在于公元前 3000 年到公元 1500 年之间的不同社会与环境的关系。学生们将利用以前所学的知识，用视觉证据、主要和次要的来源、专题地图来调查一些从不同地区、不同时代，代表不同的文化的早期社会。学生将调查日常生活和环境之间的相互关系，比较过去社会和现今社会的方方面面。为了继续巩固他们在早期学到的知识，学生将学习到在全国范围内人类活动和环境之间的相互关系。他们将建立自己对城市和地区地貌的认识，学习加拿大的政治区域，包括省和地区，以及物理区域，如该国的地貌、植被和气候。学生调查问题将面临平衡人类需求和环境管理的挑战。他们将继续开发自己的地图技术、分析印刷、数字和交互式地图，利用空间技术研究人类与环境的互动。

5. 五年级——"原住民和欧洲定居者如何在新法兰西定居"

加拿大安大略省五年级社会课程，学生将学习有关各种原住民和欧洲定居者在新法兰西定居的关键因素。他们可以使用主要资源如条约、历史图像和日记，以及次要资源。他们将调查社区之间的关系和相互作用，并将开发早期的加拿大历史事件对当今加拿大的影响的理解。学生们还将探讨加拿大公民和各级政府的责任。他们将继续发展从不同的角度研究当前加拿大社会和环境存在的问题的能力，他们将制定行动计划以解决社会和环境存在的显著的问题。学生将继续发展使用地图、地球仪和绘图的技能，帮助他们提取、解释和分析信息。

6. 六年级——"历史上的加拿大和当今的加拿大"

六年级社会课程，学生将探索关于历史上和当代加拿大的不同社区经历，并研究它们是如何促成加拿大发展的。除了开发对加拿大不同社区的了解，学生还将探讨全球社会对加拿大的作用。他们将调查当前的社会、政治、经济和环境问题，并发展对国际行动与合作重要性的认识。在他们开展调查的过程中，学生将提高他们对图表和地图的绘制能力，发展他们提取、解释和分析各种来源的信息，并利用各种技术的能力。学生需要调查的社会、政治、经济和环境问题主要包括以下几点，见表 4—10。

表 4—10 六年级社会课程需要调查的主要问题①

涉及方面	框架问题
链 A.遗产和身份：加拿大社区，前世今生	·不同社区怎样促进加拿大身份的发展 ·什么经历塑造了加拿大不同社区的故事 ·我们怎么确定某些发展或事件重要 ·为什么一件事的发展对一个群体很重要，对另外群体却不是很重要呢 ·加拿大故事的哪些方面是你的故事的一部分
链 B.人与环境：加拿大与全球社区的相互作用	·为什么加拿大参与国际事务很重要 ·自然环境如何影响人们满足自己需求的方式 ·为什么人们的幸福生活和环境都要依靠国际合作 ·加拿大经济通过什么方式和全球经济相联系

（三）社会课程内容方面的比较

1. 中加小学社会课程标准都以主题轴的方式构建课程

加拿大安大略省社会课程标准是在公民教育的框架、学科思维的概念、探究、大思想、划分问题和空间技巧的基础上展开的。安大略省社会课程的内容从这五个方面分别展开描述，内容随着学生年龄的成长，在深度和广度上层层递进，对学生在知识和能力方面的要求也逐渐提高。

安大略省社会课程让每个年级的学生都有机会接触课程，在课程的学习中成为一个负责任的、积极的公民。社会课程让学生明白，他们属于多个社区，而且最终，他们是全球社会的一员。社会课程让学生利用跨学科学习的方法，让学生体验综合性学习，通过调查各种观念、概念和问题，对导致社会、政治、经济、环境等问题的原因及相互关联产生更深的了解。②1—6 年级

---

①安大略省教育部.安大略省课程:社会 1-6 年级；历史与地理 7-8 年级（2013 年版）[M].安大略省教育部，2014.

②李稚勇、方明生.社会科教育展望 [M].上海:华东师范大学出版社，2001：72.

的社会课程主要发展学生对他们是谁、他们来自哪里、他们属于哪里，以及他们对他们如何促进所生活的社会的发展等问题的理解。培养学生探索他们所参与的各种地方、国家和全球社区的范围内他们的身份。培养学生分析过去和现在之间的联系，并探索过去社会对加拿大遗产的贡献的认识。通过探索他们生活的地方，并调查各个空间，发展学生对一个地方的自然、社会、文化的感觉。最后，学生学习探究的方法，发展知识和技能，使他们能够贡献于他们所生活的社会。他们需要成为负责任的，为他们的社区做出积极的贡献的合格公民。在每一个年级，学生利用社会思维来发展处理适合该年级内容的能力，发展相关的社会调查技能。学生通过收集、整理、解释和分析信息、数据、证据来发展制定相关问题的能力；从各种主要和次要来源提取信息，使用各种工具和技术构建地图和图表，进而沟通思想，得出结论和判断。中国社会课程标准则是按照基于主题轴的方式来构建课程内容的。[①]它整合儿童的生活和多个学科的概念，形成了适合于不同年级学习的主题，促进社会课程的发展。比如，中国品德与社会课程标准中的课程内容被分成了六个主题，依据"同心圆扩大"的方式，以学生为中心，以学生的生活和成长为路线展开具体内容，从个人、家庭、社区、国家、世界等方面做了详细的介绍。各个主题之间既有包含性，也有联系，同时又各自独立，具有特殊性与独立性。

2. 加拿大小学社会课程标准更注重学科思维

加拿大安大略省社会课程标准最大的特点在于它打破了学科的界限，采取了区域学习与专题学习结合的形式来组织课程。[②]课程标准重视与生活密切相关的知识，具有专题学习的特征，内容具有综合性，比如地理调查、自然环境、自然资源、人文地理、经济体制和迁移。课程突破了以学科逻辑为课程结构的传统模式，以空间系统、人类与环境的相互作用、全球连接、理解

①高峡.小学社会科研究与实践［M］.北京：北京师范大学出版社，2004：68.

②李稚勇、方明生.社会科教育展望［M］.上海：华东师范大学出版社，2001：72.

和管理转变、地理调查方法和交流五大主题来组织课程。每个主题整合了自然地理、人文地理、经济地理等学科的内容，具有综合性的特征。安大略省社会课程侧重让每个学生都成为一个负责任的公民，注重发展学生的全球意识，让学生明白，他们不仅属于自己生活的社区，更重要的是让学生明白他们是全球社会的一员。课程注重培养学生的时间和空间意识，探索过去社会对现今加拿大社会的影响。社会调查可以发展学生对自然、社会、文化的意识，提高知识和技能，最终把学生培养成能够对社会做贡献的合格公民。

中国的社会课程标准则通过一条主线、点面结合的方式安排内容。其内容基本上都是以儿童不断扩大的生活范围来设计的，侧重把不同的生活领域看作不同的方面，从不同的视角建构课程内容。相同的内容穿插于不同的主题之中并伴随着年级的升高，在范围、深度、难度等方面逐渐上升。

虽然中加两国对课程内容的选取存在差异，但是在具体内容上都选择了"同心圆扩大"的模式，以学生生活为起点，根据学生的认知发展特征安排教学，促进学生的全面发展。加拿大安大略省小学1—8年级的社会课程，每个年级分为两条链，每条链根据具体的主题分别阐述课程内容。课程内容详细描述了学生运用什么工具或方法参与社会调查和学生通过调查将要明白的问题和将会发展的能力。安大略省小学是八年制的，社会课程标准详细地介绍了每个年级学生将要学习的社会内容和应该完成的任务，以及通过获得什么帮助达成什么样的目标。同时，它十分注重对已学知识的运用和迁移的能力，注重学生对所学内容的反馈。安大略省没有人为地将小学分为小、中、高三个阶段，没有像我国一样按照阶段划分课程内容，这就避免了学生实际能力的问题。因为尽管处于同一个阶段的学生，一年级和二年级还是有所差异的，这也体现出加拿大"为学生未来负责"的严谨的教育态度。

3. 加拿大小学社会课程标准更重视环境教育

作为社会教育框架中的环境教育，具有其自己的独特性。人与环境的相互影响随着人类的出现而出现，并随着人类社会的发展而发展。在历史进程中，人类一直以自我为中心，将环境视为征服的对象，运用各种途径不断寻找改造和改变自然的方法。三次科技革命带来的环境迅速恶化使人类直接面临着生存的危机。在这样的背景下，人们逐渐意识到对自然资源和生态环境的不合理利用会给人类社会带来巨大的灾难，必须要重新认识与自然的关系。同时，人们也意识到要有效地改善和保护好环境，必须提高全人类的环保意识和环保素质，而环保意识和环保素质的培养离不开教育。[①] 由此，环境教育应运而生。1999 年，加拿大的《环境教育法》重新定义了环境教育，认为环境教育就是关于人与环境之间的关系的教育，包括污染、资源分布、消耗、保护、运输等同人类环境的关系。[②] 同年，《加拿大安大略省环境保护法》颁布，在第 6 条条款中明确了禁止任何人向环境中排放任何污染物，任何人都不能超过行政规章规定的数量、浓度向环境中排放污染物的规定。[③] 明显，加拿大的社会教育特别重视环境教育，用立法的形式保障了人与环境的关系。

一直以来，加拿大在经济发展中十分重视环境教育。加拿大政府认为，可持续发展是制定公共政策的基础。加拿大在制定经济发展政策时，重视环境保护和经济的协调发展，这种做法得到了社会各界的高度赞同。[④] 通过经验的不断积累，加拿大的环境发展达到更高的水平。而在我国，首次建议环境教育的构想是在 1973 年的全国环保会议上。1978 年，《环境保护工作汇报要点》指出了要在小学增加环境保护知识的教学内容。1979 年《中华人民共和国环境保护法》明确提出了有计划地培养环保人才的要求。[⑤] 但是，我国的环境教育效果并不理想。原因在于：第一，环境教育是一种以培养学生综合环境素质为目标的教育形式，它与我国以应试为主导的教育体制格格不入；第二，我国缺乏专业的环境教育方面的师资团队，培训环境教育工作者也并不现实，且没有形成我国本土特色的环境教育教材。因此，今后应该学习加

---

① 钟启泉.课程设计基础［M］.上海：华东师范大学出版社，2004：443.
② 钟启泉.课程设计基础［M］.上海：华东师范大学出版社，2004：448.
③ 王彬辉.加拿大环境标准制定程序及对中国的启示［J］.环境污染与防治，.2011（33）.
④ 毛艳云.加拿大环境与可持续发展政策的新动向［J］.攀登，2005（6）.
⑤ 钟启泉.课程设计基础［M］.上海：华东师范大学出版社，2004：451.

拿大环境教育的成功经验，加大对环境保护人才的培养，建立合理的物质奖励机制，鼓励和支持作为社会课程一部分的环境教育事业的可持续发展。①

五、加拿大课程标准对我国的启示

由于历史原因，中加小学的社会课程标准呈现出许多差异性。抛开历史原因，就其两个标准来看，加拿大小学社会课程标准中的许多成功的经验是值得我们学习的。

（一）重视社会课程标准的独特价值，丰富社会课程资源

加拿大自独立后就认识到人才资源的重要性，它一直强调德育，尤其 20 世纪 70 年代后，加拿大政府更是把德育作为学校和社会的主要工作。加拿大社会课程的最终目的是帮助每一个学生都能适应未来的生活。"为学生适应未来负责"是加拿大小学教育的重要特点。教育关系到国家与民族的未来，是具有基础性、未来性的事业。国家的繁荣靠科学技术，科学技术的繁荣还是得靠人才，而人才的培养归根结底是靠教育的，加拿大的基础教育必须为学生的一生奠定基础。儿童时期是打基础的重要时期，学校对学生而言最主要的是指向未来的意义。为了让学生能够清醒地认识自己在社会中所处的位置，学校使学生逐渐懂得自己所应承担的责任，包括对自己、家庭、社会的责任，懂得为社会服务终身的道理，让学生具有善良的品格、美好的心灵和体面的举止。同时，学校教育为学生的多样化发展提供时机和条件，促进学生的自我认识、自我定向和自我发展。在中国，对社会教育的重视程度明显不够，对社会课程的学习经常存在一些误区，觉得并非很重要。学校没有社会课程的专门教师，社会课程也经常被其他课程所占用。相比于现在越来越受到重视的英语课程，社会课程的学习却时常被忽略。为了功利性的目的，很多孩子从小就被送到双语幼儿园，长大后送到国外留学，所以很多孩子掌握了一口流利的英语，但社会课程对人的影响是潜移默化的，这种功利性的追

---

①余小玲，陈红兵，卢进登. 国外环境教育特点及其对我国的启示 [J].课程教育研究，2013（4）.

求也导致了现在的孩子出现了一些道德败坏的问题。①在全球化的背景之下，当今世界都应认识到社会课程对传承民族文化、培养优秀人才、推动社会发展等方面的重要作用。因此，中国的教育也应该重新重视社会课程的独特价值，做到合理开设、和谐实行，充分发挥社会课程的育人功能。

（二）结合时代发展，沟通小学社会课程与其他课程之间的内在联系

加拿大是一个名副其实的移民大国，多元文化是对所有加拿大人的政策。与美国不同，加拿大各民族的独特文化并行共存、和谐共处。加拿大社会课程内容的特点之一是穿插了本国的历史、文化和地理常识的教育，课程内容丰富多样，包含了古今中外的许多知识。内容不仅包含了本国的历史事件、名人名言，还囊括了世界其他国家著名人物的先进事迹和人文常识。它突出培养学生进行观察、社会调查的能力，尊重学生的发现与理解，强调学生的主体地位。相比之下，我国的社会课程虽然也涵盖了地理、政治、历史等方面的学科知识，但是涉及的程度较浅，一般只停留在常识化的程度上。比如，传统文化中的热爱祖国、尊老爱幼、勤俭朴素、爱亲敬长、诚实守信、友爱宽容的人格特质，以及生活中的许多优良品质在社会课程内容中都有所体现，这是我国品德与社会课程在传承文化中的重要体现。我们应该深入挖掘传统文化资源中的精华，传承并保留值得我们学习的内容，改造和创新传统文化中不利于社会发展的糟粕。我们还要通过各种方法将优秀的传统文化引入社会课程当中，坚持与西方文化的交流，在交流对话中形成独具特色的中国社会教育。

不得不说的是，各国的社会课程在文化的选择、传递、改革等方面都面临着诸多选择与困惑。我国社会教育在吸纳多元文化的同时，必须坚守中华民族文化的根基，将民族立场与国际视野相结合。中国的社会课程也应当引

①林森.教育走向改变，加拿大中小学素质教育面面观［M］.长春：吉林大学出版社，2012：92.

导学生在认识和体会中华民族优秀文化的过程中，感受中华文化的博大精深，树立民族自尊心和自豪感。同时，我们也要尊重世界各国、各民族的多元文化，借鉴吸收这些文化精华。

（三）运用多种评价方式评价学生，重视学生身心等方面的发展

社会课程离不开基础知识的传授，加拿大社会课程坚持"授之以鱼"不如"授之以渔"的教育理念，不仅注重知识积累，更注重引导学生掌握科学的学习方法，并在课程标准中详细罗列学生需要掌握的技能和策略。中国的社会课程在学习策略方面有所探究，开始注意鼓励学生采取适合自己的学习方法，注重"过程和方法"。课程内容是为社会目标服务的，并受社会目标所制约。随着社会课程目标的拓宽，社会内容也应做相应的充实。加拿大小学社会内容体系中有些内容及其具体安排对我国充实和改进小学社会内容体系有一定的借鉴作用。我们应充实我国优良传统方面的教育内容，充实我国四化建设和全球教育方面的内容，充实法制教育的内容，充实道德素质和心理素质教育方面的内容，加强德育内容的具体性和层次性。

加拿大对学生评价的方法多种多样。主要的评价方法有五种：现场评价、个体评价、小组评价、自我评价和他人评价。加拿大人认为，学生的发展是一件非常复杂的事情，对学生的评价所选取的内容应该是有选择性、有重点和典型的。[1]教育活动的目标清晰，一般是围绕着"学生全面发展"这一主题，确定不同的促进学生技能发展的目标，学生可以将他们所学的知识运用于各个广泛的领域当中。学生学习的内容丰富多彩，关于自身的、家庭的、周围世界的以及整个社会各方面的知识。教育对学生的评价也是为了实现两方面的目标，分别是为了获取学生学习过程的评价信息和学生学习内容方面的评价信息。[2]教师要有计划地收集学生在认知、情感、心理、智力、技能、

---

[1]林森.教育走向改变，加拿大中小学素质教育面面观［M］.长春：吉林大学出版社，2012：92.

[2]林森.教育走向改变，加拿大中小学素质教育面面观［M］.长春：吉林大学出版社，2012：134.

身体素质等方面的基本信息。学校、教师、家长和社区要合作，对学生发展的主要方面进行评价，通过评价获取相关信息，合理运用这些信息帮助自己更加清晰地认识每个孩子和集体，并以此作为指导教学的依据。

我国的课程内容的表述都为让学生了解什么、知道什么，同时也指出了对教师的教学活动建议，但是在表述上是比较抽象的。比如在"我们的国家"专题第三条的课程内容，要求了解我国不同地区自然环境的差异，但是至于学生怎么去了解，标准中却没有提及，这就存在着一定的问题；一再强调学生要学到的内容，却从未指出学生或者教师通过什么方式，通过获得怎样的帮助来获取所需的知识，就这样，学生的学和教师的教就成了各自的"孤军奋战"。所以，这样的表述是需要我们深思的。另外，用中或高这样的表述来给学生划分课程内容的方式是值得商榷的，需要我们进一步细化。我们只有细化内容课程标准，在实施的时候才能让措施落到实处。目前，我国的小学对学生的评价关注的较多的还是学生的考试成绩和考试排名，对其他方面的关注很少。如果教师不惜一切让学生取得更高的考试分数，而忽略了学生的学习状况、身体健康状况、精神状况等本该去关心的东西，那么教师将会成为分数的奴隶；如果把学生的考试成绩、成绩排名作为衡量评价学校办学水平的依据，那么学校也会成为分数的奴隶。如果这样，在这个追求分数的时代，学生的心灵会不断扭曲，成为麻木的学习机器；教师的身心发展也会有偏差，成为教学的机器；学校的功能也会在其中不断改变扭曲，这是很可怕的。

（四）重视特殊儿童个体，关注儿童个性发展

加拿大小学社会课程标准明确指出了教师需要经常关注特殊儿童个体或集体的状况，掌握特殊儿童个体或集体的状况有助于教师对班级做出准确的判断。教师需要考虑任何一个影响孩子发展的因素，并经常把孩子适应环境的情况作为重点考虑对象之一，比如对体力、时间、资料等方面的适应情况，以能对孩子变化做出正确的判断。

每个学生都是鲜活的个体，具有独特的个性。如果过分忽视学生个性，那只能导致国家对人才培养的单一化。加拿大的社会课程积极倡导尊重学生和理解差异，引导学生对差异文本批判性解读。"创造性"是当今各国社会教育共同强调的关键词，各国倡导要在教育批判中创新，继而提高学生的综合运用能力。从课标中可以看到，中国社会课程改革在培养创新人才方面也进行了有益的尝试。但如何通过整合社会课程各领域的学习内容，真正发挥社会课程创新人才培养的功能，还需要中国社会教育的继续研究和探索。

第五章 中国与澳大利亚小学社会课程标准比较

澳大利亚的社会是以美国文化为起点的，在之后的发展过程中也深受其影响。因而其社会课程目的始终坚持"澳大利亚梦"——培养具有知情权且具有积极性的澳大利亚公民。本章将对中澳两国的小学社会课程标准进行比较研究。

一、澳大利亚小学社会课程的演变

20世纪30年代，作为社会课程前身的历史和公民学课程由于过于"政治化"的内容和过于单调且教条的教学方法而深受谴责，因而呼之欲出的社会课程在20世纪30年代后期和40年代相继被各州引进，又加之其进步主义教育思想和新教育联谊会会议的推动，社会课程亦制定出了相应的大纲。不过当时的社会课程是地理、历史和公民学课程的松散联合，"儿童中心主义"的思想也较为凸显，因而课标的制定大多依据儿童生活实际，采用灵活多样的教学方法，为塑造其成为具有责任感的公民做准备。

但自20世纪50年代末期开始，社会课程的教学方法又出现向传统的教条方法反复的现象。20世纪60年代后期,随着美国新社会课程运动的进行，澳大利亚也进行了社会课程的改革运动，包括制定新大纲以及开发社会课程辅助性资料。与此同时，澳大利亚将宣扬公民教育的社会课程目的改为注重个人情感与认知发展的学术目的。澳大利亚作为与美国共享民主自由理念的国家，其教育制度沿袭地方享有的分权制，即在充分考虑地方特色的基础上，各州可依据相关教育法律法规制定地方课程基准，再由学区教委会以基准为本制定学区课程，但过于标榜民主自由的"个人主义"对社会课程培养合格公民的目的产生了冲击。

因而随着时代的发展和学科要求的提升，澳教育理事会于1989年在《霍巴特宣言》中将"社会与环境研究"定义为全国性的统一的社会课程，并称其为八个关键学习领域之一。与此同时，1994年澳教育理事会制定的《澳大利亚学校"社会与环境研究"说明》亦明确指出了"社会与环境研究"的公民教育目的，这些都标志着澳大利亚社会向公民教育目的的回归。然而20世纪90年代中期的澳大利亚社会仍然面临着艰巨的任务，正如澳学者肯尼迪（Kennedy）所认为的，"澳大利亚公民教育面临的任务是重大的，它不仅包括重新界定公民教育以适应新时代的需要，也需要重新思考公民教育如何更好地成为学校课程的一个主要成分。显然，这将是社会教育的特定角色，但如果要满足要求的话，也需要相当多的'调适'"。[1]1999年签署的《阿德莱德宣言》中亦重申"社会与环境研究"作为八个关键学习领域之一的重要地位。

当前，由于"社会与环境研究"是包括地理、历史、公民学、商务等在内的具有澳大利亚全国性属性的综合课程，其适应性因各州而异，因而各州均具有课程选择与制定的能动性。其主要目的都是帮助年轻一代适应联系日益密切的世界，培养积极参与社会生活且具有为公共利益做出理性决策的能力，并尊重文化多样性的民主社会中的合格公民。现今各州的社会课程标准更多地鼓励学生进行实践操作、探究、价值辨析、道德分析、辩论交流及创造性地评判过去和当前背景下的不同观点，推崇学生以个体和团体共存的方式自主完成在环境内以及与环境的互动，并能以一种发展的眼光感受随着时间的流

---

①Kennedy,K.&Print,M. Citizenship for a New Age［R］.Keynote Addressed at the Annual Meeting of the National Council for the Social Studies，1994.20.

逝可能会发生不同程度的变化的资源、机构、制度的互动。此外，各州的社会课程也以学生生活为课标制定的主心骨，关注学生对问题的探究、发现、思考和解决的能力，关注培养学生的社会参与意识和能力，逐步推进落实知情且积极的公民教育任务。

二、中澳小学社会课程标准的框架结构比较

（一）中澳两国小学社会课程标准的框架结构

1. 中国小学社会课程标准的框架结构

我国《义务教育品德与社会课程标准（2011年版）》（以下简称《课标（2011）》）主要包括前言、课程目标、课程内容和实施建议四大部分。

第一部分：前言。课标将其分为课程性质、课程基本理念和课程设计思路三个板块。其中，课程性质为小学三到六年级开设的具有综合概括性、实践操作性和自由开放性的课程，简述为中高年级学生"紧扣生活""培养品德"和"促进发展"综合课程。课程基本理念罗列了"参与""需求"和"实效"三点，强调核心为勤参与，学做人；基础为系生活，讲需求；追求为德育的高效性。课程设计思路则是抓主线，结点面，交叉发展上升。①

第二部分：课程目标。课标主要是从总目标与分目标两方面进行阐述，总目标是较为基本和整体性的要求，如"良好品德的培养"和"社会性发展的促进"。分目标则从情感·态度·价值观、能力与方法、知识三个角度依次进行阐述，值得一提的是三者的先后顺序较之以往的课标发生了变化，凸显了该门课程对"人的情感"的重视。

第三部分：课程内容。作为该课标的主体，主要围绕"我"从几大不同的主题出发进行模块的划分，即与学生的成长、与其相关的家庭、学校和社区的生活及其所处的祖国和世界环境六大模块内容。课程内容的编排方式是以学生的生活为主线，以学生生活范围的扩大而不断展开，从个人到家庭再到

---

①中华人民共和国教育部.义务教育品德与社会课程标准（2011版）[M].北京：北京师范大学出版社，2012.

学校、社区，然后扩展到国家和世界层面，从而达到不断整合课程内容的目的。与此同时，课程内容部分不仅介绍了中高年级的课程内容，而且还有相对应的教学活动建议以供参考，具有针对性和可操作性。

第四部分：实施建议。该部分从不同的视角具体阐述如何进行教学，如何开展评价，以及如何科学编制教材以实现课程的高效性和如何充分地挖掘与应用课程资源。

2. 新南威尔士州小学社会课程标准的框架结构

本书选取澳大利亚具有代表性的新南威尔士州小学《人类社会及其环境》（Human Society and It's Environment，简称 HSIE）课程大纲（以下简称《HSIE 大纲》）为例，与我国的课程标准进行比较研究。新南威尔士州《HSIE 大纲》框架结构大体可分为五大部分，主要为前言、学习成果、课程内容、评估原则及最后的词汇表。

首先，前言部分。采用总分总的编排模式，主要包括课标总括、课程理念、课程宗旨和目标及课程学习的系统回顾几大方面。其中课标的总括较全面地体现了课程的综合性，该课程涵盖历史、地理、人文、语言、信息技术、道德教育等多领域知识技能。课标的理念则提出其作为个人、社区、国家和全球的身份认同，并履行其作为负责任公民的使命。课程的宗旨和目标部分较为笼统地指出"增强学生对个人、社区、国家和全球认同感以及能够有效参与到平衡和改善社会和环境中去"的教育主旨，以及包含知识和理解、技能和态度价值观三个维度的概括性的课程目标。最后该课程学习的系统回顾则全面总结了该课程借鉴的众多学科，以及嵌入在该课程中的公民教育目标，更为关键的是从"四大主题"——变化和连续性、文化、环境以及社会系统和制度方面来阐述各主题在知识理解技能和态度价值观中学生所需获得的学习经验，这样一方面为前言做了一个总结，另一方面也为下一部分的成果指标描述奠定基础，起到自然的过渡作用。

其次，学习成果部分。依然围绕"四大主题"这一主线设计学习成果和指标，采用缩进式的结构样式，从较为概述性的要求描述到最后各个阶段具体的结果和指标描述，层层深入，愈加清晰。

然后，是课程内容部分。紧紧围绕学习成果和指标来设计课程内容，以小学生阶段发展的顺序来安排"四大主题"的内容，先是从早期1阶段、第1阶段、第2阶段依次到第3阶段的内容详析再到最后各主题抽象出来的重要问题的范围和序列安排，从微观和宏观方面阐述了设计的课程内容，便于理解和把握。

再者，是评估原则部分。该部分不仅仅是阐述评估原则，还是对科学实施该课程的每一个环节的重要原则的陈述，具体包括计划、规划、评估和报告。它一方面要阐述计划、规划、评估和报告的内容是什么；另一方面陈述如何才能高效地计划、规划、评估和报告，即在做这些方面时，我们要如何更科学地考虑问题。其中评估原则就对课程三维目标是否达成的评估与对整个课程实施情况的评估做了区分，强调了反思的重要性。

最后一部分，词汇表。新南威尔士州95页的课标中有12页是词汇解析，这些词汇解析按照"ABC"的首字母顺序依次排列，都是经过挑选的对更好地理解该课标以及相关辅助性文献材料提供很好的资源支持，它一方面是课标的参考，另一方面也是重要的课程资源。具体见表5—1。

表5—1 中澳小学社会课程标准框架对照

《课标（2011）》框架	新南威尔士州小学《HSIE大纲》框架
目录	目录
第一部分 前言	第一部分 前言
一、课程性质	一、课标总括
二、课程基本理念	二、课程理念
三、课程设计思路	三、课程宗旨和目标
第二部分 课程目标	四、《HSIE》的系统回顾
第三部分 课程内容	第二部分 学习成果
一、我的健康成长	一、基本要求
二、我的家庭生活	二、学习成果概述
三、我们的学校生活	变化和连续性
四、我们的社区生活	文化
五、我们的国家	环境
六、我们共同的世界	社会制度和结构
第四部分 实施意见	三、学习成果和指标

续表 5-1

《课标（2011）》框架	新南威尔士州小学《HSIE 大纲》框架
一、教学建议	变化和连续性
二、评价建议	文化
三、教材编写建议	环境
四、课程资源开发与利用建议	社会制度和结构
	第三部分　内容
	一、内容概述
	早期 1
	第 1 阶段
	第 2 阶段
	第 3 阶段
	高于第 3 阶段
	二、主要内容的范围和序列
	变化和连续性
	文化
	环境
	社会制度和结构
	第四部分　评估原则
	第五部分　词汇表

（二）比较分析

1. 框架整体的单线条和立体化差异

虽然新南威尔士州人类社会及其环境课程标准中原词为"syllabus"，意为"大纲""纲要"，与我国现在的课程标准名称上似有差异之处（我国课标的名称是由原来的"教学大纲"改为现在的"课程标准"），但从两者类似的框架结构中不难看出其中更多地表现出一致性，但亦有些许差异。如中国的社会课标框架结构简练概括，重点突出，采用单线条式的呈现模式给人以直观感。而新南威尔士州的课标框架则较为立体，既从时间的维度亦从空间主题的维度填充了整个结构，主题性及逻辑性相对较强，与此同时给人以整体性和一贯性，尤其是学习成果和内容部分的框架。

2. 框架条目的具体化和渗透化差异

就如何进行高效教学、如何对教学效果进行科学评价、如何为课程更好地开展奠定教材和课程资源的基础在我国社会课标中都有条目依次进行论述。新南威尔士州中均未单独列出，而是一部分渗透在课程内容中，一部分掺杂在评估原则甚至词汇表中，更体现出其一体性和贯通性。另外较为明显的具体化差异即为新南威尔士州课标框架中的词汇部分，这对改善中国课标框架结构的完整性、内容的充实性有一定的启示作用。

三、课程理念比较

(一) 中澳两国小学社会课程理念

课程标准中的基本理念既具有宏观指导的概括性意义，又具有微观渗透性的贯穿价值，对选择科学的课程目标和课程内容等具有重要意义。

1. 中国小学社会课程理念

我国 2011 年版课程标准秉承 "为了每一位学生的发展" 的新课改理念，在结合学科和时代特点的同时，坚持从学生以及课程实际出发，制定了涵盖课程的 "核心" "基础" 和 "追求" 三位一体的课程理念。具体为坚持主导价值观的引领，丰富学生的精神世界，鼓励其积极生活，参与社会，拥有健康的身心，快乐成长；课程必须立足于学生的现实需求，包括生活化和社会化的需求，学生的生活实际是课程构建最重要的来源，亦是课程实践最重要的价值，关注学生的生活，从学生的生活出发，归于生活，亦是学生社会性的发展过程；课程追求实效性的道德教育，崇尚教学因地制宜，道德教育课程资源的选取要贴近生活，真实可信，教学的方式要喜闻乐见，教学的意义要关注学生的道德体验和道德成长。[①]

2. 澳大利亚小学社会课程理念

作为前言部分的基本理念，新南威尔士州更多的是从其内涵与价值方面

---

①中华人民共和国教育部.义务教育品德与社会课程标准（2011 年版）［M］.北京：北京师范大学出版社，2012.

加以描述,其众多基础性作用和深远的影响力及"学习成果"联合而成的课程"实效性"是其一个较为明显的特点。具体如下:人类社会及其环境的未来福祉取决于人与人之间以及与他们的文化、社会和物理环境互动的质量,因为他们都努力地去满足对方的需求。

人类社会及其环境课程为学生理解变革和连续性、文化、环境和社会制度和结构提供了一个知识基础,学生将有机会了解与他们互动的人和环境。这方面的知识基础为学习澳洲和世界历史、地理、社会、文化和法律、环境和经济以及公民教育奠定了基础。

教学大纲选择的主题是 K—10 人类社会及其环境连续体的一部分,包括它的环境。例如,在《HSIE 大纲》(1—6 年级)中关注的是从出现澳大利亚到联邦成立时期的人和事件的历史,这就为 7—10 年级继续学习有关联邦成立后直到现在这段时期的人、事和结果奠定了基础。

这个关键的学习领域为学生提出挑战性的问题,保持好奇心和养成终身热爱学习的品质创造了机会,它专注于发展学生独立自主探究学习的能力,提供对学生有意义的经验以及使他们参与任何可能情况下的实际的人、地点和议题(实践能力的锻炼)。它是一辆传输人类社会及其环境的激情活力和多样性,以及起源、发展、结果和未来的可能性的交通工具。通过分析信息和价值观,学生可以做出对社会、经济、宗教、公民和环境问题负责任的决定,并且这些决定可能会对他们的现在或将来产生影响。

人类社会及其环境课程的学习可以帮助学生同情他人,理解和评价他们所属的社会的性质。学习面向包括女性和男性、原住民和托雷斯海峡岛民、各种文化和社会经济团体,人们有不同的宗教和信仰体系,包括残疾人。

作为学习人类社会及其环境课程的结果,学生应形成有关个人、社区、国家和全球身份的意识,以及发展他们的知识、技能、态度和价值观,以便武装其成为负责任的公民,积极参与到平衡和提高社会和环境质量的活动中去。

人类社会及其环境课程的学习为中学阶段人类社会及其环境课程和语言领域的学习提供基础。①

（二）比较与分析

1. 培养合格公民理念下的差异

诚如有的学者所言，如果社会课程没有坚持以公民教育为核心，那将会出现缠绕不清、混乱不堪的局面。②因而我国和新南威尔士州都深谙其理，在课标的理念部分对公民素养也都加以关注。

中国社会课程理念强调现行主导价值观对合格公民的引领作用，认为要培养首先会关爱自己和他人，对自己、他人、环境能主动履行责任，主动践行良好的行为习惯以及拥有积极向上的个性品质等素养的合格公民，在课程实施中必须关注其多样的内心世界，谋求其智力与人格的和谐有序发展，关注其作为"整体人"的存在，使他们能够以阳光健康的生活态度融入并参与社会。

新南威尔士州社会课程理念较为直接地点出其培养"负责任公民"的追求，认为要武装其成为合格的公民，需要形成有关个人、社区、国家和全球的身份意识，以及发展他们的知识、技能、态度和价值观，从而能更好地施展公民的知情权以及社会参与决策权。但仔细考察两者的公民素养要求，不难发现中国品德与社会课程标准较之《HSIE 大纲》没有很好地体现出国际视野，用"人格的健全"替代了应有的"国家和全球的身份意识"，对公民个人素质发展的方向较为局限，更多地关注了对几千年中华文明美德的传承，而对公民所应具有的国际素质没有提出相应的展望。观之今日瞬息万变的世界，迅猛发展的国际社会发展，这些都对各国公民适应全球化的国际视野方面提出了新的要求，因而我国在这方面有待加强。

---

① Human Society and Its Environment （HSIE）\K-6 Educational Resources\Board of Studies NSW [EB/OL] .http://k6.Boardofstudies.Nsw.Edu.Au\2006.5.

② Shaver,J.p. （ed.）.Building Rationales for Citizenship Education [R] .Arlington:National Council for the studies,1977.iv.

2. 学习有价值课程内容理念下的差异

斯宾塞曾就"什么知识最有价值"进行过论述，在他看来能满足完美生活的五个要求的知识就是有价值的。学生在义务教育阶段要学习的东西还是比较多的，因而我们不能利用如此宝贵的时间去学习不切实际的无价值内容，而这就需要更好地协调学生的生活和科学世界，摆脱对书本知识的束缚，呈现并让其体验具有生活意义的课程内容，一言以蔽之，理性地"回归生活"。中国品德与社会课程标准中指出，科学"必须"源于生活，"必须"贴近生活，强调从自身出发，用自己的眼睛、心灵和世界，用自己的方式感受、探究生活，最终提升自己的生活。

而新南威尔士州则从另一个方面诠释了"有价值""科学"。首先是其举足轻重的学科地位——该课程为其他课程如历史、地理、社会、文化和法律、环境和经济以及公民教育课程奠定了基础，与此同时，该课程亦是更高年级社会课程学习以及之后的语言学习的前提。其次，该理念重点强调了该课程的交通工具性作用，为学生养成自主提出问题、思考问题、解决问题提供了便捷性，其间包括探究能力的培养和热爱学习品质的形成。然后，充分肯定了学生在此课程中经受的锻炼，包括辨证地分析以及发展的眼光，从而可以对社会、经济、宗教、公民和环境问题做出负责任的决定。最后就该课程"多元化教育"的隐性内涵做出了说明，强调其对理解、认同并尊重文化多样性的积极意义，其中包括敏感的种族关系、男女差异、宗教信仰差异及健全人和残疾人之间的差异。

3. 追求课程实效性理念下的差异

中国和新南威尔士州的课标理念都强调了"实效性"这个方面，但由于课程"实效性"评判的标准并不唯一，因而两者在关注点及表述方面都存在一些差异。

中国品德与社会课程标准更多着眼于德育的实效性，这与德育实施过程中存在的苍白无力、形式化等众多现实问题不无关系，因而为提高其实效性，"必须"从学生发展的现实和可能出发（课标的理念部分共选用两个"必须"，

都与从学生的实际出发有关），并区别于以前类似笼统化的改进措施表述，取
而代之的是稍微具体化的说明——选择学生生活实际中真实发生的具有说服
力的生动的例子；依据学生心仪的学习方式以适宜的方式既生动又活泼地予
以展示。其中，出现两次的"生动"充分考虑了学生的认知发展、主观愿望
和知识经验，道出了学生学习的真谛——"兴趣"。因而其认为具有实效性的
德育内容应当是现实的，有趣的，富有挑战性的，要有利于学生主动地从事
观察发现、猜测想象、价值辨析、讨论交流等一系列探究性活动，内容的呈
现也应采用多样化的表达方式。而且，"实效性"的关键还在于对差异性的
尊重，即尊重不同文化环境、家庭背景和自身思维方式下不同的"体验"和
"成长"。

新南威尔士州人类社会及其环境课程理念中的"实效性"则选用两种表
达方式，一种是显性的"成果"表述，一种是隐性的"可以"表述，因而其
"实效性"涉及的面较广，既包括"四大主题"的三维目标的达成，亦包含国
际性的公民视野的培养。其课标更多地强调课程实施后的效果，对于如何达
成各种"实效"没有赘述，只以"探究性学习"一笔带过。这和其目前已经
较为成熟的课程实施以及保障系统有关，毕竟社会课程在澳大利亚已经经历
了从初创、实施、不断改善、发展完善到现在较为成熟的一个阶段，与此同
时，一直以来较为关注思想的开放和探索精神的文化环境也是其有效地开展
社会课程的一个有力保障。

四、课程总目标比较

（一）中澳两国小学社会课程标准的总目标

1. 中国小学品德与社会课程标准总目标

"教育"无论从广义上还是狭义上来看，都是促进个体社会化和社会个性
化的社会实践活动，落实到具体的学科课程中其目标也有所体现。品德课程旨
在培养学生的道德品质良性发展，旨在鼓励学生逐渐完成由自然人向社会人的
良性转化，旨在呼吁学生成为心中有爱、行动有序、个性积极的合格公民。

　　我国品德与社会课程旨在引导和帮助学生达到三方面目标，包括情感态度价值观、能力与方法和知识。其中将对学生生命、生活习惯态度、良好的个性品质如关爱亲人、尊敬长辈、文明礼貌、热爱集体等及对家乡、自然的热爱等的感性追求提升到首要的位置。在能力方法目标中仍强调良好习惯的培养，将认识自我、表达自我、合理调节自我以及观察周围的现象和事物、倾听并理解他人等都列入其中，该目标对信息的收集、处理和应用能力也有所涉及。顺序上有所变化的知识目标对学生基本的道德规范、文明礼仪、基本的权利义务，以及历史、地理知识、风俗习惯和科技对社会的影响等都有一定的要求。①

　　我国《课标（2011）》的总目标是整个"基础教育课程改革的目标"的学科具体化要求。《基础教育课程改革纲要（试行）》制定的"基础教育课程改革的目标"中指出，新课程下的培养目标应坚持与时俱进的同时坚守传统美德，爱集体、爱祖国、爱社会主义；要能吃苦耐劳，懂谦让知进取，传承我国礼仪之邦的优秀传统；要培养时新的法制意识、践行法律赋予的权利和义务；要用实际行动尽力诠释"服务"和"责任"的社会意义；要努力完成科学和人文修养，具备适应终身学习的理论装备；要培养热爱运动的生活方式，塑造健康的体格和健康的审美情趣，进而成为心怀理想、身系道德、腹有文化、坚守纪律的一代新人。与以往的基础教育的培养目标相比，我国新时期基础教育课程在价值取向上发生了重大转变，改变了以往过于强调社会本位的价值取向，转而以学生为核心，从学生终身学习发展的视角，对学生在与自我、自然和社会交互作用中所必需的素养进行了规定，同时也对学生的发展进行了新的界定，将"适应终身学习"作为知识、技能的活指标，将具时代性的创造意识、创新能力，阳光健康的审美情趣和积极向上的生活方式作为所有学生发展的要求，因而作为其有机组成部分的社会课程标准在其三维

---

　　①中华人民共和国教育部.义务教育品德与社会课程标准（2011年版）[M].北京：北京师范大学出版社，2012.

目标中也体现出这些特点。

与此同时，我国的《课标（2011）》总目标中情感态度价值观强调的"珍爱生命""诚实守信""崇尚公平公正""热爱家乡"等也是具有鲜明的时代气息的，是社会主义主流价值观指导下的产物，与"富强、民主、文明、和谐、自由、平等、公正、法制、爱国、敬业、诚信、友善"的社会主义核心价值观相得益彰。

2. 澳大利亚小学社会课程标准的总目标

表 5—2　澳大利亚小学社会课程总目标一览表①

知识和理解	能力＼技能	态度和价值观
通过学习变化和连续性，学生应培养历史素养，包括对他们过去和传统知识的了解，以及对这些历史如何影响了现在并将可能如何影响未来的理解	通过发展以下能力： 1.获取信息 2.采用探究程序 3.社会性参与活动和公民性的参与活动，学生应能在快速变化及具有多样性的全球化的社会中充当作为公民应有的积极的、负责任的和明智的（见多识广的、活跃的）角色	通过识别、澄清、分析和评估他们自身的态度和价值观，以及那些与他人相关的问题和活动，学生应养成对人、文化、宗教、社会、环境和学习明智且负责任的态度 这将在促进跨文化理解的同时能促进可持续发展环境中的具有民主与社会公正的社会的发展
通过学习文化，学生应认识并理解有关澳大利亚及其他地方的文化，它们的多样性和相似性以及这些文化如何影响人们的身份和行为		
通过学习环境，学生应认识和理解有关地域以及有关人们如何与他们的环境互动和做出支持生态环境可持续性发展的决定		
通过学习社会制度和结构，学生应认识社会团体以及经济、政治和法律制度，以便能理解若要能参与这些社会团体、系统和机构，所承担的角色、拥有的权利和应履行的责任		

澳大利亚（以新南威尔士州为例）小学社会课程规定的总目标也是通过

---

①Human Society and Its Environment　(HSIE) \K–6 Educational Resources\Board of Studies NSW [EB/OL] .http://k6.Boardofstudies.Nsw.Edu.Au\2006.5，2012–12–5.

三维来阐释的，并且是基于明确的"增强学生对个人、社区、国家和全球认同感以及学生能够有效参与到平衡和改善他们的社会和环境中去"的目的来发展其态度价值、技能和知识理解的。其中有关知识维度的要求是通过"改变和连续性""文化""地域"和"社会制度和结构"四个模块来叙述的，这是与后面各阶段具体的学习成果、指标以及学习内容安排相配合的。由于澳大利亚是一个由多民族、多元文化组成的移民国家，其对于跨文化的理解、尊重、包容、共同发展也是其态度价值观中的重点。

（二）比较与分析

由于两国政治经济、文化等众多方面的差异，其课程标准规定的内容不可避免地具有差异性，但其共性也是很明显的，因而对其异同点进行具体分析，一方面有利于坚持我国课程标准中的目标部分的闪光点；另一方面也能在比较中发现自己的不足并借鉴、吸收他国的精华之处，更好地完善我国的课程标准。

1. 均重视思想道德建设

中澳两国社会课程的目标都是按照"态度与价值观""能力""知识"三个维度来进行阐述的，其中两国都强调"态度与价值观"在三维目标中的首要地位，认为课程最应该培养的是具有科学正确价值观的人，比如，中国课程标准中提出的具体目标——要尊重自我、严格要求自我，要有积极向上的心态和质朴勤劳的态度，要懂得分享、合作与包容，要遵守学生守则、社会准则、法制道德，要关注并维护祖国的历史和文化，要怀有"大文化主义"的宏观视角，对国家和民族的文化差异持包容理解的态度，对自然、生态的珍视以及"关爱自然的情感和保护生态环境的意识"，与澳大利亚概括化的"对人、文化、宗教、社会、环境和学习明智且负责任的态度"价值观要求有异曲同工之意。《关于进一步加强和改进未成年人思想道德建设的若干意见》中也指出，思想道德建设的主要任务是民族精神、理想信念、行为习惯和基本素质四个方面，具体为热爱祖国精神的培育和增强、高远志向的树立、行为规范的遵守和全面发展的践行，此四项任务与两国的态度价值观目标也有很大的重合之处。可见目标中渗透的思想道德建设是这两个国家对未成年人的共同要求，具有普遍性。①

2. 均体现出综合性

两国的社会课程在小学阶段都是作为一门综合性课程来开展的，因而其课程标准中的目标也显现出综合性的特点。首先，两国的"知识目标"均涵盖历史、地理、科学、法律等众多领域，具有综合性。比如我国明确提出的对地理和历史常识的知晓，对社会的生产生活以及消费活动之间关系的远距离浅层次接触，澳大利亚则从四个板块的知识理解目标中侧面表达其综合性的要求。其次，"综合性"表现在两国对学生获取并运用信息这样的"综合性技能"的重视，这与信息化的时代潮流以及终身学习终身发展的理念相适应。另外，"综合性"还在于目标中对教育与实践相结合的要求，两国均坚持将以体验教育为基本途径的"实践育人"与理论学习相结合，让学生得以综合发展。如我国课程标准中提出的"积极参与集体生活"和"力所能及地参与社会公益活动"以及澳大利亚要求的"采用探究程序"和"社会性的和公民性的参与活动"。

3. 规范化要求有所差异

从两国小学社会课程总目标的整体来看，我国还是基于对小学生年龄特征的考虑，侧重于对其规范基本言行、培养良好习惯，如目标中追求兼具健康阳光和绿色安全特征的五彩缤纷的生活和行为习惯；培养孩子明晰规则具有的个人和社会价值意识；懂得思考生活中的文明礼仪和道德举动。反观澳大利亚此类目标较少，而是较大程度上认可小学生能动性，尊重其自我探索、反思的开放性，但必须有自己正确的辨别能力，如其态度与价值观目标中"通过识别、澄清、分析和评估他们自身的态度和价值观，以及那些与他人相关的问题和活动来培养明智且负责任的态度"，学生是自己价值观的判断者、选择者和检验者。

---

① 中共中央国务院关于进一步加强和改进未成年人思想道德建设的若干意见 [EB/OL] . http://www.gmw.cn/01gmrb/2004–03/23/content_7262.htm\2004.3.

总的来说，中澳两国小学社会课程总目标的要求基本类似，但可能存在或具体或概括两种不同的表述方式，以及一些侧重点上面稍微的差异性，但其对后面课程内容的实施和学习成果的检验的指导性意义是很关键的，也是应该被教育工作者明确理解和内化的。

五、课程内容比较

(一) 中澳两国小学社会课程内容

社会课程的内容部分是课程标准的主体，它是依据特定的教育价值观以及相应的教育理念和教育目的进行选择的具体化形式。课程内容如何整合包括知识和理解、技能以及态度和价值观三维目标的要求，如何更好地落实各阶段的学习成果指标，如何更有效地发挥其补充提示与参考提升的价值是其不断革新的核心内容。新南威尔士州小学《HSIE 大纲》和《课标 (2011)》所规定的课程内容详见表5—3。

表5—3 中澳小学社会课程内容对照

	新南威尔士州《HSIE 大纲》内容		中国《课标 (2011)》内容
1	变化与连续性		我的健康成长
2	文化	从幼儿园一直到小学六年级 (4 个阶段)	我的家庭生活
3	环境		我们的学校生活
4	社会系统和结构		我们的社区生活
5			我们的国家
6			我们共同的世界

较之新南威尔士州"四大概念"主题贯穿式的内容编排，我国社会课程内容采取同心圆式外拓逻辑结构。尽管两者在框架结构的构建中表现出较为明显的差异，但是其内容有一定的相通性。特别指出的是新南威尔士州《HSIE 大纲》所规定的课程内容针对从幼儿园到小学六年级四个阶段的学生，跨度较大，因此，本小节只选取新南威尔士州《HSIE 大纲》第 2 阶段和第 3 阶段 (即小学 3 到 6 年级) 与《课标 (2011)》所规定的课程内容进行比较，适用对象都是小学 3 年级到 6 年级，都划分为两阶段，表述为第 2、3 阶段或

小学中、高年级。

（二）比较分析

1. 均重视阶段性和整体性的统一

中澳两国的社会课程内容部分均按照阶段进行表述，表现出严谨的序列性和统一于特定主题范围的整体性。新南威尔士州由于主题式的板块划分，其阶段性与整体性体现得更为明显。如其有关"环境主题"的内容表述，首先具有清晰的阶段定位，从第 2 阶段到第 3 阶段的内容也呈现阶梯性，如从较为简单的南北回归线地理术语上升为较为复杂的经纬度，从简单的环境变化的识别到探索人与环境之间的关系。与此同时，从"位置和方向"到"场所和功能"再到"人与环境之间的关系"和"保护环境"这些小标题的衔接性与升华性都服务于该主题的整体性。具体如表 5—4 所示。

表 5—4 新南威尔士州小学《HSIE 大纲》在环境板块内容表述①

第 2 阶段	第 3 阶段
定位、位置和方向	
·新南威尔士州主要的城市、河流和山脉 ·澳大利亚主要的城市 ·地理术语，如北/南/东/西赤道，北回归线，南回归线，北/南极	·物理、政治和文化区域和在澳大利亚和世界的主要参考点，包括大陆和一些省会城市 ·地理术语，例如纬度、经度
场所和功能	
·在当地区域、新南威尔士州和澳大利亚具有重要自然、人造和遗产性的位置（特色）以及对它们的利用	·在澳大利亚和世界上的社区、区域和环境
人与环境之间的关系	
·环境的变化 ·与场所和功能有关的团体包括土著人	·人们参与和利用环境的模式如原始的土地管理的做法 ·人为的和自然的改变对环境的影响
保护环境	
·管理并保护特色、重要的遗址、场所和环境	·有关环境的可持续发展 ·有关环境平衡和改善的不同观点 ·通过案例研究选择世界上自然的人造的文物遗址 ·解释原始的梦的故事中的自然现象和环境

①Human Society and Its Environment（HSIE）\K-6 Educational Resources\Board of Studies NSW [EB/OL] .http://k6.Boardofstudies.Nsw.Edu.Au\2006.5.

中国《课标（2011）》课程内容部分由于是按照学生生活环境的延伸进行陈述的，因而其阶段性、主题性是笔者进行归纳总结的，但其中阶段的递进性和整体的统一性仍表现出大体的一致性。如从中年级"看懂学校，地区的平面图"到"知道我国和世界的国家地区以及大洲大洋的地理位置"这一知识上的向上性，再有"了解本地区的自然环境和生态环境"的小范围环保意识到"人类只有一个地球"的大视野环保理念也是阶段性的提升，与此同时中高年级共享课程的同一内容，其阶段适用性更具挑战而其整体性会更凸显。具体如表5—5所示。

表5—5 中国《课标（2011）》环境板块内容表述[①]

中年级	高年级
知晓有关学校及学校周围平面示意图的含义。会通过简单的图形描绘出学校及周边环境的位置关系以及从家到学校的路线	
能看懂所在地区包括社区、地级县直辖市等，出游景区等较小范围的平面图，对示意图上的图例、所指示的方向包括所标示的比例尺要能正确识别（中、高）	
知道所在地区自然、经济和社会关系，包括自然环境的特征、经济的特点以及这些与身处其中的人们之间的密切联系	了解中国所处的地理位置、所拥有的领土面积，划分的海陆疆域和行政区域。明确台湾属于中国，强调统一的领土权独立神圣不容侵犯
知晓所在地区的生态环境，提高保护环境的意识，为生态文明的创造贡献自己的力量，身体力行地实践环境保护活动	了解世界七大洲四大洋的地理位置，能准确地在地图或地球仪上圈出一些国家和地区
感受到各地区存在环境差异（侧重自然环境），并初步地思考这些差异对身处其中的人们的生产、生活造成了哪些不同的影响（中、高）	
	浅层次地感受环境、资源和生态危机，对环境恶化、人口增长、资源匮乏等众多全球性问题有直观感受并收集不同国家（地区）进行的应对措施，逐渐深入地体验"我们只有一个地球"口号的含义

备注：（中、高）表示适用于中年级、高年级（即3—6年级）

[①]中华人民共和国教育部.义务教育品德与社会课程标准（2011年版）[M].北京：北京师范大学出版社，2012.

2. 均重视学生生活发展的主线

中澳社会课程内容部分均注重接近学生的生活实际，依据小学生的年龄特征和认识规律，从学生的实际经验出发来建构学习背景，使理性的知识"生活化"，更使不同年龄阶段的学生都能体会到知识"源于生活、寓于生活、用于生活"，认识到知识的价值，从而激发学生学习的兴趣。小学三四年级的学生已开始对"有用的"知识更感兴趣，五六年级已开始有比较强烈的自我意识，因此对具有挑战性的任务更具有积极性。

中国《课标（2011）》的内容表述宏观上遵循了以上原则，以学生个人为圆心，学生的家庭生活、学校生活、社区生活再到学生所处的国家和共同的世界为延展的生活区域，构建出一个以学生生活发展为主线的同心圆。与此同时，微观上亦是沿着学生生活的基本需要如"生理需要""安全需要"到较高层次的"社交需要""尊重需要"和"自我实现的需要"的主线发展的。如中年级的"料理自己的生活""爱护自己的身体和健康"的安全常识内容到高年级的"家庭成员的沟通""学校以及公共生活中的平等尊重"纵向需求发展，以及由关注"住、行"到"尊重文化差异性""尊重文明成果和智慧结晶"的横向需求隐性发展，具体如表5—6所示。

表5—6　中国《课标（2011）》有关学生生活需要的发展表述[①]

学生生活需要的发展	
中年级	高年级
爱护身体，珍爱生命。能树立安全意识，了解安全常识，操作安全举措，进行自护行为	
知道感恩，对父母对教师；遵守基本的文明礼仪；懂得理解、包容和欣赏他人（中、高）	
自己的事情自己动手完成，养成自立的生活习惯，与此同时，主动参与家庭生活，承担家庭一分子的相关责任	明确沟通和谅解对化解家庭成员之间的矛盾和增进感情的积极意义，寻找并学习有效交流的方式

---

①中华人民共和国教育部.义务教育品德与社会课程标准（2011年版）[M].北京：北京师范大学出版社，2012.

续表 5—6

学生生活需要的发展	
中年级	高年级
明确自己作为集体一分子的身份，承担关爱集体、维护集体和共建先进集体的责任	体验贯穿着民主与平等理念的班级和学校生活，近距离感受其对集体生活的现实意义
懂得相关交通常识，知道相关交通法规，树立应有的安全意识，在知晓所在地区交通状况的前提下严格遵守交通规则，保障生命安全	知晓并践行平等和尊重的含义，理解多样的社会群体存在的合理性，尊重其享有的公民权利，无偏见和歧视
收集信息并感受我国交通不断成长的步伐以及在此发展过程中呈现的问题，明确其对生活具有积极价值的同时思考如何可持续发展（中、高）	
明确中华民族的文化和历史具有多民族融合的特点，用尊重、理解和包容的心态看待我国作为一个统一的多民族国家的角色，认同不同的民族坚守具有差异性的生活方式和风土人情（中、高）	
知道不同国家（地区）和民族在衣食住行及传统习俗等方面存在的差异即认同并尊重文化多样性的存在并进行比较，尝试多角度分析差异形成原因（中、高）	
尊重辛勤付出的工人和农民，欣赏他们的智慧和劳动，初步知晓我国现代工业和农业的生产过程和方式等，并尝试探究其与我们生活的联系（中、高）	

我国社会课程从中年级（第 2 阶段）才开始不同，新南威尔士州由于在早期 1 阶段和第 1 阶段（即幼儿园和 1、2 年级）已涉及学生和学生的家庭，在第 2 阶段即从学生所生活的社区开始向澳大利亚全国以及全球生活背景发展，其生活发展的线索仍就"四大主题"展开。具体如表 5—7。[①]

表 5—7 新南威尔士州小学《HSIE 大纲》学生生活背景的发展一览

	第 2 阶段	第 3 阶段
变化和连续性	当地社区和其他社区改变的原因和影响；在当地社区持续着的和不断变化的角色、传统、习惯和风俗	澳大利亚过去和现在的人权问题，包括"被偷走的一代"的影响

---

①Human Society and Its Environment (HSIE) \K—6 Educational Resources\Board of Studies NSW [EB/OL] .http://k6.Boardofstudies.Nsw.Edu.Au\2006.5.

续表 5—7

	第 2 阶段	第 3 阶段
文化	在社区内以及社区之间团体的多样性；当地社区所使用的能被轻易识别的符号如盾徽；在社区内所说的语言包括原始语言；在当地社区内具有宗教和精神意义的场所；宗教性的以及其他社区团体主要的习俗和庆祝活动	澳大利亚和其他国家的文化多样性；国家的象征，比如国歌、国旗、盾徽；代表国家（民族）文化的歌谣、歌曲和颜色；重要的场所,例如悉尼歌剧院、乌鲁鲁、雪山计划；各种全球性的交流；澳大利亚人的传统、信仰系统和惯例，包括庆祝活动；全国性纪念的日子如 Wattle Day,纪念日；至少将澳大利亚的传统、信仰系统和惯例与亚太区域的一个其他国家进行对比
环境	在当地区域、新南威尔士州和澳大利亚具有重要自然、人造和遗产性的位置以及对它们的利用；当地的和其他澳大利亚社区	在澳大利亚和世界上的社区、区域和环境
社会系统和结构	社区的组织和团体所提供的服务和所做的贡献；当地政府的结构和进程；社区的组织和系统内技术的变革以及他们对生活方式和环境的影响；社区的产品、服务和设备；作为当地政府的市民的角色和责任；消费者和生产者的权利和义务；班级和学校决策的制定	州和联邦政府的结构和他们之间的关系；全球性的相互联系和相互依存，如通信、贸易、国际性的人权条例和组织；澳大利亚主要的进出口（产品）；澳大利亚和全球公民的权利和责任；州和联邦政府的权利和责任；全球性产品和服务的生产者和使用者的权利和义务；州和联邦政府制定和变更的法律进程；选举流程；社区、学校和班级决策的制定以及民主的进程；有助于澳大利亚的公平和社会公正的团体、运动、政策和法律的贡献

3. 内容框架结构安排的差异

新南威尔士州《HSIE 大纲》的内容按照核心主题的阶段发展顺序来呈现的，每个阶段都有相应的大主题下的小范围，而中国《课标（2011）》内容的设计是按照学生生活区域的不断扩大来推进的，其发展阶段的清晰性及主题的明确性较之新南威尔士州较为模糊，具体差异表现如表 5—8 所示。

表 5—8 中澳小学社会课程内容结构对照

			中国《课标（2011）》内容
	新南威尔士州《HSIE 大纲》内容		
	大主题	小范围	同心圆式向外拓展
1	变化与连续性	起源；重要人物和成就；重要的地方和事件；变化（变革、变迁）；当前的事件和问题	我的健康成长
2	文化	文化背景；组织和社区的多样性；文化统一；语言和交际；信仰体系	我的家庭生活
3	环境	定位、位置和方向；地方和功能；人与环境之间的关系；保护环境	我们的学校生活
4	社会系统和结构	社会结构、相互依存性；经济系统；决策的制定和民主进程，以及角色、权利和责任	我们的社区生活
5			我们的国家
6			我们共同的世界

与此同时，内容的框架结构也有所不同，中国的 2011 年版品德与社会课程内容部分的切入很直接，没有多余的赘述，直接展示出包含"课程内容"和"教学活动建议"两个方面的表格。而新南威尔士州则是采用总分总的内容表述模式，先有内容的总的概述（总），再有每个阶段各主题的主要问题回顾，然后再是师生共同实施教学活动的建议（分里面也有总分的嵌套模式），最后是主题的范围和序列的总结（总）。具体表现如表 5—9 所示。

表 5—9 中澳小学社会课程内容的框架模式对照

新南威尔士州《HSIE 大纲》内容			中国《课标（2011）》内容	
总分总模式			直接切入模式	
		内容概述	课程内容	教学活动建议
总 分	总 分	各阶段各主题主要问题回顾	我的健康成长	
			我的家庭生活	
			我们的学校生活	
		师生共同实施教学活动的建议	我们的社区生活	
			我们的国家	
		主题的范围和序列	我们共同的世界	

4. 课标内容辅助性文件资源的差异

中国的《课标（2011）》作为课程计划的纲领性文件，起着指导性的总领作用，全国课标之下即为地方（学校）的课程计划，虽三级结构的课程管理模式已能较好地展现课程的适应性，但其作为工具性补充的课程资源较为贫乏，对地方、对学校和对教师的能动性要求较高。

而新南威尔士州社会课标的内容之中，在最开始的内容概述中就凸显了辅助性文件的存在及其对理解和实施课标的重要意义——《〈人类社会及其环境〉单元计划》，该辅助性文件资源一方面帮助教师更好地使用课标，与此同时，也为从幼儿园到小学六年级四个阶段的每个单元提供教学建议，学习经验分享和学习的成果指标。它是从人类社会及其环境课程内容的主题问题和学习机会中衍生出来的更为具体形象可操作的教学单元，与此同时，该单元计划更清晰地展现社会与其他学习领域所具有的联系，如与英语、数学、科学和技术以及艺术等，还为更深入地学习提供了开放式的途径，包括网址、文献、照片等，令人印象深刻的还有对教师教学策略和实践的建议，用大量学生的作品直观地总结出该课程可采用的 46 种教学方法，当然文件强调这些都只是参考，教师可以选择采用，亦可自己独立创新摒弃不用，亦可在此基础上加以改进，一切灵动的基础就是学生发展的需要，学生的实际。

除此之外，专门为第 3 阶段（即 5 到 6 年级）提供参考的文件《行动的信仰》亦是人类社会及其环境课程内容的补充，该文件以一种毫不偏袒的公正的视角提供了社会中包含的宗教性教育的背景，而且这份文件以有选择的形式为教师提供有趣且有用的信仰背景支持，使得教师能更好地理解其他人的信仰以及这些信仰的作用，从而能身心一致地教授学生以"理解"和"尊重"这一文明社会不变的重要主题。除此之外，兼具解读与答疑双重身份的《〈人类社会及其环境〉主要的建议》以及《〈人类社会及其环境〉家长的建议》都发挥了支持社会课程更有序高效的发展的使命。从多角度、从利益相关者的多侧面，建立了该课程内容的网式辅助系统，更好地保证了该课程的实施及效果。

六、课程实施建议比较

(一) 中澳两国小学社会课程标准的实施建议

较之中国品德与社会 2011 年版课程标准在最后一部分"实施建议"中总结性地单列教学建议、评价建议、教材编写建议和课程资源开发与利用建议四个方面，新南威尔士州的社会课标中并未采用此结构，而是巧妙地将保障教学内容有针对性且高效实施的策略和方法通过配套的《〈人类社会及其环境〉单元计划》这一辅助性文件加以具体阐述。

与此同时，较早地将学习成果和指标置于课程三维目标之下，一方面使得课程评价系统一体化，有目标有学习成果有指标；另一方面用一种极为细化的方式提供给我们"由何知晓学生获得何种学习成果"的参考标准。因而同样是更好地保障课程的实施措施，新南威尔士州的陈述为"规划、编程、评价、报告和评估的一般原则"，较为直观地诠释了整个课程实施的流程，其中仍然涉及对教学的思考、对教材编写的思考、对资源开发利用以及有关评价的思考，但对学生学习成果的评价和涉及学校计划的有效性、教学项目、政策和程序的更为广泛的评估做了一定的区分。

(二) 比较分析

1. 弹性空间强度的差异

仔细考察我国品德与社会 2011 年版课标的实施建议部分，可发现其彰显出较明显的新课改可理解、易操作印记，在如何更好地谱写教与学，如何更好地整改教材以及如何科学地挖掘并高效应用课程资源等建议方面都一改往日理论化的表述，转而以举例子的方式进行理论与实际相结合的细化表达。细数五大方面的教学建议，每个论述下面都有帮助教师理解其含义的针对性范例，如第一条建议下的"珍爱生命，热爱生活"目标范例则很好地诠释了长期培养目标和短期教学目标之间的关系，为教师制定具体化的教学目标并科学组织教学提供有益参考。又比如第四条建议下"鼓励学生观察上学途中公共设施的分布、使用情况和变化并做简单记录"的例子，一方面放权让学生以主人翁的姿态拓展学习的时空，另一方面教师也以一种高效、经济的方式开发更多的课程资源，为"因地制宜拓展教学时空"的建议提供了科学指导。与此同时，该条建议其实与合理开发、利用课程资源有相通之处，有待教师进一步融会贯通。

有关教材编写建议部分，明确指出要始终坚持该课标的要求，准确完整贯彻该课程的理念，表现该课程综合性特征，最根本的是要在充分考虑学生兴趣、生活经验与实际需要的基础上结合当地具体的情况进行编写。与此同时，编写教材应关注生活性、灵活性和科学性，重视发挥师生的能动性，善于开发师生的潜能。

课程资源的开发利用建议部分首先以丰富多样的校内外、社区环境和社会资源为载体进行说明，强调开发多样化的课程资源并加以切合教学实际的利用，对增强课程的开放性、生成性具有重要意义，同时也能为教学注入源源不断的活力的作用。该条建议是教师与学生对资源开发运用的主体地位的回归，亦是关注课程资源有效性与主动性的推力。与此同时，作为与之密切联系的教学方面，一方面要树立科学的课程资源观；另一方面要坚持"以人为本"的价值观，合理有效地利用课程资源以实现课程的实效性。整体来说，建议有放有收，弹性空间较为有限。

反观新南威尔士州《HSIE 大纲》中的规划和编程原则，这两方面其实是对应我国的教学、教材编写和课程资源的开发利用部分，但其以十几个问句的形式别出心裁地追问学校和教师有关课程的"是什么"和"怎么办"，引人深思，同时赋予学校和教师更多的空间和自主性，弹性空间可见一斑。但要回答这些问题，学校、教师不仅首先要对课程目标、课程内容、课程理念、课程成果和指标了然于心，另一方面如何因地制宜地完成学习成果和指标、教师的计划设计、对学生实际的了解（包括已有的知识经验，学习需求等），再加上地区、学校以及教师的特殊性等的考虑都是该开放性原则下需要不断思考的问题，其实这更是一种对学校、对教师给予弹性空间的同时更高的素养要求和多维隐性束缚，因而对此开放性的借鉴需谨慎。

表5—10 中澳小学社会课程标准"实施建议"（节选部分）对照①②

品德与社会课程标准(2011年版)"实施建议"		人类社会及其环境课程标准"一般原则"	
教学建议	整体把握课程目标和教学目标的关系	规划原则 + 编程原则	学校需要什么类型的计划（年计划、阶段、学期、复合期等）以便学生从幼儿园到六年级能实现教学大纲中的内容和学习成果
	倡导多元化情境体验，注重提升学生的生活经验		意识到目前学校内发生了什么重大事件和庆祝活动，思考这些活动如何才能被接受或纳入学校的计划
	引导学生自主学习和独立思考		什么样的学校生活的其他方面有助于学生理解该课程（如学生会，作为一种社会结构的学校、环境工程）?这些怎么能被接受或纳入学校的计划
	因地制宜地拓展教学时空		单元计划的教学需要什么样的资源?如何在学校有效地使用这些资源
	高效地开展适宜的教学实践活动		这单元的目的/学习经验是什么
教材编写建议	应以本标准为基准，精准无误且完整统一地传达出本标准的理念和要求		本单元学习经验的素养要求是什么
	应充分考虑学生的学习兴趣、生活经验、心理需求和实际生活需要		学生正朝着哪个学习成果前进
	应有益于学生的自主学习、体验学习和探究性学习		怎样将单元的学习经验与学生现有的知识和技能联系起来?学生个人的学习需要怎样被满足
课程资源开发与利用建议	应有效整合和利用校内资源		学习经验能如何被排序
	应因地制宜利用社区环境资源		可以与其他关键学习领域的内容做什么有根据的联系
	应合理利用和挖掘多种社会资源		什么是你希望看到的学生学习的指标

---

①中华人民共和国教育部.义务教育品德与社会课程标准（2011年版）［M］.北京：北京师范大学出版社，2012.

②Human Society and Its Environment （HSIE）\K–6 Educational Resources\Board of Studies NSW [EB/OL] .http://k6.Boardofstudies.Nsw.Edu.Au\2006.5.

2. 评价体系健全与否的差异

伴随我国基础教育改革的不断推进，课程评价内涵渐趋科学，催生出多元化的评价主体、评价标准和目标以及多样化的评价方式（方法）和多样化的评价结果，一改以往"甄别"式的评价转而追求评价的"发展"价值。具体落实到课标的"评价建议"部分，依次从"发展性"的评价目的和"面向全体，尊重个性"的评价原则到包含态度、能力和方法以及学习结果的综合性评价目标和内容，再到倡导多主体、开放性的评价方式和方法，最后对评价实施和反馈的及时性和真实性等四大方面都做了较为详细的阐述，使评价"立足于发展并致力于发展"，该评价方向是可取的，但其操作性略显单薄。

相对而言，新南威尔士州课标中的"评价原则"亦遵循了以上原则，强调评价主体的多元化，提出包括学生、教师、家长、一般教学人员和相关社区人员的多主体模式；强调评价方式的多元化，坚持形成性评价和总结性评价相结合的原则，凸显评价的过程性原则和发展性目的，坚持评价既要关注学习的结果更要珍视学习的过程，掌握变化和发展的第一手资料，及时跟进教学进程，既要关注学生学习所处的水平，更要关注他们在学习活动中所呈现出来的情感与态度，帮助学生认识自我，建立信心。但最为关键的是，其评价内容与三维目标下的学习成果和指标的一致性，使整个评价系统顿时具有了完整性和可行性，而其中最为出彩的则为针对课程内容、不同主题、不同阶段多角度细化的具体的学习成果和指标，这在该课程目标阐述之后花费大量篇幅去罗列，这与澳大利亚的文化背景包括教育问责制的长期存在有密切的联系，但亦是我们需要着力学习和加以改进的地方。

七、澳大利亚课程标准对我国的启示

虽然澳大利亚小学社会课程与我国的相比较为完善，但是国家性质决定课程性质，不同的国情使得各国制定课程标准的依据实际有着或多或少的出入。因而，我们应客观理性地看待我国和澳大利亚课程标准的差异，一方面坚持立足我国国情具有中国特色的部分课程内容，另一方面吸收澳大利亚课程标准的特色部分为己所用。

（一）中澳两国小学社会课程标准的特色

1. 中国小学社会课程标准的特色

2011 年版品德与社会课程标准的突出特点为"立足实际，放眼全球"，该"实际"涉及多个方面。一方面课标始终坚持社会主义核心价值观的引领作用，关注中国共产党在我国的突出地位，体现国家意志的国情实际；另一方面，课标关注"人"的实际，包括学校、教师和学生，倡导创建个性化的校园文化以及民主平等的师生关系，其中最为核心的"关注每一个学生富有个性且全面的发展"，尤其强调关注学生学习过程中的情感态度成长，鼓励每个学生能从自身实际出发践行"知、情、意、行"的统一发展。

另外的实际是该课程以往在实施过程中存在的问题，包括陈述过于理论化、概括化，使得教师理解存在困难和疑惑，德育实效令人忧虑。学生生活发展主线的衔接存在跨度较大等现实问题，修订后的课标包括行为动词的调整，内容的增删调换使得表达更加清晰明确，亦注重理论与实际的结合，通过举例子的方式为教学策略和学习方式的转型提供了切实的参考。与此同时，细化"家乡"到"国家"的情感路线，使道德教育更具层次性。最后的实际是该课程正处于改革发展中必不可少的探索阶段，该课程实施的环境、保障体系包括评价体系等并不健全，因而该课标亦处于"探索性"的较不成熟性的文本阶段，有待不断发展完善。

所谓"放眼全球"，一方面在于其明确指出的全球化视野，包括直接或间接传递出来的国际意识（观念）、对文化多样性的理解和包容、坚持的可持续发展与保护环境的意识等；另一方面在于其紧跟全球步伐的对有关信息素养的强调，包括有效获取信息的能力，对信息的辨别能力，思考网络与人们生活的关系以及践行网络道德等信息化时代下对全球公民身份的众多要求。

2. 新南威尔士州小学社会课程标准的特色

新南威尔士州人类社会及其环境课程给人最突出的感受就是立体型，始终坚持从课程理念、课程目标到学习成果和指标、课程内容再到课程评价的一致性，始终坚持从"四大主题"（变化与连续性、文化、环境、社会结构和系统）、三维目标（知识理解、技能、态度价值）、四大阶段（早期 1 阶段、第 1 阶段、第 2 阶段、第 3 阶段）有分有合的，或横向或纵向地构建完整的课程体系，其贯穿始终的各条主线也都清晰而有层次性。

其中，同样令人印象深刻的是，英文原版近 100 页的《HSIE 大纲》文献（中文翻译也近百页）并不是该课程的唯一的纲领性文件，它还有众多辅助性文件资源加以补充说明，也都在该课标中予以提及，包括《〈人类社会及其环境〉单元计划》（HSIE K—6 Units of Work）、《行动的信仰》（ Belief in action Support material for K—6 HSIE）、《〈人类社会及其环境〉主要的建议》（HSIE K—6 Principal's Package）和《〈人类社会及其环境〉对家长的建议》（HSIE K—6 Parents'Package），这些资料一方面细化了课标内容，另一方面保障了课标内容，与课标一起为更好地实施该课程提供了较为充分的参考。

当然，这些与澳大利亚已经较为成熟的"教育问责制"、较为完善的"课程评价体系"以及民主开放的人文环境孕育下实施多年的较为完备的社会课程体系有着重大关系，是社会课程发展到较为先进的水平下的产物。

（二）完善中国小学社会课程标准的反思

1. 课程内容可考虑固定主题下的同心圆式扩展

由于我国《课标（2011）》课程目标以较为理论化的形式从情感·态度·价值观、能力和方法和知识三方面加以论述，课程内容又以学生生活发展的主线向外推进式地描述，其中阶段性表现较为含糊，目标和内容的连贯性也有待细化。如适用中高年级共 52 条的课程内容中，明确适用中年级的有 16 条，明确为高年级的有 17 条，剩下的 19 条为界定模糊的"适应于中、高年级"，而这 19 条中有众多表述使人疑惑，相同主题或重复出现或被人为割裂，如

"我的健康成长"模块中"懂得感恩和基本的礼仪常识；学会欣赏和尊重他人（中、高）"，较为概括性的"感恩""尊重"主题与之后"我的家庭生活"模块中"体会父母的养育之恩，选择适宜的形式展现对他们的感激，日常生活中要谨记对其的关爱和尊敬（中）""我们的学校生活"模块要求的"尊重老师、学校工作人员和同学（中）"，以及"我们的社区生活"模块中"尊重周围不同行业的劳动者（中）"等的重叠关系，使原应平行的模块关系让包含与被包含关系所取代，同一主题下的阶段性亦模糊不清。

与此同时，出现在"我们的国家"模块的"理解尊重不同民族文化"的中、高年级适用内容却缺失了由"社区、家乡传统文化习俗"过渡到国家层面的层次性，其时限性和具体性都大打折扣，课程的预测性和操作性显得更加无力。

因此，课程内容的设计可考虑固定主题下的同心圆式扩展。其实将中国与新南威尔士州"四大主题"的课程内容加以比照，能发现较多重合的地方，包括文化、环境和变化与连续性等，因而可以模仿其结构将课程内容的阶段性凸显出来，如固定文化主题下由了解社区传统习俗到民族历史文化（生活习惯和风土人情）再到其他国家生活习俗、传统节日等文化因素的了解，这样一种同心圆的扩展方式，可以让课程实施者的操作更为便捷。

2. 关注课程标准辅助性资源的开发

新南威尔士州较为成熟的课程体系一方面得益于较为完善的"教育问责制"和"课程评价体系"等其他外部支持的环境，这有其较为悠久的历史原因以及特殊的人文环境，另一方面还得益于明确在课标中出现的辅助性参考文献，笔者将之统称为"辅助性资源"，这些资源的开发的确是我们不断完善课标应有的追求，尤其是社会在我国是一门不太成熟的、操作性较弱的一门课程。

因而是否可以借鉴多国优秀的教学开展模式，将适合我国国情的教学策略、方法汇编成册，做到博采众长，为我所用，当然其间仍有因地制宜、因人而异的弹性空间和自主性，只是为学校、教师提供更多可选性。与此同时，我们是否可以更多地考虑课标与除教师、学生之外其他的利益相关者的链接，如家长，课标成功与否的考评一方面应考虑其是否满足了整个教育系统的需求，另一方面更需关注家长是否对课程标准的要求有所了解。拓展的网络空间为我们开发资源提供了便捷，因而我们可在高效利用信息技术的基础上对课程标准的"辅助性资源"加以大力的开发。

3. 构建强有力的课程标准评价体系

为了保证我国课程标准的顺利施行，就必须建立兼具科学性、规范性和可操作性为一体的强有力的课程标准评价体系，该体系既需包含明确的评价指标，亦需包含科学的评价操作程序，与此同时，该体系还需有力的保障体系和有效的支持体系，这些都与我国现行的课程标准以及课程标准实施环境有一定差距。

首先就课程评价的保障体系和支持体系来说，"发展性的评价理念"是否在教育决策者和教育管理者中达成了共识，是否争取到了全社会的认同和支持，广泛且具有代表性的评价机构是否已经建立等，这些外部条件的健全是我们构建强有力的课程标准评价体系需要考虑的问题。

其次落实到操作层面，有关科学的课标评价的设计和实施程序是需要细化的内容。一方面我们要协调好课程评价标准与学习成果指标相统一的关系，因而必须在三维目标下细化阶段性学习成果指标，此评价标准的制定可以以阶段性的课程内容（课程内容可主题化）为载体，使得评价者能做出较为科学的评价和较为恰当的分析。

最后评价结果的呈现和使用仍是该体系不可或缺的部分，"报告"的存在是合理分析和使用评价结果的证明，报告一方面应包含课程目标提出知识理解、技能、态度价值观的综合内容，同时应指出学生所处的程度，是未达到某一层次、有待继续努力的程度，还是正在形成和发展这一层次抑或是已经达到该层次的程度。最为关键的，报告的形成应涉及多个主体的共同协商，并可选用多种形式填充其内容，"发展性"的报告理念亦是教师应始终予以遵循的，如报告应注意保护学生的自尊心，保护其他个人的权益，有关情感、态度价值观包括习惯等这些发展性的可塑性的方面应采用合适的评语，给学生、家长提供既诚实又有建设性的反馈，报告的便捷性、适用性亦是应该明确予以规定的。

当然报告的呈现并不是评价的终结，而是评价的开始，这种信息的交流为课标的实施提供了实时的监控和及时改进的参考，因而完善的评价体系在某种程度上是不断循环的一个过程，它强调程序的科学性，却也坚持开放性和生成性。

第六章 中国与日本小学社会 课程标准比较

日本在经历了大化改新、德川（江户）幕府及明治维新之后，逐渐发展成为一个发达的资本主义国家。日本十分重视公民教育，其社会课程开设于"二战"之后，迄今已有六十多年的历史，相比较于传统的学科如历史、地理等，社会算是一门年轻的学科。

一、日本小学社会课程的历史发展

（一）日本社会学科的产生背景

日本小学社会的开设，起初是为了清除军国主义和国家主义的流毒。第二次世界大战之前，日本是由军国主义以及极端国家主义操纵着国民教育，以一种自上而下的形式塑造国民，而它所塑造出来的国民，实质上只是对以天皇为首的统治阶级的愚忠下层。[①]"二战"结束之后，为建立一个新的民主主义的国家，日本把新国民的培养放到首要位置，努力抵制军国主义残留势力，于1947年由文部省出台战后第一个学习指导要领，其中"社会"首次进入课程体系，与国语、数学等科目并列。这也标志着"社会"作为一门新学科在日本的诞生，它不仅是新教育的核心学科，也是道德教育的主要途径，

---

① 汪培.战后日本社会科课程的沿革［J］.黄冈师范学院学报，2008（4）.

在战后的近 60 年间一直深受社会各界的关注。

（二）日本社会及社会学习指导要领的演变

日本小学社会设立于 1947 年，至今已经历了八次基础教育课程改革并产生了八个社会“要领”。“要领”主要由日本政府主管文化事业的部门文部科学省（文部省）颁布，每一个“要领”都是在前一个“要领”与对未来展望的基础上诞生的，对社会“要领”的研究，能够较好地反映出当时日本社会的发展需要以及当时主流思想文化。下面以日本小学社会“要领”为重点，从不同的理论视角对日本社会的发展与演变进行简述。①

1. 1947—1955 年：强调经验主义的社会

“二战”后，美军占领军指导日本在各个领域展开民主化改革，其中，课程改革的一项主要内容，就是取消带有浓厚的军国主义和极端国家主义色彩的修身、地理、历史三科，代之以社会。

1947 年 5 月，日本在效仿美国社会学科经验的基本上，诞生了第一个社会“要领”（试行）。该“要领”强调社会的任务是“使青少年理解社会生活，培养致力于社会进步的态度和能力”，具体地说，就是要使儿童拥有作为独立的人的意识，同时能够尊重他人的生活，理解自己与他人相互依存的关系，并且拥有使生活变得更加美好、更富有人性的意愿和热情。当时日本小学的社会并不是依照所谓的课程知识体系，而是以解决青少年现实生活中的问题和以丰富生活经验为中心而设立的。只有这样，才能培养“符合民主主义社会建设要求的社会人”。② 1947 年版的社会要领深深地打上了美国的烙印，与日本本国的国情并不相符。此后，日本于 1951 年对社会学习指导要领进行了一次全面的修订，这一阶段的社会在倡导单元学习的同时，主要采取了“问题解决”的学习模式，并加以深化、细化，然而在教育观上却没有原则上的区别。

①George J. Posner. Analyzing the Curriculum, Third Edition ［M］. The McGraw-Hill Companies, Inc. 2004：43-64.

②沈晓敏.社会课程与教学论［M］.杭州:浙江教育出版社，2003：29.

日本早期社会学科在内容上受美国进步主义教育运动的影响，主要是着眼于社会职能和学生与社会间的相互依存关系，然而，在"经验主义"影响下的学习，学生完全成为学习的主人，过于追求经验学习的社会教育，导致日本教育质量的普遍下降。

2. 1955—1970 年：强调学科结构的社会

20 世纪 50 至 60 年代，日本社会学习指导要领开始强调系统主义学习，主要原因在于 1955 年日本对学生的调查，其结果显示学生基本学力普遍下降，日本文部省不得不对此进行反思。从 1955 年开始，社会课程被带回到由正统学术理论为主导的轨道，在这一阶段，每一门学科都是以学科知识为基础，学科课程更加具有系统性。

1958 年、1960 年版的社会学习指导要领着重强调道德教育的重要性，小学阶段更加注重亲切、尊敬、感谢、勇气、反省和责任等道德价值，此外还强化了小学地理和历史的系统学习，加强了小学和初中社会目标和内容上的连贯性，注重要求在小学毕业之前，为初中的地理学习打好基础，并对日本各时代的概貌比以前有更深的了解。[1]此次课改，文部省将"道德教育"从"社会"中独立出来，相比较于上一次修改，主要是调整与改动与新设置的"道德"之间的关系。小学阶段的社会进一步明确了历史和地理的系统性，采取部分典型案例进行学习，如，地理教学开始于四年级，主要是自然环境下的各种地理知识；五年级则学习农业地理和工业地理；六年级则学习世界主要国家的地理。这样设置旨在为学生以后的学习进步打好基础。

此外，20 世纪 60 年代末 70 年代初期，日本文部省分别于 1968、1969、1970 年颁布了小学、初中、高中的社会学习指导要领，此次课改主要是对系统主义社会的改良。这一时期的日本本国出现一系列教育弊病，以及受到美国的教育现代化运动的影响，全面修改的新大纲与过去有着质的不同，虽然仍是分化的、系统化的，但是更加注重科学性，注重培养能力，尤其是对科

---

①沈晓敏.社会课程与教学论 [M].杭州：浙江教育出版社，2003：31-35.

学知识与科研能力的掌握与发展，而非单纯传授知识。课改还提出了"公民素养"这一概念，小学社会的总目标表述为："加深对社会生活的正确理解，培养作为民主国家和社会的成员所具备的公民素养之基础。"小学社会的内容也进行了修改，四年级的内容是关于地方社会的；高年级则充实历史教育，历史内容尤其以优秀文化遗产和历史人物的作用和功绩为主。

3. 20 世纪 70—80 年代：偏向行为主义视角的社会

在国际上出现终身教育以及"教育的人性化"口号的大背景下，1977 年、1978 年的日本社会学习指导要领强调注重学生个性化的发展和对国际社会的适应，旨在为终身学习打好基础。①修订后的小学社会不分科，让学生通过单元学习对身边的社会与世界的关系有一个整体的认识，伴随着学年的上升呈扩大趋势，学习内容由学校、邻近生活圈到县级或者更大的地区社会，最终扩展到日本列岛以及国际关系等。教学内容在螺旋形上升的同时，以同心圆的形式向外不断扩大，单元式学习方法是日本小学社会学习指导要领的一大特色。

20 世纪 80 年代末期，日本已经成为世界瞩目的经济和技术强国，塑造日本人新形象成为日本的新目标。1989 年版社会学习指导要领颁布时，其宗旨就是向终身教育体系过渡。在小学阶段，要领表现出的特点有：小学一、二年级的社会与理科合为生活，通过具体活动和生活体验进行关于社会和自然的综合学习；进一步加强国际意识的培养和国际理解教育；将小学三年级和四年级的目标和内容融为一体，给学校以自主权，结合当地特色组织区域学习；小学三年级起，设置"综合学习时间"。②

4. 20 世纪 90 年代：强调能力的建构主义社会

在 1998 年、1999 年版的社会学习指导要领中，问题解决式学习重新被倡导。文部省在 1998 年提出，让学生独自去发现身边的问题，独自去研究思考

①梁威.从《学习指导要领》的变化看日本小学课程设置的改革 [J].教育科学研究，1997（6）.

②沈晓敏.社会课程与教学论 [M].杭州：浙江教育出版社，2003：36—42.

问题，独自去解决问题，培养独立性与创造性，加深对个人人生道路的理解。在 2002 年又提出，要通过每一门学校课程来实现这个目标。①强调具有日本特色的"宽松教育"与"生存能力"的培养。②正是为了这样的教育目的，新纲要在内容体系上没有很大差别。小学的社会结构维持现状，主要从精简学习内容、增加内容的选择性、弹性和综合性等几个方面对课程内容进行调整，进一步强调以学生为主体的体验性学习、问题解决能力学习和从多侧面、多角度考察社会方法的学习。

2008 年日本颁布了新的"要领"，并从 2011 年开始实施。在小学社会课程改革中，强调重视扎实的学习能力培养、保证必要的课时、重视传统文化和加强德育。③现行的小学社会"要领"即 2008 年的"学习指导要领"，是经历了多次修改之后的结晶。在课程目标和内容方面表现出以下特点，总目标宏观简短，阶段目标具体明确；学习指导纲要中所涉及的课程内容无所不包，从学生身边的人事物到国际发展，从历史到地理到政治经济，日本社会的发展及其学习纲领的设置，为学生呈现纵横交错、囊括万千的世界，对孩子的全面健康发展与优秀公民素质的提高奠定了基础。

二、中日社会课程标准框架结构比较

（一）中国品德与社会课程标准的框架结构

我国《义务教育品德与社会课程标准（2011 年版)》主要包括前言、课程目标、课程内容和实施建议几个部分。

首先，前言部分，将其分为导言、课程性质、课程基本理念和课程设计思路几个板块。其中，有关课程性质方面给出明确的阐述，并从综合性、实践性、开放性三个方面进行阐述。课程基本理念为：帮助学生参与社会，学

---

① 汪培.战后日本社会科课程的沿革 [J].黄冈师范学院学报，2008（4）.

② 李本友，田慧生."宽松教育"的逆转及其启示 [J].教育探索，2010（1）.

③ 项纯，高峡.中央教科所访问京都大学报告 [OL] . http://neibu.nies.net.cn/snxx/xsjl/snxx_20080909153444_6075.html.

会做人是课程的核心；学生的生活及其社会化需求是课程的基础；提高德育的实效性是课程的追求。课程设计思路则是：一条主线，点面结合，综合交叉，螺旋上升。①

其次，在课程目标部分，主要是从总目标与分目标两个方面进行阐述，总目标是对品德与社会课程教学活动任务的基本的、整体性的要求和规定；分目标方面则从情感·态度·价值观、能力与方法、知识三个角度进行分析。

第三，在课程内容部分，主要从不同的主题出发，分为六个模块：我的健康成长、我的家庭生活、我们的学校生活、我们的社区生活、我们的国家、我们共同的世界。修订后的主题名称稍有变化，但是课程内容的建构方式还是以学生生活为主线，以学生生活范围的扩大和成长路线的展开来安排课程内容，从个人、家庭、学校、社区、国家、世界等层面来设计内容，从而达到整合课程内容的目的。

最后，在实施建议部分，包括教学建议、评价建议、教材编写建议和课程资源开发与利用建议四个部分，每个部分从不同的角度，针对不同的对象进行分析阐述。

（二）日本社会学习指导要领的框架结构

日本社会"学习指导要领"作为"小学学习指导要领"中的一部分，在名称上与其保持一致，在内容上呈类属关系。社会"要领"主要包括总目标、学年目标、学年教学内容、内容的选取和教学指导的注意事项几个部分。

首先，在课程总目标部分，日本最新社会"要领"在总目标表述略抽象，但目标明确，对培养对象提出了明确的要求。

其次，在学年目标与内容部分，日本通过不同学年来划分教学目标与内容，即三、四学年的，五学年的和六学年的教学目标与内容。社会的教学目标随着学年的上升，要求也逐渐提高；而教学内容则包罗万象，主要包括学

---

①中华人民共和国教育部.义务教育品德与社会课程标准（2011 年版）[M].北京：北京师范大学出版社，2012.

生生活所在地区的地理、环境、经济、消费、劳动以及国家的基本信息、产业发展、社会信息化、国家历史、政治以及在世界中的地位与作用等，整体上呈由易到难、由浅入深、范围不断扩大的趋势。

第三，在内容说明与选取部分，主要包括对课程内容的解释与说明、对教学内容的选择建议、对课程教学活动的参考建议等。例如，在教学日本本国历史时，内容的选取部分提供部分内容如下：

A 重视儿童的兴趣爱好，对选取的人物、文化遗产的重点做一些特别方法，使学生能够更具体的理解。同时，在 I 的指导方面，要考虑到儿童的成长发育阶段。

B 通过学习历史，留意到我国悠久历史所孕育出的传统以及文化，明白我国历史是以政治中心地和社会形态分为了几个时期。

C 关于 A 中的"神话、传说"，从古事记，日本书纪，风土记中选取适当的事例。①

上述三条是有关教学日本历史文化的内容选取建议的一部分，不仅对教学内容的选择提出了要求，还对教师在教学本内容时提出明确要求，强调适应学生的阶段特征，选取具有代表性的事例等。

最后，在教学指导的注意事项部分，主要包括教师在制定指导计划时应考虑到的学生特征、教学资源的开发利用、道德教育以及各年级共有内容的处理要求。

（三）社会课程标准框架结构的异同

1. 名称不同

21 世纪初的基础教育改革中，中国教育部颁布的各个学科的政府指导性文件的名称都发生了改变，将原本的"教学大纲"改为"课程标准"。例如：由原来的《思想品德教学大纲》《社会教学大纲》改变为《全日制义务教育

---

① 日本文部科学省.小学学习指导要领（平成 20 年 8 月）[M].日本：东京书籍出版社，2009.

品德与社会课程标准（实验稿）》（以下简称《课标（实验稿）》）、《义务教育品德与社会课程标准（2011 年版）》（以下简称《课标（2011）》）。所谓"教学大纲"，即国家教育主管部门规定学校各门学科的目的任务、教材纲目和教学实施的指导性文件，它以纲要的形式规定各学科知识范围、深度和结构、教学时间以及教学法上的具体要求。①关于"课程标准"的概念，《基础教育课程改革纲要（试行）》明确指出：

> 课程标准即国家对不同阶段的学生的技能、过程与方法、情感态度与价值观等方法的基本要求，同时规定了各门课程的性质、目标、内容框架，提出教学和评价建议，是教材编写、教学、评估和考试命题的依据，是国家管理课程和评价课程的基础。②

由"教学大纲"转变为"课程标准"，不仅仅是一个简单的词语置换，还承载着教学改革理论与实践的创新，注重在学科教学中关注学生素质、以学生为中心、教学内容丰富化以及评价多元化等，强调把素质教育落到实处。③

相比较而言，日本有文部省颁布的指导性文件——"小学学习指导要领"，在社会课程的发展历程中，名称却不曾发生改变，而社会"要领"作为其中的一部分，其称呼亦沿用至今。

2. 课程规定性不同

这里的"课程规定性"主要是指中日两国的社会课程标准在课程性质、课程理念、课程设计思路以及课程目标等方面的规定的差异。

我国《课标（2011）》作为品德与社会课程的指导性文件，是一个独立的、完整的个体，在课程性质、课程理念、课程设计思路等方面都有着具体明确的规定，一目了然。在导言部分，《课标（2011）》突出道德教育以及公民素质的重要性，强调"良好品德是健全人格的根基，是公民素质的核心"，

---

① 刘革秋.中国小学教学百科全书·教育卷 [M].沈阳：沈阳出版社，1993：76.

② 中华人民共和国教育部.基础教育课程改革纲要（试行）[M].2001.

③ 钟建珍，李桂霞.从教学大纲到课程标准转变的思考 [J].职教通讯，2012（3）.

从个人的内在需求和国家战略目标两个方面进行了阐述。[①]相比较而言，日本社会"要领"是"小学学习指导要领"中与社会有关的内容，作为一个组成部分而存在，在具体的社会课程性质、课程理念或者课程设计思路方面并没有明确的规定。

在课程目标方面，中国的总目标概括性强、描述清晰、界定明确，对课程研究者与课程实施者在理解与整体把握方面提供便利，而日本的课程目标简单抽象；在分目标方面，中国将分目标单独列出，从情感态度价值观、能力与方法、知识三个维度出发进行划分，每一个分目标在表述上都从学生的角度出发，要求清晰，旨在促进学生的全面发展。日本则是根据学年划分分目标，分目标内容具体丰富，在将情感态度价值观、能力、知识等融合为一体的基础上，把教学目标与教学内容安排在一起，适应学生发展需要，拉近了课程目标与课程内容之间的距离。[②]这对教师较好地把握课程内容，有效开展教学活动以及学生掌握学科知识，形成良好的知识体系是有益的。在实施建议部分，我国《课标（2011）》的内容清晰，从教学、评价、教材、课程资源几个方面对教学活动的实施提出切实的建议与参考，相比较而言，日本的内容选取和教学指导的注意事项则显得单薄许多。

社会课程性质的规定性将社会课程区别于其他课程的一个重要说明。作为一门综合课程，社会课程本身就是个特殊的存在。中国品德与社会《课标（2011）》在前言部分的规定性，显然优于日本，这对教师或其他课程研究者正确把握品德与社会课程具有重要的意义。此外，在课程目标方面，两国划分的依据以及表述方式各有所长，从不同的角度诠释教学目标，值得互相学习。

---

①中华人民共和国教育部.义务教育品德与社会课程标准（2011年版）[M].北京：北京师范大学出版社，2012.

②(日本) 松尾正幸日本小学社会科教育的目的 [J].赵亚夫，译.课程·教材·教法，1999(2).

3. 社会课程的内容设计与划分依据不同

在社会课程内容的设计方面，中日两国具有一定的相似性。中国从学生生活出发，依据课程设计思路，围绕着学生生活和成长展开六大主题，以"同心圆扩大"的形式逐渐发展，由学生个人、家庭、学校、社区、国家、世界几个不同内容作为主题的中心，教学难度与深度则伴随着年级上升而上升；日本在课程内容的设计也是采取"同心圆扩大"的方式，依据学生的学年特征，范围不断扩大，涉及的内容由易到难，空间视野由小到大，思考的问题由浅入深，逐渐递进，表现出一定的层次性与顺序性。[①]

在课程内容的划分依据方面，两国则表现出不同。日本以学年为划分依据，课程内容清晰明确，每一学年依据学生的发展特征设置与之相适应的课程内容，内容丰富，时间上由古至今到未来，空间上由个人的生活环境到国家再到世界。在安排教学的顺序与题材的选择方面具有弹性，避免罗列知识的教学方式，能够较好地吸引学生的注意，促进学生的发展；中国品德与社会课程标准是依据不同的主题对教学内容进行划分，在每个主题之下将内容分布于各个年级，年级划分有中、中/高和高三种，见表6—1。

表6—1 中国《课标（2011）》课程内容的主题与分布

标题	条数（年级分配）
我的健康成长	8（中2；高1；中/高5）
我的家庭生活	5（中3；高1；中/高1）
我们的学校生活	7（中5；高1；中/高1）
我们的社区生活	11（中6；高1；中/高4）
我们的国家	13（中0；高7；中/高6）
我们共同的世界	8（中0；高6；中/高2）
52（中16；高17；中/高19）[②]	

依据各个主题，不同年级的内容条目各不相同，但是在年级中，依据中

---

①罗晓牲,宋世云.日本小学社会科的目标和内容［J］.教学与管理，2003（4）.
②高峡.品德与社会课程标准修订要点简述［J］.基础教育课程，2012（1-2）.

年级、高年级以及中高年级来分配课程内容与任务却反映出一些问题。众所周知，学生的发展具有阶段性，不同阶段的学生其认知能力的发展表现出不同的特征，中年级学生认知发展水平与中/高年级、高年级学生的认知发展水平并不同。《课标（2011）》从中年级、中/高年级、高年级三个阶段对课程进行划分，模糊了学生发展的具体性与差异性。学生的发展具有顺序性和阶段性，课程内容的设置既要体现学生发展的顺序性，还要适应不同阶段的学生认知能力的发展需要，设置与之相适宜的课程内容。相比较而言，日本将社会学科依据各学年进行划分，教学目标与教学内容共同安排的方式，则显得更加合理清晰。

我国品德与社会课程是一门为学生成长为具有现代公民基本素养奠定基础的课程，一门全新的综合课程，这是由我国的社会主义性质和基本国情决定的，与日本的社会有着较大的区别。

由于两个国家的国情不同，社会课程的性质和要求也不同。我国是社会主义国家，实现社会和谐，建设美好社会是我们一直努力追求的社会理想。建设和谐社会，要坚持社会主义核心价值观，全面贯彻党的教育方针，全面推进素质教育，体现时代要求；使学生具有爱国精神、集体主义精神，热爱社会主义，继承和发扬中华民族的优良传统和革命传统；具有社会主义民主法制意识，遵守国家法律和社会公德；逐步形成正确的世界观、人生观、价值观；具有社会责任感，努力为人民服务；具有初步的创新精神、实践精神、科学和人文素养以及环境意识，为提高公民素质，共建和谐社会而努力。这与日本社会有很大区别，日本作为资本主义国家，其社会是为了培养热爱日本国土和历史，并能够生存于国际社会中的和平、民主的国家和社会的建设者所必需的公民。社会的发展要使儿童拥有丰富的心灵、重视传统和文化、热爱孕育传统和文化的祖国和乡土，并致力于创造个性丰富的文化，同时拥有公共意识、致力于民主社会和国家发展的日本人。

三、课程目标比较

课程目标是国家依据教育方针，根据学生身心发展需要，为某一课程门类或科目学习完以后所要达到的学生发展状态和水平的描述性指标，是课程设计的基础环节和重要因素。它既是课程的出发点，也是课程的归宿，直接影响和制约着课程内容、课程组织、教学实施等后续因素的设计和操作，影响和制约着日常的教育教学行为。在我国课程改革过程中，课程目标实现了由"三项任务"到"三维目标"的转变，即情感·态度·价值观、能力与方法和知识。

（一）中国品德与社会课程的课程目标

1. 《课标（实验稿)》的课程目标

在我国品德与社会课程诞生至今的二十余年中，教育部共颁布了两个课程标准，即 2002 年正式发行的《课标（实验稿)》与 2011 年的《课标(2011)》。其中，《课标（2011)》是对《课标（实验稿)》的进一步深化与总结，在课程目标方面，其阐述则更加简洁、清楚。

2002 年的《课标（实验稿)》在课程总目标方面表述为：品德与社会课程旨在促进学生良好品德形成和社会性发展，为学生认识社会、参与社会、适应社会，成为具有爱心、责任心、良好的行为习惯和个性品质的社会主义合格公民奠定基础。[1]在分目标方面，从情感·态度·价值观、能力、知识三个方面，明确提出了"三维目标"。不论是总目标还是分目标，都是从学生学习的全过程和学生人格健康发展的立场提出的，针对时代的需求和教育的实际情况，强调促进学生良好品德的形成与社会性发展，珍爱生命、热爱生活、乐于探究，为成为社会主义合格公民奠定基础。[2]此外，三维目标的确立，从学生健全人格发展的基本要素出发，科学地分类，旨在促进学生的全面发展。泰勒曾在《课程与教学的基本原理》一书中提出，课程目标制定的三个主要来源：首先是学习者，即学生的发展需要；其次是社会生活，即社会发展的

---

[1]中华人民共和国教育部.全日制义务教育品德与社会课程标准（实验稿）[M].北京：北京师范大学出版社，2002.

[2]李稚勇.品德与生活品德与社会课程与教学 [M].北京：高等教育出版社，2006：55-87.

需要；再次是学科，即学科教学的需要。①这与我国"以学生发展为本"的教育本质相符，我国品德与社会课程目标的设置则充分体现了这一思想。

2. 《课标（2011）》中的课程目标

在我国最新一次课程改革中，教育部颁布了 2011 年课程标准，此次修订为我国下一个十年品德与社会课程的发展指明了方向与前进道路。该标准将社会发展以及国家对小学生思想道德教育的新要求纳入课程目标之中，通过合理设计课程内容、微调课程结构，使课程结构更加合理。

《课标（2011）》在品德与社会课程总目标部分指出："品德与社会课程旨在培养学生的良好品德，促进学生的社会性发展，为学生认识社会、参与社会、适应社会，成为具有爱心、责任心、良好行为习惯和个性品质的公民奠定基础。"②总目标语言简洁、明确，在适应小学中高年级学生特点的前提下，注重与小学低年级的品德与生活、初中思想品德课程之间的良好衔接。品德与社会课程作为一门德育类课程，其总目标应体现将学生培养成为社会主义合格公民的国家意志，并实现学生的良好品德形成、社会性发展的价值追求。此外，在《课标（2011）》的总目标部分，凸显出了社会实践对于学生社会发展的重要性，强调为学生认识社会、参与社会、适应社会提供积极有效的引导和帮助，体现了知行统一的课程性质。事实上，单一的课堂教学并不能够达到德育的要求和目标。在学生的日常生活中，只有通过在课堂中学习社会生活常识以及课后对社会的观察、认识和思考，逐渐了解社会、参与社会，在人际交往中最终适应社会。在学生体验与适应的过程中，主动的学习需要得到教师、家长或身边的人的肯定和及时的反馈，逐渐积累积极的情感体验，进而形成稳定的生活态度和价值观，这对形成有爱心、责任心、良好的行为习惯和个性品质具有重大的意义。此外，总目标中强调为学生成为

①白月桥.课程标准实验稿课程目标订定的探讨［J］.课程·教材·教法，2004（9）.

②中华人民共和国教育部.义务教育品德与社会课程标准（2011 年版）［M］.北京：北京师范大学出版社，2012.

合格公民奠定基础，突出了基础教育为学生将来做准备的社会功能，旨在为学生将来更好地融入社会、为社会做贡献打下良好的基础。

首先，情感·态度·价值观分目标的具体内容，主要包括学生生活中积极的情感体验、健康的生活态度以及正确价值观的形成几个部分（见表6—2）。

表6—2　中国《课标（2011）》中情感·态度·价值观分目标

情感·态度·价值观
·珍爱生命，热爱生命，养成自尊自律、乐观向上、勤劳简朴的态度
·养成文明礼貌、诚实守信、友爱宽容、热爱集体、团结合作、有责任心的品质
·初步形成规则意识和民主、法制观念，崇尚公平与公正
·热爱家乡，珍视祖国的历史和文化，具有中华民族的归属感和自豪感，尊重不同国家和民族的文化差异，初步形成开放的国际视野
·具有关爱自然的情感，逐步形成保护生态环境的意识[①]

与《课标（实验稿）》中的分目标相比，情感·态度·价值观分目标的内容在表述方面有着较大的改变，例如，将"自尊自主"改为"自尊自律"；新增加"崇尚公平与公正"；将"初步具有开放的国际意识"改为"初步形成开放的国际视野"等。[②]《课标（2011）》将情感·态度·价值观放在三维目标的第一位，突出了情感体验在品德与社会课程学习时的重要性。《课标（2011）》在培养小学生热爱集体、热爱祖国、以祖国为骄傲和关爱自然的情感、热爱生活、自尊自律、诚实礼貌、民主法治的生活态度、勤俭节约的价值观和开放的世界观等方面，强调德育始终紧密联系着学生的生活，体现以"学生发展为本"为核心的基本理念，符合素质教育的要求。品德与社会课程是基础教育的重要组成部分，属于德育的范畴，是实施道德价值教育的主要途径。课程标准加强了道德价值教育的实效性和针对性，引导儿童在认识、了解自己

①中华人民共和国教育部.义务教育品德与社会课程标准（2011年版）［M］.北京：北京师范大学出版社，2012.

②高峡.品德与社会课程标准修订要点简述［J］.基础教育课程，2012（12）.

的生活和周围社会的基础上，积极主动地获得生活体验、融入社会生活并建立正确价值观，促进自我全面发展。

其次，在能力与方法分目标部分，《课标（2011）》主要从五个方面进行了阐述，见表6—3。

表6—3 中国《课标（2011）》中能力与方法分目标

能力与方法
1.养成安全、健康、环保的良好生活和行为习惯
2.初步认识自我，掌握一些调整自己情绪和行为的方法
3.学会清楚表达自己的感受和见解，倾听他人的意见，体会他人的心情和需要，与他人平等地交流与合作，积极参与集体生活
4.学习从不同的角度观察社会事物和现象，对生活中遇到的道德问题做出正确的判断，尝试合理地、有创意地探究和解决生活中的问题，力所能及地参与社会公益活动
5.初步掌握手机、整理和运用信息的能力，能够选用恰当的工具和方法解析、说明问题①

作为一门综合课程，"能力与方法"分目标的设定体现了关注学生、学会学习、学习方式以及终身学习等课程理念，强调能力和方法在学习过程中的重要性，打破了传统意义上过分注重知识传授的局面。强调"能力与方法"分目标，体现了对教学过程中"体验性目标"的重视，改变过去教学中以灌输为主的方式，把学生从被动的学习者转变为学习的主人，注重学生习惯的养成和自我调控，培养学生表达与倾听、道德判断以及信息运用的能力，这对学生学习方式的改变具有重要意义。此外，为了拉近课程与学生生活之间的联系，本目标在修订时也稍做了些改变，例如，第二条里面的"学习民主地参与集体活动"改为"积极参与集体生活"；删去了原来的"认识、分析社会事物和现象"的要求等，②在一定程度上降低了学习难度，使课程目标的设定与学生实际需要相符合，促进学生的发展。

---

①中华人民共和国教育部.义务教育品德与社会课程标准（2011年版）[M].北京：北京师范大学出版社，2012.

②高峡.品德与社会课程标准修订要点简述[J].基础教育课程，2012（12）.

所谓"能力"，研究者认为，能力大致包括社会生活能力与学习能力两部分，集中表现为学生的社会实践能力、自我学习能力、探索能力、创新能力、解决实际问题的能力及整理运用信息的能力等。[①]在能力的培养过程中，选择恰当的工具和方法，例如，利用真实的案例引导学生针对不同的情况，采用社会调查访问法、制作表格法或统计数据法等来分析社会现象或者信息。在这个过程中，方法的选择则显得十分重要，成为分析和解决问题的关键，这也是一种重要的生活能力。

第三，系统的知识技能体系是基础教育阶段的基本要求，品德与社会作为一门综合课程，知识的教学是必不可少的，这是人的整体素质发展的一种需要，同时也为学生的社会性发展奠定了基础，为日后初中阶段政治、地理、历史的学习打下基础。课程标准在知识分目标的具体内容如下（见表6—4）。

表6—4　中国《课标（2011）》中知识分目标

知识
1.理解日常生活中的道德行为规范和文明礼貌，了解未成年人的基本权利和义务，懂得规则、法律对于保障每个人的权利和维护社会公共生活具有重要意义
2.初步了解生产、消费活动与人们生活的关系，知道科学技术对生产和生活的重要影响
3.知道一些基本的地理常识，逐步了解人与自然、环境的相互依存关系，了解人类共同面临的人口、资源和环境等问题
4.了解家乡的发展变化，了解一些我国历史常识，知道在历史发展过程中形成的中华民族优秀文化和革命传统，了解影响我国发展的重大历史事件和社会主义建设的伟大成就
5.初步了解影响世界历史发展的一些重要事件，知道不同环境人们的生活和风俗习惯，懂得不同民族、国家和地区之间相互尊重、和睦相处的重要意义[②]

上述目标从知识的范畴出发，大致可以归纳为四个领域：（1)社会领域，包括未成年人的基本权利与义务、社会公共生活与法规、法律的关系等；（2）

---

①李稚勇.品德与生活品德与社会课程与教学［M］.北京：高等教育出版社，2006：79-84.

②中华人民共和国教育部.义务教育品德与社会课程标准（2011年版）［M］.北京：北京师范大学出版社，2012.

经济领域，如初步了解生产、消费活动与人们生活的关系，科学技术的重要性；（3）历史领域，包括家乡和祖国的历史，民族精神和优良传统，世界的历史文化等；（4）地理领域，如知道一些基本的地理常识，初步了解人与自然、环境的关系等。①考虑到小学生的认知发展水平，在知识分目标中设计的目标知识主要都是常识性知识，所涉及的知识面十分广泛，内容也十分丰富。从时间上看，从历史到现在再到未来；从空间上看，从家庭、学校、社区、家乡、祖国到世界不断扩大，这是由品德与社会这门课程的综合性特征所决定的。

综观品德与社会的课程目标，首先，在总目标部分，是对小学中高年级学生学习以及以品德为核心的社会性发展的一个高度概括；其次，在分目标部分，三个分目标是有机结合的统一体，整体存在于学生的发展之中并相互影响，将情感·态度·价值观放在首位，能力与方法放在第二位，将知识放在第三位，突出强调情感体验与能力发展在社会课程教学中的重要性，弱化了知识技能的地位，但这并不等于对社会知识与道德知识学习的否定，只有将道德情感、道德认知、道德意识与道德行为有机结合起来，才能促进学生的全面发展。

（二）日本小学社会"要领"的课程目标

自"二战"以来，日本的社会一直致力于学生生活能力的培养、对祖国的热爱以及作为合格公民所具备的资质培养。在现今的日本小学，社会是针对中高年级开设的课程，社会"要领"中的课程目标与我国有所不同——在总目标之下，并没有将分目标单独列出来，而是分别与每个学年的教学内容安排在一起。其中，分目标主要有：三、四学年分目标，五学年分目标与六学年分目标三个部分。早在1998年颁布的小学学习指导要领中，小学三学年和四学年的目标与内容便合为一体表述，这也是当时小学社会学习指导要领最突出

①李稚勇.品德与生活品德与社会课程与教学［M］.北京：高等教育出版社，2006：84-85.

的变化之一。①这个表述习惯也一直延续至今。日本社会"要领"的总目标为：

　　谋求对社会生活的理解，培养对日本国土和历史的理解和热爱，
养成对国际社会有益的、作为民主和平国家和社会的成员所必备的公
民素质基础。②

　　日本社会"要领"在总目标部分的表述简单，略显抽象，主要从两个方面进行阐述。首先是"谋求对社会生活的理解，培养对日本国土和历史的理解和热爱"，强调对社会生活的启发理解和培养对本国的热爱之情。将这段话细分，则可以分为"对社会生活的理解"和"对日本国土和历史的理解"两个部分。所谓"对社会生活的理解"，出发点在于启发儿童对其所居住的地区及地区社会有所了解，在深化对乡土社会理解的基础上，实现"对日本的国土和历史的理解与热爱"。其次，是"养成对国际社会有益的、作为民主和平国家或社会的成员所必备的公民素质基础"，这部分着重说明了作为合格公民所要求具备的资质的内容。关于"公民"，总目标中强调是"对国际有益"和"作为和平民主的国家和社会的成员"。③早在20世纪70年代，日本社会的教学中便突出强调国际理解教育，时至今日，面对世界日新月异的变化和世界"和平与发展"两大主题，日本小学社会在强调国际理解之余，添加了对国际有益等要求，不仅顺应了世界发展的潮流，也对日本小学生成长为合格公民提出了新的要求。

（三）课程目标方面的比较

　　面对世界的变化发展和新世界带来的挑战，世界各国都适时地开展着教育教学改革，在不断更新课程目标的基础上，更新课程结构，精简课程内容等。比较研究其他国家的课程指导性文件，对我国课程改革的进步，课程标准的发展及课程的实施都有着重要意义。在此对中日两国社会课程目标进行

---

①沈晓敏.社会课程与教学论［M］.杭州:浙江教育出版社，2003：41.

②罗晓甡，宋世云.日本小学社会科的目标和内容［J］.教学与管理，2003（4）.

③（日本）松尾正幸.日本小学社会科教育的目的［J］.赵亚夫，译.课程·教材·教法，1999（2）.

比较分析，研究其异同之处。

1. 两国都注重以学生生活为基础的社会能力培养

学生生活是社会课程的基础，只有关注学生的现实生活，才能在课程设计、课程内容安排以及课程实施中体现学生的价值，促进学生健全人格的形成与发展。在日本社会"要领"的课程目标部分，明确提出"谋求对生活的理解""养成作为社会的成员所必备的公民素质基础"，突出学生生活在社会教学中的重要地位，以及对作为一名社会成员所应具备的基本素质培养的重视。日本社会课程强调的社会成员所应具备的能力，主要是指参与社会、为社会做贡献的能力。

我国品德与社会在课程目标部分表述为"促进学生的社会性发展，让学生认识社会、参与社会、适应社会"，凸显了社会实践对于学生社会性发展的影响。众所周知，社会实践的进行需要在学生生活中实现，个人的情感体验需要在生活中获得，生活态度需要在生活中形成，而能力也需要在生活中不断提高。课程目标虽然没有明确指出生活在课程教学中的重要性，但是却间接地强调了生活对学生全面发展的影响，课程标准中三个分目标的设置便是最好的说明。学生只有在生活中学习与年龄相适应的社会常识，观察社会、认识社会、了解社会，进而尝试参与社会、适应社会，在不断深入社会的过程中，社会性与参与社会的能力便得到了发展。

中日两国在课程目标部分都没有明确给出社会课程与生活的关系或社会性问题，但是分析其语言之下的深层含义，便能找出两国的社会课程对学生社会能力发展的重视。

2. 两国都重视品德教育的内容

我国是有着五千年文化传统的国家，中华民族的传统美德源远流长，是民族文化的重要组成部分。我国的社会主义道德教育必须植根于中华民族的传统美德之中，在发扬传统美德的基础上，顺应国家的进步与发展，与时俱进。品德与社会课程作为我国小学德育的主要途径之一，需在体现中国传统文化传承的同时，加强社会主义核心价值体系的教育，为培养新世纪的良好公民奠定基础。与中国道德教育的显性化与多元化相比较，日本的道德教育则表现出隐性化与单一化，道德教育既有着东方儒家思想的影子，又有着西方对人性尊重的特点。[①]这主要是由于日本是一个有着统一的民族传统，又重视吸收多种思想文化的国家。

中日两国虽然各自有着本国道德教育的特点，但是对道德教育都给予了重视。就社会课程的产生历程来讲，中国品德与社会课程的学科基础之一是思想品德课程，是过去小学道德教育的主要课程；而日本社会课程自诞生起，便取代了"二战"前负责道德教育任务的修身，社会被赋予开展基于民主主义理念的公民道德教育的任务。两国社会课程标准的课程目标中与道德教育有关的内容如下，见表6—5。

表6—5 中日社会课程标准课程目标中有关道德教育的内容[③]

社会课程目标	中国	日本
总目标	有爱心、责任心、良好行为习惯和个性品质	理解我国的国土和历史并有热爱之情
分目标	旨在将小学生培养成为自尊、自爱、乐观向上、诚实守信、友爱宽容、热爱祖国、热爱集体、有责任心并且崇尚公平正义的社会主义事业接班人[②]	三、四年级："养成作为地域成员应有的自觉性"和"培养对自己所生活地区和社会的骄傲热爱之情" 五学年："培养对国土的热爱之情" 六学年："培养孩子们重视我国历史传统、热爱祖国的心情"等

中国品德与社会课程强调在学生成长中积极情感体验的重要性，注重对学生个性品质的养成，倡导对祖国的热爱，从中可以看到传统的儒家教育与马克思列宁主义的结合，这是由我国的社会主义性质决定的。日本的社会中

---

①王丽荣.中日道德教育的异同［J］.比较教育研究，2003（5）.

②中华人民共和国教育部.义务教育品德与社会课程标准（2011年版）［M］.北京：北京师范大学出版社，2012.

③日本文部科学省.小学学习指导要领（平成20年8月）［M］.日本：东京书籍出版社，2009.

也能看到道德教育的内容，但集中表现在个体对所在区域的热爱、对本国国土的热爱以及对本国历史传统的热爱等。显然，从课程目标层面来看，我国的课程标准中兼顾到公民道德的公、私领域，而日本的课程要领中并未涉及公民私德方面的教育目标，而更加重视公德的教育。

3. 课程目标具体化程度不同

日本小学中高年级学年分段目标主要包括三、四学年，五学年和六学年，各学年社会教学目标如下，见表6—6。

表6—6　日本小学中高年级社会教学目标①

学年	社会教学目标
三、四学年社会教学目标	·理解自己所生活地区的特有产业和地区内人们的消费水平和为了人们可以健康生活的良好生活环境而保护环境的活动，养成作为地域成员应有的自觉性 ·理解地区的地理环境，人们的生活的变化和对了为了地域的发展而做出贡献的先人的工作表示理解，培养对自己所生活地区和社会的骄傲热爱之情 ·在地域中具体观察社会现象，能有效活用地图以外的具体资料，培养对地域社会中社会现象的思考能力
五学年社会教学目标	·理解关于我国国土状况、国土环境和国民生活的关联，加深对环境保护以及防止自然灾害重要性的关心，培养对国土的热爱之情 ·理解我国国土产业形式、产业和国民生活的关联，加深对我国产业发展和社会信息化进展的关心 ·在调查社会具体现象的同时，培养有效利用地图和地球仪、统计等各种基础资料思考社会现象含义的能力，以及将调查和思考的结果表达出来的能力
六学年社会教学目标	·加深对为国家、社会的发展做出巨大贡献的先人们的丰功伟绩以及优秀文化遗产方面的理解、关心以及兴趣，同时培养孩子们重视我国历史传统、热爱祖国的心情 ·能够理解政治在日常生活中的作用，理解我国的政治思想，了解与我国有着密切联系的他国的社会生活，理解我国在国际社会上的作用。让学生们意识到，作为爱好和平的日本人在世界上与其他各国人民共同和谐生存的重要性 ·对社会现象进行具体调查，培养对地图、地球仪、年表等各种基础资料的有效活用，培养学生从更广的角度去思考社会现象的能力，以及培养对所调查事物、所思考事物如何进行表达的能力

①日本文部科学省.小学学习指导要领（平成20年8月）［M］.日本：东京书籍出版社，2009.

从上述表格中可以看出，日本社会课程目标具体明确，教学活动所需要达到的程度与要求一目了然，具有指导性和可操作性，对教师在教学活动中更好地把握课程目标，提高教学效果有着重大意义；在教学目标的设置时，注重将学生、生活与学科知识结合在一起，从学生的实际出发，围绕学生的生活展开教学，促进学生的全面发展。

相比较于日本，我国品德与社会的课程标准在情感·态度·价值观、能力与方法、知识与技能三个维度之下，详细、具体地设置了许多条目，可是为什么在教学实践中，教师还是存在无法把握课程目标的困扰呢？第一，我国地区之间发展的不平衡。我国幅员辽阔，各地区、各民族不仅在经济上发展不平衡，在文化传统上也有着各自的特色，这就导致在设计课程目标时，设计者们只能突出我国品德与社会课程的共性，例如，综合性、实践性，却不能够将目标定得过于死板，这也就赋予品德与社会课程以开放性。第二，课程目标体系不完善。我国现有的社会课程标准在课程目标的划分上，仅从情感·态度·价值观、能力与方法、知识三个方面进行横向划分，缺乏垂直分层。学生的认知发展具有阶段性与层次性，课程目标也应相应地具有阶段性与层次性。我国的课程目标应在促进学生全面发展的同时，与学生身心发展的阶段特征相适应，加强各个年级社会课程之间的整合与连接，从而真正实现螺旋上升，实现社会课程的总目标。[①]在这个方面，日本社会的课程目标的表述方式的确值得我国借鉴。

4. 公民素养培养的重点不同

"公民"是个体人生活于社会中的基本身份。[②]随着社会的发展变化，公民或公民素质的内涵也在发展，由于各国的国情不同，社会课程对公民应具有的素质的要求也有所差异。建设和平民主的社会和国家，是日本"二战"以来一直追求的社会理想，日本小学社会"要领"将公民定义为"和平、民

---

①何平,沈晓敏.社会科课程目标的结构、内容和表述方式探究——基于中美社会课程标准的比较 [J].全球教育展望，2008（9）.

②罗晓牲,宋世云.日本小学社会科的目标和内容 [J].教学与管理，2003（4）.

主的社会和国家的建设者"。20世纪60年代末的日本《小学指导书社会科篇》做出阐述：

> 公民素质是指在社会生活中认真行使个人应有的权利，互相尊重；作为某个具体地区或作为国家的成员，知道自己所负担的各种义务和社会责任，并在此基础上具有正确的判断力和行为能力。因此，应该理解为，公民一词具有作为市民社会一员的市民和作为国家成员的国民这两层含义。①

所谓"公民素养"，主要包括作为公民所应进行的权利的行使、义务的履行、判断能力和行为能力等。中日两国都注重公民素养的培养，都强调对公民国家意识、政治素养以及智力技能方面的发展，但在公民能力培养和国际性方面却表现出不同（见表6—7）。②

表6—7 中日社会课程标准在课程分目标中与公民能力有关的规定

国家	课程分目标	具体规定
中国	能力与方法分目标	学习从不同的角度观察社会事物和现象，对生活中遇到的道德问题做出正确的判断，尝试合理地、有创意地探究和解决生活中的问题，力所能及地参与社会公益活动；初步掌握手机、整理和运用信息的能力，能够选用恰当的工具和方法解析、说明问题③
日本	三、四学年分目标	在地域中具体观察社会现象，能有效活用地图以外的具体资料，培养对地域社会中社会现象的思考能力
	五学年分目标	在调查社会具体现象的同时，培养有效利用地图和地球仪、统计等各种基础资料思考社会现象含义的能力，以及将调查和思考的结果表达出来的能力
	六学年分目标	对社会现象进行具体调查，培养对地图、地球仪、年表等各种基础资料的有效活用，培养学生从更广的角度去思考社会现象的能力，以及培养对所调查事物、所思考事物如何进行表达的能力④

---

①日本文部科学省.小学指导书社会科篇［M］.日本:大阪书籍出版社，1969.

②郑春芸.从社会课课程标准看我国公民教育的追求［J］.当代教育论坛，2006 (12)．

③中华人民共和国教育部.义务教育品德与社会课程标准（2011年版）［M］.北京：北京师范大学出版社，2012.

④日本文部科学省.小学学习指导要领(平成20年8月)［M］.日本：东京书籍出版社，2009.

　　从上述表格中可以看出，中国在能力分目标中强调学生判断能力、社会参与能力、整理说明能力的发展；日本社会课程分目标所强调的能力，不仅包括基本的思考能力、统计能力、问题解决能力，还包括对社会参与能力、对社会现象的反思能力和批判能力等。可以看出，日本对公民的能力培养目标涵盖的内容更加丰富，能力要求伴随着学年的上升逐渐提高，中国的能力目标却略显笼统，没有体现出目标的阶段特征。

　　当今世界瞬息万变，国际社会发展迅速，这就对各国公民在国际视野方面提出新的要求。现行的日本社会"要领"中，总目标在"公民素质"之前的修饰词为"养成对国际社会有益的、作为民主和平国家和社会的成员所必备的公民素质基础"。依据学生的认知发展，将国际视野有关的分目标安排在第六学年中，要求学生理解日本在国际社会的作用以及日本在维护世界和平方面的努力，从日本本国出发，注重学生个性发展的同时，突出强调作为未来日本公民所应具有的国际素质，注重对学生个性和个人价值的发展。[①]中国品德与社会在总目标中没有明显地体现出国际视野，只是在知识分目标部分要求初步知道世界历史发展的一些重要事件和各个国家之间相互尊重、和睦相处的重要意义，从宏观上培养学生的国际视野，但缺乏对公民个人素质发展的展望，这方面有待加强。

四、课程内容比较

（一）中国品德与社会的课程内容

　　中国品德与社会在课程内容部分，是依据课程设计思路，按照综合主题的方式呈现的，主要分为六大主题，分别是：我的健康成长、我的家庭生活、我们的学校生活、我们的社区生活、我们的国家和我们共同的世界（见表6—8）。

---

①梁威.从《学习指导要领》的变化看日本小学课程设置的改革 [J].教育科学研究，1997（6）.

表 6—8 中国《课标（2011）》中的课程内容与核心①

主题	核心	条数
我的健康成长	认识自我；自尊、自爱；应对困难；诚信做人；与人为善；生命安全；抵制不良行为，健康生活	8 条
我的家庭生活	亲情与感恩；自理与责任；邻里和睦；家庭开支和消费；沟通和谅解	5 条
我们的学校生活	地图技能；尊师爱校；学会学习；同学交往——个人与他人；个人与群体；集体规则；集体生活	7 条
我们的社区生活	地图知识和技能；环境与生活；尊重劳动者；商业—消费；交通—安全；公共设施、公共秩序和公共安全；尊重、平等；文化和文明生活；社区环境保护	11 条
我们的国家	国土意识和环境意识；文明史和文化遗产；屈辱—抗争—救亡图存；爱党，爱社会主义；工农业生产；交通发展；学会使用网络和信息；人民解放军；权利与义务	13 条
我们共同的世界	地理和文化；经济和科技；和平与发展；中国与世界	7 条

1. 关于个体成长的内容

"我的健康成长"是六个主题中的第一个主题，也是课程内容的起步原点。中高年级小学生作为品德与社会教学活动的主体，随着年龄的增长，在身体、心理、活动能力等方面都会得到发展，然而他们自身的认知能力、判断能力、鉴别能力、行动能力等仍不足以面对和处理越来越多的问题与困难，这就要求品德与社会课程在教学活动中更加注重学生的心理健康和自我意识、交往意识以及能力等方面的学习。

在教学本主题内容时，首先，教师要改正自己看待问题的方式，要把宽泛的教学内容与日常生活中的言语、态度、行为、事件或者案例等联系起来，使教学内容得以具体化，引导学生认识到自己的优缺点，正视自己与其他人之间的差异，自尊、自爱，在与人交往时要诚实守信、与人为善。在面对问

---

①高峡.义务教育品德与社会课程标准（2011 年版）解读［M］.北京：高等教育出版社，2012：104-138.

题与困难时要尝试解决，体验成功。在日常生活中要意识到网络、游戏以及毒品带来的危害，远离危害。此外，在教学过程中，教师要结合小学生的理解水平和接受程度设计活动。对于中年级学生，教师可以多引用一些生活中简单易懂的事例进行说明讲解，引导学生进行换位思考，"如果我是某某某，遇到这种事情，我会怎么做呢？"鼓励学生积极发言，说出自己的想法。而面对高年级学生时，教师便可以适当扩大事例取材的范围，身边的新闻、广告或者听说的故事都可以引用，从而帮助学生理解所学的内容。

2. 关于家庭生活的内容

家庭是社会的子细胞，良好的家庭环境、教育和生活状态对小学生的道德发展、人际交往情感与行为都有着至关重要的影响。小学中高年级的学生在身体、自主意识与活动能力方面逐渐成长起来，在家庭中所扮演的角色也逐渐明了，如何教导学生正确地与家长、邻里沟通交流，处理家庭事务和形成家庭责任感成为本主题的中心问题。

在本主题的教学活动中，教师可以组织学生回家之后向自己的父母长辈了解关于他们养育自己的故事和家庭的经济开支情况，学会体谅父母的艰辛并适当地在同学之间交流感受；要调动学生的积极性，对家庭中自己力所能及的事物，在父母的允许下践行；此外，要引导学生意识到邻里之间的人际交往中要有公共意识，做到文明礼貌，宽容体谅。

3. 关于学校生活的内容

学校在学生的学习生涯中扮演着不可取代的角色，尽管小学中高年级的学生已经经历了几年的学校生活，但是随着年级的升高、学习任务的加重、教学活动的丰富化、周围教师与同学之间的关系发展等情况的出现，这就需要帮助中高年级学生更好地理解学习和掌握学习方法，养成独立完成学习任务的习惯，还要帮助他们更好地将自己纳入集体生活之中，学会自己处理和同学之间的关系，积极参与集体活动。

在教学第 1 条和第 3 条内容时，教师应引导学生观察，与同学间合作，此外还需要掌握以图表现的技能，把周围的实景图转化为平面图以及图形大小的安排，这些对学生操作技能的训练很有帮助，也有助于学生学会学习。在本主题其他内容教学时，教师可以通过正面引导，以具体情境和事例启发学生关注日常生活中与同学、与老师、与集体之间的美好情感，并在此过程中理解集体间平等相处、相互尊重的意义。

4. 关于社区生活的内容

"我们的社区生活"原主题名为"我们的家乡（社区）"，关于"社区"的界定，目前国内学者是这样阐述的：社区是我们生活中不可缺少的一个综合性的、基础性的群众机构。而在本主题中，社区主要包括地理环境、生态环境、历史变化、经济发展、商业服务与消费、公共交通、公共设施、民俗民风等。

在教学本主题时，主要是与本地社区实际相结合，例如组织学生为自己家乡拍照，做成宣传册，或者在学习中开展竞赛、演讲、表演等活动，通过开展各种生动活泼的教学活动，培养学生观察、收集、分析能力，也能够较好地把握好课程标准的精华所在。此外，还可以在与社区生活精密联系的同时，主要教学一些常识、基本规范和价值理念，这些是帮助学生认识社会，参与社会生活所必备的能力与要求。

5. 关于国家的内容

我们国家是一个有着辽阔疆域、众多民族、悠久历史、灿烂文明的世界大国，认识自己的国家对每一个公民是不可或缺的，是建立对自己国家的认同感、归属感和自豪感的基础。然而，对于小学中高年级的学生来说，"归属感"和"自豪感"却是相当空泛的概念，所以在教学过程中要注意将学生的情感与国家特色联系起来，将每一个条目所包含的内容精简化、具体化，从而帮助学生培养民族归属感与自豪感。

本主题的教学内容相当广泛，内涵十分丰富，除了一般的社会常识之外，还包括历史、地理、民族、法律等。虽然内容的深度并不是很深厚，但是要求教师具备十分扎实的基本功和充实的知识储备。教学时可以把主动权交给学生，让学生主动搜集资料，分析整理并做汇报，向其他同学讲述自己对国家的深厚情感，在实现教学目标的同时，发展学生的学习能力与交流能力，一举两得。

6. 关于世界的内容

在"和平与发展"成为全球性主题的今天，知识经济发展迅速，科学技术在日常生活占据着重要的地位，各国对教育全球化也日益重视。本主题的设置则旨在帮助学生初步认识世界、形成国际理解能力和全球意识。

在教学地理与文化时，可以借助使用地图和地球仪，或者一些国际重大事件来吸引学生的注意力，在地理学习的基础上收集各地区文化特色与文化遗产；在经济与科学方面的教学中，可以通过两者之间的相互关系，结合生活中因科技而发生的改变来展开教学活动。最后，教师可以结合我国的外交政策来引导学生了解全球和平与发展的重要性，也可以通过反面对比战争对全球带来的灾难。

（二）日本社会"要领"的教学内容

日本社会"要领" 在小学中高年级阶段主要以学生的学年为依据进行划分，分别为三、四学年，五学年与六学年三个部分，在课程内容方面可以看出由近及远、由低到高、由浅入深的顺序性。例如，在对社会生活的认知方面，三、四学年主要认识自己所在市（区、街、村）的特点，五学年认识自己的国家，到六学年则要认识日本的历史和传统以及国际社会。

1. 三、四学年的教学内容

小学三、四学年的学生，在一学年和二学年的学习基础上，各方面能力发展迅速，但对问题解决的能力还未成熟，这就体现出这一阶段学生的特殊性。日本小学三、四学年的社会课程内容是合为一体表述的，这主要是从增加课程的弹性、选择性以及综合性的角度所进行的调整。①三、四学年的社会课程内容见表6—9。

---

①沈晓敏.社会课程与教学论 ［M］.杭州：浙江教育出版社，2003：41.

表6—9　日本小学三、四学年社会课程教学内容

学年	具体教学内容
三、四学年的教学内容	(1) 观察自己所在市 (区、街、村) 的地形特点，考虑到地区不同的地形，通过地图归结调查土地利用和集落分布以及交通情况等 A.观察自己所在市 (区、街、村) 区域的主要的公共设施、交通状况、残留古建筑等 (2) 调查以自己所在市 (区、街、村) 为中心的地域内的重要的生产活动及其在开发自然环境、购买原料和销售产品等方面所做出的努力 A.理解地区生产贩卖的相关活动，认识到这些活动是自己日常生活的基础 B.理解自己生活的地区生产活动的特色和方式，认识其与国内其他地域间的联系 (3) 参观调查地区居民所必需的饮用水、电、气的情况及废物垃圾的处理，活用调查所得资料，并理解其对地域内健康生活的维持和推动所起的作用 A.理解居民所必需的饮用水、电、气的情况及废物垃圾的处理对于我们生活的重要意义 B.理解这些处理对策的事业规划是有计划的，以合作推进的方式进行推广的 (4) 从地区社会中发生的火灾、交通肇事、盗窃等灾害和事故中，见习和调查人们为维护安全，机关各部门的密切合作和紧急处理，并理解为维护安全的各部门及工作人员所付出的辛苦和努力 A.理解事故、灾害处理的相关机构是由为了努力防止灾害和事故发生的人们合作建立的 B.理解灾害、事故处理的相关的各个部门互相连接，形成的有效的紧急应对机制 (5) 调查前人为地域内文化的发展和开发所做出的努力，从当时人们的生活状况和思想、技术、工具等方面理解前人的劳动和贡献，并体会现在人们为了地域内生活水平的提高和安定而做出的各种努力 A.了解古代残留的相关生活工具，以及相应的使用方法和古时候使用这些工具的生活场景 B.了解所在地区的人们所继承的文化遗产 C 了解前人致力于发展该地区的具体例子 (6) 从所在县 (都、道、府) 内确认自己所在市 (区、街、村) 的地理位置考虑其县 (都、道、府) 的特点，调查所在县 (都、道、府) 内所有地形和主要产业、都市、交通网，并在空白地图上标识出来以加深理解 A.了解处于县 (都、道、府) 辖区内的自己所生活的市 (区、街、村) 和我国国土范围内县 (都、道、府) 的地理位置，以及47个都道府县的名称和位置 B.了解县 (都、道、府) 地形和主要产业、都市、交通网和主要都市的位置

由上述教学内容可以看出，日本在小学社会教学内容部分先是列出主要的、整体性的教学内容，在每一条教学内容之后追述几条，以 A、B、C、D 的形式进行阐述。由于三学年和四学年合并在一起，所以教学内容相比较而言也稍多一些。

在日本，地方行政单位划分为都、道、府、县，都、道、府、县均为平行的一级行政区，只属于中央政府，但是各自拥有自主权。日本小学三、四学年的教学范围是由认识身边的事物扩展到认识自己所在的县，主要内容包括了解所在县的地形、公共设施、交通状况、历史古迹等，所在县的生产活动与经济发展，所在县居民的生活所需，所在县的安全，所在县的开发，所在县的地理位置并能够使用辅助工具进行测量、观察等，这与这一阶段学生的认知能力发展相适应。[①]三、四学年虽然在范围上并不是很大，但是内容却很丰富，有自然条件、地理知识、公共设施、生产分布、文化遗产、交通、信息、安全、经济开发等。此外，教学内容中在工具使用与能力培养方面，明确提出对地图的使用以及调查能力、整理分析能力和理解能力等，与学生生活紧密联系在一起。

2. 五学年的教学内容

关于日本小学五学年的社会，是在三、四学年的基础上发展起来的，教学内容也由原本对自己所在区域的认识与研究扩展到对日本本国的认识。具体教学内容见表6—10。

---

①罗晓甡,宋世云.日本小学社会科的目标和内容［J］.教学与管理，2003（4）.

表 6—10 日本小学五学年社会课程教学内容

学年	具体教学内容
五学年的 教学内容	(1) 关于我国国土的自然状况，使用地图地球仪和相关资料调查下列内容，思考国土环境和人类生活生产的紧密联系 A.世界主要的大陆和海洋，主要国家的名称和位置，我国的位置以及领土 B.国土地形和气候的概要，自然条件方面有特色的地区的人类生活 C.从公害角度看，保护国民健康以及生活环境的重要性 D.为保全国家土地，森林资源的功能以及自然灾害的防止 (2) 关于我国农业水产业，使用地图、地球仪和相关资料调查下列内容，思考农业水产业在保证国民食品中担任的重要职务以及与自然环境紧密联系的经营 A.多种多样的食品生产支撑着国民的饮食生活，食品中也有从国外进口的东西 B.我国主要农作物分布以及土地利用的特色等 C.从事食品生产人员的办法以及努力，连接生产地和消费地的运输功能 (3) 关于我国工业生产，使用地图、地球仪和相关资料调查下列内容，思考工业生产在 支撑国民生活中起到的重要作用 A.多种多样的工业制品支撑着国民生活 B.我国各类工业生产和工业地区的分布等 C.从事工业生产人员的办法以及努力，支撑工业生产的贸易和运输等的作用 (4) 关于我国信息产业和信息化社会的情况，利用资料调查一下内容，思考信息化的进展带给国民生活的巨大影响和有效利用信息的重要性 A.广播、报纸等产业与国民生活的关系 B.信息化社会的状况和国民生活的关系①

小学五学年社会的教学内容主要关于日本国土的自然情况、食品生产、农业水产业的发展、工业生产及信息产业和信息化社会的情况；在工具的使用方面，主要包括地图、地球仪和其他相关资料的运用与分析；在能力发展方面，则主要包括观察能力、调查能力、思考能力与分析能力等。

3. 六学年的教学内容

日本在小学阶段共安排了六个学年，作为小学阶段的最后一个学年，学生的认知与能力发展已经逐渐成熟，社会在教学内容的深度与难度上也逐渐

①日本文部科学省.小学学习指导要领（平成 20 年 8 月）［M］.日本：东京书籍出版社，2009.

加深。"要领"中六学年的教学内容如下：

（1）根据本国历史上的一些主要事件，以人物的所作所为以及具有代表性的文化遗产作为内容中心，活用资料，对遗迹、文化财产进行了解，并且思考学习历史的意义，从而加深对自己所处生活的历史背景及本国历史伟人的作为的关注和理解。

（2）关于国政治体制，对以下事项进行调查，查阅资料，思考主权在民，使得国民生活更加安定向上的政治体制起到了很重要的作用，思考日本现今实行的民主政治是日本宪法的基本理念。

（3）关于日本在世界上的作用，对以下事项进行调查，活用地图、地球仪、资料等。思考与外国人民共同生存的重要性，以及对异文化、习惯的理解。思考世界和平的重要性与本国在世界上的重要地位。[①]

日本社会在小学五学年和六学年设置的教学内容都与日本本国有关，但是在范围及深度方面略有不同。其中，六学年的教学内容则主要包括日本历史的一些主要事件、优秀历史人物、历史文化遗产和日本的政体体制、国家宪法、法律法规及国际理解方面的学习。在教学内容的细则部分，微观上看有对古坟、大佛建造、代表性建筑物和绘画、歌舞伎等方面的调查，宏观上则有对国土的统一、日本文化的兴起、室町文化的产生、日本宪法、近代化发展的事实、国际地位的事实等方面的调查。在能力发展方面，则突出学生的思考能力的发展，着重培养学生的认知能力。

日本社会教学内容由浅入深，视野不断扩大，从横向空间上看，从学生身边社区到所在县，再到国家、国际社会，不断向外延伸。从纵向时间上看，从历史上先辈的丰功伟绩、历史上的重大事件和历史演变过程到当今社会政治、经济、文化的发展，再到国际社会上的交流等。[②]可以说，日本小学社会给学生展示了一幅 3D 立体效果的动画，已经形成了相当成熟的

---

①日本文部科学省.小学学习指导要领（平成 20 年 8 月）［M］.日本：东京书籍出版社，2009.

②罗晓甡、宋世云.日本小学社会科的目标和内容［J］.教学与管理，2003（4）.

体系。

（三）社会课程内容方面的异同

1. 有关行为动词的使用不同

在中国的课程标准中，为了使品德与社会课程内容和教学活动建议能够更好地适应小学中高年级的实际需要，特别注意对社会课程内容的表述方式和程度要求的整理。在课程内容部分，主要以三类行为动词描述学习内容和活动见表6—11。

表 6—11 中国《课标（2011）》中的行为动词①

知识性行为动词	技能性目标行为动词	体验性行为动词
"初步了解" "了解" "理解" "知道" "懂得" "掌握" 等	"识读" "识别" "学会" "观察" "比较" "辨别" "分析" "养成"等	"体验" "体会" "常识" "感受" "参与" "遵守" "关心" 等

这些动词既是对学生的要求，也是对教师开展教学活动的目的的指引，教师在对学生成果进行考查时，也可以参照这些分类；在日本小学社会的教学内容中，注重让学生了解、理解、观察、调查、运用，要求学生对有关社会现象加以关注，而没有"识记" "掌握" 等目标要求。

我国传统的教学过程注重教师教学内容的灌输而忽视学生主动性的发展，虽然在进行教学改革，但对我国现今的教学仍有着一定的影响。相比较而言，日本在注重学科知识教学、社会常识传授的同时，更加注重孩子各种能力的发展，虽然没有明确的行为动词做评价指标，但从某种意义上来讲，降低了对小学生的要求，减轻了学生的学业负担，同时也给教师更大的教学空间；我国明确规定了与孩子年龄特点相符合的行为动词，为教师参考和评价时提供方便，但是在无形中，这些行为动词便为孩子学习戴上"软枷锁"，导致教学弹性不足，活动空间有限等弊病。

---

①高峡.义务教育品德与社会课程标准（2011年版）解读［M］.北京：高等教育出版社，2012：101-103.

2. 课程内容的划分依据不同

社会课程作为一门综合课程，其课程内容不仅包括学科领域的内容，还要包括社会生活领域的内容，在与学生的认知发展特点相适应的基础上，如何合理有效地构建课程内容，成为世界各国关注的问题。就目前而言，世界上大多数国家选择的是美国的基于主题轴（领域）的构建方式，我国也是其中之一。部分研究人员指出，基于主题轴或领域的方式来构建社会课程的课程内容，是各国社会普遍采用的组织法则。①将儿童的生活和多个学科的科学概念有机整合，形成适合于不同年级学习的主题，从而促进社会课程的发展。

中国品德与社会课程标准中的课程内容被分为六个主题，依据经典的"同心圆扩大"，以学生为原点出发，沿着学生生活和成长路线展开内容，从个人、家庭、社区、国家、世界等层面做了详细的划分与介绍，各个主题之间既有包含性，也有一致性，具有各自的特殊性与独立性。日本社会课程的教育内容，同样呈现出"同心圆扩大"模式，在学年划分的基础上，教学内容的深度与难度呈逐渐扩大趋势，具有一定的层次性和顺序性。在扩大学生认识范围的基础上，对学生的各方面发展也提出了不同的要求。以能力发展为例，三、四学年主要通过对本地区的社会环境和生活环境的观察，来培养学科的观察能力；四、五、六学年主要是让学生学会使用地图、年表、统计等基础资料，并依次来发展学科的应用资料能力；②三、四学年让学生思考社会现象及其之间的关系；五学年思考社会现象存在的意义；六学年则思考社会以及国际关系形成方面的意义等。③

虽然中日两国在课程内容的建构与划分的依据方面存在差异，但是在具体内容的安排上都选择了"同心圆扩大"的模式，以学生为起点，根据学生的认知发展特征安排教学，促进学生的全面发展。

---

①高峡.小学社会课研究与实验［M］.北京:北京师范大学出版社，2004：68.

②赵亚夫,张世宏.日本小学社会科的教育目标与课程内容［J］.北京教育，1998 (12) .

③(日本) 松尾正幸著,赵亚夫译.日本小学社会科教育的目的［J］.课程·教材·教法，1999 (2) .

3. 课程内容的设计思路不同

中国课程标准在前言部分明确提出，本课程的设计思路是：一条主线，点面结合，综合交叉，螺旋上升。[①]其中，"一条主线"即以学生的生活发展为主线，主要表现在课程内容的六大主题，即"我的健康成长""我的家庭生活""我们的学校生活""我们的社区生活""我们的国家""我们共同的世界"，基本上都是以儿童不断扩大的生活范围来设计的。"点面结合"即把不同的领域看作不同的面，从不同的视角建构课程内容，这在每一个主题中都有所体现。以"我们的学校生活"为例，从社会环境的视角来看，内容要求学生能看懂学校和学校周边的平面图并能利用简单的图形画出学校的平面图以及上学路线。从社会活动有关的视角看，提出要通过学校和班级等集体生活，体会民主、平等在学校生活中的现实意义；社会关系方面则要求学生体会同学之间真诚相待、互相帮助的友爱之情。最后，需强调的是"综合交叉，螺旋上升"，即同样的内容穿插于不同的主题之中，不同的内容在同一年级出现，并伴随着年级的升高，在范围、深度、难度等方面上升的趋势。

与中国不同的是，日本在设计思路方面并没有给出明确的语句，而是把课程设计思路打散隐藏于每一学年的教学内容中。例如，以学生生活范围为主线，教学内容由学生所在地扩展到国家，再到国际；以工具的使用为线，由对地图的使用，继而到地图与地球仪的使用，再到地图、地球仪与相关文件的使用。日本社会的教学内容，整体上表现出一定的顺序性和层次性之外，但在《小学学习指导要领》中并没有特殊的阐述。

五、课程实施建议比较

（一）中国课程标准中的实施建议

如果把中国《课标（2011）》与现实情况放在教育长河的两边，那么课程实施便是连接现实与理想的桥梁。只看不做，纸上谈兵，改革课程标准却不

---

① 中华人民共和国教育部.义务教育品德与社会课程标准（2011 年版）［M］.北京：北京师范大学出版社，2012.

实施，那么课程改革永远不会进步；脱离实际，胡乱改革，那么希望永远都不会实现。既然《课标（2011）》已经为课程实施者指明了方向，那么广大小学教师就必须建筑好课程实施桥梁的每一块砖，深入领会课程的基本理念，以学生的发展为本，开拓创新，全面实现课程目标与课程价值。实施建议是教师在开展教学实践过程中的重要指针。

中国《课标（2011）》的实施建议部分是在本次课改中变动较大的一部分，在教学意见、评价意见、教材编写的建议和课程资源的开发与利用部分进行了细化，改变了过去原则化、理论化和概念化的表述，使之变为教师易于理解、便于操作的建议。①实施建议主要包括教学建议、评价建议、教材编写建议和课程资源开发与利用四个部分。

1. 有关教学的建议

中国《课标（2011）》在教学建议部分，针对过去教学建议缺乏实践性、具体性等问题进行了改变，使教学建议易于理解，便于操作。②进一步细化了教师在教学中应该把握的内容，较为详细地阐释了每一条建议，以举例的方式对教学目标的设计、学生生活经验的提升和教学空间的拓展，并对需重视的教学活动的特点、目的和组织方式，如体验学习、探究学习、问题解决学习等做了说明，具有导向性。教学建议如下：

(1)整体把握课程目标和教学目标的关系；

(2)通过创设多样化情境，丰富和提升学生的生活经验；

(3)引导学生自主学习和独立思考；

(4)因地制宜地拓展教学时空；

(5)有效组织适宜的教学活动。③

课程标准在教学建议部分的一大改变就是对每一条教学建议从理论与实

---

① 赵亚夫.为了学生的健康成长［J］.中小学德育，2012（4）.

② 高峡.品德与社会课程标准修订要点简述［J］.基础教育课程，2012（12）.

③ 中华人民共和国教育部.义务教育品德与社会课程标准（2011年版）［M］.北京：北京师范大学出版社，2012.

践两个方面进行较为详细的阐释与说明，例如，在第一条教学建议中，首先阐述课程目标与教学目标的关系，继而通过举例说明来帮助教师理解针对不同的课程目标应如何设计教学目标和组织教学。此外，在第五条中，针对如何有效地组织教学活动，举例说明体验学习、探究学习、问题解决学习、小组学习等几种具有代表性的组织形式。

教学建议中的五个方面是作为一个整体，相互联系、相互影响而存在的。在教学活动中，始终要以学生的生活发展为主线，把学生良好品德与社会性的发展作为教学重点，做到教学活动源于生活、提升生活及指导生活三大原则。

2. 有关评价的建议

教学评价是检验教学成效、诊断学生学习结果和教师教学效果的有效手段，它的根本作用在于了解学生的学习情况，改进教师教学，促进学习效果的提高。《课标（2011）》从学生和教师的角度出发，将评价建议细化为"评价的目的和原则""评价的目标和内容""评价的方式和方法""评价的实施和反馈"四个部分，突出了教学评价对品德与社会课程发展的重要意义，见表6—12。

表6—12 中国《课标（2011）》中的部分评价建议

评价建议	具体内容
（一）评价目的和原则	品德与社会科课程评价的根本目的在于积极促进学生发展，全面了解和掌握学生的道德和社会认知、判断、行为，以及发现和解决问题等方面的能力，以帮助教师改进教学，提高教学的实效性，保证课程目标的实现
（二）评价目标和内容	本课程主要对学生在学习过程中各方面的表现进行综合性评价，评价教师的教学行为主要考查其是否能够落实教学目标、恰当地运用教学方法、激励每一位学生参与学习并有所进步
（三）评价方式和方法	品德与社会课程倡导采用多主题、开放性的评价，教师可根据具体情况，选用或综合运用评价方式

续表 6—12

评价建议	具体内容
（四）评价的实施与反馈	1.评价要真实、可信、公正、客观。注意积累能真实反映学生发展变化的资料，如学生的作品、作业等，将日常观察和定期考查相结合 2.评价要注重知行统一。将道德认知与道德行为有机结合 3.评语既要简要、精炼，又要注意差异性、针对性。评价结果要能够反映出每个学生在原有基础上的进步与变化 4.评价结果要及时反馈给学生，并对评价结果做出合理的解释，帮助学生准确了解自己的学习状况。评价结果的反馈应有利于学生自信心的建立和自我反思[①]

首先，在评价的目的和原则方面，特别强调了评价的目的在于积极促进学生发展，全面了解和掌握学生的能力；评价原则也精简为"三个统一"，即"注意认知和操行相统一""综合性和简约性相统一""现行表现和隐形品质相统一"。《课标（2011）》倡导在尊重学生个性特点的前提下，采用多元的评价方式，促进每位学生的发展。

其次，就评价对象而言，包括学生与教师两个方面。在针对学生的评价方面，强调"对学生在学习过程中各方面的表现进行综合评价"，评价内容主要包括学习内容、学习能力和方法及学习结果。其中，学习结果包括完成学习任务的质量和进步程度两个方面，教师应根据课程和学生的特点、课程的具体内容与教学实际进行评价。在针对教师的评价部分，主要从教学目标、教学方法和教学效果几个方面进行考查，这对教师的教学提出了更高的要求。

再次，在评价的方式和方法上，要求使用多种形式的评价方式，课程标准主要列举了观察记录、描述性评语、达成水平评价、作品评价、学生自评与互评五种方式，并对每一种评价方式进行说明。突出强调在学生自评时，教师需要注意将学生自评与集体互评结合起来，鼓励学生对自己进行积极的评价的同时，正确认识自我，促进学生的发展。

---

①中华人民共和国教育部.义务教育品德与社会课程标准（2011 年版）[M].北京：北京师范大学出版社，2012.

最后，在评价的实施与反馈部分，这部分是"评价建议"新增加的内容，旨在帮助教师更好地实施评价和有效运用评价的反馈功能。[1]从整体上对课程评价提出要求，包括评价的真实性、知行统一、评语要求和及时反馈等。

在日常评价活动中，无论采用何种评价方式，都需要以课程标准为依据实施，教学评价应贯穿教学活动的始终，在尊重学生的前提下，真实、公正、客观地对学生的学习和教师的教学进行评价，并要及时地向学生、教师或其他人员进行反馈，从而促进学生与教师的进步与发展。

3. 有关教材编写的建议

教科书是品德与社会课程的第一用书，品德与社会课程的教科书即以学生的生活为基础，以学生良好品德形成为核心，促进学生社会性发展的学习载体。

教材的编写，要严格依据课程标准的要求，体现国家意志，贯彻品德与社会课程理念，体现课程特征，充分考虑学生兴趣与需要的基础上结合当地实际情况进行编写。《课标（2011）》颁布后，现在我国的小学品德与社会课程教材主要有：人教版、苏教版、科教版、浙江版和上海版品德与社会教科书与教师教学用书等。[2]在呈现方式上，依据课程标准在教学内容方面的表述，大多数教材亦采用主题构建的方式来组织内容，这样的构建方式有利于打破原本学科间的界限，突出课程的综合性，贴近学生生活，强调教学活动中的学生的生活体验，旨在帮助学生认识生活、参与生活。

4. 有关课程资源开发与利用的建议

广义的课程资源是指，有利于实现课程目标的各种因素，狭义的课程资源仅指形成课程的直接因素来源。[3]课程资源是课程实施的前提，教师开发课程资源越是丰富，运用水平越高，那么课程实施的效益就越高。

①高峡.品德与社会课程标准修订要点简述 [J].基础教育课程，2012（12）.
②李稚勇.品德与生活品德与社会课程与教学 [M].北京：高等教育出版社，2006：148–186.
③钟启泉，崔允漷，张华.基础教育课程改革纲要（试行）解读 [M].上海：华东师范大学出版社，2001：402.

课程的资源是多样的，课程资源的利用应为教学服务，力求切合实际。[①]新课改强调课程资源开发和运用的主体回归教师与学生，增强课程的针对性与主动性。在教学观念方面，合理有效地利用课程资源，改变传统的价值观、整合课程资源观，对实现以儿童为中心的课程价值观的转变，增强课程的实效性都有着重大意义。

（二）日本社会"要领"的实施建议

1. 内容选取的依据

日本社会"要领"中并没有安排"教学建议"一部分，而是在每一学年课程内容之后设置"内容选取"的板块。在该板块中针对各个学年的教学内容提供可供选择的具体内容，如，五学年的内容选择，见表6—13。

表6—13 日本小学五学年社会"要领"中的内容选取[②]

学年	具体内容
五学年的内容选取	（1）关于内容（1），采取如下对策： A.A中的"主要国家"，主要提出邻国各国。此时，在理解我国以及其他国家都有自己的国旗的同时，也要注意培养对国旗尊重的态度 B.B中"自然条件方面有特色的地区"。要选出案例地区，再具体阐述为适应自然环境而生活的人类所想的办法 C.关于C，从大气污染，水质污染中举具体事例 D.关于D，从保全我国国家土地等观点出发，让大家注意到从事森林资源的培养和保护的人员所下的功夫以及努力，以及为保护环境国民合作的必要性 （2）内容（2）中的C中，可以举农业和水产业发达地区的事例来调查，除稻作外，也要举蔬菜、水果、农畜产品、水产品等生产中的一个例子 （3）内容（3）的C中，通过工业发达地区的具体事例进行调查，可在金属工业、机械工业、石油化学工业、食品加工业中举一个例子 （4）将内容（2）的C和内容（3）的C相联系，处理价格和费用、交通网等问题 （5）关于内容（4），按以下处理 A.关于A，在广播和报纸中选择 B.关于B，有效利用信息网站，在致力提高公共服务的教育、福利、医疗、防灾的方面选择举例

①中华人民共和国教育部.义务教育品德与社会课程标准（2011年版）[M].北京：北京师范大学出版社，2012.

②日本文部科学省.小学学习指导要领（平成20年8月）[M].日本：东京书籍出版社，2009.

从上述表格中可以看出，日本社会内容选取部分的设置，目标明确，内容简介精炼，不存在多余的解释。在语言表述上选择"关于某项内容，采取以下对策"的表述形式，针对性强，不做烦冗的赘述，表述清晰，易于理解，对教师准确把握教学内容、实现教学目标、有效展开教学活动有很大的帮助。

2. 教学指导的注意事项

在日本社会"要领"的最后，对本次指导计划的制作以及内容的处理方面的部分事项提出注意，对社会的课程实施过程进行宏观上的指导。整体内容如下。

(1)指导计划的制作中要考虑以下事项：

①各学校发挥地区的实际状况，使学生提高兴趣研究学习的同时，开展观察调查参观学习等活动，并在此基础上进一步充实表现性活动。

②在有效利用博物馆和地方资料馆等设施的同时，观察和调查周边地区及国家的遗迹和文化遗产等。

③有效利用学校图书馆和公共图书馆以及计算机，进行资料的收集、活用和整理。并且在第4学年之后要有效利用教科用书地图。

④第一章总则的第一中的2，和第三章道德中第1里所写明的道德教育的目标，以此为基础，在思考与道德时间等的关联同时，针对第三章道德的第2中显示的内容，响应社会科特质进行适当指导。

(2)当中类同的处理方面要考虑到以下事项：

①关于各个学年的指导，要考虑儿童成长发育阶段并使之对社会现象进行公正的判断，同时让每一个儿童养成社会性的见解和想法。

②各学年中，有效利用地图及统计资料，想办法指导，使学生掌握我国都道府县的名称和位置。①

在以上的注意事项中，从我国的划分形式来看，主要包括教学建议、课程资源的开发与利用和社会课程与道德教育之间的关系这三个方面内容。虽

①日本文部科学省.小学学习指导要领（平成 20 年 8 月）［M］.日本：东京书籍出版社，2009.

然内容不是很长，但是语言表达清晰，具有针对性与具体性。所谓"类同"，即在各个学年都存在的方面，主要是从学生发展的角度和对工具的使用方面进行阐述，这是社会课程在几个学年中的共同点，也是需要着重强调的地方。

注意事项的内容与我国的实施建议有着异曲同工之处，重申了教学活动的设计不仅要与社会的课程特质相符，还需要与当地实际情况相适应，在发展学生观察能力、解决问题的同时要学会学习，学会使用各种工具帮助分析问题的能力，尊重学生的发现，促进学生的发展。

（三）社会课程实施建议的比较

1. 教学建议的精细度不同

日本社会的内容选取是安排在每个学年目标与内容之后，清晰准确地针对具体的教学内容进行说明与参考。例如，在六学年的教学内容中有这么一条：

H 对大日本帝国宪法的颁布，日清、日俄战争，条约的改正，科学发展进行调查，了解我国从此国力殷实，提高了国际地位的事实。①

对应的内容选取，表述为：

D. 关于 A 到 H 这方面，可以举如下人物的例子通过任务的事迹得以学习。

卑弥呼，圣德太子，小野妹子，中大兄皇子，中臣镰足，圣武天皇，行基，鉴真，藤原道长，紫式部，清少纳言，平清盛，源赖朝，源义经，北条时宗，足利义满，足利义政，雪舟，弗朗西斯科·德·格扎维埃【日本最早的基督教传教士】，织田信长，丰臣秀吉，德川家康，德川家光，近松门左卫门，歌川，安藤广重，本居宣长，杉田玄白，伊能忠敬，培理【美国海军军官，1854 年强迫日本签订日美亲善条约】，胜海舟，西乡隆盛，大久保利通，木户孝允，明治天皇，

---

① 日本文部科学省.小学学习指导要领（平成 20 年 8 月）[M].日本：东京书籍出版社，2009.

福泽渝吉，大隈重信，板垣退助，伊藤博文，陆奥宗光，东乡平八郎，小村寿太郎，野口英世。①

虽然教学内容只是简单的一句话，但是内容选取所提供的参考建议却如此细致、清楚，这是我国课程标准没有达到的具体化程度。此外，在指导教学活动的基础上，依然对教师把握课程内容、设计教学活动方面保留一定的空间与余地，更好地促进教师与学生之间的互动。

中国的教学建议安排在实施建议部分，从宏观上强调教师把握课程目标、多样化教学情境与学生生活经验的联系等，然而在细节方面却不能做到每一条内容都涉及，虽然提出许多具体的教学方式，但是并没有与具体的教学内容结合起来说明。这应该是考虑到我国基础教育发展不平衡的现状，在对教学活动内容进行补充说明与教学内容的教条规定之间是存在空间的，至于这个空间如何把握，对我国小学品德与社会课程教师来说是一种考验。因此我国的课标在实施建议方面仍可根据各区域特征及不同的教育需求进一步将教学建议精细化。

2. 课程评价的侧重点不同

随着我国基础教育改革的不断推进，课程评价方面由单一的结果性评价向形成性与结果性评价相结合转变，培养学生的评价能力，形成正确的自我认识，这对学生的发展以及教学活动的进行都有着重大意义。

在我国的"评价建议"部分，从评价目的、原则、目标与内容、方式与方法及实施与反馈等几个方面进行了较为详细的介绍与说明，进一步强调了课程的教学评价既是对学生的学习进行评价，也是对教师的教学进行评价。教学评价应观察教学活动的全过程，教师应在充分考虑学生阶段特征的基础上，尊重学生的人格，真实、客观地对学生的学习行为与学习结果进行评价，同时反思自己的教学行为，及时反馈。相对而言，日本社会"要领"中的内

---

①日本文部科学省.小学学习指导要领（平成 20 年 8 月）［M］.日本：东京书籍出版社，2009.

容简短，有关评价的内容较少看到，但这并不代表日本不重视课程评价。有研究人员根据日本教材中的单元内容的教学进行分析并指出，单元的教学评价都有"兴趣、热情、态度""科学的思考""技能、表现""知识、理解"四个方面的标准，可以看出，日本的教学评价主要是在对教学目标和课堂教学实际的具体评价，教学目标与教学评价坚持一致性，具有可行性、操作性和具体性。[①]

我国在课程标准中明确指出的评价建议部分，内容全面，语言表达准确，但是在实际教学中还是难以改变以考试为准的事实，具体性与操作指导不足；日本在"要领"部分并没有明确指出教学评价，但实际教学中重视评价，与实际教学活动相结合，可行性强，这是值得我国学习和改进的地方。

3. 教材编写的建议不同

有关教材的编写，日本在社会"要领"中并没有相关阐述，但是日本社会教材也有着严格的规定——

> 日本社会教材编写的指导思想是：小学生社会教材要严格按照《小学学习指导纲要》进行编写，教材是指导纲要的具体化；教材编写要有利于培养民主和平的国家缔造者，要培养适于国际社会具有"生存力"的日本人；教材要提供给学生"社会素材"，要帮助学生进行问题解决式的学习活动；教材同时还要有利于教师进行探究式教学指导。[②]

日本突出教材编写中"要领"的重要地位，以学生为中心，强调以教学实践活动的重要性和对教师的指导意义，这与我国在教材编写建议部分的内容相似，但又存在一些不同。我国现有的教材编写主要选择主题建构方式，适应学生的认知发展需要，以学生生活为主线，突出课程的综合性特征。在课程标准的宏观指导下，各地区可结合当地的特征，编制有利于本地学生社

①何清凤.日本小学社会科教育一瞥 [J] .师道，2009 (9) .

②陈晔.日本小学社会科教材分析及对我国《品德与社会》教材设计的启示 [D] .长春:东北师范大学，2008.

会性发展的教材，促进学生学习主动性的发展和各方面能力的进步。与日本社会教材编写相比，我国的教材编写建议突出强调了社会课程与学生生活的关系，所不足的是，有关教材对教师教学活动的意义没有予以强调。教材是教学活动的第一用书，不仅对学生的发展具有重要意义，对教师教学水平及教学效果的提高也具有重要意义。

六、日本课程标准对我国的启示

国家的性质决定课程的性质。中日两国虽同属东亚文化圈，但是伴随着时代的发展进步，两个国家经历不同的历史道路。中国作为一个社会主义国家，在品德与社会课程改革中，着眼于课程的发展与学生的发展，引导学生在社会实践中学习知识，在潜移默化中形成正确的价值判断，具有社会责任感，树立努力为人民服务，为共产主义事业奋斗终生的伟大理想。此外，伴随着时代的进步，基础教育改革的深入，课程标准对加强未成年人思想品德教育，加入了社会主义核心价值体系教育，中国传统文化的传承等内容。日本作为一个资本主义国家，在社会教育中强调学生个人个性的发展与作为一名社会公民对社会的理解与贡献，强调对日本本国的热爱与国际视野的开放性，在课程内容部分可以看出，日本在公民素质方面强调公民对所在社区经济、通信及安全等内容的重视，强调对社会劳动者的关心与尊重及作为一名日本人未来所应具备的各种能力的发展。

具有中国特色社会主义的品德与社会课程，强调坚持马克思主义思想的指导，坚持中国特色社会主义的共同理想，坚持以爱国主义为核心的民族精神，坚持以改革创新为核心的时代精神，坚持社会主义荣辱观，这是顺应我国进步与发展的体现。

（一）传统文化制约社会课程的发展

作为一衣带水的两个国家，中日两国在传统文化上都受到儒家思想的影响，但又有所不同。

中华民族是一个古老的民族，在历史的长河中逐渐形成了以儒家思想为主的传统文化体系，给我们留下了丰厚的文化遗产。一般来说，从继承的角度来看，传统文化可以分为三种不同的情况：精华、糟粕、精华与糟粕的结合。①面对此等情境，品德与社会课程需对传统文化进行扬弃，保存精华部分，丢弃糟粕，在社会发展的大背景下，给传统文化赋予新的含义。品德与社会课程教育在传承传统文化的过程中扮演着重要的角色，而课程标准作为指导性文件，具有重要意义。传统文化在课程标准目标部分的具体表现有热爱祖国、勤劳朴素、爱亲敬长、诚实守信、友爱宽容等。在课程内容中有生活中尊老爱幼、感恩家长、邻里和睦、尊重老师、友爱之情等。

日本是世界上较少的单一民族国家，有着相同的语言、文化、习俗等，在其传统文化中，既可以看到儒家文化的身影，也可以看到西方文化的影响，从而形成了日本独有的多元化的文化体系。在日本的传统文化中，可以明显看到儒家文化，例如，生活中强调对父母的爱、对老师的尊敬、对家乡的热爱和对祖国的热爱之情等。另一方面，在日本的文化中，又可以看到西方文化的影响，在教学中对学生个性的重视、学生自发性和主体性的尊重等。在现行的社会"要领"中也有所反映，例如，总目标中强调对日本国土的热爱，分目标中突出对所在区域的了解与爱，对历史上伟人的尊重等。此外，在课程内容中，突出学生观察、调查的能力，尊重学生的发现与理解，强调学生的主体地位。

虽然中日两国的传统文化中都有着儒家思想的影响，但中国的文化组成相比较于日本的文化组成，明显单一许多。中国传统文化强调教师的知识传授，而忽视学生学习的过程，成为我国后来的教育改革的艰巨任务之一。《课标（2011）》作为教育改革中的一部分，突出强调学生的主体地位和以"学生发展为本"的思想。所不同的是，日本在过去的文化中便吸收了西方的民主思想，这对后来的教育发展起到了促进作用并形成了较好的教育模式，"要领"虽然简短，内容却面面俱到，这是值得我国学习的地方。

———————————

①李稚勇.品德与生活品德与社会课程与教学［M］.北京:高等教育出版社，2006:64.

（二）侧重课程目标与课程内容的精细化及内在逻辑性

与日本社会课程目标相比，我国的课程目标在总目标方面足够清晰、简明和全面，然而在分目标方面则有所欠缺。

我国《课标（2011）》依据课程理念的内容，强调课程的综合性，分情感·态度·价值观、能力与方法、知识三个维度设置课程分目标，条理清晰，涵盖面较广，这是我国课程设置的优点。所不足的是，课程分目标的设置，从学生个人的全面发展出发，却在一定程度上忽视了学生的顺序性与阶段性，横向目标充分，纵向目标不足。此外，教学目标的设置与实际教学实施的距离较大，教师不易把握，那么在课程内容的实施方面必然容易出现偏差，这对学生的发展与教学活动的进行存在着不利影响。

在这方面，日本社会课程是依据每个学年学生的发展水平设置课程分目标与教学内容，并将一个学年的学年目标与内容安排在一起，这样的设置有利于教师较好地把握课程目标与课程内容之间的衔接，有效组织教学，促进学生社会性的发展。而我国以主题轴的形式逐步推进教学内容的深度与广度，但是却没有与学生的实际发展较好地搭配起来。简而言之，我国的课程标准与内容宏观指导有余，微观具体不足，应在保持原有的系统化的基础上与学生的实际相结合，使课程目标与内容易于理解与把握。

（三）加强社会课程与相关学科的联系

我国小学中高年级的品德与社会课程从纵向上看，在小学低年级品德与生活课程的基础上，与初中思想品德、历史、地理（或历史与社会）等课程相衔接；从横向上看，品德与社会课程强调社会实践活动的展开，突出与其他课程之间的一致性与衔接性，促进学生的全面发展。[1]在品德与社会课程中，各种课程的内容相互交叉重复，同样的内容在学习程度方面也存在着差异，这就对品德与社会课程标准提出了更高的要求。

---

[1]高峡.义务教育品德与社会课程标准（2011年版）解读［M］.北京：高等教育出版社，2012.

在日本社会"要领"中可以较为明显地发现过去修身、历史、地理的身影，在社会教学的同时，注重与道德时间、综合学习时间等课程之间的衔接。同样以学生为出发点，我国课程内容的设置上，以主题轴的形式建构课程内容，主题明确，这不仅有利于社会课程范围内知识的整合，还有利于跨学科之间知识网络的形成。①例如，在"我们的社区生活"这一主题中，不仅可以教授社会课程中包含的地图知识与技能、社区故事、交通安全等内容，还可以学习有关科学课程中社区生活的科学技术发展、语文课程中的语言表达和写作素材的提供等，在整合社会课程内部地理、历史、政治、经济等方面的同时，与其他课程结合在一起，促进学生的全面发展。

我国社会课程主题的系统性方面还有待加强，如何做到在适应学生发展的阶段性、顺序性的基础上，有效整合社会课程内部知识，处理不同年级间课程的纵向衔接及同一年级不同课程的横向衔接方面，实现社会课程目标，这是我国课程改革所需解决的问题之一。此外，不同的主题中穿插着各种学科知识的社会课程设置，对教师的水平提出了更高的要求。当前小学社会课程的教师大多并非社会教育科班出身，而是由其他教师兼任，专业知识储备较少，基本功不扎实，如果面对容量如此巨大且条理性不甚清晰的社会课程，该如何组织教学活动是一项艰巨的任务。总之，在增强和完善社会课程与相关课程衔接的同时，更需加强对教师队伍建设的关注程度，为学生呈现一个完整的、互相关联的课程结构，这对学生较好地掌握知识及教学活动的有效实施有着重大意义。

（五）关注社会课程中的非智力因素

所谓非智力因素，主要是指在智力因素之外的内容，不仅包括现代会社会要求的主体意识、竞争意识、合作意识、效率意识和公平意识，还包括公德意识、心理素质、价值观念、人文素养和科学精神等。

---

① (美) 罗宾·福格蒂, 朱迪·斯托尔. 多元智能与课程整合 [M] . 郅庭瑾, 主译, 北京：教育科学出版社，2004：27-30.

中日两国在社会课程标准中都表现出了对学生非智力因素培养的重视。日本社会"要领"中强调学生对所在地区的关心、对日本本国的热爱和学生观察能力、分析能力和思考能力的发展，突出对学生非智力因素方面的培养。我国《课标（2011）》中，总目标部分便指出，品德与社会课程旨在培养学生的良好品德，致力于培养学生具有公民责任心、良好行为习惯和个性品质。而在分目标设置时，把"情感·态度·价值观"放在品德与社会课程目标的第一位，强调对学生思想品德的教育，丰富学生的情感体验；把"能力与方法"放在第二位，针对传统教育中只关注教学结果，忽视教学过程的局面，倡导在教学活动中以学生为主体，教师主导，师生共同参与的教学局面；而把"知识"目标安排在最后，强调知识的重要性。在教学内容部分，例如，在"我们的国家"主题中：

第1条　知道我国的地理位置、领土面积、海陆疆域、行政区划。知道台湾是我国不可分割的一部分，祖国的领土神圣不可侵犯。（高）

第4条　知道我国是一个地域辽阔、有着许多名山大川和名胜古迹的国家，体验热爱祖国的情感。（高）

第5条　了解我国曾经发生过的地震、洪水等重大灾害，知道大自然有不可抗拒的一面。感受人们在自然灾害中团结互助的可贵精神。学习在自然灾害中自护与互助的方法。（高）[①]

从上述的几条内容中可以看出，在我国教学内容中，情感体验、能力发展都是建立在对知识的"知道"和"了解"的基础之上，即先教学知识后感悟或发展能力，还是可以明显看出重智力因素、轻非智力因素的痕迹。而日本社会课程标准中的内容明显体现出的先能力、后知识的教学观值得我们反思和借鉴。

[①]中华人民共和国教育部.义务教育品德与社会课程标准（2011年版）［M］.北京：京师范大学出版社，2012.

　　此外，需要强调的是，课程标准作为实际教学活动展开的依据，二者并不能完全等同。日本在小学中高年级的社会教学活动中，社会实践活动占据重要地位，强调让学生在实地参观、观察和考察中促进学生各方面的发展，培养学生直接的情感体验。而在我国，品德与社会课程的开展还局限于课堂教学，主要通过教师课堂上的语言传授来实现课程标准所规定的教学目标，间接地发展学生的非智力方面的能力，缺乏直接体验。

　　我国在课程目标部分对学生非智力因素发展给予重视，但在课程内容的设置和实际教学的开展中却仍注重智力因素的发展，对非智力因素发展的关注不够。

第七章　中国与韩国小学社会课程标准比较

韩国的小学社会课程从 1946 年开设以来就始终在其小学课程中占据重要地位，备受重视。小学社会课程作为独立的科目在韩国开设了 60 余年，历经 7 次重大的基础教育课程改革。

一、韩国小学社会课程标准的历史发展

第一次课程改革（1955—1963 年）旨在根据韩国法的精神，全面更新韩国教育，实现培养全人的教育目标。小学社会课程以社会功能为中心选定的主题为基础，这一阶段的社会课程是接近生活经验型的教育课程，"社会生活"科目在课程当中立于核心地位。第一次教育课程具有整合性科目的性质，教科书的名称被定为社会生活。

第二次课程改革（1963—1973 年）受美国实用主义教育思潮影响，是一次以生活和经验为中心的改革，此次改革主要围绕培养什么样的人的问题展开。这一时期小学社会教育课程颁布，导入了以重视学生经验为主的教育理念，是以经验为中心或以生活为中心的教育课程，因而教育课程亦强调了内容上的自主性、效率性和实用性，组织上的合理性，运营上的地域性。课程名称由原来的"社会生活"变更为"社会"。

第三次课程改革（1973—1981 年）更加强调科学和技术教育，课程改革

目标为实现道德思想教育和知识技术教育的有机结合、自我实现与国家发展的协调统一。这一时期小学社会教育课程修订了教育方向，在社会课程应有的教育作用或目的方面，将社会课程的终极目标置于理想的韩国人状态上，提出了反映社会科学所追求的目标及国家和社会需要的一般目标和学年目标；在内容方面强化了韩国史教育，韩国史教育体系化形成并得到了进一步加强（5、6 年级确保了国史内容的 50%，并且同地理、公民内容分离编排），整体结构是按同心圆地域扩展法和时间追溯法。

第四次课程改革（1981—1987 年）受美国"回到基础"运动的影响，以人文主义为导向，其总目标是培养 21 世纪所需要的人才，实施系统的国民精神教育，适当增加科学技术教育内容，以最终实现全人教育的目的。第四次课程改革时期是社会课程的成熟期，强调以人为中心的教育课程性质，追求个人、社会和学术的相互适应和协调性。在内容选定方面，优先选择了社会科学各领域涉及的基本内容及国家和社会要求的时代性问题和价值方面的内容，为使社会维持正常的功能而要求社会成员所必须掌握的要素和探索社会现象所必需的部分知识。在内容的组织方面，地理、历史、公民领域的内容按年级均匀地分散调整，杜绝了内容重叠现象的出现。

第五次课程改革（1987—1992 年）以培养主导信息化、开放化和国际化的高度发达的 21 世纪社会的具有主体精神、创造精神和有道德的韩国人。其中，社会课程改革目标是使学生获得社会生活的基础知识，具备作为韩国国民素质所需的自觉性。[①]并对第四次教育课程存在的问题做出了完善，强调整合与地域化，表现为：内容和水平的调整，形成了整合单元，强化了同传统文化相关的内容，将此前独立讲授的历史内容编入社会课程等。第五次课程改革还对低年级实现了课程间的整合。1、2 年级以社会课程和道德课程的内容为主线，融入了其他相关的内容，从而形成了较为理想的生活课程，3、4 年级则形成了以我们的家乡和我们的市和道为主题的地域化为核心的内容。

---

①田以麟.今日韩国教育［M］.广州：广东教育出版社，1996：157.

第六次课程改革（1992—1997年）以培养有主体精神、创造精神和有道德的，能主导21世纪信息化、开放化、国际化的社会发展的韩国人为目标。小学社会教育课程强化了社会课程所具备的本质，从编制上具备了作为整合社会课程的框架，形成了社会课程的性质规定，提出了在课程目标的层面上为本质课程，在课程结构层面上为综合性、整合性课程，在教学论层面上为以方法为中心的课程性质。

第七次课程改革（1997年至今）的目标是培养健全人性和创造性的人，使学生获得基本的生活技能。第七次教育课程修订注重以学习者为中心进行分级教育，社会教育课程反映了如下几个方面的观点：一将着重点置于培养能够主导信息化、全球化时代社会变化的新一代市民素质；二制定以学习者为中心的分级教育课程；三作为市民性的素养科目，追求整合性和社会科学教育的系统性之间的和谐；四体现教育课程的地域化，进而适应地球村社会的要求，反映地球村的观点。这次改革修订的内容分为基本课程和深化课程，学生可以选择丰富的活动，课程内容缩减至原来的70%，内容选择上强调了地域社会和世界之间的彼此依赖和关联性。支持儿童自主学习，支持儿童以活动为中心、以解决问题为中心的学习，带着兴趣和关注愉快地学习。①

韩国的小学社会课程的教学内容是以历史、地理和一般社会常识为中心对3、4、5、6年级学生进行教学。韩国小学用的教科书都是以教育人的资源部为中心出版的国家公用教科书。2002年全面实施的《社会教育课程——第七次教育课程》规定小学的"社会"从小学3年级到6年级共开设8个学期。在韩国，广义的"社会"包括"道德"和"社会"，韩国的小学课程中1—2年级开设每周2课时的"端正生活"，3—6年级开设每周3课时的"社会"和1课时的"道德"。总统咨询机构教育改革委员会在1995年5月31日针对信息化、全球化时代的到来拟定并发表的以确立新的教育体制为目的的教育改革方案，被称为韩国第七次教育课程改革。1997年第七次教育课程公布。为

①金正镐.中韩小学课程比较研究［D］.北京：中央民族大学，2008：22-26.

了让学生能够按照自己的兴趣、能力、个性化需求学习多样性的知识，第七次教育课程改革依据如下原则进行编制：1.缩小必修科目，增加选修科目；2.强化信息化、世界化教育；3.编制不同层次水平的教育课程。

1999 年 3 月 11 日，韩国教育部颁布了新的教育发展五年计划试案。新的教育发展五年计划明确提出，韩国教育的发展应适应未来以人、教育和终身学习为中心的要求，努力培养能够顺应信息化、世界化趋势，能够适应新的雇佣结构和新的生活方式的人才，要把握时代契机，以"第二次教育立国"为口号，再次稳固国家发展的根本基础。为此，在 2007 年韩国教育人力资源部发布告示第 2007—79 号，对第七次教育课程进行了部分修订，称为"2007年修订教育课程"。

二、 中韩社会课程标准框架结构和目标比较

(一) 中韩小学社会课程标准框架结构比较

1. 中国课程标准的框架结构

中国《义务教育品德与社会课程标准（2011 年版）》（以下简称《课标(2011)》）框架结构分为四个部分：前言、课程目标、课程内容、实施建议。

表 7—1 《课标（2011）》框架结构

前言	介绍了课程性质、课程理念、课程设计思路。课程性质介绍了品德与社会课程是在小学中高年级开设的一门以儿童社会生活为基础，促进学生良好品德形成和社会性发展的综合课程，具有综合性、实践性、开放性的特征。课程的基本理念介绍了课程设置的总体思想。课程设计思路介绍了课程标准的设计要以学生生活为基础，思路为：一条主线，点面结合，综合交叉，螺旋上升
课程目标	包含总目标和分目标两部分。总目标是对学生通过义务教育阶段品德与社会课程的学习提出的一个总要求，而分目标是将总目标分为三个方面：情感态度价值观、能力与方法、知识
课程内容	包含六个部分：我的健康成长、我的家庭生活、我们的学校生活、我们的社区生活、我们的国家、我们共同的世界。课程内容部分给出了对应的学段，(中)表示适用于中年级，(高)表示适用于高年级，(中、高)表示适用于中、高年级。并且在每一项课程内容后面都有对应的教学活动建议，但是各项课程内容以及排列的顺序与教材和课时并不是一一对应的
实施建议	介绍了四个方面的内容：教学建议、评价建议、教材编写建议、课程资源开发与利用建议

2. 韩国社会课程标准的框架结构

韩国《社会课程标准（2007 年版)》的框架结构分为课程性质、课程目标、课程内容、教学方法、评价这五个部分（见表 7—2)。

表 7—2　韩国《社会课程标准（2007 年版)》框架结构

课程性质	先笼统地介绍了社会课程的目的和作用，然后将社会课程在小学、中学和高中的不同要求具体明确地表述了出来
课程目标	阐述了社会课程的总体目标，一共分为六点，具有层次性将总目标清晰地展现了出来
课程内容	包括内容结构和年级内容两部分。内容结构中包括历史、地理和社会科学。年级内容里介绍了小学三年级到十年级的学生所要达到的具体目标
教学方法	介绍了小学和初高中在社会课程教学过程中的教育规则和学习方法、教学方法
评价	包括评估说明、评估内容、评估方法、估测结果的用途这四个方面[①]

3. 中韩两国小学社会课程标准框架结构的比较分析

（1）中韩两国小学社会课程标准总框架基本相同

中韩两国小学社会课程标准框架的主要内容是一致的，都包括了课程性质、课程目标、课程内容、教学建议和评价建议。这些都是课程标准的基本组成部分，对社会课程的教学具有指导和规范的作用。中韩两国都重视对分级目标的具体化，重视对分级目标的阐述，两国的划分方式不同，中国把课程内容整体归为六个部分，具体内容给出了对应的学段。韩国是用年级划分的方式将三至六年级划分为四个学段。中韩两国都对每个学段的目标要求有十分具体明确的规定。

（2）中韩小学社会课程标准框架结构的精细度不同

韩国小学社会课程标准是由五部分组成的：课程性质、课程目标、课程内容、教学方法、评估。在课程内容部分针对不同年级的学生进行了具体的阐述。中国小学社会课程标准虽然只是由前言、课程目标、课程内容和实施建议这四部分组成，但是每个部分都设有众多的子标题，涵盖的方面比较多。例如

---

①Proclamation of the Ministry of Education and Human Resources Development ［S］.2007-79 ［separate volume 7］:5-55.

中国社会课程标准的实施建议包括了教学建议、评价建议、教材编写建议、课程资源开发与利用建议这四个方面，而韩国社会课程标准中是将教学方法和评估作为两个部分来叙述，而不是作为实施建议的两个方面。

（3）中韩小学社会课程标准的设计思路有差异

中国的品德与社会课程的设计思路是：一条主线，点面结合，综合交叉，螺旋上升。"一条主线"即以学生的生活发展为主线；"点面结合"的"点"是社会生活的几个主要因素，"面"是学生逐步扩展的生活领域，在面上选点，组织教学内容；"综合交叉，螺旋上升"指的是每一个生活领域所包含的社会要素是综合的，在不同年段层次不同，螺旋上升。①韩国的社会课程同样也是把学生的生活发展作为主线，结合社会生活中的主要因素，学习生活中的基本知识和技能，发展解决个人和社会问题的能力，以便可以为社会、国家和整个人类做出贡献。但是与中国课程内容对应相应年段层次不同的是，韩国社会内容是以不同的年级划分的，每个年级的学生有他们不同的目标，而且每个年级在历史、地理、社会科学三个方面有不同的侧重点，每个年级的具体内容都至少分为六个方面，每个方面下设许多子内容。如此看来韩国社会的课程内容更加详细，内容丰富固然是好的，但没有具体的教学活动建议也会造成教师和学生难以达到标准，在这点上中国品德与社会课程标准显然优于韩国社会课程标准。

（4）韩国小学社会课程标准更注重教学方法和教学评价

韩国的课程标准中将教学方法和评价分别作为两部分来详细论述。教学方法分为教学规则和学习方法、教学方法两个部分，其中教学方法进行了九条详细阐述。在评价方面，首先对评价进行了说明，要求教师和学生按照评价说明中的要求来合理正确地评价每个学生的社会课程学习。其次，阐述了评价的内容和方法，并且对评价结果的用途进行了说明。

---

①中华人民共和国教育部.义务教育品德与社会课程标准（2011年版）［M］.北京：北京师范大学出版社，2012.

(5)韩国小学社会课程标准更重视对课程资源的开发

韩国的小学社会课程标准中没有对教材编写和课程资源开发利用做出相关的规定。但是中国《课标（2011）》给教材编写者和课程资源开发利用者都提出了非常宝贵的意见。分析其中主要原因是由于韩国小学阶段的社会教材是全国统一编制发行的，课程资源开发利用的程度相对较高，硬件设备较为齐全，并且信息技术较为先进。而中国的社会教材呈多样化，需要进一步加以规范和改进。此外，我国课程资源的开发水平较低，由于应试教育对成绩的期望较高，学校往往忽视品德与社会课程，很多时候品德与社会课程变为语数外的自习课或习题课。这就是两国对教材编写和课程资源开发的重视程度不同。

(二) 中韩小学社会课程目标比较

课程目标属于教育目标系列中的一个层次，课程目标是指我们对于课程与教学的预期结果，是对学生完成一门课程之后的素质要求（包括质量和数量两方面）。具体地说，课程目标即学生课程学习应达到的结果及其程度要求，是关于学生学习活动结束之后行为变化的描述。课程目标是指导课程设置、编排、实施和评价的推测，也是课程自身性质和理念的具体体现。[①]课程标准的比较有助于我国课程改革的推进，对我国课程标准的修订、课程内容的实施有着非常重要的意义。现对中韩两国小学社会课程目标进行比较分析，寻求异同之处。

社会课程目标是国家依据教育方针及学生身心发展特点，在社会课程学习完成后学生发展状态和水平所要达到的描述性指标，这是社会课程设计的重要因素和基础环节。它既是课程的出发点，同时也是课程的终极目标，对课程组织、课程内容、教学实施等后继因素的设计和操作及日常的教育教学行为有着直接的影响和制约作用。[②]

---

①潘洪建.课程与教学论基础 [M].镇江：江苏大学出版社，2012：75.

②吴岳.中日两国小学社会课程标准比较研究——以中日两国小学中高年级社会课程标准为对象 [D].扬州：扬州大学，2013：28.

1. 中国小学社会课程目标

2011 年 3 月教育部正式颁布《课标（2011）》，此次课标修订对《全日制义务教育品德与社会课程标准（实验稿）》（以下简称《课标（实验稿）》）存在的不足做了相应的调整，充实了具有时代气息的新内容，修订后课程标准在课程设计、教材编写以及课程实施与评价中更好地发挥了导向性的作用。此次的修订为我国下一个十年品德与社会课程的发展指明了方向与前进道路。

《课标（2011）》总目标提出："品德与社会课程旨在培养学生的良好品德，促进学生的社会性发展，为学生认识社会、参与社会、适应社会，成为具有爱心、责任心、良好行为习惯和个性品质的公民奠定基础。"[①]总目标语言简洁、清晰，不仅适应了小学中高年级学生心理发展特点，而且非常注重与小学低年级的品德与生活、初中的思想品德之间的良好衔接。品德与社会课程是一门综合性的德育课程，强调公民素质的时代性，其总目标是通过培养学生的良好品德，树立社会责任感，达到社会主义合格公民的标准。这一课程突出了基础教育为学生未来做准备的社会功能，为学生将来进入社会能更好地融入、参与社会事务，为社会做贡献打下良好的基础。

《课标（2011）》的分目标分为三个部分：情感·态度·价值观、能力与方法、知识。

(1)情感·态度·价值观分目标（表 7—3）

表 7—3 中国品德与社会《课标（2011）》中情感·态度·价值观分目标

情感·态度·价值观
1.珍爱生命，热爱生命，养成自尊自律、乐观向上、勤劳简朴的态度
2.爱亲敬长，养成文明礼貌、诚实守信、友爱宽容、热爱集体、团结合作、有责任心的品质
3.初步形成规则意识和民主、法制观念，崇尚公平与公正
4.热爱家乡，珍视祖国的历史和文化，具有中华民族的归属感和自豪感，尊重不同国家和民族的文化差异，初步形成开放的国际视野
5.具有关爱自然的情感，逐步形成保护生态环境的意识

[①]中华人民共和国教育部.义务教育品德与社会课程标准 (2011 年版) ［M］.北京：北京师范大学出版社，2012.

课程标准将情感·态度·价值观放在三维目标的第一位，突出了情感体验在品德与社会课程学习时的重要性。《课标（2011）》体现了以"学生发展为本"的核心理念，小学中高年级是培养学生文明礼仪习惯和素养的关键时期，注重培养小学生热爱集体、热爱祖国、热爱家乡、关爱自然的情感，让小学生在日常生活中感受公平公正给他人和自己带来的尊严和愉悦，从而在此基础上形成规则意识，民主、法制的观念。此外，大自然是一切生命赖以生存的家园，教师要引导学生亲近自然、欣赏自然、爱护环境，逐渐树立环保意识。《课标（2011）》加强了道德价值教育的实效性和针对性，引导学生在认识、了解自己生活和周围社会的过程中主动获得生活所需经验，更好地融入社会生活并树立正确的价值观，促进自我的全面发展。[1]

(2)能力与方法分目标（表7—4）

表7—4 中国品德与社会《课标（2011）》中能力与方法分目标

能力与方法
1.养成安全、健康、环保的良好生活和行为习惯
2.初步认识自我，掌握一些调整自己情绪和行为的方法
3.学会清楚表达自己的感受和见解，倾听他人的意见，体会他人的心情和需要，与他人平等地交流与合作，积极参与集体生活
4.学习从不同的角度观察社会事物和现象，对生活中遇到的道德问题做出正确的判断，尝试合理地、有创意地探究和解决生活中的问题，力所能及地参与社会公益活动
5.初步掌握手机、整理和运用信息的能力，能够选用恰当的工具和方法解析、说明问题

品德与社会是一门综合性课程，能力和方法分目标的设定打破了以往过分注重知识传授的局面，改变了过去"填鸭式"的教学方式，学生在教学过程中真正成为学习的主人，在课堂中学生的主体性地位得到了良好体现。此外，《课标（2011）》提出"积极参与集体生活""力所能及地参与社会公益活动"，拉近了课程与学生生活的联系，体现了对教学过程中"体验性目标"的重视，促进学生的发展。

①吴岳.中日两国小学社会课程标准比较研究——以中日现行小学中高年级社会课程标准为对象［D］.扬州：扬州大学，2013：28.

（3）知识目标

品德与社会课程具有"综合性""实践性""开放性"，作为一门综合课程，知识的教学必不可少，系统的知识技能体系是社会主义合格公民的内在需要。小学中高年级的品德与社会课程良好衔接了初中的政治、历史、地理课程，不仅为日后的学习打下了基础，而且还促进了学生的社会性发展。知识分目标大致可归纳为四个领域：社会领域、经济领域、地理领域、历史领域。具体内容见表 7—5。

表 7—5 中国品德与社会《课标（2011）》中知识分目标

知识
1.理解日常生活中的道德行为规范和文明礼貌，了解未成年人的基本权利和义务，懂得规则、法律对于保障每个人的权利和维护社会公共生活具有重要意义
2.初步了解生产、消费活动与人们生活的关系，知道科学技术对生产和生活的重要影响
3.知道一些基本的地理常识，逐步了解人与自然、环境的相互依存关系，了解人类共同面临的人口、资源和环境等问题
4.了解家乡的发展变化，了解一些我国历史常识，知道在历史发展过程中形成的中华民族优秀文化和革命传统，了解影响我国发展的重大历史事件和社会主义建设的伟大成就
5.初步了解影响世界历史发展的一些重要事件，知道不同环境人们的生活和风俗习惯，懂得不同民族、国家和地区之间相互尊重、和睦相处的重要意义

2. 韩国小学社会课程目标

韩国小学社会课程目标分为两个部分：总括目标和各级学校的目标。即在总括目标之下，又分别设定了小学的课程目标和中学的课程目标。分析韩国社会课程总目标加以归类，大致分为：知识（其中包括地理领域、历史领域、社会生活领域）、能力与方法、情感·态度·价值观三个方面。详见表 7—6。

表 7—6　韩国社会课程目标中的核心因素

情感·态度· 价值观		民主的生活态度 关注社会问题 积极为国家和世界做贡献
能力与方法		获取、分析、整理并有效利用知识和信息的能力 探索、决策、参与社会、解决问题的能力
知识	地理领域	理解人类发展和自然环境之间有着密不可分的联系 认识到不同地区人类生活的多样性 了解不同地区的地理特征
	历史领域	全面了解韩国的历史 了解每个朝代的传统和文化的独特性 了解人类生活的发展过程和文化特征
	社会生活领域	了解社会生活的基本知识 理解政治、社会、经济和文化现象的基本原理 认识到民主社会当前需要解决的问题

3. 两国课程目标的比较分析

(1)两国都注重以学生生活为基础的社会能力培养

学生生活是社会课程的基础，关注学生的现实生活，有助于在课程设计、课程内容安排、课程实施环节中体现学生的价值，从而促进学生健全人格、良好品质的形成与发展。韩国社会课程目标部分明确提出"学生发现和探索的基本知识和能力来处理社会现象""学生了解其社会和世界的特点，采用不同的信息解决当前的社会问题"。社会课程教学以学生生活为基础，强调参与社区生活，注重培养学生作为民主社会公民，为促进国家和全球繁荣做贡献的品质。

学生的社会性发展离不开社会实践，学生的个性品质、情感体验、生活态度都是在生活中慢慢形成的，生活能力也是在生活实践中不断培养磨炼出来的。课程目标间接地强调了生活对学生全面发展的重要性。小学生在社会课程的学习过程中学习与其年级相对应的社会常识，认识社会，了解社会，积极参与社会生活，在这一过程中慢慢地适应社会，从而使社会能力得到了良好发展。中韩两国在课程目标部分，虽然都没有明确说明社会课程与实际生活的关系，但都仔细分析了课程目标所蕴含的深意，两国的社会课程都体现了对学生社会能力发展的重视。

（2）课程目标具体化程度不同

韩国社会课程目标表述概括性强，言简意赅，总结归纳为社会领域、历史领域、地理领域、经济领域。但是通过教学活动达到目标要求，缺乏一定的指导性和可操作性。相比较于韩国，我国《课标（2011）》分为情感·态度·价值观、能力与方法、知识与技能三个维度，每个维度下许多条目，内容详细具体，有助于教师在教学中巧妙设计课堂内容，通过教学活动落实课程目标。值得思考的是，中韩两国的课程目标体系都尚存在需进一步完善之处。韩国社会课程目标只有总目标六条。中国小学社会课程标准在课程目标横向划分了情感·态度·价值观、能力与方法、知识三个维度，缺乏垂直分层。层次性和阶段性是学生认知发展的特点，所以课程目标的设置也必须具有相应的层次性与阶段性。课程目标应根植于学生生活，在促进学生全面发展的同时，增设与学生的身心发展的阶段特征相适应的教学内容，加强各个年级社会课程之间的衔接与整合，实现真正意义上的螺旋式上升，达到社会课程的总目标。在这个方面，中韩两国都有待完善。

（3）公民素质培养的侧重点不同

中国《课标（2011）》总目标提出"成为具有爱心、责任心、良好行为习惯和个性品质的公民"，旨在培养符合社会主义的公民。现代的公民教育与德育教育联系紧密、息息相关，将以往的思想品德和社会合成品德与社会的综合课程，使得社会课程在培养社会主义公民的过程中，一并实施培养公民基本素质所必需的"道德教育"。品德与社会课程具有新德育课程的性质，是对传统德育教育课程性质的扬弃、超越和创新。

韩国社会课程标准中是这样论述的——学生发现和探索的基本知识和能力来处理社会现象。学生了解其社会和世界的特点，采用不同的信息解决当前的社会问题，以及参与社区生活。培养学生作为民主社会公民，为促进国家和全球繁荣做贡献的品质。可见韩国社会课程目标在于培养具有合理决策能力的民主公民。为了培养民主公民，韩国的社会课程强调充分利用各种信息，探索社会现象的各类知识，参与社会生活，培养解决当前社会问题所需的批判性、创造性的思考能力、决策能力。概括言之，中韩两国小学社会课程的目标分别为培养"符合社会主义的公民"和"具有合理决策能力的民主公民"。相比而言，我国的课程标准强调了公民的责任感，却未凸显公民的积极主动参与意识、创新参与实践能力这两方面，而这两方面显然是 21 世纪国际公民教育的总体趋势，未来我国课程标准进一步修订时需思考这一方面。

三、课程内容比较

（一）结构框架比较

课程内容是整个社会课程标准的核心、主体部分。小学社会课程的内容应取材于学生的社会生活。在中韩两国小学社会课程标准中，内容标准将总目标——培养学生社会能力进一步具体化。

表 7—7 中国品德与社会课程内容（3—6 年级）框架

主题	核心	条数
我的健康成长	认识自我（中）；自尊、自爱（中、高）；应对困难（中、高）；诚信做人（中、高）；与人为善（中、高）；生命安全（中、高）；抵制不良行为（中、高）；健康生活（高）	8 条
我的家庭生活	亲情和感恩（中）；自理和家庭责任感（中）；邻里和睦（中）；家庭经济来源开支及消费（中、高）；沟通和谅解（高）	5 条
我们的学校生活	学会看平面图，画路线图（中）；尊师爱校（中）；良好学习习惯（中）；与同学友好交往（中、高）；个人与群体（中）；集体规则（中）；集体生活（高）	7 条
我们的社区生活	能够识读地区地图（中、高）；自然环境与本地区生活（中）；尊重劳动者（中）；商业消费（中）；交通安全（中）；公共设施（中）；公共秩序和公共安全（中、高）；关怀弱势人群（中、高）；尊重，平等相待（高）；本地区文化风俗和文化活动（中、高）；本地区环境保护（中）	11 条

续表 7—7

主题	核心	条数
我们的国家	我国国土（高）；民族历史和文化（中、高）；地区自然和生活差异（中、高）；名胜古迹，热爱国土（高）；抵御自然灾害（高）；工农业生产（中、高）；交通发展（中、高）；学会使用网络和现代通信处理信息（中、高）；珍爱文化遗产（高）；抵御侵略，抗争救亡（高）；爱中国共产党，爱社会主义（高）；人民解放军（高）；权利与义务（中、高）	13 条
我们共同的世界	地理知识（高）；尊重文化多样性（中、高）；文化遗产（高）；经济联系（中、高）；科技发展（高）；全球问题（高）；国际组织和公约，中国与世界（高）；和平与发展（高）	8 条

注：表格内（中）表示的是适用于中年级，（高）表示的是适用于高年级，（中、高）表示的是适用于中、高年级。

由表 7—7 可以看出，品德与社会课程标准的课程内容主要依据课程设计思路编写，课程内容对应学段按其适宜程度标注在各项后，课程内容以儿童的社会生活为基础，逐步扩大到生活领域，共分为六个主题：我的健康成长、我的家庭生活、我们的学校生活、我们的社区生活、我们的国家和我们共同的世界。韩国的课程虽然与我国的社会课程内容构建模式都同属于同心圆扩大模式，但是与我国有所不同的是，韩国课程标准在每个学段中将社区作为同心圆的圆点，把学生不同的生活领域与历史、地理、社会生活三个领域进行有机结合。此外，韩国课程标准中关于国际教育、全球教育方面的内容相对来说较为宏观。

表 7—8 韩国小学社会课程内容（3—6 年级）结构

学校年级	历史	地理	社会生活
3 年级	·我们住在哪儿 ·当地社区的特性 ·当地社区的文化 ·人们在哪聚集 ·运动和通信 ·不同的生活方式		

续表 7—8

学校年级	历史	地理	社会生活
4 年级	—	·我们当地社区的自然环境和生活方式 ·与我们当地社区有关的地方 ·不同的地区生活方式	·居民自治和城市的发展 ·生活中的经济活动和理想的决策 ·我们生活中的社会变化
5 年级	·一个统一的民族 ·高丽动态的文化 ·儒学与朝鲜的传统 ·在朝鲜社会中找到的变化 ·接纳新的文化和民族运动 ·现今朝鲜和韩国的发展	—	—
6 年级	—	·美丽的韩国 ·保护我们的自然环境 ·世界不同地区的自然环境和文化	·韩国经济的增长和我们的任务 ·韩国的民主 ·国际社会中的人和信息时代

由表 7—8 可知，韩国社会课程内容纵向上看是根据学生认知发展阶段安排课程内容，横向上看分为地理、历史、社会生活三大板块。依据美国教育家泰勒提出学习经验有效组织的三条准则：连续性、顺序性、整体性。韩国社会课程内容结构的连续性表现在直线式地陈述主要课程要素，在不同的学段予以重复，这样让学生有机会进行反复学习；顺序性表现在后续经验在先前经验的基础上，同时能更加广泛、深入地展开；整合性是加强学习经验之间的纵向联系，达成总目标，培养具有合理决策能力的民主公民。

综上，通过中韩两国社会课程内容结构比较可以发现，韩国社会课程中并没有涉及个人成长、家庭生活和学校生活方面的内容。譬如"认识自我""自尊、自爱""诚信做人""亲情和感恩""尊师爱校""学会学习"。社会知识方面都涉及地理、历史、社会生活的内容。这是由于韩国小学中专门开设了道德课程，专门教授上述道德教育方面的内容。因此，韩国的品德课程与社会课程具有相对独立性。

（二）具体内容比较

1. 关于个体成长的内容

韩国的社会课程内容中没有个人成长这部分的内容。中国的品德与社会课程把"我的健康成长"作为六个主题中的第一个主题，总共 8 条。这与小学一二年级的品德与生活课程形成了很好的照应与衔接关系，体现了泰勒原理中的课程设计的整体性原则。中高年级小学生是教学活动的主体，其心理品德、行为习惯尚在形成之中，因此品德与社会课程具有特殊的德育作用，对儿童从小养成良好的思想品德，促进个体社会化具有重要作用。品德与社会课程的总目标是培养符合社会主义的公民，随着年龄的不断增长，小学生在身心、性格、能力等各方面有所发展，学生的自我意识越来越强，在其成长的过程中必然会遇到这样或那样的问题，需要较强的认知能力、判断能力、鉴别能力、行动能力做支撑，否则容易误入歧途。因此在社会课程的教学活动中需要引导正确地认识自我、诚信做人、与人为善、注重生命安全、抵制不良习惯，学会健康的生活。在教学主题内容的过程中，教师要运用网络资源，精心备课，结合学生的接受能力和理解水平设计教学活动。对于中年级的学生，需要多引用生活中简单易懂的实例进行说明，结合游戏、表演对话帮助学生理解，让学生说一说："如果我是……遇到这样的情况，我会怎么做？"鼓励学生积极发言，敢于表达自己的想法。对于高年级的学生，教师可以扩大事例的取材范围，让学生主动去寻找搜集生活中的案例、新闻、身边发生的故事，把宽泛的教学内容与日常生活中的案例情境联系起来，使得教学内容具体化，帮助学生理解所学内容。此外，要重视课堂中的师生情感交流，在民主平等的课堂氛围中引导学生认识自我，懂得自尊、自爱，在日常生活中学会反思，做有诚信的人，尊重他人的人。在面对问题和困难时勇于尝试解决和克服，并体会到成功的乐趣。

2. 关于家庭生活的内容

家庭是社会构成的细胞单位，也是孩子认识社会与走向社会的根基。孩子的社会经验和知识直接来源于父母，家庭环境对孩子心理素质的形成和发展有着长远和深刻的影响。因此，营造良好的家庭环境是儿童形成良好心理素质，身心都能够健康发展的重要保证。我的家庭生活这一主题的中心问题是如何教导学生感受家庭对个人成长的重要性，懂得感恩，学会料理生活，学会与家庭成员、邻里沟通和相处，处理家庭事务和形成家庭责任感。教学活动中，教师可以组织学生回家向父母长辈了解他们养育自己成长的故事，与同学分享交流，理解父母养育自己的不易，结合有关的节日或纪念日，用写信或者其他方式向父母长辈表达自己的感激之情。多与家人沟通，学会用平和的态度和正确的方法处理与长辈间的矛盾。了解父母从事的工作，家里的日常开支用度，在生活中观察体会生活的辛苦，积极地承担力所能及的家务。此外，与邻里交往中要有公共意识、建设意识。韩国社会课程中并未过多涉及家庭生活方面的内容，是由于家庭生活本身也是公民私德的组成部分，因此应该被纳入韩国的道德课程之中。

3. 关于学校生活的内容

表 7—9　中韩小学社会课程"学校生活"内容

中国	韩国
1. 学会看平面图，画路线图 2. 尊师爱校 3. 良好的学习习惯 4. 与同学友好交往 5. 个人与群体 6. 集体规则 7. 集体生活	（未呈现具体内容）

韩国的社会课程内容中没有明显提及学校生活这部分的内容。作为学生，其大部分的时间都是在学校学习、生活，学校生活对学生成长具有举足轻重的作用。作为学生成长的主要场所，学校就像一个微型社会一样，它要给学生提供丰富多彩的校园生活，并且在课内外都给学生提供体验生活的条件，校园内应该时时处处都是生活，学生可以进行充分体验，在这一过程中遇到问题、困惑，引发思考、探索，这样学生才能对社会、对人生的认知更加丰满，美好的学校生活是学生成长的条件和动力。学校要努力给学生提供一个

科学的校园生活方式，使得学生在科学的生活方式下学习和生活，让学生学会体验生活，思考生活。

在教学内容时，对于中年级学生，教师要引导他们熟悉学校周边环境，能够把实景转化为平面图和线路图。引导学生通过不同途径了解学校某一方面的发展，通过游戏等方式养成良好的学习习惯，懂得与同学合作，维护班级荣誉，遵守活动规则和学校纪律。对于高年级学生，可以通过讲述同学间相互关心的实例，体会友爱之情，交流同学间常会出现的摩擦，讨论解决的方法，学会平等相处、友好交往，积极参与集体生活，体会民主平等在学校生活中的意义，为班级提出积极建议。

4. 关于社区生活的内容

"社区"一词源于拉丁语，意思是共同的东西和亲密的伙伴关系。什么是社区？"社"是指相互有联系、有某些共同特征的人群，"区"是指一定的地域范围。所以，"社区"可以说是相互有联系、有某些共同特征的人群共同居住的一定的区域。尽管社会学家对社区下的定义各不相同，在认识构成社区的基本要素上还是基本一致的，普遍认为一个社区应该包括一定数量的人口、一定范围的地域、一定规模的设施、一定特征的文化、一定类型的组织。社区就是这样一个"聚居在一定地域范围内的人们所组成的社会生活共同体"。

表 7—10 中韩小学社会课程"社区生活"内容

中国	韩国
1.能够识读地区地图;2.自然环境与本地区生活;3.尊重劳动者;4.商业消费;5.交通安全 6.公共设施;7.公共秩序和公共安全;8.关怀弱势人群;9.尊重、平等;10.本地区文化风俗和文化活动 11.本地区环境保护	1.社区的地理位置；2.自然和人文环境；3.当地社区的特征；4.当地社区的文化；5.社区不同的生活方式；6.交通与通信；7.公民自治和当地社区的发展；8.社区与自然、人文之间的相互依存；9.个人和社会生活；10.经济生活和理想选择；11.各地区生活

由表 7—10 可以看出，中韩两国小学社会课程中"社区生活"是一个重要的主题，内容较多。中国品德与社会课程中"我们的社区生活"原主题名为"我们的家乡"，由"家乡"变为"社区"，一般人从字面理解会把家乡认为仅仅是农村地区，忽视了城镇、都市等领域。而社区的概念就能全面地反

映这些领域。①韩国社会课程"社区生活"这一主题下的二级主题"各地区生活"下设 8 个要素，使学生认识各地区之间的相互关系、相似性和差异，并了解不同社区的人们受什么影响，并在示例中理解生活方式对城市和农村社区物理环境产生的影响。在此基础上，学生区分城市和农村社区，洞察每一个社区的生活方式。另外，学生通过案例研究被选定的、具有城市和农村社区典型特征的社区，来理解城市和农村社区是如何具有独特的区域条件、分布和功能特性，以及它们是如何开发互补的。

中韩两国"社会生活"这一主题很多内容是相近的，譬如中国的"地图知识和技能"与韩国的"社区地理位置"；中国的"环境与生活"与韩国的"自然和人文环境""当地社区的特征""当地社区的文化"；中国的"交通安全"与韩国的"交通与通信"。但是韩国小学社会课程主题下设二级主题和三级主题，课程内容较中国多得多，也更加全面。这也是韩国第 7 次课程改革中的亮点"增加主题数量，减少课程内容"。②譬如中国"商业消费"的具体内容为"学习选购商品的初步知识，能够独立地购买简单物品，文明购物，具备初步的消费者自我保护意识（中）"。③韩国"经济生活和理想的选择"（四年级）这一主题的具体内容如下：

（1）了解资源的稀缺性是如何影响我们经济活动过程中的选择。

（2）确定在经济活动过程中有助于做出理想选择的因素。

（3）通过调查不同类型的工作掌握生产活动的意义。

（4）从生产商的角度决策生产活动问题。

（5）确定收入的来源和用途，并从消费者的立场收集和使用对做出决策必需的与消费和储蓄相关的信息。

---

①姚冬琳,唐美霞.2011版品德与社会标准变化的探索与思考［J］.现代教育科学，2013(1)：140.

②教育部.初中课程解说——数学、科学、技术与家政之一［Z］.1999：108.

③中华人民共和国教育部.义务教育品德与社会课程标准（2011 年版）［M］.北京：北京师范大学出版社，2012.

（6）理解消费者权益的概念，并说明行使消费者权益的过程和方法。①

由此可以看出，虽然同为中年级，但是韩国的课程内容更为丰富，不仅包含了初步学会购买商品，具有初步的消费者保护意识，还从资源稀缺性、生产商等多个角度帮助学生学会在经济活动领域中做出合理类型的选择。这对学生的要求也更高，学生需要认识到理想选择的重要性和学习如何在经济决策中明智地利用经济信息。同时，他们需要理解作为生产国和消费国的价值选择，并培养自己经济决策的能力。

5. 关于国家的内容

表 7—11 中韩小学社会课程"我们的国家"内容

中国	韩国
1.我国国土；2.民族历史和文化；3.地区自然和生活差异；4.名胜古迹，热爱国土；5.抵御自然灾害；6.工农业生产；7.交通发展；8.学会使用网络和现代通信处理信息；9.珍爱文化遗产；10.抵御侵略，抗争救亡；11.爱中国共产党，爱社会主义；12.人民解放军；13.权利与义务	1.统一的民族；2.高丽王朝抵御侵略，反抗外国势力的斗争；3.朝鲜的儒学和传统；4.朝鲜的社会变化；5.接纳新文化和民族运动；6.朝鲜和当今韩国的发展；7.我们美丽的国土；8.韩国的经济增长和面临的挑战；9.国家土地开发和环境问题；10.韩国的民主政治

十年树木，百年树人。小学阶段是孩子树立正确的人生观、世界观和为今后形成正确的政治态度奠定基础的重要时期。引导学生认识、了解自己的国家，有助于培养他们的民族自豪感。如表 7—11 所示，"我们的国家"这一主题，中国有 13 条，是六个主题中最多的一次。而韩国也有 10 条，可见中韩两国都十分注重爱国主义教育。在"我们的国家"主题中，中韩两国都列出了"抵御侵略，抗争救亡"。中韩两国都经历了救亡图存的抗争历史，因此都特别重视爱国主义教育。

此外，中韩两国都在国家教育中着重突出了公民教育的内容，要求掌握国土、自然环境、民族历史和文化、公共生活中的权利与义务、法律等方面的知识。我国地域广阔，民族众多，有着悠久的历史和文化，是一个正在崛

①Proclamation of the Ministry of Education and Human Resources Development ［S］:2007-79 ［separate volume 7］:18.

起的发展中大国。我国的课程内容非常具有民族特色，要求爱中国共产党，爱社会主义，具有明确的社会主义政治方向。韩国的课标中明确指出了韩国民主政治内容。由于韩国历史上是一个抵御外国侵略、战胜殖民统治、实现独立的国家。虽有新罗统一"三国"的历史时期，但韩国国土尚未统一，如今朝鲜仍处于分裂状态，所以韩国注重树立统一意识的培养，强调"终有一日将实现我国国土的统一"。①韩国课程内容强调国家意识，具有人本主义色彩，符合资产阶级的自由、民主、平等的价值理想，鼓励发展学生的独立性，旨在培养为韩国民主政治服务的具有合理决策能力的民族公民。

中韩两国同属于东南亚文化圈，起源于中国的儒家文化传入韩国已有了很漫长的历史，随着汉字、汉文的传入，中国《诗经》《书经》《春秋》等儒学思想著作传入古朝鲜，儒家思想也传入了古朝鲜。②韩国社会课程把"朝鲜的儒学和传统"作为一个主题列出来，足以可见儒家文化在漫长的历史中对韩国文化传统的深远影响。儒家学者认为，教育能够促进一个国家精神文明和物质文明的长足发展和建设，受到中国儒家文化的影响，韩国历来非常重视教育的发展，可以说，儒家的思想文化是韩国经济发展的原动力。③中国小学社会课程标准也非常重视传统文化的传承与重要意义。与韩国课标相比，中国课标应向韩国学习深度挖掘传统文化的当代价值，我们不仅要学习和了解优秀的传统文化遗产，更应懂得这些古代文明如何指导当代的社会生活。

两国课程标准中都非常重视小学生的经济教育。在韩国社会六年级的内容中把"韩国的经济增长和面临的挑战"作为一个单列的主题，提出韩国经济基于市场经济的原则，经济的增长和衰退对公民生活产生巨大影响。因此，实现经济可持续增长是韩国社会的重大任务。需要了解韩国经济增长过程中出现的社会问题，探索和讨论有助于提高生活质量的经济增长方式。与韩国

---

①权五铉，沈晓敏.韩国社会科教科书中的国家形象透析［J］.全球教育展望，2010 (11)：86.

②杨昭全.韩国文化史［M］.济南:山东大学出版社，2009：16.

③索丰.儒家文化对现代韩国基础教育的影响［J］.外国教育研究，2002 (29)：11-14.

相对比,我国小学生在经济教育方面需将家庭、国家、世界三个层面衔接起来,同时可相应地加强国家经济发展与世界经济发展方面的内容。

此外,韩国注重国家土地开发和环境问题,作为一个主题单列出来,要求学生理解有效利用自然环境和资源的概念,树立国土平衡开发和环境保护的意识。期望学生理解城市化和工业化对国土未来的平衡开发造成的环境问题。通过案例研究开发和保护之间的冲突,让学生明白从地理视角做出决策的重要性,以及平衡、可持续发展的观点,培养学生在日常生活中解决国土开发问题的能力,激发热爱国土的感情。我国的课标目前只在中年级学段对此内容有所涉及,在高年级学段也需加强环保教育内容。

6. 关于世界的内容

表 7—12 中韩小学社会课程"共同的世界"内容

中国	韩国
1.地理知识	1.我们居住的世界
2.尊重文化多样性	2.全世界各个地区的自然和文化
3.文化遗产	3.信息可访问性和全球化中的人
4.经济联系	4.人口变化和人口问题
5.科技发展	
6.全球问题	
7.国际组织和公约,中国与世界	
8.和平与发展	

世界一体化是社会发展的一个历史进程,现在的全球化已是各国各民族地区以经济全球化为主要方面的,涉及政治、经济、文化、科技、军事、安全、意识形态、生活方式、价值观念等多层次、多领域的相关联系、影响和制约的多元化的全球化概念。今天"和平与发展"成为全球性主题,知识经济发展迅速,科学技术在生活中广泛运用,各国开始意识到未来综合国力的竞争归根结底是人才的竞争,各国对教育越来越重视。本主题旨在帮助学生初步地认识世界、了解世界,提高国际理解能力和形成全球意识。在"我们共同的世界"这一主题中提出了解人类文化遗产,激发对世界文化的兴趣;了解中国加入的世界组织和国际公约等,这部分韩国社会课程内容中没有。

通过对比可以看出，中韩两国都重视学生全球化视角的形成，通过地图和地球仪了解世界各地不同的自然和人文特征，认识到交通和通讯的发展使得世界成为一个地球村。中韩两国都注意到生产力以及科学技术的发展促进了经济全球化，同时带来的一系列问题，譬如环境恶化、人口问题等，此外，还提出让学生意识到我们国家在这个不断变化的世界中发挥的作用，这些都体现了中韩两国注重在全球化进程中为国际繁荣与世界和平做出贡献。

（三）社会课程内容的比较与启示

中韩小学社会课程内容有许多相似之处，同时也存在一些差异。

第一，中韩两国都采用了环境扩大法来组织课程内容，但"圆心"却有所不同。韩国社会课程三四年级的主要内容是了解当地小镇、社区的自然人文环境、资源、生活，解决社区生活中的问题，五六年级延伸到了解国家、世界各个地区的自然和人文，解决国家发展及全球化进程中面临的问题。中国品德与社会的课程内容包括六大主题："我的健康成长""我的家庭生活""我们的学校生活""我们的社区生活""我们的国家""我们共同的世界"。每个主题除规定了相应的课程内容以外，还包括了相应的教学活动建议，以学生不断扩大的生活范畴为主线，在多个层面上拓宽和加深学习内容，三、四年级侧重于家庭、学校、社区，五、六年级则侧重于国家、世界。这样的设置符合教育的总体目标和发展规律，具有层次性、连续性和一致性的特点，能够更好地帮助学生成长。[①]

第二，中韩两国小学社会课程内容的设置都较重视传统的儒家文化，譬如尊敬长辈、感恩父母、懂得孝顺、注重礼节等。在传统的东亚文化中，最具有代表性的应为中国的儒家文化，它不但对东亚地区古代社会发展产生巨大作用，而且对东亚地区近、现代社会产生了深刻影响。韩国作为东亚地区的一员，受到儒家思想的辐射和浸染，其程度之深，历史之久是其他民族不可比拟的。[②]随着汉字、汉文的传入，中国的《诗经》《书经》《春

①朴珍.中韩小学道德教育课程比较研究［D］.无锡：江南大学，2013：26.
②李建立，张海滨.韩国崛起之谜［M］.北京：解放军文艺出版社，1995：186-187.

秋》等儒学思想著作传入古朝鲜。由此，中国儒学思想传入古朝鲜，对其社会产生了巨大而深远的影响。新罗大力提倡儒教，广泛传播儒学思想。韩国现代儒学巨匠朴殷植对韩国现代儒学做出巨大贡献。朴殷植著《儒教求新论》，是对儒学进行现代化改造的最具代表性的理论，主张以马丁·路德为榜样，"改良求新"，将传统儒学改造为适应时代需要的新儒学，实现儒学的现代化。①

第三，中韩两国小学社会课程都重视公民教育，譬如爱国主义教育、民族认同感、社会的民主法治等。中国社会课程提出爱中国共产党，爱社会主义的要求，具有坚定的社会主义政治方向。韩国社会课程内容中强调国家意识，维持和发展民主政治，公民应了解各种法律和执行原则，积极立法，维护法律，鼓励公民参加各种形式的政治生活，行使其作为社会成员的权利，履行其义务，使学生意识到基本人权和责任，旨在培养为韩国民主政治服务的具有合理决策能力的民族公民。

第四，中韩小学社会课程内容的表述方式不同，在叙述方式上韩国社会教育内容以学科领域为基础进行系统阐述，分为地理、历史、社会领域，按年级划分内容，下设二级主题，每个主题有很多内容。而中国的品德与社会课程内容则是以更详细具体的方式来阐述，叙述方式也更加贴近教学，而且每个主题除了规定相应的课程内容以外，还包括了相应的教学活动建议。在最后部分还附有对课程内容标准的几点说明。②中国课程标准淡化了分科，明确将品德与社会界定为综合课程，在课程内容的内在构建方面，特别是前后内容的整体性衔接、内在关系方面，可以向韩国课程标准借鉴和学习。

总而言之，中韩两国社会课程内容难度不大，课程内容贴近学生生活，注重生活经验和知识的整合，采用体验、探究、交流的实践性学习方式，促进其社会能力的发展。

---

①杨昭全.韩国文化史［M］.济南:山东大学出版社，2009：16，43，228.

②张梅.中新小学公民与道德教育课程标准比较研究［D］.山东：山东师范大学，2014：19.

四、课程实施建议的比较

我国品德与社会课程标准把实施建议作为单独的一部分，主要包括教学建议、评价建议、教材编写建议和课程资源开发与利用四个部分。韩国社会课程标准没有把实施建议列为单独的一部分，对教材的编写和课程资源的开发与利用没有过多的叙述，所以，这部分内容主要对中韩两国社会课程标准中的教学建议和评价建议进行比较。

（一）教学建议的比较

表7—13 中韩两国社会课程教学建议

中国社会课程实施建议	韩国社会课程教学建议
整体把握课程目标和教学目标的关系	完整的教学方法
通过创设多样化情境，丰富和提升学生的生活经验	教师围绕适合学生的学术成就水平、兴趣和社会需求的主题和问题组织学生学习的单位
	教师设置一个合适的问题状况并利用各种方法来激发学生的推理
	教师基于经验数据和具体事例帮助学生分析当代社会的政治、经济、社会和文化的现象
	教师利用各种教育材料
引导学生自主学习和独立思考	学生根据学习内容的性质利用各种学习方法
	学生在课堂中利用各种信息技术
因地制宜地拓展教学时空	教师利用关于时事和当地社区问题的材料来让学生培养民主公民的本性和社会参与感
有效组织适宜的教学活动 1.体验学习 2.探究学习 3.问题解决学习 4.小组学习	学生通过小组的共同工作培养责任、分享、尊重以及合作，这些构成了民主公民的基本素养

中韩两国小学社会课程教学建议共同点在于：两国社会课程标准的制定和社会课程的设置方面都体现了建构主义的指导思想。第一，教学内容依据

课程目标设置的同时兼顾学生的特点，在教学过程中进行调整；第二，学生良好品德的形成和社会性发展的基础是生活经验，课程内容的实施贴近学生生活；第三，因地制宜的创造性的发掘和利用教学资源；第四，建议强调学生参加丰富多彩的活动为主要的教学形式，重视小组合作；第五，强调学生是学习的主体，鼓励学生自主探究、解决问题。

中韩两国社会课程教学建议的不同之处在于：中国社会课程教学建议中提出情感·态度·价值观目标和能力与方法目标需要经过长期的培养才能达成。因此，教师要处理好课程目标与教学目标之间的关系，根据学生的实际情况来设计课程，注重关注学习过程中生成的问题，注意针对性和可操作性，注重教学反馈和目标达成情况，不断反思并改进教学。而韩国并没有涉及这一点，在课程标准的可操作性和针对性及教学反思方面不及中国。韩国社会教学中提及学生在学习中利用各种信息技术，如计算机辅助教学（CAI）、互联网教学。信息技术在课堂中的运用，运用计算机播放动画、音频、视频进行教学，比其他的教学手段更加形象、生动、立体，有助于激发学生的学习兴趣，调动学生的思维，营造探索研究的氛围培养了创造力和想象力，开发学生的潜能，以实现创造性的学习目的，同时也为师生提供了更为丰富的教学资源，提高了教学效率。这是中国社会课程教学中所忽视的，需要在今后的教学中加强。

（二）课程评价建议的比较

美国教育学家泰勒十分强调课程评价的意义，"透过评价的实施，我们才能发现某课程在哪一方面产生效果，又在哪一方面有待改进"。[1]斯塔弗尔也说过课程评价"最重要的意图不是为了证明，而是为了改进""是为决策提供有用信息的过程"。因此，课程评价建议在整个课程标准中意义非常重大。

---

①朴珍.中韩小学道德教育课程比较研究［D］.无锡：江南大学，2013：35.

表7—14　中韩两国社会课程评价建议

	中国社会课程评价建议	韩国社会课程评估
评价目的	1.积极促进学生发展 2.全面了解和掌握学生的道德和社会认知、判断、行为以及发现和解决问题等方面的能力 3.帮助教师改进教学，提高教学的实效性 4.保证课程目标的实现	1.了解每个学生的学习进程和学习水平，帮助学生进步 2.评定学习进程和表现
评价内容	对学生在学习过程中各方面的表现进行综合性评价 1.学习态度 2.学习能力和方法 3.学习结果	1.以对基本概念、原则和普通要素的了解程度来阐述社会现象并解决问题 2.对于地理现象、历史潮流和当前社会特点全面了解的程度，收集、组织，并运用各种信息和数据来探索社会的能力 3.对于人类行为和社会环境不同方面的理解，对共同的协定的价值的探索，以及对一个社会的基础价值的尊重 4.有做决策的能力并且把决策付诸解决社会、区域和国家的问题的实践中去 5.学习者的兴趣、动机和学习习惯以扩大对社会科基本知识的理解
评价方法	1.观察记录 2.描述性评语 3.达成水平评价 4.作品评价 5.学生自评与互评	1.各种评估方法，如：纸笔记录、访谈、列清单、讨论、写随笔、观察、活动报告和档案文件夹　2.多样选择估量获取知识和信息的步骤，应用的能力，以及基本概念和原则的获得 3.评估应当基于定量和定量数据从而评估推理能力、价值和态度的变化
评价的实施与反馈	1.评价要真实、可信、公正、客观 2.评价要注重知行统一 3.评语既要简要、精练，又要注意差异性、针对性 4.评价结果要及时反馈给学生，并对评价结果做出合理的解释，帮助学生准确了解自己的学习状况	1.社会的评估遵从目标、内容、教学和学习方法 2.社会的评估标准遵循课程的目标和学习内容 3.评估结果被用来判断学生的学业成就水平，诊断并提高学生的学习能力，以及合适的教学方法 4.评估结果应当被持续地应用到推进课程改革中去

评价目的方面，中韩两国都提出评价目的是为了了解每个学生的学习进

度和学习水平，帮助学生学习进步，而不是作为给学生排名的手段。从教师的角度来看，中韩两国社会课程的评价都是为了掌握学生的学习成就水平，帮助学生不断进步，达成课程目标；从学生的角度看，是为了判断学生的学业成就水平，诊断并提高学生的学习能力，找到合适的学习方法。两国都强调对学习过程的评价，由结果性评价转变为过程性评价、体验性评价，对于学生、教学、课程改革都有重要的意义。

评价内容方面，中国社会对学生在学习过程中各方面的表现进行的是综合性评价，包括学习态度、学习能力和方法、学习结果这三个方面。此外，中国社会课程把教师的教学行为也作为评价的对象，考察教师在日常的教学中能否恰当运用教学方法、落实教学目标以及能激励每个学生积极参与学习并能有所进步。关于评价方式，中国社会倡导多主体、开放性的评价，而韩国的评价内容是从阐述社会现象并解决问题、探索社会的能力、对一个社会的基础价值的尊重、有做决策的能力、扩大对社会基本知识的理解五个方面予以阐述。

评价方法方面，中韩两国的评价方法多样且灵活，坚持多样化的评价原则，即主观评价与客观评价相结合，以诊断性评价和形成性评价为主。[①]由教师评价发展为学生自我评价、同学相互评价，注重过程性评价，倡导开放性的评价，便于多元、全面地反映学生的学习情况，并且鼓励教师在教学实践中探索创新，促进评价方式的不断完善，这样不仅能测验出学生知识的掌握情况，同时还可以通过直观观察学生的学习过程，反映学生的成长，避免了结果性评价带来的负面影响。中国小学社会课程详细列举了五种常见的评价方法，韩国为八种，但是没有做详细的阐述。

评价的实施和反馈方面，中韩两国都提出将评价结果及时地反馈给学生以帮助学生了解自己的学习状况，这样便于学生自我反思和建立自信心。韩国还提出评估结果应当被持续地应用到推进课程改革中去，这对于课程改革

①朴珍.中韩小学道德教育课程比较研究 [D].无锡：江南大学，2013：36.

具有重要意义。

五、韩国课程标准对我国的启示

通过中韩两国小学社会课程标准的比较，可以发现中国小学社会课程标准仍有需要完善的地方。

（一）改善课程编排体系连贯性

韩国的社会课程标准作为"10年国民共同基础课程"，开发了3—10年级有连续性的社会课程标准。虽然中国一二年级有与品德与社会课程衔接的品德与生活课程，但是中国社会课程标准（3—6年级）与初中思想品德（7—9年级）两个学段拥有着各自独立编排的不同的课程标准，没有衔接的内容。中国可以把3—6年级与7—9年级社会课程贯通起来，减少知识断层，螺旋式的内容组织形成更有利于学生对知识的掌握、吸收，思维能力的培养以及情感态度价值观的形成。

（二）注意挖掘优秀的传统文化资源

20世纪60年代韩国的经济才开始起步，在短短的半个世纪中韩国经济发展迅速，一跃成为亚洲"四小龙"之一，其经济发展速度位居世界前列，主要原因是有优秀的人力资源，即良好的公民素质，而这个资源又来自传统中国文化影响。韩国深受东方儒家文化的熏陶，韩国文化堪称"儒家资本主义"代表之一。韩国取得成功的重要原因之一是其对儒家文化取其精华，去其糟粕，把不适应现代社会的东西加以改造，使得传统与现代很好地结合。儒家文化发源于中国，是我国悠久文明千百年来的智慧结晶，儒家文化在社会课程中的渗透，有助于构成民族团结的凝聚力，转化为经济起飞的推动力，是保持社会稳定的重要因素。小学课程内容的设置要注意挖掘我国优秀的传统文化资源，形成独具特色的中国社会课程。在课程内容中更多地涉及热爱祖国、尊老爱幼、感恩家长、邻里和睦、尊师重道、诚实守信、友爱宽容等。同时，对于传统文化教育，不应仅停留在认知与理解的层面，更应注意挖掘其现今价值与传承意义。

（三）着重于回归真实生活的课程理念

无论是中国还是韩国小学社会课程标准，目标都是为了培养具有良好素质的符合现代社会需要的公民。学生的社会性发展离不开生活实践，学生的个性品质、社会常识、情感态度价值观都是在生活中慢慢形成的，参与社会的能力、解决社会问题的能力也是在生活实践中培养磨炼出来的。随着社会理论的发展更新，中韩两国的小学社会课程内容呈现与儿童的需要接轨、回归生活、学科融合的方向发展的趋势。从内容上选取符合学生心理特点和接受能力的，贴近生活的教学内容。教育教学的组织形式要有艺术性，灵活多样，富有生活趣味性，符合儿童认知特点，将与学生的生活有着密切联系的内容以学生喜闻乐见的方式呈现给学生，从而使得社会能力得到良好的发展。

（四）设置主题多学习量少的课程内容与探究活动

从中韩两国社会课程内容比较中可以发现，中国社会课程标准包含的领域比韩国多，但是具体主题的内容与韩国相差较明显。从前文"社区生活"课程内容比较发现，由于小学阶段的学习重点在于认知社会、观察社会，通过实践参与社会，体验社会活动，韩国增加主题量，减少课程内容的改革带来了很多优势，这样的话虽然主题数增加却相对减少学习所需的时间，另外小学阶段设计小而多的学习主题有利于学生注意力集中，激发学生学习的兴趣，培养其参与社会事务的意识，解决社会问题的能力。中国社会课程可以借鉴这一改革，用科学的方法，克服教学重难点，减轻学生负担，在探究活动中发展学生的能力，让他们在快乐学习的氛围中潜移默化地成长。

（五）增加体验型、创新型的探究性教学方法

"海阔凭鱼跃，天高任鸟飞"，社会在进步的同时为个人的发展提供了宽阔的舞台，面对机遇和挑战，个人的充分发展也进一步推动了社会的进步。教育应当为学生创造选择的范围，为学生提供可选择的教育，才是真正有效和成功的教育。素质形成是一个持续不断的内化过程，内化的过程是不可替代的，这就决定了在教育活动中要积极充分地发挥学生的主体性。以前我们的教育比较注重学生基础知识与技能的掌握，培养了一大批知识结构合理且

基础扎实的人才，但因为缺乏对实践能力的培养，这一环节相对薄弱。教育者应明白学生是未来文明的创造者。今天敢于质疑和批判，明天才能善于创新，善于超越，只有今天善于动手，经常实践，明天才能大胆变革，开拓进取。因此社会课程教学中要尊重学生的主体地位，促进学生自主发展，建立新型师生关系。

现代教育理念注重培养学生的合作意识与合作能力。在课堂上，教师应该给学生创造更多的互相交流、共同切磋的机会；在活动中，教师应该积极鼓励学生们相互协作，共同参与；在生活中，引导学生互相帮助，学会分享；在合作的过程中，学会学习，学会与人相处，理解、欣赏他人，学习对方的优点，取长补短，挖掘自己的闪光点和潜力，懂得如何实现团体利益最大化，维护集体荣誉，从而促进个人社会性的发展。

探究性学习是学生在教师的指导下，从自然、生活及社会中选择和确定专题来进行探究，并且能在探究的过程中主动地获取知识、应用知识并能解决问题的学习活动。探究性学习的目标定位强调：1.培养收集和处理信息能力；2.发展创新精神，获得亲自参与探究的积极体验；3.学会沟通和合作；4.培养科学态度和科学道德；5.培养对社会的责任感和使命感；6.激活各种学习中的知识储备，尝试综合运用。在探究性学习实施过程中，教师要做到及时了解学生在开展探究活动过程中所遇到的困难及需要，因人而异，因势利导。通过沟通、亲子活动、社团等方式争取到家长的理解和参与，社会的关注与支持，共同开发对实施探究性学习有价值的各种校内外教育资源，从而为学生开展探究性学习提供良好的条件。①

（六）开发多样化的课程资源

品德与社会课程承担着学生品德形成和社会性发展的重要资源。社会课程资源的开发离不开学生、教师、家长和社会，报刊、图书、图片、地图等文本资源，影视节目、录像、网络等音像资源也是社会课程的重要资源。教

---

①张茂聪.品德与社会教学导论［M］.济南：山东教育出版社，2006：116-142.

师应积极开发并合理利用各种课程资源。在学校内应充分发挥图书馆、实验室及各类教学设施的作用，在校外应充分挖掘博物馆、科技馆、展览厅、工厂、农村、部队、科研院所等社会资源和丰富的自然资源。社会资源的利用应该做到为教学服务，不求花样繁多，但求结合实际。教师还应尽量发挥现代化教学技术的优势，使之与社会课程的教学有机结合，丰富课程资源，条件较好的地区还应尽量开发利用网络资源。①

（七）加强小学社会教师队伍的建设

品德与社会是一门新型综合课程，采用"一条主线，点面结合，综合交叉，螺旋上升"的课程设计思路，融合了历史学、地理学、社会学、法学、政治学、经济学以及哲学和伦理道德等多种学科知识。②不同主题且涉及多学科的社会课程内容设置，对任课教师的水平提出了更高的要求，但由于小学社会课程是 20 世纪 80 年代末才开始启动的一门新课，有很多师范院校并没有开设社会教育这一专业，又由于应试教育的存在，很多师范院校的学生更愿意首先选择传统的强势学科作为专业，如语文、数学、英语等，这样的专业选择，使得现在小学社会大多是由其他专业的教师兼职。要想达到小学社会的预期目标，让学生领会到社会的丰富内涵，各级教育部门需要加强社会学科教师队伍的建设，一方面在大学里增设小学社会课程教育专业或方向；另一方面给予一定的政策鼓励和舆论导向，使得更多的大学生去选择这一专业深造学习，这样从源头上提高了社会学科教师的质量和数量。③此外，对于在岗的任课教师进行专业培训和深造，完善各学科知识储备，丰富多样的教学方法，扎实教学基本功，努力为学生设置生动有趣的教学实践活动，这对于社会课程教学的落实及塑造社会主义合格公民具有重要意义。

①张茂聪.品德与社会教学导论［M］.济南：山东教育出版社，2006：78.
②张茂聪.品德与社会教学导论［M］.济南：山东教育出版社，2006：65.
③朱煜,崔恒秀,赵明玉.小学历史、地理、社会课程 60 年（1949-2009）［M］.长春：吉林出版集团有限责任公司，2012：217.

第八章 中国与新加坡小学社会
课程标准比较

新加坡是个多种族的国家，独立后，在大力发展国民经济的同时，非常注重人才的培养，把教育当作国家发展中的突出项目。教育是科技、知识的基础，因此，要把教育放在优先发展的地位，以适应经济、社会、科技变革带来的挑战。在当今信息化社会，经济、科技、军事、文化与教育合作日益密切，经济全球化已深入人们的生活。新加坡政府越来越重视在经济迅速发展的同时培养公民的社会素养及道德品质。作为亚洲儒家文化圈中的新兴国家、经济强国，其小学社会课程最初以道德教育为主体，并逐渐发展成为当今的品格与公民教育课程。

一、新加坡社会课程标准制定的历史背景

新加坡的社会课程主要以道德教育为主体，这与其独特的社会历史发展过程有着很大的关系。

（一）新加坡小学社会课程发展历程

新加坡政府在现代化发展的过程中，起初只重视工业化的发展，忽略了道德建设，使本来的道德教育和人生观、价值观受到冲击，加之西方文化的入侵，毁坏了新加坡的社会凝聚力和经济发展的原动力。对此，新加坡政府认识到道德缺失的严重性，主动使学校道德教育和工业化建设齐头并进。从

独立之初到现在，新加坡学校道德教育留下了深刻的轨迹。

1. "内部独立"时期的道德教育阶段（1959年—1965年）

这段时间，新加坡隶属于马来西亚联邦政府，虽然实施优先的"内部独立"制度，但是新加坡政府并没有将国家意志和"共同价值观"理念全面灌输到学校的德育中。其实，在20世纪50年代末，新加坡就推出了小学人力教育大纲，为培养学生良好的个性做了奠定，力求把学生培养成有责任心、自尊心、自信心的社会好公民。1960年，新加坡教育部颁布《学校的道德教育和公民训练的综合性大纲》，目的是为了培养学生的责任意识和良好的社会观念。这个时期的社会课程教材为公民教科书，也称好公民。好公民教材内容涉及个人健康、品性修养、不同层面的社会群体、个人与群体关系的方方面面、新加坡的历史及新加坡与周边国家的关系等。这一时期学校的道德教育主要通过以下两个方面实施：(1)学校开设伦理课，其目的是培养学生良好的道德品质和个性的发展；(2)颁布中小学伦理教学大纲，其目的也是为学生性格的培养打下基础，以便使他们将来成为有自尊心、有责任感的人，成为社会的好公民。①

2. 传统儒家伦理与现代公民教育初结合的小学社会（1965年—1979年）

1965年新加坡独立后，新加坡政府重点培养学生的国家意识，将其全面渗透到学校道德教育中，使学生对国家及其利益产生认同感，做个有社会责任感的好公民，形成自觉维护国家利益的意识。为此，新加坡政府采取了以下措施：(1)强调公民教育，注重培养学生道德品质和国家意识；(2)颁布学校德育与公民训练综合大纲，培养学生热爱、效忠祖国；(3)改革学校德育课程：20世纪70年代，新加坡越来越重视加强对学校德育课程的改革。1974年，新加坡推出了生活教育课程，将公民意识和历史地理紧密联系，收到了事半功倍的效果，强调母语的教学，有利于增强学生的国家意识。虽然这一时期新加坡的学校德育取得了一些进展，但是随着一些西方文化的流入，新加坡

---

①王学风.新加坡基础教育［M］.广州：广州教育出版社，2003：150-151.

人的一些价值观、生活方式和宗教信仰发生了改变。①

3. 新式公民与道德教育的全面实施（1979 年—2007 年）

为了改善新加坡学校道德教育落后和社会出现严重的"西化"现象，新加坡在 20 世纪 80 年代以来开展了大规模德育改革活动，主要包括五个方面：（1）发表《道德教育报告书》，该报告强调所有学校的所有班级都要开设正式的公民教育科目，作为必修科目，包括个人行动、社会责任和效忠国家三个主要方面；（2）先后成立两个小学公民教育教材组，根据学校实际情况，选择生活与成长或好公民中的任意一套教材使用；（3）开设儒家伦理课程，编写了相应的儒学教材，这是世界上第一部有关儒家伦理教育的德育教材；（4）1990 年以来，新加坡颁布《共同价值观白皮书》，并设计了一套新的公民与道德教材——公民与道德教育；（5）2002 年，新加坡教育部小学公民与道德教育组推出了新的道德教育内容，经济认知和生命科学的知识，向学生传输与生命科学相关的价值观，廉洁正直、尊重生命、终身学习、责任感、竞争性、创新精神、信念等。②

（二）21 世纪社会课程改革：品格与公民教育（2007 至今）

进入 21 世纪，为了适应经济的快速发展，新加坡教育部展开了一系列的德育课程研究。2007 年，新加坡教育部颁布了新的公民与道德教育课程标准。公民与道德教育课程注重培养学生的品格，引导学生树立正确的世界观和人生观。学校是培养儿童道德发展的最重要的因素之一，学校教授学生知识和技能，使他们成为讲诚信、有责任的社会公民。

2011 年，新加坡教育部部长王瑞杰表示新加坡将在 2014 年颁布新的社会课程——品格与公民教育，并从 2014 年起开始在新加坡小学各年级全面推行新课程标准，他阐述：培养品格是从"知己"开始——了解自己，自我觉悟，管好自己，发挥自己所长，然后要"知彼"——与人交往时善于待人，与人建立关系，而在与人共处时，必须注意做正确的事情，对自己的决定负责。

---

①②王学风.新加坡基础教育[M].广州：广州教育出版社，2003：150-153.

在公民教育方面，第一，我们的学生应成为忠心耿耿的公民，对新加坡有很强烈的归属感，为国家利益、防卫与安全献身；第二，他们应关怀别人，愿意尽己所能改善别人的生活；第三，在一个多元种族社会里尽力促进社会凝聚力与种族和谐；最后，对社区、国家及全球课题，应有能力做出反应，并做出正确的决定。[①] 目前，新课程以学生的日常生活为背景来教导价值观，学校已设公民与道德教育、国民教育、性教育、网络健康和社区服务等课程，它们都将被纳入新课程框架。

二、中新小学社会课程标准框架结构比较研究

（一）两国课程标准的框架结构

表 8—1 中新小学社会课程标准框架结构对比

中国	新加坡
前言	简介
课程目标	学习成果
课程内容	课程内容
实施建议	教学法
附录	评估

1. 中国品德与社会课程标准的框架结构

我国《义务教育品德与社会课程标准 （2011 年版)》由五部分组成：前言、课程目标、内容标准、实施建议和附录。

前言部分：由导言、课程性质、课程基本理念和课程设计思路几个板块组成。教育部在制定每一门课程标准时，都会依据一定的理论依据和指导思想。我国一直倡导和谐社会，不断向创新型国家迈进，落实社会主义核心价值体系教育，小学中高年级是形成道德认知的重要阶段，品德与社

①周晶璐.新加坡推广品格与公民教育［N］.东方早报，2011-11-9（5）．

会课程必须注重学生的实际生活，符合学生身心发展规律，促进学生社会性发展。

课程目标部分：分为总目标和分目标两部分。总目标是对学生通过义务教育阶段品德与社会课程的学习，提出整体性的要求。而分目标从情感·态度·价值观、能力与方法、知识三个角度来分析的。

课程内容部分：主要从不同的主体出发，分别从个人、家庭、学校、社区、国家、世界六个层面来编排内容和开展教学活动，从而达到整合课程内容的目的。

实施意见部分：介绍了教学建议、评价建议、教材编写建议、课程资源开发与利用建议这四个板块的内容，在实施过程中根据具体情况展开教学。

2. 新加坡品格与公民教育课程标准的框架结构

简介部分：包括课程性质、课程基本理念。课程性质强调品格与公民教育是新加坡教育体系的核心。其课程基本理念从核心价值观、社交与情绪管理技能、与公民道德相关的技能三方面进行阐述。

课程目标部分：主要从品格与公民教育八大学习成果来叙述的，阐明了教育部希望学生达到的学习目标。

课程内容部分：品格与公民教育课标从身份、人际关系和抉择三大概念入手，理解重点与难点问题，然后从个人、家庭、学校、社区、国家、世界这六个不同的层面进行描述。其中世界层面只适用于五年级和六年级。

教学法部分：品格与公民教育的教学法建立于建构主义理论的基础上。教师可采用一系列注重学习过程的教学法，并选用相关的教学策略帮助学生学习。注重学习过程的教学法以学生为中心。

评估部分：评估在学习和教学中占据着重要地位，新加坡的评估方法包括自我评估、同学评估和教师评估。

（二）两国社会课程标准框架结构的分析比较

通过以上对中新两国小学社会课程标准基本框架的分析对比，可以看出两国社会课程标准既有共同点也有不同点。

1. 中新两国小学社会课程标准框架的整体布局相似

中国和新加坡同属亚洲国家，新加坡是移民国家，华人非常多，深受中华民族儒家思想的熏陶，因此在道德教育方面跟中国非常类似。中新两国社会课程标准框架大致类似，都有课程性质、课程理念和课程内容，这也是课程标准必不可少的方面。我国的"课程目标"相当于新加坡"八大学习成果"部分，为教师的教和学生的学提供了目标要求。新加坡课程标准中虽然没有明确提出"实施建议"，但是从品格与公民教育课程标准规划的指导原则、品格与公民教育课程教学与学习的指导原则、教学法和评估中都能找到与之类似的内容，这些内容都对社会课程的教学起引导作用。学习内容基本是沿着学生生活范围的不断扩大的思路展开的。这种主题式框架设计综合课程的常用方法，也被称为"同心圆扩大"的模式，符合一般状态下的学生生活和认识发展的特点，有利于从学生的生活切入，基于他们的经验开展学习，帮助学生逐步地从身边的事物开始，学习关注周围和更广泛领域的社会现象、事物，形成社会理解和认识；有利于打破学科界限，整合、丰富内容；同时也有利于突破学习方式的单一性，改变单纯灌输、说教的教育方式，促进学生参与，进而指导学生在基于自身的社会生活中养成良好的行为习惯和品德。①因此，不能把每一个主题下的学习内容都看成是一个封闭的系统。

2. 中新两国都强调课程内容从六个层面进行阶段性教学

新加坡和我国的课程框架大致相同，都重视从不同的主题进行课程内容的教学，两国都从个体、家庭、学校、社区、国家和世界六个层面对课程内容进行了阐述。当然，不同的年级可以有所侧重，又有所兼顾。从个人延伸至世界，儿童和青少年的身心发展是建构在人际关系的生态系统中。教师会鼓励学生在现实生活中（包括家庭、学校、社会、国家和世界领域）把价值观付诸行动。研究显示，学生与周遭世界互动的时候，更容易接纳他们在社

---

① 窦争琴.小学《品德与社会》新版课标解读［EB/OL］.http://www.yzjy.com.cn/jyzx/xwbs/16443.shtml.

会所扮演的角色。同时，他们也会考虑到他们的行为对自己和他人所带来的结果，并设身处地为他人设想。①

此外两国学段划分的方式也相同，1—3 年级为第一学段，4—6 年级为第二学段，但是两国在课程内容安排时，都是将 3—4 年级组合共同使用教学内容，5—6 年级在此基础上增加稍微深层次一些的教学内容，两国每个学段的内容要求都十分规范具体。例如，三四年级侧重家庭、学校和社区的内容，兼顾祖国和世界；五六年级侧重祖国与世界，兼顾其他；涉及个人成长的内容则根据学生的身心发展特点，分散在各年级进行，可以从实际出发自主选择。

3. 中新两国小学社会课程标准框架结构的详略不同

为了顺应时代的发展，2010 年，国务院颁布了《国家中长期教育改革和发展规划纲要》，强调了德育为先、能力为重、全面发展的教育理念，提出了发展内涵，提高教学质量的要求。2001 年，我国教育部颁布了《全日制义务教育品德与社会课程标准（实验稿）》（以下简称《课标（实验稿）》），这是一项重大的课程改革举措，这份课程标准持续了将近 10 个年头。在这次改革中，我国小学社会教学取得了较大的成效，教学内容建立在学生的现实生活与实际经验基础上，将道德内化于社会生活之中，使得课程实施的过程就是一种生活，符合学生身心发展规律；教学方式不拘一格，根据具体情况，教师可以采取形式多样的活动，加强了师生互动；课程类型设置为综合课程。2011 年我国教育部颁布了《义务教育品德与社会课程标准（2011 年版）》（以下简称《课标（2011）》），沿袭了实验稿的课程框架，但是每个部分都有子标题，比如前言部分设有课程性质、课程基本理念和课程设计思路；课程目标分为总目标和分目标；课程内容有六个层次；实施建议包括教学、评价、教材编写和课程资源开发与利用四个方面，涵盖的方面比较多，基本都是按照总分的结构进行编排，层次较清晰，详略得当。但是中国课程标准中将教学方法和评价作为第四部分实施建议中的一部分进行论述，属于二级内容，

①新加坡教育官网.2014 Character and Citizenship Education （Primary) Syllabus [EB/OL]. http://www.moe.gov.sg/.

不如新加坡的具体、详细。

新加坡小学的品格与公民教育课程标准框架是根据学生的心理发展特征来进行总体设计的，采取层层深入、循序渐进的方法，同时特别将教学法和评估单独列出来叙述，而不是作为实施建议的两个部分，不仅介绍了五种注重学习过程的教学法，相对应地还列举了八种教学策略，非常具体详细。在评价方面，新加坡在确定评估范围、作用之外，以图标的形式详细地叙述了三种评估方法，并从策略和工具两个方面对其进行了阐释。从新加坡对教学法和评估的重视程度来看，新加坡十分强调提高教师德育专业化，评估学生道德教育水平，整个框架里面的每个部分描述得都很详细。由于工业化的快速发展，使原有的儒家传统道德观念受到巨大冲击，人们的道德标准模糊了。在西方文化倾向的影响下，青少年的社会价值观出现偏颇，缺乏基本的责任感。与此同时，新加坡学校缺乏足够的合格专业的道德教育教师，道德教育往往作为配课使用，加上其他学科及活动与道德教育未能很好地配合，制约着道德教育的教学成效。因此，新加坡教育部在制定德育课程标准时特别重视教师的教学方法以及对学生德育的评定。

三、课程理念比较研究

基础教育课程标准的制定，都需要一定的思想和理念为支撑，应根据基础教育的目的和学生的身心发展规律，培养学生的道德素质。

（一）两国课程性质概述

1. 中国社会课程性质

品德与社会课程是在小学中高年级开设的一门以学生生活为基础、以学生良好品德形成为核心、促进学生社会性发展的综合课程。①课标从"综合性""实践性"和"开放性"阐述了品德与社会的课程性质，强调各门学科和知识的相互渗透与整合，从多角度、多层面引导学生自我认知，形成基本

---

① 张茂聪.《品德与社会》教科书比较分析及思考［J］.教育科学研究，2012 (7) .

的道德品质，注重学生的生活实际、自主探究的精神，培养学生的创新意识，通过各种儿童喜欢的社会活动，使他们弹性地吸纳鲜活的社会生活事件，正确评价学生的发展。

2. 新加坡社会课程性质

新加坡为了适应不断变化的社会结构、全球化和科技的发展，教育部出台了《品格与公民教育课程大纲》，以顺应时代要求，品格与公民教育一直是新加坡教育体系的核心。在安排《品格与公民教育课程大纲》时，主要的考量是新趋势和世界动向。品格与公民教育是 21 世纪技能框架和学生学习成果的核心，它强调的是相互关联的核心价值观、社交与情绪管理能力、公民意识、全球意识和跨文化交际能力。这种密切的联系，对培养学生的公民意识和道德品质是必不可少的。①

(二) 两国基本理念概述

表 8—2 中新两国课程标准的基本理念

中国	新加坡
1.帮助学生参与社会、学会做人是课程的核心 2.学生的生活及其社会化需求是课程的基础 3.提高德育的实效性是课程的追求	1.核心价值观：尊重、责任感、坚毅不屈、正直、关爱与和谐（品格的基础：提供行为指南） 2.社交与情绪管理技能：自我意识、自我管理、社会意识、关系管理和负责任的决定（技能、知识与素养让学生能够有效地管理自己与处理人际关系、做出负责任的决定） 3.与公民道德相关的技能：公民意识、环球意识与跨文化沟通技能（让学生能够成为积极、办事效率高的公民，对新加坡产生强烈的归属感）

1. 中国品德与社会课程标准基本理念具体内容

(1)帮助学生参与社会、学会做人是课程的核心

课程非常关注儿童的发展，体现了"以生为主"，强调学生的身心发展，重视每一个学生的成长。以社会主义核心价值体系引导学生的道德发展，以

---

①新加坡教育官网.2014 Character and Citizenship Education (Primary) Syllabus [EB/OL] . http://www.moe.gov.sg/.

知识技能武装学生的行动，积极倡导学生参与社会生活，关注学生生活态度、价值观的形成和行为规范的养成。[①]

（2）学生的生活及其社会化需求是课程的基础

品德教育要回归学生生活。学生的品德与社会性发展存在于社会之中，品德在社会生活中受到潜移默化的影响，因此，要关注学生的现实生活，教育的方式和内容都要符合学生社会化的需求，紧密联系学生的实际生活。要让学生从自己的现实生活出发，用自己的方式观察社会，这样对儿童的品德教育才会有效，有针对性，才能使学生提高生活质量。

（3）提高德育的实效性是课程的追求

由于小学生还处在品德与社会发展的基础阶段，教学内容不求有深度、有层次，选择生活中喜闻乐见的事例，采用符合学生身心发展规律的教学方式，营造良好的品德学习环境，使他们乐于在实际生活中观察细节，勇于发现问题并尝试用所学的知识和技能解决问题，才能取得较好的实效性。

2. 新加坡品格与公民教育课程标准的基本理念

品格与公民教育是 21 世纪技能框架和学生学习成果的核心，它强调核心价值观、社交与情绪管理能力、公民意识、全球意识与跨文化交际能力的相互联系。这种紧密的联系对培养学生的品格与公民道德至关重要。

（1）帮助学生树立正确的核心价值观

具有良好品格和对社会有贡献的新加坡公民，必须立足于核心价值观（尊重、责任感、执着、诚信、博爱、和谐），指引学生辨别是非，以帮助他们做出负责任的决定，并认清自己在社会中的作用。[②]

（2）培养学生的社交与情绪管理技能

社交与情绪管理技能包括五大相互关联的技能：自我意识、自我管理、

[①]中华人民共和国教育部.义务教育品德与社会课程标准（2011 年版）[M].北京：北京师范大学出版社，2012:8.

[②]新加坡教育官网.2014 Character and Citizenship Education (Primary) Syllabus [EB/OL]. http://www.moe.gov.sg/.

社会意识、关系管理和负责任的决定。①社交与情绪管理技能的学习能够帮助学生学会控制自己的情绪、关心他人、做出负责任的决定、建立良好的人际关系并有效地应对生活中的挑战。

（3）培养学生与公民道德相关的技能

涵盖公民意识、全球意识与跨文化交际能力的 21 世纪技能框架和学生学习成果阐明了好公民应具备的意识和技能。这些意识和技能有助于提高学生对新加坡的认同感和归属感，让他们心系祖国的发展，努力为国家做贡献。这和品格与公民教育培养学生成为具备良好道德的公民的目的是一致的。

（三）两国社会课程标准基本理念的对比分析

1. 两国都强调"以生为主"，注重回归生活

中国和新加坡的社会课程都强调以生为主，重视学生的生活情境。中国品德与社会最重要的改革是在儿童的实际生活中发展学生良好品德、乐于探究、热爱生活的培养目标，切实体现了"以人为本、以生为主"的发展性战略规划，真正关注儿童的生活实际，让孩子们亲密接触生活。

新加坡在规划品格与公民教育课程标准时，从考虑学生的角度出发，针对不同年级的学生采用适合他们身心发展规律的教育方法和教材。为了使学生易于接受，新加坡教育部门专门编写了生动、浅显的教材，把道德观点、道德理论与现实生活相联系，用故事、画报等形式来教育学生。②该课程参照儿童发展规划的各种理论，把学生的现实生活经验作为学习情境，使学生更好地学习知识、技能和价值观，提高学习效率。

2. 两国都寓道德教育于各科教学之中，注重学科渗透

品德与社会是一门综合性很强的课程，内容的建构不能以某个学科体系为基础来组织，而应该有机结合与该课程相关各领域的内容和综合主题。

品德与社会课程以品德与生活为基础，服务于初中的地理、历史、思想

---

①新加坡教育官网.2014 Character and Citizenship Education（Primary）Syllabus [EB/OL]. http://www.moe.gov.sg/.

②蒋绿林.新加坡未成年人德育教材改革经验分析[J].商丘师范学院学报，2008(10).

品德等课程。因此，应注重与相关课程的衔接。此外，品德与社会涉及多门具体的学科课程内容，课程注重学生的生活经验，倡导学生主动投入相关的实践活动，培养学生的创造思维能力。这些活动不仅与小学科学课程有紧密的联系，而且还渗透到综合实践活动等课程中。因此，要重视品德与社会课程与其他具体课程之间的相互渗透，多角度、多层次地引导学生全面了解自我、他人和社会，体现课程的综合性。

与此同时，在新加坡，除社会课程外，还充分发挥其他学科的载体作用和渗透作用，间接对学生进行品格与公民教育。例如，新加坡语文教材中反映华人的文化与传统价值观的内容，华人的节日、礼仪、风俗、中国的神话、戏曲等，目的是使学生知晓中华民族的优秀文化，汲取儒学中的"仁礼"价值观。此外，可通过各种社会活动，如四大国民教育日、"德育行动"和课外活动，让学生学习和实践他们所学的价值观、知识、技能和树立积极的态度。这种寓道德教育于其他各门学科的做法是新加坡学校道德教育富有成效的一个重要原因。

3. 两国都重视课程扩展，体现课程的开放性

我国的品德与社会从课内延伸至课外，从课堂扩展到学校、家庭和社区，以这些大大小小的生活领域为主题组织教学内容，积极引导儿童发展，使学生通过与各种社会要素的交互作用而实现学习效果。教学内容灵活地吸收了新鲜的社会生活事件，课程评价注重不同学生的学习出发点和态度，关注学习过程和日常行为，体现开放性。

与中国社会课程类似，新加坡的品格与公民教育（小学）扩展层面从个人延伸到世界，让不同种族、学习能力各异的学生从实际生活中积累经验，培养社会归属感。不仅从最基本的个人、学校、家庭出发，还强调参与社区服务活动，新加坡按学生的年龄规定了他们所能承担的社会责任，联系道德教育课程，做到理论与实践相结合，制定学生社区服务计划，旨在使学生从小具有服务意识，如帮助别人、合作与慷慨等，形成科学的人生观与价值观。新加坡政府还十分重视发挥社会乃至世界环境的教育功能，重视跨文化

教育，通过学生与周围世界的互动，使之更容易认识自我，对世界有正确的认知。

4.两国课程的侧重点不同，体现不同的发展需要

良好的品德是健全人格的基础。随着社会的发展，良好的公民素质越来越成为人的内在需求。我国构建社会主义和谐社会，加快建设创新型国家的战略目标，要求基础教育更新教育观念和教育方式，大力加强社会主义核心价值体系教育，培养良好的公民素质、创新精神和实践能力。[①]品德与社会课程标准最初就明确了社会课程的性质，即在小学中高年级开设的一门以学生生活为基础、以学生良好品德形成为核心、促进学生社会性发展的综合课程。课程主要强调公民素质，是学生道德品格的发展需要，主要从道德的层面来定性的。从两个方面给课程定性：一是从课程目标看，它是"培养学生形成良好品德和社会性发展"的课程，体现了课程的目的性；二是从课程类型来看，具有综合性、实践性和开放性，将多方面的内容融合在一起，注重学生在实践体验中形成良好的创新精神和实践能力，教学空间从课堂向课外发展。

新加坡品格与公民教育（小学）强调的是核心价值观、社交与情绪管理技能、公民意识、全球意识与跨文化交际能力，主要是培养价值观和技能。一个具有良好品格并对社会有所贡献的新加坡公民，必须以核心价值观为基础，可以帮助他们判断是非，做出负责任的决定，并认清自己在社会上所扮演的角色。社交与情绪管理技能的学习帮助学生学会控制情绪、关怀他人、做出负责任的决定、建立良好的人际关系及有效地应付生活中的挑战。公民意识、环球意识与跨文化沟通技能阐明了良好公民应具备的意识与技能，有助于加强学生对新加坡的认同感和归属感，全心全意为国家做贡献。

[①]中华人民共和国教育部.义务教育品德与社会课程标准（2011年版）[M].北京：北京师范大学出版社，2012：3.

四、课程目标比较研究

(一) 中国品德与社会课程目标

表 8—3—1 《课标 (实验稿)》的课程目标

总目标	品德与社会课程旨在促进学生良好品德形成和社会性发展,为学生认识社会、平等参与社会、适应社会,成为具有爱心、责任心、良好的行为习惯和个性品质的社会主义合格公民奠定基础	
分目标	情感·态度·价值观	1.珍爱生命,热爱生活。养成自尊、自信、自强、自主、热爱科学、热爱劳动、勤俭节约的态度 2.在生活中养成文明礼貌、诚实守信、友爱宽容、公平公正、热爱集体、团结合作、有责任心的品质 3.初步形成民主、法制观念,依法维权和规则意识 4.热爱祖国,珍视祖国的历史、文化传统。尊重不同国家和人民的文化差异,初步具有开放的国际意识 5.关爱自然,感谢大自然对人类的哺育,初步形成保护生态环境的意识
	能力	1.能够初步认识自我、认识残疾,控制和调整自己的情绪和行为。初步掌握基本的自护自救的本领,养成良好的生活和行为习惯 2.能够清楚地表达自己的感受和见解,能够倾听他人的意见,能够与他人平等地交流与合作,学习民主地参与集体生活 3.学习从不同的角度观察、认识、分析社会事物和现象,尝试合理地、有创意地探究和解决生活中的问题。学习对生活中遇到的道德问题做出正确的判断和选择 4.学习搜集、整理、分析和运用社会信息,能运用简单的学习工具探索和说明问题
	知识	1.初步了解儿童的基本权利和义务,初步理解个体与群体的互动关系。了解一些社会组织机构和社会规则,初步懂得规则、法律对于社会公共生活的重要意义 2.初步了解生产、消费活动与人们生活的关系。知道科学技术对人类生存与发展的重要影响 3.了解一些基本的地理知识,理解人与自然、环境的相互依存关系,简单了解当今人类社会面临的一些共同问题 4.知道在中国长期形成的民族精神和优良传统。初步知道影响中国发展的重大历史事件,初步了解新中国成立和祖国建设的伟大成就 5.知道世界历史发展的一些重要知识和不同文化背景下人们的生活方式、风俗习惯。知道社会生活中不同群体、民族、国家之间和睦相处的重要意义

表 8—3—2 《课标（2011)》的课程目标

总目标	品德与社会课程旨在培养学生的良好品德，促进学生的社会性发展，为学生认识社会、参与社会、适应社会，成为具有爱心、责任心、良好行为习惯和个性品质的公民奠定基础	
分目标	情感·态度·价值观	1.珍爱生命，热爱生活。养成自尊自律、乐观向上、勤劳朴素的态度 2.爱亲敬长，养成文明礼貌、诚实守信、友爱宽容、热爱集体、团结合作、有责任心的品质 3.初步形成规则意识和民主、法制观念，崇尚公平与公正 4.热爱家乡，珍视祖国的历史与文化，具有中华民族的归属感和自豪感，尊重不同国家和民族的文化差异，初步形成开放的国际视野 5.具有关爱自然的情感，逐步形成保护生态环境的意识
	能力与方法	1.养成安全、健康、环保的良好生活和行为习惯 2.初步认识自我，掌握一些调整自己情绪和行为的方法 3.学会清楚地表达自己的感受和见解，倾听他人的意见，体会他人的心情和需要，与他人平等地交流与合作，积极参与集体生活 4.学习从不同的角度观察社会事物和现象，对生活中遇到的道德问题做出正确的判断，尝试合理地、有创意地探究和解决生活中的问题，力所能及地参与社会公益活动 5.初步掌握收集、整理和运用信息的能力，能够选用恰当的工具和方法分析、说明问题
	知识	1.理解日常生活中的道德行为规范和文明礼貌，了解未成年人的基本权利和义务，懂得规则、法律对于保障每个人的权利和维护社会公共生活的重要意义 2.初步了解生产、消费活动与人们生活的关系。知道科学技术对生产和生活的重要影响 3.知道一些基本的地理常识，初步理解人与自然、环境的相互依存关系，了解人类共同面临的人口、资源和环境等问题 4.了解家乡的发展变化，了解一些我国历史常识，知道在历史发展过程中形成的中华民族优秀文化和革命传统，了解影响我国发展的重大历史事件和社会主义建设的伟大成就 5.初步了解影响世界历史发展的一些重要事件，知道不同环境下人们不同的生活方式和风俗习惯，懂得不同民族、国家和地区间相互尊重、和睦相处的重要意义

课程目标是课程实施的风向标，若目标模糊，课程就很难有实效。从上表可以看出，与《课标（实验稿）》相比，《课标（2011 年版）》的课程目标更为合理、全面且具有操作性。课程总目标没有改变实验稿的原意，只是一些文字的变动，使课程目标更加精确与清晰。

依据社会的发展、学生的身心发展规律以及品德与生活、品德与社会的链接，在三维目标方面做了适当修订。特别是对情感·态度·价值观、能力与方法、知识目标的完善。例如，在情感·态度·价值观目标中的"自尊自主"修改成"自尊自律"，添加了"崇尚公平与公正"等；在能力与方法目标中将"能够初步认识自我，控制和调整自己的情绪和行为"修改成"初步认识自我，掌握一些调整自己情绪和行为的方法"，删去"认识、分析社会事物和现象"的要求等；在"知识"目标中将"初步理解儿童的基本权利，初步理解个体与群体的互动关系"改为"理解生活中的道德规范，了解未成年人的基本权利和义务"，删去"了解一些社会组织机构和社会规则"等。[①]

在三维目标中，情感·态度·价值观目标居于首位，然后是能力与方法，最后是知识，如此排列，一是强调品德与社会课的性质，二是与课程设计和课程内容直接相关。这三维目标是一个整体，不能截然分开。弱化知识，也并非虚化道德认知，而是希望基于学生生活，将道德观念、道德情感、道德认知和道德行为等有机地整合起来。通过《课标（2011）》，能够清楚地发现，上述思路贯穿于三项目标，即三项目标是紧密联系的。

（二）新加坡品格与公民教育的课程目标

新加坡品格与公民教育的学习成果明确了教育部期望学生所要达到的学习目标，这八大学习成果融入了六个核心价值观。学习目标 1—4 阐明了不同层面的品格塑造，同时也提到社交与情绪管理技能，这四项学习成果是相互关联的。学习目标 5—8 遵循 21 世纪公民教育原则以及在公民的属性基础上进行的编排，包括身份认知、文化认同和积极参与社区活动等。

---

①姚冬琳，唐美霞.2011 版品德与社会课程标准变化的探讨与思考 ［J］.现代教育科学，2013（1）.

表 8—4 新加坡品格与公民教育的课程目标——八项学习成果

学习成果 1	获得自我意识，并运用自我管理技能达到个人身心健康和效益
学习成果 2	为人正直，并以道德伦理为依据做出负责任的决定
学习成果 3	获得社会意识，并运用人际沟通技巧建立和维持相互尊重的良好关系
学习成果 4	展现坚毅不屈的精神，并有能力把挑战化为机遇
学习成果 5	以身为新加坡人为豪、对国家充满归属感，并致力于国家的建设
学习成果 6	珍惜新加坡多元文化的社会，并促进社会凝聚力与和谐
学习成果 7	关怀他人，并为社区和国家的繁荣发展做出积极的贡献
学习成果 8	身为一名有见识和责任的公民，针对社区、国家和全球性课题进行反思并做出回应

(三) 两国社会课程目标的比较

1. 两国都注重学生能力的培养

我国品德与社会课程标准以社会主义核心价值观为基础，从情感·态度·价值观、能力与方法、知识三维目标强调爱亲敬长，养成文明礼貌、诚实守信、团结合作、有责任心等品质，形成法制观念和民主意识。注重培养学生良好的生活和行为习惯，学会与他人沟通交流，并懂得接受他人合理的意见，培养合作意识，参与集体活动和生活，从形象思维向抽象思维转化，积极参与社会实践和公益活动，训练发现、收集、整合和使用信息的能力，通过情境的设置、通过多种教学活动，使教学强调社会主义核心价值观，使教学回归生活，培养学生的综合能力。

新加坡原总理李光耀曾说过一段话："检验一个良好的教育的标准，主要看它是否有利于培养公民能以文明的方式从事生活、劳动、竞争与协作、他是忠实的、爱国的吗？如果需要的话，他是一个好士兵吗？它能够随时准备保卫他的国家，从而保卫他的妻子、孩子和父母，孝敬长者，守法、仁慈和负责吗？他能照顾他的妻子、孩子和父母吗？他是一个好邻居和可以信任的朋友吗？他是否能容纳不同种族和不同宗教的新加坡人呢？他是否爱干净、整洁，做事准时和态度谦恭呢？"①新加坡注重培养学生获得自我意识，并运用自我管理技能达到个人身心健康和效益，使学生为人正直，并以道德伦理为依据做出负责任的决定，展现自身的意志品质，并有能力把挑战化为机遇，善于运用人际关系，与他人建立友好的人际关系，同时也体现了社交与情绪管理技能，自我意识和自我管理的技能，旨在加强学生对自我的认识，从而帮助他们更有效地掌控自己的情绪及行为。社会意识和关系管理则和人与人之间的相处之道有关。我们必须以道德伦理为依据做出负责任的决定，这与个人如何掌控情绪与行为、如何与他人沟通以及如何面对生活的挑战息息相关。

2. 两国都共同关注情感态度价值观的培养

品德与社会强调良好态度的养成，培养学生热爱生命、生活和健康积极的心态，继承我国优良的文化传统、尊老爱幼、诚实守信、团结协作、讲文明讲礼貌，培养学生热爱自然的情感，养成爱护动物和生态环境的意志，使学生初步形成法律意识，了解民主公平公正的含义，培养学生民族自豪感和归属感的价值观，尊重各民族和国家的文化差异，与国际接轨。

品格与公民教育培养学生的国家归属感，做一名有责任感的社会公民，真诚地相信并致力于维护和实践道德价值观，认识到有必要通过了解自己的情绪来理清自己的价值观与行动，以便有意识地站稳自己的道德立场，在面对道德问题时，考虑其他人的感受，以身为新加坡人而自豪，珍惜新加坡的多元文化，促进公民的凝聚力，致力于社区、国家与国际的发展与交流。②新加坡重点体现了尊重、责任感、执着、诚实、关爱与和谐六大核心价值观，这些价值观引导学生辨别是非，帮助他们做出负责任的决定，并认清自己对社会的作用。其实，学生在学习活动中会依据道德准则，运用自身能力去获得知识，同时也会有一定的情感态度作为辅助。

---

① 王学风.新加坡基础教育［M］.广州：广州教育出版社，2003：156.

② 王天桥，刘红.新加坡小学《公民与道德教育课程标准》的特点及启示［J］.贵州教育学院学报（社会科学），2008（10）.

3. 两国课程目标侧重点不同

从新加坡品格与公民教育的课程目标中可以看出，新加坡更强调公民教育，从自我意识、与人相处、价值观、爱国教育等维度列举了八大学习成果，致力于培养国家意识、公民意识、价值观、身份、责任等。

由于新加坡是一个多元种族、多元文化和多元宗教的小国，所以在德育教育上要求新加坡学生从小就要学会与其他人和睦相处，因而，培养与人有效合作的精神和行为习惯，就成为新加坡德育的特殊要求。同时，面对不断全球化和无边界的现代世界，提升学生的价值观和对社会、国家的情感联系，也是新加坡道德教育的迫切需要。

新加坡的教育者要求学生认识和感激新加坡的卓越之处。增加学生对新加坡的局限性和成就的认识，以增强学生的国家自豪感。根据新加坡的国情，在学生道德教育中，国情教育或通过国情教育使学生具有爱国精神和对国家的忠诚以及健全人格至关重要。有了健全的道德人格，才是正直的人、关心他人利益和国家利益的人。

我国品德与社会课程目标具体明确，从知识与技能、过程与方法、情感·态度·价值观三维目标清楚地描述了许多子条目，在具体的课程单元中，也全面考虑和把握教学目标，对于具体内容和活动的教学，教师都可以根据课程标准实施，从而促进学生态度的形成与转变，促进学生能力的锻炼与提高。课程所要达到的要求和目标清晰明了，注重回归生活，关注学生的实际情况，围绕学生的现实生活与经验开展教学，有利于促进学生的素质教育，合情合理并且具有可操作性，同时有利于教师在教育教学活动中更好地把握课程目标，提高教学效果。

五、课程内容比较研究

(一) 中国品德与社会课程标准中的课程内容

表 8—5 《课标 （2011）》的课程内容

层面	具体内容
我的健康成长	自我认知（中）：自尊、自爱（中、高）；解决困难（中、高）；诚实守信（中、高）；感恩、宽容（中，高）；生命、安全（中）；抵制不良行为（中、高）；积极、健康生活（高）
我的家庭生活	感恩父母（中）；自理与责任感（中）；邻里和睦相处（中）；合理消费、勤俭节约（中、高）；沟通谅解，化解矛盾（高）
我们的学校生活	地图技能（中）；尊师重校（中）；良好的学习习惯（中）；合理消费、新生平等相处（中、高）；个人与集体（中）；遵纪守法（中）；民主、平等的集体生活（高）
我们的社区生活	识读、辨认地图（中、高）；自然、经济与生活；尊重劳动者和劳动成果（中）；商品与消费（中）；交通与安全（中）；公共设施（中）；公共秩序，公共安全（中、高）；尊重、关怀弱势群体（中、高）；公民权利（高）；文化活动和文明生活（中、高）；环境保护（中）
我们的国家	国土意识（高）；民族意识（中、高）；环境意识（中、高）；文化遗产（高）；应对自然灾害（高）；工农业发展（中、高）；交通发展（中、高）；网络与通信（中、高）；文明发展史（高）；救亡图存（高）；热爱社会主义和中国共产党（高）；热爱人民解放军（高）；基本权利与义务（中、高）
我们的共同世界	地理知识（高）；尊重文化的多样性（中、高）；激发世界历史文化兴趣（高）；了解我国与世界各国的经济关系（中、高）；了解科学技术知识（高）；应对全球环境（高）；了解国际组织和国际公约（高）；和平与发展（高）

从个人、家庭、学校、社区、国家和世界六个层面概括了我国小学中高年级具体课程内容，每个层面内容都以学生为本，与学生的生活紧密相连，层层递进。

（二）新加坡品格与公民教育课程标准中的课程内容

1. 品格与公民教育课程内容结构

品格与公民教育课程共有四个指导单元，包括品格与公民教育课、任课老师辅导课、校本课程以及品格与公民教育指导单元。

表 8—6 新加坡品格与公民教育课程结构与内容

品格与公民教育的结构	内容
品格与公民教育课	通过母语传授品格与公民教育的价值观、知识和技能
级任老师辅导课（FTGP）	级任老师传授社交与情绪管理技能（包括网络辅导）以及促进师生关系
品格与公民教育校本课程	这包括：利用周会进行和品格与公民教育的教学、设计与学校价值观相关的课程
品格与公民教育指导单元	性教育

品格与公民教育课：小学品格与公民教育课以母语为教学媒介语。选修非泰米尔语，即孟加拉语、旁遮普语和乌尔都语的学生以及免修母语的学生将以英语学习品格与公民教育。为了配合这些学生的需要，教材也有英文版本。

级任老师辅导课：级任老师辅导课强调社交与情绪管理技能的学习。除此之外，级任老师通过有意义的互动游戏活动与学生培养感情。有关网络健康、教育与职业辅导和自我防卫（小学一年级至四年级）的内容已纳入级任老师辅导课里，帮助学生在现实生活中实践所学的核心价值观和社交与情绪管理技能。

品格与公民教育校本课程：学校将有空间和伸缩性量身定制和推行各校的品格与公民教育校本课程。教学时段为全年的 11 至 15 小时。品格与公民教育校本课程可包括着重于学校价值观的活动，例如，周会以及进行与学校价值观相关的教学课。

品格与公民教育指导单元：品格与公民教育指导单元，即性教育，是学生必修的课程。单元的目标和内容是针对儿童和青少年身心发展所面对的问题而设计的。学校每年必须为小学五年级和六年级的学生进行 4 小时的性教育。

品格与公民教育课程标准列明了在品格与公民教育课、任课老师辅导课以及校本课程所需要传授的知识、技能、价值观和态度。教育部也根据小学五年级和小学六年级学生的发展特点，编写了性教育课程内容标准。

2. 品格与公民教育课程内容的三大概念

表 8—7 新加坡品格与公民教育（小学）课程内容的三大概念

三大概念	具体内容
身份	要拥有身份认同感，需先接纳一套价值观和理想。建立强烈的身份认同感能让我们清楚了解自己的长处、短处及各自的独特性。自我认识的发展在童年的中期和后期特别重要，尤其在 8 岁至 11 岁之间。儿童需要先建立自信心与进取心，才能在青春时期促进身份认同感的形成。这能使学生更加认识自己、对自己的行为负责任并与其他人友好地相处。研究显示一个人所秉持的价值观会影响个人的决心，而这些价值观有助于加强个人身份认同感（Holland, 2002）
人际关系	人际关系能帮助儿童在社区中确定他们的身份、潜能及明白他们对周围的人的重要性。社会建构主义主张认知能力的发展源于与他们的互动。此外，社会环境对儿童的发展也起着深远的影响。在儿童的眼里，世界是由各种不同的关系组成的，而这些关系将影响他们在各方面的发展，包括智、群、心、体、德。在童年的中期和后期，儿童为他人设想的能力增加，再加上同理心，这两者将成为他们与他人互动的基础
品格	一个人所做的抉择体现这个人的品格及价值观体系，也影响他的行为。学生需要有一套价值观以帮助他们做出抉择，了解为什么有些抉择是对的，有些是错的（Berkowitz,2005）。抉择能帮助学生把价值观付诸行动，即使是在面对压力和诱惑时，都能做出他们认为是正确的事。因此，抉择提供平台让学生实践价值观，并在过程中澄清他们的价值观

　　身份、人际关系和抉择——这三大概念是品格与公民教育的核心概念，它们有助于学生更详细地理解重点阐明的知识。

3. 品格与公民教育课程标准具体内容

表 8—8　新加坡品格与公民教育课程具体内容

层面	具体内容				
	知识	技能	价值观	态度	生活情境
个人	自我认知；了解情绪；认清我所重视的；生活变化	了解自己；管理情绪；处理压力；克制冲动的意念；寻求援助；设定目标；负责任的决定；反思	责任感；尊重自己；坚毅不屈	相信自己；好奇心；自律能力；勇气和毅力；自我激励	适应新的班级；学习新科目；自己完成功课；参加正式考试；选择课程辅助活动；参加课程辅助活动；时间规划；管理金钱与保管住家钥匙；离家上学与回家；网上交友；体验生理变化；成为领袖；参加小六会考；选择中学；面临挫折与阻碍
家庭	良好的家庭关系；家庭问题；关怀家庭	建立与保持良好的人际关系；设身处地；解决冲突；寻求援助；提供援助；负责任的决定；反思	责任感；关爱家人；维系家庭和谐；尊重家人	态度谦逊；珍惜不同家庭成员；对家人有同理心；为家庭分享，以家人为先；改善家人生活	帮忙做家务；与家人共度欢乐时间；与兄弟姐妹和玩伴和睦相处；为家庭庆祝活动尽一份力；与家人共度欢乐时光；照顾家庭成员；主动与家人一同策划和欢庆特别的日子
学校	正面良好的友谊；团队合作；关怀他人；人际关系	建立与保持良好的人际关系；设身处地；化解冲突；寻求援助；提供援助；负责任的决定；反思	尊重他人；责任感；坚毅不屈；为人正直；关爱他人；与他人和谐相处；	顾及他人感受；珍惜他人；对他人有同理心；以谦虚态度与他人互动；为他人互动；为学校做贡献；懂得分享，以他人为先；改善学校成员生活	帮助朋友；成为领袖；应付被欺凌的状况；成为他人的朋友；与他人合作；参加课程辅助活动；参与"德育在于行动"计划；面对同学压力；与朋友之间的摩擦，在社交媒体上结识朋友；在网络上与他们沟通；处理网络欺凌的行为；面对失败；参加学习之旅；为学弟学妹树立好榜样；成为学弟学妹的伙伴；策划与主办学校活动

续表 8—8

层面	具体内容				
	知识	技能	价值观	态度	生活情境
社区	文化与习俗；社会凝聚力与和谐；关怀社区	建立和维持良好的人际关系；设身处地；反思	尊重；关爱他人；与他人和谐相处	客观看待事物；珍惜新加坡的多元性；对别人有同理心；懂得分享，并以他人为先；珍惜与自己不同的人；以谦虚的态度与他人互动；为他人做贡献；改善他们生活	结识社会中不同的人；参加学习之旅；参与种族和谐日；参与"德育在于行动"的活动，这包括保护环境和动物；参加学习之旅；参与种族和谐日
国家	国家认同感；国家建议	设身处地；负责任的决定；反思	关爱新加坡；忠诚于新加坡；责任感；尊重国家认同感；公民责任；坚毅不屈	国家归属感；热爱新加坡；对新加坡的未来乐观有信心；关注国家大事；致力于新加坡的建设；主动了解国家问题	纪念全面防卫日；庆祝国庆日；纪念全面防卫日；参加国庆庆典、国民教育演出；庆祝国庆日；参与浸濡活动或实地考察
*世界	积极公民	设身处地；提供援助；反思	尊重他人；责任感；关爱他人	对别人有同理心；关注世界动向；积极主动了解世界动向	庆祝国际友谊日；通过参与"德育在于行动"计划的经验，学会欣赏他人；参与浸濡活动或实地考察

* 该层面只适用于小学五年级和小学六年级

新加坡品格与公民教育从个人、家庭、学校、社区、国家和世界六个层面论述了学生在知识、技能、价值观、态度和生活情境五个维度方面的内容，丰富且具体。

(三) 两国小学社会课程内容的比较

1. 两国的内容均按"同心圆"结构划分

中国品德与社会课程内容框架的建构，遵循了以学生生活为基础开展学习的设计思路，从个人、家庭等六个层面划分，具有综合课程的特点。学习内容基本是按照学生的生活范围不断扩大的角度划分的，从学生的现实生活和实际经验展开，帮助学生学会观察周边及更大范围的社会现象，有利于整合、丰富内容。

新加坡小学的品格与公民教育重点培养学生的核心价值观、社交与情绪管理技能以及公民意识、环球意识与跨文化沟通技能等。教材从个人到世界用六个单元把学校要培养的道德观念和价值观分解为不同的可操作的内容，通过教学活动或学生现实生活中亲身体验，使学生可以通过自身的活动来巩固教师传授的相关知识，培养自己的道德情感和道德意识。

中国品德与社会和新加坡品格与公民教育的课程内容都按照经典的"同心圆扩大"的结构划分，是按照学生生活范围的不断扩大的思路展开的，从个人到世界六个层面做了详细的划分与介绍，各个层次之间既有普遍性，也有特殊性，贴近学生的现实生活和身心发展的规律，便于从学生的亲身经验进行教学，培养学生注重观察身边乃至更广阔领域的事物和现象，形成对社会的正确认知；有利于学科间的相互渗透，丰富内容；同时也有利于突破学习方式的单一性，改变单纯灌输、说教的教育方式，促进学生参与，进而指导学生在基于自身的社会生活中养成良好的行为习惯和品德。①

---

①窦争琴. 小学《品德与社会》新版课标解读 [EB/OL]. http://www.yzjy.com.cn/jyzx/xwbs/16443.shtml.

2. 两国都以学生的生活经验作为学习情境

品德与社会强调通过多样化的教育活动和情境来提升学生的生活经验，引导学生通过多种感官去获取对现实生活的感受。老师可以通过观察、问卷、家访等方式了解学生已经获得的生活经验，根据他们在现实中遇到的问题以及需求，创设情境，丰富学生的现实体验和社会实践。同时，教师必须关注个别学生的经验差异，因势利导，允许学生之间存在不同的经验和观点，鼓励同学之间积极互动，交流彼此的经验和体会。例如，在教学"文明礼貌"时，老师可以通过列举生活中存在的真实事例，既可以列举文明礼貌的正面例子，也可以适当列举不文明礼貌带来的不良影响的例子，通过学生身边发生的例子彼此交流感想，对不同情况具体分析，使学生思考和探讨文明礼貌的意义。

品格与公民教育也强调教师以学生的生活经验作为学习情境，比如，新加坡让学生帮助家人做家务活，学会照顾家庭成员，与家人一同策划值得纪念的节日活动，和家人共度欢乐的时光，在这个情境中，让学生把课堂上学习的知识与生活实际相结合，有利于巩固所学知识、技能和价值观。因此，让学生明白如何在现实生活中实践所学的价值观及社交与情绪管理技能是非常重要的。学生的生活经历会随着年龄的增长日益复杂，教师可以通过循序渐进的方式来推行品格与公民教育课程，就能更好地帮助学生掌握相关的知识、技能，建立正确的价值观和态度。

3. 新加坡重视性教育课程的指导

品格与公民教育课程标准列明了在品格与公民教育课、各年级任课老师辅导课以及校本课程所需要传授的知识、技能、价值观和态度。教育部也根据五六年级学生的发展特征，编写了性教育课程标准。品格与公民教育指导单元，即性教育是学生必修的课程。单元的目标和内容是针对儿童和青少年身心发展所面对的问题而设计的。学校每年必须为小学五年级和六年级的学生进行 4 小时的性教育。

4. 两国具体内容的构成要点不同

我国品德与社会课程内容由内容标准和教学活动建议两部分构成。"内容标准"是对学生要学习的具体知识技能、学习过程、要掌握的方法及应形成的情感、态度、价值观等的要求，教学活动建议是对达成"内容标准"的补充说明，其中主要呈现的是体验、探究、解决问题学习、合作学习等多种教学活动、教学设计和学习方式。①形式丰富的教学活动，是学生获得经验和知识的有效途径。

新加坡品格与公民教育课程内容由内容中体现的学习成果，关于身份、人际关系和抉择这三大概念的关键问题，以及基于知识、技能、价值观、态度和生活情境五个维度的具体内容组成。理解课程内容，必须先弄懂重点和关键问题，有助于讲解三大概念。教师可使用关键问题在课堂上引导并激发学生积极地讨论，以便进一步引导学生从知识、技能、价值观、态度、生活情境等方面处理生活中面临的各种问题。

（1）个人层面比较

通过对比发现，我国和新加坡都注重学生自我认知，价值观方面的引导，但我国还倡导学生生命安全的教育，培养学生形成良好的行为习惯；而新加坡则比较侧重于技能，关注学生充分了解自己的优缺点和个人倾向，了解自己的情绪和行为是掌控自己行为的基础，学校和家庭会创设一些生活情境，让学生参加课程辅导，规划时间，网上交友，适当管理金钱和家庭钥匙等，让学生形成正确的自我意识、自我价值和自我能力。

（2）家庭层面比较

新加坡在家庭内容方面比较单一，只关注学生与家庭成员之间的相处，不管是技能方面的重视家庭成员人际关系和冲突的处理，价值观方面的关爱尊重家人，还是态度方面的和家人的分享、为家人做贡献等，都是围绕家庭这个单一的圈子。而我国除了重视家庭成员间的关系，还关注与邻里的和睦相处；除了关注家庭人际关系，还重视勤俭节约、合理的消费观的养成。

---

①范敏，汪建均.《品德与社会课程标准》（2011年版）目标修订解读［J］.福建教育：小学版，2013（1）.

（3）学校层面比较

我国与新加坡都重视学生在学校与教师、同学之间的人际关系，协调个人与集体的合作，新加坡通过让学生参与"德育在于行动"等计划、在网络上与他人沟通，为学弟学妹树立榜样等情境，使学生形成良好的学习习惯。此外，我国还重视培养学生的法律意识，做个遵纪守法的好公民。

（4）社区层面比较

我国和新加坡都强调尊重和关心弱势群体，关爱他人，为他人照相，与他人和睦相处。但我国的社区生活多侧重于我们实际的生活情境，比如，我们对自然地理、经济文化、交通安全、日常的生活消费、公共设施和秩序、环境保护的重视。而新加坡由于深受东方儒学思想的影响，更加重视文化习俗和社会凝聚力的形成。

（5）国家层面比较

我国的国家层面，关注的内容多样化，涉及国土地理、民族意识、环境意识，还包括一些文明历史和工业、交通、网络通信、物产资源的发展，培养学生热爱党、热爱社会主义的核心价值观，增进对祖国的自豪感。而新加坡是典型的移民国家，无论是来自中国、马来西亚还是印度、巴基斯坦，他们都保持着原民族的深深印记，不利于形成新的国家意识。因而，加强民族认同教育，成为加速民族凝聚力的形成和国家意识教育最基本的要求。新加坡政府强调保持各种族的语言和文化，推行双语教学制度。强调培养国家意识，形成对国家的认同感，成为真正的"新加坡人"，它反映了各国道德教育目标的共同规律。新加坡的国家意识教育促使国民形成国家意识，使全体国民团结起来为新加坡的社会进步、民族发展做出巨大努力，对青年人的教育效果特别明显，青年人普遍克服了盲目崇洋的倾向，树立正确的人生观，担当起做新加坡人的使命感。

（6）世界层面比较

两国都注重与世界的接轨，学习世界知识来拓宽视野，将学生的目光汇聚到世界，时刻关注世界的动态。通过地理环境、多样的文化、全球化经济、科学技术、和平发展等方面，引导学生初步了解世界，将自己的生活、社区、国家的发展与世界紧密相连，增进学生对世界的亲近感。

5. 两国课程内容具体化程度不同

我国品德与社会的课程内容，只是从课程标准和教学活动建议两个方面来阐述，未划分年级或者水平，采用这样的表述方式主要是考虑给教材编写留有更广阔的空间。尽管如此，编写教材时选材和设计内容也并非全面具体，我们虽不追求完整、系统的学科知识学习，但如果不从最基本的知识讲解，会导致学生对一些困难的内容无法理解。课程内容的设计要与学生的身心发展的规律相适应，强调基础性和全面性。

相比较而言，新加坡德育内容系统化、层次化，新加坡政府依据其政治目标和人的身心发展规律，从塑造健全人格的需要出发，按共同价值观的精神，全面实施品格与公民教育，其内容具体明确，从课程的框架以及知识、技能、价值观、态度、生活情境五个维度清楚地描述了个人、家庭、学校、社区、国家、世界六个层面的许多子条目，课程内容运用了多方面的民间故事和传说，从中渗透相关的道德观念，还通过播放幻灯片和视频使学生更加深入理解。此外，还组织学生扮演各种角色，参加礼仪活动，参观名胜古迹，开展相应的旅行等活动。在课程内容中每课都有教学目的，学生应达到的行为目的、教师课前准备、教学活动和课后工作，以及评价学生认知和知识发展的掌握等。课程所要达到的要求和目标清晰明了，注重回归生活，注重生活情境教学，有利于促进学生的社会发展，内容合理、清晰，具有可操作性，有利于提高教师的教学效果。

六、课程评价比较研究

（一）中国《课标（2011）》中的课程评价建议

我国《课标（2011）》中的评价建议部分较实验稿删除了原则性表述，使评价内容具体化，让老师对评价什么、怎么评价一目了然。比如，将"评价的目的与功能"改为"评价的目的和原则"；将"评价内容"改为"评价的目

表 8—9 中国课程标准中的评价建议

评价建议	具体内容
评价的目的和原则	课程评价的根本目的在于积极促进学生发展,全面了解和掌握学生的道德和社会认知、判断、行为,以及发现和解决问题等方面的能力,以帮助教师改进教学,提高教学的实效性,保证课程目标的实现。评价应以本标准为依据,面向全体学生,从每个学生的原有基础出发,尊重学生的个性特点。注意认知和操行相统一,综合性和简约性相统一,显性表现和隐性品质相统一,采用多元的评价方式激励学生
评价的目标和内容	本课程主要对学生在学习过程中各方面的表现进行综合性评价,主要包括:学习态度;学习能力和方法;学习结果 　　评价教师的教学行为主要考查其是否能够落实教学目标、恰当地运用教学方法、激励每一个学生参与学习并有所进行步
评价的方式和方法	本课程倡导采用多主题、开放性的评价,教师可根据具体情况,选用或综合运用评价方式。其主要的评价方法有:观察记录,描述性评语,达成水平评价,作品评价,学生自评与互评
评价的实施和反馈	1.评价要真实、可信、公正、客观 2.评价要注重知行统一 3.评语既要简要、精练,又要注意差异性、针对性 4.评价结果要及时反馈给学生,并对评价结果做出合理的解释,帮助学生准确了解自己的学习情况

标和内容";加入"评价的实施和反馈",以帮助教师更好地实施评价和有效运用评价的反馈功能。将原文中对评价功能过于理论化、概念化的表述,变为教师易于理解、便于操作的建议;进一步强调了评价的意义和每一种评价方式的作用及适用范围;说明了如何实施评价,如何利用评价进行反馈,更加凸显了本课程在评价方面的独特性。

（二）新加坡品格与公民教育课程评估

表 8—10 新加坡品格与公民教育（小学）课程标准的评估建议

评估建议	具体内容
评估的作用	评估在品格与公民教育的学习过程中是不可或缺的。建构主义理论提倡让学生在学习中扮演积极的角色，并建议学生参与评估过程。因此，品格与公民教育的评估方式需迈向促进学习的评估。给予学生及时和全面的反馈将推动他们实现自己为品格与公民教育所设定的目标
评估的范围	品格与公民教育的评估目的在于审核学生对价值观的理解，同时检视他们在社交与情绪管理技能以及公民道德等相关技能的发展
评估的方法	品格与公民教育的评估方法以学生为决策的中心，在真实的评估活动中使用多样化的工具和策略，来引起学生的兴趣，并深入了解学生的学习情况 学生可通过自我评估和同学评估来促进学习。学生应该参与评估自己的作业、监察自己的进度以及学习为自己设定目标。他们也需清楚地了解各项评估活动的要求。因此，每项评估活动应附上明确的评估标准，以便教师将这些标准清楚地传达给学生 通过教师之间的合作及商讨评估事宜，教师可层层了解学生的学习状况，同时也能更全面地给予学生在品格与公民教育方面的反馈

评估在学生学习和教师教学中发挥着重要作用，我们应该采取多种方法有效地对学生和教师进行评价。

（三）两国社会课程评价的比较

1.两国课程评价方法多样化

我国品德与社会根据实际情况，选择或综合运用评价方法。主张运用多主体、开放性的评价，评价的主要方法有：

（1）观察记录法。教师会对学生在课堂上及课后日常生活学习中的表现进行观察，并做相应的记录。

（2）描述性评语。在一段时间的课程学习内，教师通过了解学生学习本课程的态度以及与学生交流沟通的前提下，把学生的表现以书面描述的形式写成评语，既是对自己一段时间工作的小结，也是对学生学习的一种督促，从而促进学生努力学习。

（3）达成水平评价。按照课程标准的要求，使用考试、纸质测验等方式对某单元、一学期或学年所学的知识和技能做出评估。课程评价不排除纸笔测试方式，但不赞成用笔试方式作为衡量一个人品德的标准，或者考查一些难、繁、偏的知识及死记硬背的知识。

（4）作品评价。教师和学生共同对其他同学通过实地调查收集到的材料进行整合而形成的作品进行交流和评价。

（5）学生自评与互评。在教师的引导下，学生可以对同伴在日常生活学习中的表现及成果进行自我评价和相互评价，帮助学生共同进步。①

新加坡品格与公民教育（小学）的评估方法也是多样的，主要评价方法有：

（1）以学生为中心的决策评估，在实际的评估活动中使用多样化的工具和策略，以激发学生学习的兴趣，深入了解学生的学习情况。

（2）学生可通过自评和互评的方式来促进学习。学生应积极参加评估自己的作业，以监督自己的学习，并要为自己设定适当的目标，他们也必须对各项评估活动要有清晰、准确的认识。②因此，每项评估应附有明确的考核标准，方便教师清楚地将这些标准传达给学生。

（3）通过教师之间的合作，并讨论评估的问题，教师可通过不同层次来了解学生的学习，同时也能更全面反馈学生在品格与公民教育方面的情况。

2. 两国都立足过程，强调发展性和激励性评价

我国的品德与社会重在通过发展性评价促进学生发展，形成积极的道德品质。德育是充满爱的教育，教师要倡导"立足过程，促进发展"的激励性

①中华人民共和国教育部.义务教育品德与社会课程标准（2011年版）［M］.北京：北京师范大学出版社，2012：24.

②新加坡教育官网.2014 Character and Citizenship Education（Primary）Syllabus［EB/OL］. http://www.moe.gov.sg/.

评价，不仅关注学生的一般身体素质的发展，更注重学生的身心多方面发展的潜能，学生是生动活泼的人、发展的人、有尊严的人，就目前而言，学生会犯错误，教师要尊重学生，从客观公正的角度评价学生；对于未来而言，学生具有发展的巨大潜能，教师要对学生充满期待，尊重信任学生，要善于引导学生在道德生活中积极向上，在注重结果的同时更加注重道德形成的过程。教师要从自身的内心出发，有时一个满意的点头、鼓励的微笑或者肯定的眼神，都会增加学生对自我的认同感，增强学生在德育过程中的信心。

新加坡学校非常重视道德实践在学生思想品德教育中的作用。学生在品德课堂上获得的理论知识必须在现实生活中付诸实践，才能达到德育的效果。新加坡提倡学生在学习中扮演积极的角色，并建议学生参与评估。在德育评价中，应该把学生平时的言行举止所表现出来的德育意识和行为放在首位衡量和评估；注重试卷评估与平时学生言行表现相结合，教师在评价过程中强调发展性评价，关注学生个体的特点，尊重学生的人格，激励学生奋勇前进，实现自身价值，只有这样，才能真正提高学校的德育效果，才能发挥德育的功能。[①]

3. 两国课程强调的评价方式不同

随着基础教育改革的不断深入，我国课程评价注重形成性与结果性评价相结合，对学生进行全面、合理的评价，这对德育活动的进行和学生的不断发展发挥着重要的作用。在品德与社会课程标准的"评价建议"部分，我国从评价目的、原则、内容、方法及实施与反馈等几个方面做了详细的介绍，强调的是一种评估的过程以及反馈。教学评价应关注德育教学活动的整个过程，教师要充分尊重、信任学生的人格，充分关注学生的个体差异性和阶段性特征，客观、科学地对学生的学习进行评价，同时教师在此过程中也要反思自己的教学行为。

---

①王俊英，王素乾. 转变德育观念　发挥学生在德育教育中的主体性作用 [J].商情(教育经济研究)，2008 (1) .

新加坡各个学校都非常重视道德实践在学生思想品德教育中的作用。学生在课堂上获得的理论知识必须付诸实践，才能获得德育的效果。因此，新加坡非常重视德育课程评价，在品格与公民教育课程中，从评估的作用、范围和方法三个方面对其做了描述，它更强调的是评估的过程，把学生平时的言行举止所表现出来的道德意识和行为放在首位衡量和评估，注重对学生平时言行表现的评估。但我国与之相比，并没有涉及评估的反馈，不利于教师对教学活动的反思和对学生的了解，从而不利于培养学生的品格和公民意识。

七、新加坡课程标准对我国的启示

（一）课程理念强调国家意识，注重共同价值观的培养

新加坡非常重视共同价值观和国家意识的培养，把它们列入经济社会发展的总体规划，统筹安排，统一部署，使之成为全国、全民的共同事业，调动群众广泛参与，使这种教育深入人心。此外，把共同价值观和国家意识渗透到、落实到各级各类学校德育教材的编写中，渗透到其他学科的教学中，潜移默化地进行教育。开展全国性的道德教育实践活动，在实践中逐步培养人们良好的道德意识和行为，充分发挥社会团体的作用。

我国对青少年爱国意识的培养教育也是十分重视的。但是在形成共同的教育合力方面还是不够的。我国的教育内容多、任务重，致使教育者有接不完的任务，忙不完的工作。此外，我们重在贯彻社会要求，一套又一套的社会规范被灌输给受教育者，而在激发受教育者内在道德需求方面做得不够。因而，要么是教育者工作不认真、走过场，要么是受教育者缺少积极性而收获不大，这些都值得我们反思。

（二）课程内容突出儒家传统文化，又要结合西方文化的精华

在现代化进程中，面对东西方文化的双重冲击，新加坡根据本国的实际情况，在道德价值的定位和取向上，对传统的儒家思想进行了改造，对传统的儒学赋予了现代意义，顺应了时代要求。

一个国家如果失去本民族的特色，就没有生机。同样，道德教育课程标准的制定也要突出中华民族的优秀文化。我国经过几千年的积淀，形成了以儒家伦理思想为核心的传统价值观念，成为中华民族的宝藏，所以在编写道德教材时，要充分汲取民族的优秀文化传统，以增强民族凝聚力。此外，国外一些先进的观念和科技创新也是人类文明的重要组成部分，也要取其精华，为我所用，使教材的编写更加科学。

（三）课程实施强调品格教育与公民教育并重

新加坡政府强调，要想成为好公民，必须先有好品格。为了培养学生成为真正的好公民，学校会激励学生根据道德准则做出正确的抉择；展现道德勇气以伸张正义；树立顽强的毅力，要有积极向上的态度和随机应变的能力去应对国家的局限，并相信自己会有成功的机遇；学会关心他人并以家庭、学校、社会、国家、世界成员的利益优先；付出一定的时间和精力为社区、公益做贡献。

（四）强调家长是主要的合作伙伴

家长在指导孩子成长的过程中扮演着重要的角色。有研究表明，家庭与学校之间的合作，不仅可以促进学生的身心健康发展，同时也能帮助他们更主动地学习和面对生活。因此，学校应与家长时刻保持良好关系，以帮助学生在家里巩固学校所教授的核心价值观。只要积极地向家长传达品格与公民教育活动的相关信息，并为家长提供参与的平台，将有利于家长随时掌握最新的教育动态，成为学校的合作伙伴。

新加坡政府格外重视家庭教育在公民品德教育过程中的作用，强调学校应和家庭相结合，共同承担培养公民品德的责任。为了加强家庭德育对于青少年的正确引导，新加坡政府在解决家庭住房、税收等方面都给予相应的支持，以巩固和维护家庭的社会地位和结构的完整性。同时，学校德育的开展离不开良好社会氛围的支持和保障，政府也在大力营造良好的社会文化氛围，使得学校、家庭和社会三方面所倡导的德育观念三位一体，"相得益彰"，形成全方位、立体化的德育教育体系。①新加坡课程还包括"家庭时间",提供建议让家长促进亲子关系和参与社区服务活动,实践孩子在课堂上学习的价值观。王瑞杰说:"品格与公民教育不单是学校的活动,也是家长所必须承担的责任,因为家长对孩子的成长影响非常大。"②

(五) 加强道德实践,逐步完善德育评价标准

新加坡各大学校非常注重社会道德实践对学生道德教育的重要意义。他们觉得学生在课堂教学中获得的相关德育知识,应该在实际生活中进行锻炼,做到身体力行,才有利于良好德育效果的形成。但在我国,部分学校在德育教学中仍然偏重理论知识的讲授,而对学生道德行为和社会实践活动开展得不完善,使得一些学生言语与行动不一致。因此,我国学校道德教育改革要加强学生道德行为的训练,养成良好的行为习惯,积极参加社会实践活动,做到言行一致。同时在道德教育评估中,应优先关注学生平时表现出来的德育意识和德育行为,注重卷面评估与学生日常生活中的行为评估紧密联系。只有这样,才能真正提高德育效果,发挥学校道德教育的作用。

---

①高佳、李一飞. 日本和新加坡学校德育差异性分析 [J].外国教育研究,2012 (7).
②胡乐乐. 新加坡推新品格与公民教育课 [N].东方教育时报,2013-1-16 (8).

第九章 中国与印度小学社会课程标准比较

印度非常重视依靠科技与教育发展经济，把科技与教育事业的发展摆在优先发展的战略地位。正是教育与科技的推动作用，使得印度综合国力不断增强、发展迅速，但众所周知，印度历史上曾因受英国殖民统治的影响，形成了畸形的教育体制。其高等教育继承了英国完备的教育系统，而基础教育发展缓慢，文盲占总人口的比例过大。基础教育极其薄弱与精英主义高等教育模式之间的严重失衡使印度社会发展矛盾重重、缺乏后劲。这种顾此失彼的教育发展链条在追求教育民主与公平的 21 世纪也开始显得落伍。因此，基础教育改革、课程改革是印度在 21 世纪初期面临的一项重大国家战略，这其中也包括我们所关注的小学社会课程的改革。

一、印度社会课程标准制定的历史背景

(一) 印度基础教育课程改革的历程

独立后的印度基础教育课程改革历程可以总结为"三个报告、三个政策、三个框架"，即 1953 年《中等教育委员会报告》、1966 年《科塔里委员会报告》、1977 年《帕特里委员会报告》，1968 年、1979 年与 1986 年《国家教育政策》，1988 年、2000 年与 2005 年《国家课程框架》。这些报告、教育政策与课程框架是推动本国基础教育课程改革发展的重要线索，构筑了印度基础

教育课程发展之路。

1953 年，印度中等教育委员会在提交的报告中指出当时本国中等教育存在的问题，并提出了对应的政策，包括明确中等教育的目标，改革现行中等教育的结构，规范课程设置。该报告为印度中等教育的发展奠定了坚实的基础，也为中等教育今后的发展道路指明了方向。1966 年科塔里委员会针对基础教育阶段的学制、评价方法、课程设置等提出了合理的建议，为今后印度基础教育的发展做了详细、全面的规划。科塔里委员会报告在实施过程中暴露出一系列问题，1977 年，以帕特里为首的评价委员会就当时的中小学课程体系进行审查和评价，针对中小学的课程及时间分配提出了若干建设性意见。[①]例如，重视劳动教育，课程设置要有弹性，减少社会科学的科目等。

1968 年颁布的《国家教育政策》对基础教育阶段的各学科教学内容提出三点意见：第一，实行 10+2+3 学制。即 10 年普通教育，其间所学各学科均为必修，"2"指的是 2 年高中教育或中等职业教育，"3"是指 3 年高等教育。第二，实施三种语言方案。要求在印地语言区，所学的三门语言分别为地方语、英语与现代印度语。在非印地语言区，所学的三门语言为地方语、印地语、英语。第三，规范与设置各个教育阶段的教学内容。1968 年《国家教育政策》是在 1966 年科塔里委员会报告基础之上形成的，被视为独立以来印度教育史上影响最大的一部教育文件。20 世纪 80 年代，随着世界政治、经济的不断发展，教育领域的课程改革已被各国提上了日程，印度也在针对本国的教育现状的基础上，制定了新的教育政策，即 1986 年《国家教育政策》。该政策第一次明确提出了全国性的课程框架，框架沿袭了 10+2+3 学制，包含了核心课程和其他一些灵活可变的课程。同时，扩展了学校的教育内容，提出了要加强价值观教育、劳动实习、环境教育、人口教育以及科学教育等。这些建议措施随后被各邦广泛采纳，对基础教育阶段课程的设置影响深远，直到今天仍具有指导意义。

---

①刘媛媛.当代印度基础教育课程改革研究 [D].南京：南京师范大学，2008：4.

印度中央政府机构中负责中小学教材开发以及教师职前培训和在职培训的职能部门是成立于 1961 年的全国教育研究与培训委员会（National Council of Educational Research and Training,简称 NCERT）。根据 1986 年实施的《国家教育政策》规定每 5 年对新政策的实施情况和各项参数进行检查与评价，因此，全国教育研究与培训委员会分别于 1988 年、2000 年、2005 年发布了三个国家课程框架。在这三个版本的国家课程框架中，有关课程的关注点以及所期望达到的目标不一。1988 年《国家课程框架》中提出，课程要关注：1.社会与学生自身的需要，要发展学生的社会文化、政治以及经济学方面的知识、技能以及全球化的观点；2.促进教育的机会与公平；3.保护文化遗产；4.促进学生之间的宪法义务意识；5.加强国家的认同与团结；6.品行的建立与价值观的教授；7.全球化观点；8.保护环境以及保护国家资源；9.遵守小户家庭标准；10.面向未来的教育。①2000 年《国家课程框架》则更倾向于关注：1.教育应服务于一个有凝聚力的社会；2.加强民族的个性与保护文化遗产；3.将固有的知识与印度对人类的贡献相结合；4.对全球化的影响做出回应；5.迎接信息与通信技术的挑战；6.把教育与生活技能相连接；7.教育价值观的发展；8.初等教育的普及；9.选择性与开放性的学校教育；10.整合课程的多样化关注；11.建立教育与工作世界的联系；12.减轻课程的负担；13.把孩子视为知识的建构者；14.认知、情感、行动之间的相互渗透；15.教育学要有文化特色；16.美感的发展；17.持续的、综合性的评价；18.赋予教师课程开发的权利。②《2000 年国家课程框架》期望初等与中等学校教育在以形成价值观、强化民族性、体现学生观为课程总体目标的前提下开创新局面。2005 年《国家课程框架》将以下五点作为指导课程发展的准则：1.将知识与校外生活连接起来；2.确保学习者改变死记硬背的方法；3.丰富课程设置，使其超越课本；

---

①Nation council of Educational Research and Training. Nation curriculum for ele-mentary and secondary education a framework 1988 [EB/OL] .http://www.ncert.nic.in/oth_anoun/ NCESE_1988.pdf, 1988‒04.

②赵中建.印度基础教育 [D] .广州：广东教育出版社，2007：40‒41.

4.使考试更加灵活以及将它们与课堂生活整合起来；5.在一个民主政体的国家，通过关注、了解问题，培养一个最主要的身份。①全国教育研究与培训委员会希望这次新的课程改革能够实现课程内容全球化与本土化的统一，维护文化多元与促进平等相结合，同时为学生学习减压的目标。

（二）印度社会科学课程的设置及发展

1. 独立后至 20 世纪 70 年代

独立以后的印度十分重视本国基础教育的发展，把基础教育视为民族发展的基础，政府采取了一些措施对本国小学阶段的教育进行调整与改进。在课程设置上继续沿用1937年瓦尔达教育方案中的课程计划，强调小学阶段的课程设置要以普通自然科学、手工劳作以及社会科学知识为中心，使儿童了解自己周围的自然与社会环境，理解劳动人民劳动的价值与意义。中等教育委员会在1953年提交的报告中规范了初中阶段的课程设置，提出在初中开设语言、数学、社会研究、普通科学、艺术和音乐、体育、手工制作等必修课程。20世纪60年代，以科塔里博士为主席的委员会在对全国教育进行调查的基础上提交了一份20年（1966—1986）教育发展计划，又称为《科塔里委员会报告》。该报告指出了当时中小学课程存在的问题，并分析了产生这些弊端的原因，提出实行10+2+3的学制，探讨了新学制下课程计划的安排。报告中指出："环境的学习是初小阶段学生学习内容的一部分，学习的方法是带领学生去观察周围的社会和物质环境，然后让学生在课堂上讲述他们所观察到的结果。"②报告提出在初小阶段（三至四年级）开设"环境的学习"（包括自然科学和社会科学）这门课程，高小阶段开设社会科学课程，包括了历史、地理和公民等独立科目，初中阶段开设历史、地理和公民课程。1968年《国家教育政策》基本上采用了《科塔里委员会报告》中关于小学阶段课程设置的建议。1977年，以帕特尔为领导的评价委员会针对印度中小学的课程及时

①Nation Council of educational research and training.National curriculum frame-work 2005 [EB/OL].http://www.ncert.nic.in/rightside/links/pdf/framework/english/nf2005.pdf,2005 - 05 - 02.

②汪霞.国外中小学课程演进［M］.济南：山东教育出版社，2000：837.

间分配提出了若干建设性的意见，即《帕特尔委员会报告》。该报告指出一至四、五年级的环境学习（社会科学、自然科学和健康教育）课程所占时间为总课程时间的20%，五至七、八年级历史、公民和地理课程时间分配为每周4小时。报告要求减少社会科学的科目，只包括历史、公民和地理三门，排除了商业、经济学和心理学等科目。①

2. 20世纪80年代至今

1986年初，印度政府成立人力资源开发部，取消原来的教育部。该部门在对全国进行调查研究的基础上，制定出了一项新的教育政策，称之为《国家教育政策》。该政策提出了国家教育制度要以一个全国性的课程框架为基础。该课程框架包括核心课程和其他一些灵活可变的组成部分。②课程设置要考虑到教育的性质以及不同教育阶段的特征，科学（包括自然科学与社会科学）课程的教育要培养儿童良好的价值观与能力，使学生获得解决问题和做出决定的技能，发现科学与工农业和日常生活等其他方面的联系。③课程的设置基本上沿用1968年《国家教育政策》中对于中小学课程设置的建议。全国教育与研究委员会在1988年颁布的中小学《国家课程框架》中强调，在初等教育阶段课程的核心部分应该将语言与环境的学习相整合，以便把课程作为一种媒介，发展他们欣赏文化与感知个体化、社会化和民族特征的能力。规定在初小阶段（1—5年级）开设环境学课程，高小阶段（6—8年级）、中等教育阶段（9—10年级）开设社会科学课程。这里的社会课程在初小阶段是作为环境学的一部分而存在着，在高小阶段与中等教育阶段则单独作为一门课程而设置。90年代出台的教育政策基本上秉承了1986年《国家教育政策》的课程理念，沿用了该政策中的中小学课程设置的模式。2000年《国家课程框架》对于中小学阶段社会课程的设置规定如下：小学三到五年级开设环境学课程，该课程将要用真实感受与感知环境中的现象为孩子提供经验去帮助他们发展社会情感以及文化。高小阶段与初中阶段开设社会科学课程，指出社

①汪霞.国外中小学课程演进［M］.济南：山东教育出版社，2000：634.
②安双宏.印度教育战略研究［M］.杭州：浙江教育出版社，2013：223.
③汪霞.国外中小学课程演进［M］.济南：山东教育出版社，2000：845–846.

会科学是普通教育到中等教育中不可或缺的一部分，它可以帮助学习者用整体的和更广阔的发展的视野与经验、理性及人类前景的视角去理解环境。同样可以用必要的技能帮助他们成为充分知情和负责任的公民，以便使他们能够参加并在国家建设的过程中起到促进作用。学校里社会科学的课程内容主要选取地理学、历史学、公民学以及经济学知识，也包括了社会学的一些元素。同时，它们提供了研究人类社会空间、时间和彼此关系的不同维度，这可以帮助学习者更好地理解当代社会。社会科学教育旨在提供给学生基本知识、技能和自我发展所必需的态度以及成为一个有用的和有贡献的社会一员。[1]2005 年《国家课程框架》中社会课程的设置沿用了 2000 年《国家课程框架》中的模式，但在课程内容上有所延展，框架指出社会科学包括社会多样化的关注，包括了从历史、地理、政治学、经济学、社会学与人类学学科中提取的广泛的内容。社会科学的观点和知识是以知识基础建立公正与和平社会必不可少的。这些内容应该旨在通过批判性的探索与对常见社会现象的质疑提高学生的意识，包括了新的维度和关注的可能性，特别是考虑到学生的生活经历，并选择与组织这些材料成为有意义的课程。由于社会科学往往被视为非实用性的学科，考虑到其重要性要低于自然科学，所以有必要强调它们所提供的社会、文化、分析能力是适应一个日益相互依存的世界，应对政治和经济现实的需要。[2]新的社会课程标准则是以课程框架为基础，逐步发行各个年级阶段的教科书，并对教科书的教学效果进行有效的评价，为教学大纲的修订提供及时的反馈。

二、中印社会课程标准框架结构的比较

(一) 中国品德与社会课程的框架结构

由我国教育部制定的《义务教育品德与社会课程标准 (2011 年版)》 (以

---

[1]Nation Council of Educational Research and Training.National curriculum frame-work for school education [EB/OL] .http://www.ncert.nic.in/oth_anoun/NCF_2000_Eng.pdf,2001-09.

[2]Nation Council of Educational Research and Training.National curriculum framework 2005 [EB/OL] .http://www.ncert.nic.in/rightside/links/pdf/framework/English/nf2005.pdf,2005-05-02.

下简称《课标（2011）》）整体上包括了四个板块，分别是前言、课程目标、课程内容、实施建议。

前言包括了导言、课程性质、课程基本理念、课程设计思路四个部分。编者在导言部分概述了此版课程标准出台的背景与品德与社会课程独特的价值。在课程性质部分，编者将社会与品德课程定性为"在小学中高年级开设的一门以学生生活为基础、以学生良好品德形成为核心、促进社会性发展的综合课程"。[①]这句话意味着：第一，品德与社会课程不是一门分科课程，而是一门综合课程；第二，课程内容的取材来源于学生实际生活；第三，开设这门课的目的在于帮助学生形成良好的品德，进而促进其社会性发展。换句话说，这门课程是集合了综合性、实践性与开放性的统一。课程基本理念主要有三条：第一，帮助学生参与社会、学会做人是课程的核心；第二，学生的生活及其社会化需求是课程的基础；第三，提高德育的实效性是课程的追求。[②]第一条明确指出了本课程是以社会主义核心价值体系作为自己的价值取向，第二条突出课程基础的具体内涵，第三条凸显了课程的性质。本课程的设计思路是一条主线，点面结合，综合交叉，螺旋上升。[③]"一条主线"是指学生的社会生活；"点面结合"是指在学生生活领域的"面"上，选取与学生有关的社会生活要素，组织教学内容；"综合交叉，螺旋上升"指的是本课程的内容在框架上体现为各要素的综合，同样的内容交叉于不同的主题中，同样的学习内容在不同主题、不同年级循环出现。[④]

课程目标部分，编者从总目标与分目标两个层次对品德与社会课程标准进行逐级阐述。总目标是对学生品德的形成、社会性发展的预期水平做出高度概括，也是整体性的规定与要求，而分目标从情感·态度·价值观、能力与方法、知识三个方面对总目标进行细化说明，是具体性的规定与要求。

---

①②③中华人民共和国教育部.义务教育品德与社会课程标准 (2011 年版) [M].北京：北京师范大学出版社，2012：1-3.

④高峡.义务教育品德与社会课程标准 (2011 年版) 解读 [M].北京：高等教育出版社，2012：85-86.

课程内容部分包括了六大板块，分别是我的健康成长、我的家庭生活、我们的学校生活、我们的社区生活、我们的国家、我们共同的世界。它是以学生的社会生活为主线，通过不断地扩大学生生活的范畴，把个人、家庭、学校、社区、国家、世界等层面作为综合主题而呈现出来。

实施建议部分，编者从教学建议、评价建议、教材编写建议、课程开发建议四个角度对品德与社会课程在实施的过程中应该注意的事项进行说明，体现了实用性与普及性，有效地促进教师对教材的理解，而且对教师的实际操作环节具有指导作用。

（二）印度社会课程的框架结构

印度小学社会课程由两部分组成，在 3—5 年级是作为环境课程的一部分，目的在于拓宽时间、空间、社会生活的范围，吸引学生的注意力，用他们看到的或者理解的处理周围世界的方式去整合这种关注。6—8 年级的社会课程称之为社会科学，是综合了历史、地理、政治学和经济学知识而形成的一门课程。

环境课程的教学大纲包括了前言、课程总目标、分目标、课程内容（包括了课程资源与课外活动等相关建议）四个部分。前言部分，国家课程委员会对开展环境课程的原因以及如何进行环境课程的教学进行了阐述。在课程总目标部分，2005 年《国家课程框架》做了八点明确的规定和要求。分目标部分则是对总目标的规定和要求进行详细的、层次性的说明。如图 9—1 所示：

前言→课程总目标→分目标（总目标的解读）→课程内容

图 9—1 印度环境课程教学大纲的框架结构

环境课程内容是围绕以下六个常见的主题（家庭与朋友、食物、居所、饮水、旅游、我们制作与制造的东西）而设计的，其中"家庭与朋友"这个主题包括了四个副主题，分别是关系、工作与娱乐、动物和植物。在课程资源与课程活动的建议部分，编者列举了一系列可行的方法和活动，旨在促进学生在衔接知识与技能的基础之上建构自己的理解。

社会科学课程教学大纲主要包括了前言、历史部分内容（设计理念、目标、课程内容与教学目标）、地理部分内容（设计理念、目标、课程内容与教学目标）、社会政治生活部分内容（设计理念、目标、课程内容与教学目标）等板块。如表 9—1 所示。

表 9—1 印度社会科学课程教学大纲的框架结构

课标各部分名称	前言		
	历史部分内容设计理念	地理部分内容设计理念	社会政治生活部分内容设计理念
	目标	目标	目标
	课程内容（含教学目标）	课程内容（含教学目标）	课程内容（含教学目标）

社会科学课程教学大纲在前言部分概述了教学大纲制定的背景与任务，接着详述了社会科学课程中各分科部分的设计理念与总目标，并在呈现各学年课程内容时罗列各学年的教学目标。教学大纲中的课程内容按照学科的不同，以主题的形式呈现，教学目标的要求随着年级的上升而不断提高。课程内容丰富多彩，兼有纵向与横向水平的发展。从我们周围的环境到以后出入社会谋生需要的知识，再到国家政府机关和社会机构的设置、法制与民主观念等，整体上呈现出从微观到宏观、由浅入深、涉及范围不断扩大的趋势。

（三）社会课程标准框架结构的比较

1. 两国社会课程标准框架都呈现出清晰的系统性与层次性

首先，从两国社会课程标准的整体结构去观察，两国课标都形成了较为系统的结构体系。从设计理念到课程目标，再到课程内容的编排，思路清晰，指向性与逻辑性较强。其次，两国的社会课程标准都包含了前言、课程理念、课程目标、课程内容、实施建议等方面的内容，而且在课程目标的呈现方式上，两国都采用了分层的方式，即将课程目标分为总目标与分目标两部分进行表述。除此以外，课程内容与课程的具体目标随着学生年级的增长，其难度与深度也在不断地递增，符合了学生身心发展过程中的阶段性规律，同时也体现了课程目标设置过程中所秉承的整体性与连续性原则。

2. 整体编排上各有特色

我国品德与社会课程标准整体框架上由前言、课程目标、课程内容、实施建议四部分组成。印度的环境课程教学大纲由前言、课程总目标、分目标、课程内容（包括课程资源开发与教学活动的建议）四部分组成。社会科学课程教学大纲则由前言、分科部分（历史、地理、社会政治生活）设计理念、课程目标、课程内容等部分组成。

从整体编排上看，两国的社会课程标准框架结构大体相似，但我国社会课程标准从框架结构上看更显得层次分明，详略得当。首先，我国的品德与社会课程标准中将课程目标分为总目标与分目标两个层次，总目标提出通过品德与社会课程的学习，学生应该达到的发展状态和水平，接着从情感·态度·价值观、能力与方法、知识三个维度描述更为具体的目标。印度小学社会课程标准中没有单独的"实施建议"这一板块，3—5年级课程标准中也只是将课程内容资源的开发作为建议罗列在课程内容之中，整体结构上显得较为散乱。其次，我国的品德与社会课程标准中课程内容更能体现出综合课程的特点，课程内容糅合了地理、历史、政治等学科知识，而印度社会课程教学大纲是以历史、地理、政治学科知识为基础，课标中课程内容则倾向于以分科的形式呈现。最后，印度社会课程教学大纲中对于3—5年级课程（环境课程）的总目标与分目标的解读较为详细。标准中首先列举出2005年课程框架中对于环境课程的教学目标的要求，再以此为基础概括出本课程的总目标，并在详细解释总目标的过程中呈现出各个分目标，而在阐述课程内容的同时提出具体的教学目标。这种系统化陈述课程目标的模式易于教师理解总目标的规定与要求，有利于教师从总体上把握社会课程的发展方向，这是其课程标准框架结构中的亮点，也是我国社会课程标准需要学习与改进之处。

3. 社会课程的性质与基本理念存在着差异

社会课程是以践行公民教育为主旨，以培养和完善学生健全的人格和社会生活的基本技能为主要目标，强调学生的社会性发展建立在他们认识社会、参与社会的基础之上。[①]我国的《课标（2011）》将品德与社会课程定位为"一门以学生生活为基础、以学生良好品德形成为核心、促进学生社会性发展的综合课程"。[②]这句话突出强调了这门课程的任务是促进学生品德的形成，也凸显了本课程的特性。《课标（2011）》在导言部分通过强调品德与社会的价值，完美地诠释了我国社会课程的性质，这与社会课程的主旨完全一致。印度社会课程教学大纲前言部分对于社会课程的性质与设计理念未做明确的规定，但根据在教学大纲中与社会课程性质相关语句的描述中可以看出，课程的性质偏向于将社会课程视为一门为学生提供基本理解技能的学科，这门学科旨在促进与帮助孩子和年轻人在对材料正确感知的基础上，用一种社会职能的方式理解与健康地参与世界之间的连接。课程基本理念部分，如表9—2所示。

表9—2 中印社会课程基本理念的比较

	我国的品德与社会课程	印度的社会科学课程
社会课程的基本理念	帮助学生参与社会、学会做人	帮助学生形成一种灵活的视角去观察
		本国的发展以及重要的社会敏感问题
	学生的生活及其社会化需求是课程的基础	拓宽时间、空间、社会生活的范围，吸引学生的注意力
	提高德育的实效性是课程的追求	课程内容要在各级（小学高年级与中学阶段）重叠，以便加强学生理解

两国社会课程的设计理念各有特色，强调的重点各不相同。我国《课标

[①] 高峡.义务教育品德与社会课程标准（2011年版）解读［M］.北京：高等教育出版社，2012：6.

[②] 中华人民共和国教育部.义务教育品德与社会课程标准（2011年版）［M］.北京：北京师范大学出版社，2012：1.

（2011）》中规定品德与社会课程设计的第一条理念明确指出了课程的价值取向是基于社会主义核心价值体系，同时也是现代教育中育人为本的价值取向的体现，与品德与社会课程的课程总目标遥相呼应。第二条理念突出了课程基础的具体内涵。学生品德的形成与社会性发展离不开生活这块土壤，从学生生活及其内在需要为出发点，一方面顺应了"品德课程回归生活"的发展趋势，另一方面也体现了新课改中所倡导的以学生为主体的教育理念。第三条理念反映出了课程的性质，而提高德育的实效性亦是新课改要实现的目标之一。印度社会科学课程基本理念的着眼点更多的是强调唤醒学生的好奇心，塑造学生的创造力，拓宽学生的视野，培养学生观察的视角，加深对周围世界的理解与认识，注重学以致用。这些理念在某种程度上与我国社会课程的理念不谋而合，但我国的品德与社会课程注重道德教育，满足学生的身心的需要，促进学生的社会性发展，这是由于社会主义的国家性质决定了我国社会课程的性质，而课程设计的基本理念深受课程性质的影响。

4. 社会课程内容的设计与划分依据的区别

两国社会课程内容的设计具有一定的相似性，都是在基于历史、地理、政治等学科知识的基础上设计的，我国的品德与社会课程以学生的生活为基础，通过不断扩大学生生活领域的范畴，从个人、家庭、学校扩大到社区、家乡、祖国和世界，采用当今世界社会课程普遍采用的"同心圆扩大"构建方式去设计课程内容主题。①印度社会课程内容同样采用了"同心圆扩大"的方式，根据学生不同年龄阶段的特征设计课程内容。课程内容随着年级级数（学年）的增长而不断深化，范围也在不断扩大，空间视野在不断拓宽，思考的问题由浅入深。例如，七年级要求学生能够理解邦政府在人民生活中对于权利的支配与运用，而八年级则要求学生能够理解宪法的价值与愿景。课程内容从整体上呈现出顺序性与层次性，逐渐递进的趋势。

---

① 高峡.义务教育品德与社会课程标准（2011 年版）解读 ［M］.北京：高等教育出版社，2012：98.

　　两国社会课程内容的划分依据有很大的差异，我国的社会课程是以主题的不同进行课程内容的划分，而印度的社会课程则以学年为依据进行课程内容的划分。我国的品德与社会课程将课程内容划分为我的健康成长、我的家庭生活、我们的学校生活、我们的社区生活、我们的国家、我们共同的世界六大主题，《课标（2011）》按照年段分配主题课程内容的条数，年段不同，同一主题所包含的内容条数不同；同一年段，各个主题所包含的内容条数也不相同。印度社会课程标准中按照学年的不同对课程内容进行划分，课程内容深度与广度随着学生身心的发展而不断加深与扩展，从地理历史到民主法治，再到社会生活的方方面面。这样的课程内容设计模式使得教学的安排具有一定的顺序性与弹性，符合学生身心发展的阶段特征，易于吸引学生的注意力，易被学生所接受，避免了因一味地单调地呈现知识点而让学生感到课程枯燥乏味。

　　根据皮亚杰的认知发展阶段理论得知，儿童心理发展遵循着一定的顺序，且个体之间在认知发展过程中存在着差异，因此在教学过程中教师要循序渐进地开展教育教学工作，既要考虑到整体性，同时要考虑到个体自身的特点，因材施教，充分发挥每个学生的潜能和长处，使每个学生都尽可能地得到最大的发展。儿童的身心发展的顺序性、阶段性与个体差异性特征使得课程内容在编制过程中尽量体现多样化与顺序、层次性，以满足不同个体的需求。我国的社会课程是以主题进行课程内容的划分，根据年级的高低分别设置各个主题下的内容。印度社会课程同样采用了基于主题的课程内容构建方式，但是印度社会课程内容的这种构建方式是依照学年设计各个年级阶段的教学内容。两国的社会课程内容的划分都体现了一定的顺序性与层次性，但是我国品德与社会课程内容的划分相对于印度社会课程的划分方式而言显得不够具体，课程内容的呈现过于笼统，忽略了儿童身心发展的阶段性与个体性的差异，从而表现出一定的不合理性。相比之下，印度社会课程依照学年进行内容的划分，在教学大纲中将教学内容与教学目标共同呈现的方式则显得较为具体、清晰。

三、课程目标的比较

课程目标是课程本身要实现的具体目标和意图。它规定了某一教育阶段的学生通过学习以后，在发展品德、智力、体质等方面期望实现的程度，它是确定课程内容、教学目标和教学方法的基础。[①]教育目的的实现需要以课程为中介，所以课程被视为使学生达到教育目的的途径与手段，而课程目标在课程编制的过程中起到了指导性基本准则的作用。课程目标是课程在实施过程中所要达到的预期的结果，而如何统整设计这些预期的结果才有利于课程目标的实现则成为一个难点。

课程目标的设计首先要处理好具体化与抽象化的关系。早在 20 世纪 20 年代，美国学者博比特就在其著作《课程》中提出课程目标必须具体化、标准化。被誉为"现代课程论之父"的泰勒也在其著作《课程与教学的基本原理》中详细地论述了课程目标如何处理好具体化与概括化的问题，他主张陈述目标最有用的形式是既指出应培养学生的哪种行为，又指出该行为可运用于哪些生活领域或内容中。[②]课程目标是培养目标的进一步具体化，而教学目标则是课程目标在教学过程中的具体实施，因此，课程目标设计得过于具体则不利于教学目标的编写。相反，如若课程目标设计得过于抽象化、概括化，则不利于教材编写者选择与组织教学内容。综上所述，课程目标设计应注意保持具体化与抽象化两者的平衡。其次，课程目标的设计需要处理好层次与结构问题。课程目标应有一定的逻辑结构，即课程目标是由逻辑联系的项目组成的。[③]例如，美国教育学家布鲁姆主张从认知领域、情感领域、操作领域三个领域进行目标的设计。

①全国十二所重点师范大学联合主编.教育学基础 [M].北京：教育科学出版社，2012：161.

② (美) 泰勒著.罗康，张阅译.课程与教学的基本原理 [M].北京：中国轻工业出版社，2014：47.

③王道俊，郭文安.教育学 [M].北京：人民教育出版社，2011：144.

(一) 中国的品德与社会课程目标

品德与社会课程从开设至今已走过十多年的历史，在这段时间里教育部相继颁布了《全日制义务教育品德与社会课程标准（实验稿）》(以下简称《课标（实验稿)》) 与《义务教育品德与社会课程标准（2011 年版)》（以下简称《课标（2011)》) 作为指导品德与社会课程发展的文件。

为了使课程目标表述得更加清晰、易懂，且要与分类目标有所区别，《课标（2011)》在不改动《课标（实验稿)》原文大意中对于课程总目标规定的前提下，对文字做了适当的修改。修改后的课程总目标表述为："品德与社会课程旨在培养学生的良好品德，促进学生的社会性发展，为学生认识社会、参与社会、适应社会，成为具有爱心、责任心、良好行为习惯和个性品质的公民奠定基础。"①总目标文字简短却内涵丰富，集指向性、综合性以及基础性于一体。"指向性"是指品德与社会课程旨在培养具有爱心、责任心与良好行为习惯的公民。课程的总目标在于培养合格的公民而不仅仅是培养一部分会考试的尖子生，体现了"以学生发展为本"的课程理念，对于落实素质教育具有重要的意义。"综合性"是指总目标内含了情感态度与价值观、过程与方法、知识与技能的统一。学生对知识、技能、方法的学习是为了以后更好地认识社会、参与社会和适应社会，教师在引导学生学习知识的过程中也在潜移默化地帮助学生形成正确的人生观、世界观与价值观。基础性是指总目标规定了学生素质应达到的基本要求，这也是促使学生成为现代公民的客观要求。总目标客观上体现了社会主义国家的国家意志，即将学生培养成为合格的社会主义公民；同时反映了品德与社会课程的价值追求，即培养学生良好的品德以及促进其社会性发展；此外，总目标再一次强调了社会实践对于促进学生社会性发展具有重要作用。

分目标按照情感·态度·价值观、能力与方法、知识的顺序进行编排，这

---

① 中华人民共和国教育部.义务教育品德与社会课程标准（2011 年版）[M].北京：北京师范大学出版社，2012：5.

是考虑到总目标对学生学会做人的具体要求。①分目标首先从情感·态度·价值观对学习内容进行定位。其次，根据实现情感·态度·价值观这一目标所需要的能力与知识确定能力与知识这一维度的目标，而确定能力与知识目标的过程同时也是从学生生活实际出发的具体体现。

情感·态度·价值观的目标部分主要包括积极的生活态度、良好的品质、初步的民主法治观念、爱国的情感和国际意识、关爱自然以及保护环境的意识。从态度、品质到民主法治观念与爱国情感、国际意识，再到环境意识，地域从学生的日常生活环境扩大到国家、世界的环境，呈现出类似于同心圆状从内到外不断辐射与延伸的过程，反映出社会课程内容所采用的"同心圆式"的构建方式。情感·态度·价值观的目标紧贴学生的实际生活，体现了以学生生活为基础的课程设计理念，也符合了素质教育的要求。品德与社会课程是我国小学阶段课程体系中重要的组成部分，也是不可或缺的一环，同时它是国家实施道德教育的主要途径。品德与社会课程的教学对于小学中高年级学生具有特殊的教育意义，如《课标（2011）》中对于学生民主法治观念、爱国情感的培养有效地体现了这一点。

能力与方法的目标涵盖了良好生活和行为习惯的养成，认识自我，表达自己的感受与见解，正确地判断自己遇到的道德问题、创造性地解决生活中的问题，掌握搜集、整理、分析和运用信息的能力五部分内容。这一维度目标的着眼点在于让学生适应社会的发展。不论是良好的习惯的培养，或者是自学能力、自理能力的养成，还是参与、合作、交往及处理社会关系的技能等，都是学生以后步入社会所必需的基本能力，对于学生的健康成长具有重要的意义。能力与方法目标强调了能力与方法在儿童学习中的重要性，体现了新课改中提倡的体验性教学目标陈述方式的思想，有利于打破传统教学模式过于注重知识传授的倾向，改变课程实施过于强调接受学习的现状，将学

---

① 赵亚夫.新版课程标准解析与教学指导——品德与社会［M］.北京：北京师范大学出版社，2012：35.

生由被动学习者的角色转换为主体的角色，促进了学生学习方式的转变。设置这一维度目标也是我国基础教育课程改革目标的客观要求。能力与方法相互联系、相互促进，能力是实现目标的基础，而方法则是实现目标的途径。分目标在注重培养学生能力的同时也重视方法的选择与使用，而选择、使用恰当的工具和方法去分析问题、解决问题也是一种生活能力的体现，这从侧面上再次反映了社会课程的宗旨，即促进学生的社会性发展。

品德与社会课程的知识目标从日常行为规范、个人的基本权利与义务、地理、历史、文化传统、不同地区的风俗习惯等几个方面阐述。知识目标所涵盖的知识领域主要包括：第一，以未成年人的基本权利和义务、社会规则为代表的社会领域；第二，以生产、消费活动以及人们生活的关系等为代表的经济领域；第三，以我国的历史常识、民族优秀文化、世界历史发展的一些重要事件等为代表的历史领域；第四，以基本的地理常识、人与自然的关系、地方的风俗习惯等为代表的地理领域。①从整体上看，知识目标所涉及的知识范围较为广泛，内容充实，丰富多彩，大多数为社会常识。掌握系统的知识技能是学生适应社会性发展的基础，也是学生整体素质的一部分，而这一维度的目标承担着为学生武装知识的作用，为学生下一阶段学习历史、政治、地理等学科奠定基础。

（二）印度社会课程的课程目标

1. 环境课程的课程目标

印度小学社会分为两部分，在3—5年级社会课程称之为"环境学"，6—8年级社会课程称之为"社会科学"。2005年《国家课程框架》中将环境学课程的总目标定位于在学校教育的初级阶段建立一个综合的视角，吸引来自科学、社会科学和环境教育等学科知识的见解。②环境课程总目标部分表述简

①李稚勇．品德与生活品德与社会课程与教学［M］.北京：高等教育出版社，2006：84-85.

②Syllabus for classes at the elementary［OB/EL］.http://www.ncert.nic.in/rightside/links/syllabus.html.

洁，但较为抽象。这句话表明环境学课程旨在培养学生用一个综合的角度去看待世界，用科学、社会科学与环境学的知识去理解所看到的问题。这一目标实质上包含了情感态度价值观、知识、能力与方法的统一，而学生运用所学的知识去解决实际问题则是强调的重点。国家课程框架在规定总目标的前提下指出了该课程的八点分目标：第一，要培养孩子理解并找出自然、社会与文化环境之间关系的能力；第二，要发展基于观察与插图的基础上，从生活经验与生活中的物理、生物、社会与文化方面的理解，而不是从抽象的方面；第三，要创造认知的能力与智慧使得孩子对社会现象感兴趣，从家庭扩展到更宽的领域；第四，要培养孩子的好奇心与创造力，特别是与自然环境相关的（包括人工产品与人们）；第五，要发展学生的环境意识；第六，要参与孩子的探究与实践活动，使其通过观察、分类、推理获得基本的认知技能；第七，要强调设计与制造、估算与测量作为后期阶段技术的与定量技能发展的前奏；第八，能够批判性地提出性别问题与边缘化和对平等与正义的压迫以及关于对人的尊严与权利尊重的问题。①环境学课程标准在围绕国家课程框架规定的课程总目标的前提下对各个分目标及课程内容的框架进行了解析，包含了教学大纲的作用、课程内容主题的概述、教学方法的建议等。从印度环境课程分目标的表述可以看出这八点分目标既有知识领域的目标，也包含了情感态度价值观与能力领域的目标。对于如何实现这些分目标，课标在表述中也详细地列举出措施。从环境学课程教学大纲中课程目标的整体框架结构上来看，课程目标的设计有较强的层次性，方向感。从总目标到分目标再到课程内容框架结构的解读，条理清晰，既方便了教材编写者统整教材内容的编写，也易于教师对于教学重难点的理解。

2. 社会科学课程的课程目标

社会科学课程教学大纲中对于课程总目标没有单独说明，而是通过呈现社会科学课程中包含的各学科课程目标的方式进行了表述。教学大纲在课程

① Syllabus for classes at the elementary [OB/EL] .http://www.ncert.nic.in/rightside/links/syllabus.html.

目标中采用了按照板块分别说明各个学科的设计理念、课程目标、课程内容，以及教学目标。各个学科课程目标具体如表9—3所示。

表9—3 社会科学课程中各学科部分目标

历史	
目标	1.通过提出一个全面概述的主题和详细案例的分析来提供这些历史时期内发展的总体思路，要考虑到过多的细节会加重教科书的负担
	2.给予学生历史学家观点去了解过去。学生将要被介绍不同类型的起源，并鼓励他们进行批判性反思。这将需要从来源的铭文、宗教经文、游记、编年史、报纸、政府文件、可视的材料等——成为教科书不可分割的一部分。围绕这些资源而进行的讨论将使学习者发展分析技能
	3.创造多样性的历史意识，每一个主题将要提供一个较为广泛的观点，但也将集中在一个区域的个案研究或特定事件。在选择案例研究时，焦点会从一个区域转移到另一个，从而使多样性的历史经验可以被学习，避免教学大纲超负荷
	4.在讨论案例研究的过程中，向学生介绍历史的时间顺序和历史地图以及查找一个区域的发展和其他地方的发展有什么联系
	5.鼓励学生想象一下生活在那个社会会是什么样，这个应该被讨论或是谈谈那个时代孩子会经历的事①
地理	
目标	1.发展一种关于地球是人类栖息地以及其他生命形式的理解
	2.发展学习者在全球背景下对其所在区域、邦以及国家的研究
	3.介绍全球经济资源的分配以及正在进行的全球化
	4.促进相互独立的不同国家与地区的了解②
社会政治生活	
目标	1.要学生能够把日常生活与教科书中讨论的问题联系起来
	2.要让学生吸收印度宪法的理念
	3.要让学生获得印度民主运作的真正意义：它的体系与过程
	4.要学生能够理解政治、社会与经济问题之间的相互联系
	5.要让学生认识到提出的所有问题按性别化分类的本质
	6.要发展学生从边缘化观点去批判、分析与解释政治、社会和经济发展的技能
	7.要让学生认识到政治对他们日常生活方式的影响③

① Syllabus for classes at the elementary[OB/EL].http://www.ncert.nic.in/rightside/links/syllabus.html.

② Syllabus for classes at the elementary[OB/EL].http://www.ncert.nic.in/rightside/links/syllabus.html

③ Syllabus for classes at the elementary[OB/EL].http://www.ncert.nic.in/rightside/links/syllabus.html

由表 9—3 可以看出社会科学课程采用对历史、地理、社会政治生活三部分课程目标分述的方式对该课程的目标进行了说明。从整体上看，这些目标包含了三维目标的三个方面，但主要以过程与方法、知识与技能目标为主，情感·态度·价值观目标涉及的较少。课程目标的表述过于细化，且带有一定的抽象性。从所呈现的文本上的课程目标可以看出带有很强的公民教育色彩，例如，宪法的理念、民主运作的意义、用批判的观点去看待问题；地理部分知识的学习着眼于全球视角，而不是仅仅局限于国内各个邦；历史部分知识内容教学方法多样化，包含了主题讲解、案例分析、学生探究等。这些特点与印度本国的国情有着紧密的联系，印度国内复杂的社会矛盾（包括性别歧视、种族歧视、贫富差距严重等）及政府提出的全球化战略与大国战略使得印度教育部门在制定社会课程标准过程中要把全球化意识与民主政治观念考虑在内，让孩子不仅着眼于本国历史，同时形成国际化的视野与良好的公民素养。

（三）中印社会课程标准中课程目标的比较

1. 课程目标结构的比较

（1）课程目标具体组成部分的差异

我国的社会课程与印度的社会课程目标虽然名称不同，但都包括了三类，即认知目标、技能与能力目标与价值观目标。我国社会课程标准将这三类目标命名为"知识目标""过程与方法目标""情感态度与价值观目标"，总目标陈述了国家对品德与社会课程教育所做的基本的、整体的要求与规定，这是对社会课程最终目的的陈述。分目标则遵照了新课程的总体设计方案对于所有课程标准要从"三个维度"去表述课程总目标的要求，从"情感·态度·价值观""能力与方法""知识"三个维度对总目标进行分类，做进一步具体要求的陈述。品德与社会课程标准中这三类目标条理清晰，表述清楚，让人一目了然。

印度社会课程目标在环境科学课程中由总目标与分目标组成，而在社会科学课程中没有单独的总目标这一部分，课程目标是按照该课程所包含的学科分别进行表述，学科课程目标之下是各个阶段的教学目标。与印度社会课程目标的陈述方式相比，我国品德与社会课程的陈述方式条理清晰，层次分明。环境课程标准中所陈述的课程目标包含了三维目标的每一方面，而社会科学课程的课程目标则以"知识"目标与"过程与方法"目标为主，"情感·态度·价值观"目标涉及的较少。我国的品德与社会课程标准的分目标是将三维目标分别单独呈现，而印度则是把三类目标作为整体进行表述，显得较为笼统，系统性不足。与印度社会课程标准中对课程目标采用分学科进行表述的方式相比，我国的品德与社会课程标准中对于课程目标的表述更多地体现了品德与社会课程是一门综合性课程的性质，有利于品德教育的针对性、实效性。

（2）课程目标各组成部分排列顺序的差异

我国品德与社会课程标准按照情感·态度·价值观、能力与方法、知识目标的顺序去表述课程的分目标。课程标准中把情感·态度·价值观目标放在首位，这是考虑到新课改中提倡的改变传统课堂教学中注重知识传授的倾向，强调形成积极的学习态度，注重在学生获得知识与技能的过程中同时促进学生形成正确的价值观的要求。科学的价值观与良好品德的形成离不开相关的知识与能力，情感只有在对知识一定程度的理解基础之上才能变得理性，所以课程标准中把技能目标与知识目标放在情感目标之后进行表述。印度社会课程教学大纲中没有明确地对课程目标进行分类排列，但从课程目标的表述中可以看出该课程注重知识与技能的培养，课程目标在表述时将知识与技能的目标放在前面，情感目标则放在了知识与技能目标之后。另外，社会科学课程首先对历史部分课程的目标进行了表述，这与印度基础教育课程历次改革中倡导的课程要彰显民族特色、体现民族文化的指导性原则有关。课程标准制定者希望通过加强学生对本国历史的了解，增强其民族意识与历史意识，唤醒民族自豪感来达到上述目的。两国社会课程的课程目标组成部分排列顺序方式不一，与印度相比，我国的品德课程目标显得较为系统，印度社会课程目标则显得较为具体，但我国品德课程的技能与知识目标两者的排列顺序仍值得思考与探究。

（3）课程目标具体化程度的差异

我国的品德与社会课程目标按照总目标与分目标两个层次进行表述，总目标起到建构框架的作用，分目标则扮演着对框架进行填充内容的角色。印度的社会课程教学大纲中按照课程总目标、分目标、教学目标分别表述的方式去呈现课程目标。环境课程按照总目标与分目标两个层次去说明该课程的课程目标，社会科学课程则是按照学科课程目标与教学目标的方式去陈述课程目标。如表9—4所示。

表 9—4 印度社会课程目标体系结构

印度社会课程目标				
环境 课程	课程总目标	社会科学 课程	各学科课程目标	
	分目标		学科各知识板块教学目标	

从上述表格可以看出，印度社会课程目标更加具体，教学活动需要达到的水平与要求表述清晰、明确，可操作性强，而我国的品德与社会课程虽然从三个维度对课程目标进行了详细说明，但课程目标没有考虑到各地的经济文化的差异，使得课程目标的适用性与实践性、操纵性较为模糊，缺乏一定的开放性与弹性。除此之外，由于没有充分考虑到学生各年龄阶段的特征，所以我国品德与社会课程目标的具体性有待商榷。与印度社会课程目标相比，我国的课程目标应与学生身心发展的阶段特征相适应，须加强各个年级社会课程之间的整合与连接，从而真正实现螺旋上升，实现社会课程的总目标。①

2. 课程目标内容的比较

（1）两国都重视学生社会能力的培养

两国的社会课程都提出以学生的生活为基础进行课程的设置，因此两国的社会课程内容紧贴学生生活实际，着眼于学生未来的发展，反映在课程目

---

①何平，沈晓敏.社会科课程目标的结构、内容和表达方式的探究——基于中美社会课程标准的比较 [J].全球教育展望，2008（9）：77.

标中也不例外。我国的课程总目标部分规定品德与社会课程的目的旨在促进学生的社会性发展，为学生认识社会、参与社会、适应社会奠定基础。[①]不论是三维目标的哪一方面，都是立足于培养学生未来适应社会的能力，而不仅仅局限于传授知识的目的。印度社会课程目标中不管是环境课程目标还是社会科学课程目标都力求培养学生以多角度的理解能力，去看待社会问题和世界之间的联系，强调社会课程要为学生准备高等教育或拓宽更具体的职业技能做准备。学会从多角度去看待社会问题，这是学生参与社会、适应社会的客观要求，这是立足于学生谋生能力的发展，是社会能力的一个重要方面。从上述对比来看，两国的社会课程目标都重视学生能力的培养，这是由社会课程的性质所决定的，但两国重视学生社会能力发展的方面不同，我国的课程目标在于培养学生良好的品德，促进学生成为具有爱心、责任心、良好行为习惯和个性品质的公民，促进学生的社会性发展。而印度社会课程目标在于帮助孩子和年轻人形成一个综合的视角，更好地去理解社会，为将来的谋生做准备。

（2）两国对公民教育内容关注点的差异

公民教育是国家或社会根据有关的法律和要求，培养其所属成员的具有忠诚地履行公民权利和义务的品格和能力要求。[②]公民教育的价值取向一般体现在以下三个方面：第一，培养学生对其国家和民族的历史和文化遗产的热爱；第二，注重"权利与义务"的教育；第三，强调国际理解，多元化教育。[③]社会课程是公民教育发展到一定时期的产物，也是国家开展公民教育的主要途径。两国的社会课程目标中都包含丰富的公民教育内容，意在培养现代社会合格的公民。我国品德与社会课程标准公民意识的内容在三维目标中每个

①中华人民共和国教育部.义务教育品德与社会课程标准［M］.北京：北京师范大学出版社，2012：5.

②顾明远.教育大辞典·增订合编本（上）［M］.上海：上海教育出版社，1988：448.

③郭艳芬.国外小学社会科课程与公民教育初探［D］.北京：首都师范大学，2004：7.

方面都有所体现，说明了我国社会课程旨在奠定学生现代公民的基本素养，促进学生的社会性发展，这同时也是我国政治文明建设与精神文明建设的需要，也是提高国民素质的客观要求。印度社会课程目标中公民教育内容丰富，所占比例较多，贯穿于整个社会课程教学大纲之中。印度教育全国教育与培训委员会在 1988 年《国家课程框架》中明确指出，社会课程要有利于培养学生的宪法义务意识，品行的建立与价值观的教授，树立全球化观点、保护环境以及保护国家资源的意识。2000 年课程框架与 2005 年课程框架也遵照该要求进行课程目标的设置。社会课程目标中公民教育内容较为丰富，一方面与其国家课程框架的指导原则与思想有关，另一方面与其国内复杂的社会问题也有联系。整个初等教育阶段的社会课程意在培养学生的全球意识，热爱自己国家与民族的历史与文化，成为有文化、有品德、有责任、有行动能力的社会公民。

虽然两国社会都重视对学生进行公民教育，但两国对公民教育内容关注点有着很大的差异。我国品德与社会课程目标要求学生初步形成民主、法治观念，形成对自己国家和历史的民族自豪感以及环保意识，而印度社会课程目标要求学生不仅要了解本国的历史文化、民主、法治观念与形成环保意识，还要能够利用自己所学习的历史与民主、法治的知识去分析关于历史起源的几种不同类型的学说及国内的社会问题，并发表评判性的看法。按照布鲁姆对认知目标的分类理论，我国对于公民教育内容学习的水平层次停留在识记与理解阶段，而印度则处于运用阶段。学以致用，理论最终还需回归实践才能发挥其指导作用，因此我国品德与社会对于学生公民教育的学习水平的要求需要有所提升，而不应仅仅停留在识记、理解的水平。

3. 课程目标陈述方式的比较

课程目标的陈述方式一般分为三种，即结果性目标陈述方式、体验性目标陈述方式与表现性目标陈述方式。①结果性目标陈述方式是指明确指出学生学习的结果是什么，一般采用明确的、可量化的行为动词去描述，主要运用于"知识与技能"领域目标的陈述。体验性目标主要是描述学生的情绪、情感体验与心理感受，一般采用过程性的行为动词去描述，通常应用于"过程与方法"与"情感态度与价值观"领域目标的陈述。表现性目标则为学生安排了多样的发展机会，一般采用开放性的行为动词去描述，主要应用于"操作"领域目标的陈述。

从"知识与技能""过程与方法""情感态度与价值观"三个领域对中印两国社会课程目标的陈述方式进行比较如下。

（1）知识与技能目标陈述方式的差异

我国的品德与社会课程目标中"知识与技能"领域的目标所采用的描述性行为动词多为"理解""初步了解……的影响""学会""知道……关系"等，但是对于如何判定学生是否了解某种行为的影响以及某种习惯的养成的方法或途径却没有说明，这种笼统的目标表述方式给教材编写者及教师带来了诸多不便，同时也不利于教师把握课程目标所规定的要求。与我国品德与社会强调学生养成某种习惯、品德与了解某种影响不同，印度社会课程强调学生理解能力与思维能力的培养，其"知识与技能"领域目标所采用的描述性的行为动词多为"发展……的理解""提出""给予""介绍""讨论"等，这样的行为动词与我国品德与社会课程目标所采用的描述性行为动词相比，则显得更加精确、具体，易于教材编写者和教师理解、把握，也易于操作评估。

（2）过程与方法、情感态度与价值观目标陈述方式的差异

过程与方法及情感态度与价值观这两个领域的目标通常采用体验性目标的陈述方式，所运用的行为动词往往是过程性的，例如，经历、形成、树立等。体验性目标的水平层次不同，所采用的行为动词也不相同。体验性目标水平一般分为三个层次，分别是经历与感受水平，即学生单独或以小组合作的形式从事相关活动，获得直观性的认识。这种水平通常采用的描述性行为动词有经历、参加、感受等。反应与认同水平是指在前者水平的基础上表达

①王道俊，郭文安.教育学［M］.北京：人民教育出版社，2011：145.

自己的感受与态度，并做出一定的价值判断。通常采用的描述性行为动词有认同、认可、遵守等。领悟与内化水平是指具有相对稳定的态度，并表现出连续性的行为，具有个性化的价值观念，通常采用的描述性行为动词有热爱、树立、确立、保持等。[①]

我国的品德与社会课程中过程与方法领域课程目标所采用的描述性行为动词多为经历与感受水平，例如，体会、参与、学习等，但课程目标在表述规定的行为习惯目标时采用了具有领悟与内化水平的"养成"一词。情感态度与价值观领域课程目标所采用的多为领悟内化水平的行为动词，例如，热爱、形成、养成等，但也采用了反应与认同水平的行为动词，例如"保护"。总体来说，我国品德与社会课程中过程与方法、情感态度价值观两个维度的课程目标在其各自领域内所采用的行为动词水平保持同一水平。

与我国相比，印度的社会课程目标中体验性陈述方式所采用的行为动词在一个具体目标中包含了多个层次的水平，例如，地理课程中目标既有领悟与领悟水平的"创造"，也有反应与认同水平的"感兴趣"。除此之外，社会科学课程在陈述课程目标时附带产生该目标的条件，例如，课程标准要求"创造多样性的历史意识"，并提供了方法，即通过集中在一个区域进行个案或特定事件的研究。

综上所述，我国品德与社会课程目标的陈述方式中所运用的行为动词应当有所改进。知识与技能维度目标的描述性行为动词需进一步明确、具体化，而过程与方法、情感态度与价值观目标的描述性行为动词则需注重分层，应根据学生年级阶段及知识积累水平的不同，综合运用多层次描述性的行为动词，以便为教师的教学及评价提供便利。

四、课程内容的比较

（一）中国社会课程内容

中国的品德与社会课程强调教师在面对学生实际社会生活与成长的需要

①王道俊，郭文安.教育学 [M].北京：人民教育出版社，2011：146.

时，能够创造性地进行教学活动。在认识人类与环境之间的关系时，一定要从学生的实际生活出发，围绕学生现实生活中所面临的社会问题进行学习。通过解决问题过程的学习，促进学生树立正确的价值观、人生观，培养学生分析、反省和解决问题的能力以及形成合作、创新的意识。基于这种要求，所以品德与社会课程内容的构建不能围绕某个系统学科来组织，适宜采用有机融合各领域学习内容的综合主题的构建方式。①

我国的课标中课程内容是以学生的生活为基础，采用"同心圆扩大"的构建方式，即以扩大学生的生活范畴为主线，以个人、家庭、学校、社区、国家、世界六个层面作为主题，在逐渐扩大学生生活领域的过程中，通过与各种互动要素的交互作用去整合课程内容。

1. 个体——"我的健康成长"

"我的健康成长"属于六大主题中的个人层面的主题，以围绕学生的自我发展进行设计。根据中高年级学生认知发展的特点，提出了认识自我与他人优缺点，自信、自尊、自爱，勇于克服困难，正确解决问题，为人诚实，懂得感恩，形成健康的生活方式等方面的内容。总体来说，这些课程内容可以概括为对己、对人以及对事三个方面。具体如表9—5所示。

表9—5 "我的健康成长"课程内容涉及的方面

涉及方面	课程内容
对己	认识自己的优缺点，自信、自尊、自爱、自省，有荣辱感、知耻心，爱护自己的身体健康，积极、健康地生活
对人	知道他人的长处，诚实守信，感恩，欣赏、宽容、尊重他人
对事	能够面对学习和生活中的困难及问题，尝试解决，体验成功，了解迷恋网络和电子游戏的危害，抵制不健康的生活方式，知道吸毒的危害、远离毒品②

从上表中可以看出这部分课程内容学习目标的实现需要经历三个步骤，即了解（知道）、体验（感受）、行动，因此教师在这部分课程内容的教学过程中需要引导学生全面地看待自己和他人，正视自己与他人的优缺点，培养

---

①高峡,赵亚夫.探索小学《品德与社会》课程的新思路[J].中国教育学刊，2003（4）：32–33.

②高峡.义务教育品德与社会课程标准（2011年版）解读[M].北京：高等教育出版社，2012：104.

学生之间相互学习的精神。教师还应将教学内容同学生日常生活实际中的行为、事件、案例相联系，使教学内容进一步具体化，帮助学生建立是非观念，以事实为引导，将良好的道德品质同他们的实际生活联系起来，产生体验，加强理解。同时要注重学生动手实践能力的培养，鼓励学生去解决问题，克服困难，然后体验成功解决问题和困难后带来的乐趣。行动是思想的外在表现，学生在了解与体验的基础上，需要进一步去实践，教师要适时给予学生表现和实践的机会，在实践中强化体验。

2. 家庭——"我的家庭生活"

"我的家庭生活"主题是围绕小学中高年级学生日常家庭生活中需要懂得的伦理规范及遇到的问题而设计的，包含了对父母的感恩、家庭责任的担负、邻里的相处及周围环境的爱护、家庭经济及消费、家庭矛盾的化解五个方面。

家庭是一个小社会，不能独立于周边的环境而单独存在。家庭生活的幸福与否、家庭成员的身心健康与周围邻里关系及生活环境有着密切的联系。将家庭的内容纳入课程，也是品德与社会课程内容设计的一次创新，特别是对于小学阶段的学生来说，良好的家庭环境、家庭教育和生活状态与他们的生活态度、生活能力的形成有着直接的关联。随着独生子女家庭的逐渐增多，一系列问题也相继而来，例如学生以自我为中心、自理能力差、不服教师管教等。因此，针对这种现状，教师在这部分课程内容的教学时要有计划地设计教学活动，给予学生机会，让孩子们了解家庭收入与开支，树立节俭的意识，体会父母劳作的辛苦。在教学过程中注意培养学生与家人沟通的能力，这对于学生处理与父母的关系，参与家庭事务，形成初步的家庭责任感非常重要。

3. 学校——"我们的学校生活"

这一主题的内容是围绕小学中高年级学生的在校生活展开的，主要涉及学习习惯、同学交往、集体意识、规则意识、民主平等意识等方面。主题课程内容既包括技能，例如，看懂学校平面图、绘制简单的平面图、访问与收集信息等，同时也包含了各种各样的意识，例如，尊重、平等、责任、规则、民主等。

认识与适应学校生活是学生的必修功课，也是学生认识社会生活的开始。这一阶段的学生相对于低年级的儿童来说，他们的认识、学习水平与自主能力都得到了较大的发展，同学之间与师生之间交往的内容与方式也逐渐发生了变化，所以这部分课程内容的教学需要教师扮演好学生学习的促进者、合作者的角色，帮助学生更好地理解学习目的，掌握科学的学习与研究方法，养成独立学习的习惯。教师可以通过自己周边的故事进行讲解、说明并组织学生讨论，让学生在听故事与讨论的过程中掌握处理同学之间关系的一些基本方式、方法，懂得集体之间相处时相互尊重、平等、公平与公正的原则。鼓励学生以小组的形式对学校周围的地理、人文环境进行观察，尝试绘制学校周边区域的平面图，为后续主题中有关地图知识的学习打下基础。

4. 社区——"我们的社区生活"

这一主题内容的设计目的在于指导学生在已有的生活经验的基础上去认识和了解自己所在区域的基本特点及如何参与社会公共生活。这一主题的课程内容共计十条，包含了地区地理环境、自然生态环境、商业和商品知识、交通情况、公共设施、公共秩序、弱势群体的利益需求与保护、民风与民俗等方面。

在该主题的学习之前必须解决两个疑问，首先必须明确"社区"的含义，其次是弄清课标中所指的本地区的范围。什么是社区？"社区"一词是一个英译词，这一概念最早见于国内是 20 世纪 30 年代燕京大学生在翻译美国学者帕克的社会学时提出的。这一词自提出至今尚无明确的概念，国内学者对社区概念的解释如下：社区是我们生活中不可缺少的一个综合性的、基础性的群众基础机构。[①]社区既是一个基础机构，同时也是一个基层组织，关系到

---

①高峡.义务教育品德与社会课程标准（2011 年版）解读［M］.北京：高等教育出版社，2012：120.

居民生活的方方面面。课标中所指的"本地区"是指学生所生活的区域，还是指教科书中提到的区域，或者是学校所在的区域，这就要求教师要理解三者的关系及把握好三者的联系，以方便学生了解。

这一主题课程内容的教学过程中教师要充分挖掘本地区的课程资源，选取合适的素材，通过采用观察与体验式的教学活动引导学生从多角度开展有效的学习，认识自己的社区，了解自己的家乡及社区的变化发展，从而帮助学生真正感受社区的含义及内涵。

5. 国家——"我们的国家"

作为一名学生，了解并热爱自己的国家是最基本的道德要求，也是其义务所在。"我们的国家"这一主题正是基于这样的目的而设计的，旨在帮助学生初步认识自己的国家，形成对祖国的亲近感以及自豪感。本部分课程内容共计 13 条，涵盖了我国的基本常识，包括地理、民族历史文化、国情、法律法规、自然灾害、生产生活、经济发展、国防等。这一主题内容的设计重在对学生进行爱国主义和社会主义教育，坚持"品德课程要回归生活"的原则构建主题内容，以学生的社会生活为主线，由近及远引导学生通过自己的观察与研究，加深对祖国的了解及热爱，从而建立起民族自豪感与归属感。教师在教授这部分课程内容时需要丰富的知识储备，注意自己所掌握知识的真实性、确切性与及时性，争取不犯常识性的错误。不仅如此，教师在教学过程中还要注意结合本地区的特点和实际情况进行教学，让学生分小组搜集有关本地区、本省及祖国的资料进行讨论与整理汇报，进一步增加对祖国及地方的认识。

6. 世界——"我们共同的世界"

这一主题的课程内容是对上一个主题的发展，以培养"世界公民"的理念构建课程内容，将学生的视野由本国逐渐扩展到世界的范围，帮助学生初步了解世界、认识世界，感受不同的历史文化背景下人们的生活习惯、民族风俗，逐步加深对世界的理解，形成全球意识，为学生下一步进入中学学习奠定基础。这一主题内容的设计也是知识经济背景下教育全球化的客观要求。

教师在进行该主题内容的教学过程中应该引导学生通过从图书馆或者家庭、新华书店等场所去搜集资料的方法了解世界。举例说明自己日常生活中接触到的科技产品,感受科技为人类生活带来的便利,同时可以借助多媒体播放当今世界发生的一些大的事件及涉及环境问题的视频,吸引学生的注意力,提高学生对这一主题内容的兴趣。针对多媒体播放的内容,组织学生进行讨论,形成他们多角度地看待问题、具有批判性思维的能力及环保意识。针对国际上的重要的合作组织及我国加入的全球性的组织与公约,教师也需耐心地一一向学生说明,并了解我国的外交政策,宣扬和平意识,使学生了解战争的残酷性,体会和平生活的珍贵。

(二)印度社会课程教学大纲的内容

1. 环境课程教学大纲的课程内容

环境课程以儿童身处的家庭、学校和邻里环境为基础,引导学生逐步熟悉自己所在的地区、邦和国家,以日常生活的事物、房屋、工作环境、节日及名人为切入点,通过提问及对比的方式来吸引学生的注意力,使其产生浓厚的学习兴趣。环境课程教学大纲有意识地以问题开始而不是关键概念,这样可以引发孩子在新的方向进行思考,为他们学习的过程提供支架。

3—5 年级环境课程教学大纲中共有六个主题,即"家庭与朋友""食物""居所""饮水""旅游""我们制造和制作的事物",其中"家庭与朋友"这个主题中又分为"关系""工作与娱乐""动物""植物"四个副主题。把"植物"与"动物"放在"家庭与朋友"的主题下,是要强调人类是如何与它们保持密切的关系以及提供一个全面、综合的社会科学观点去研究它们。六个主题的课程内容按照学年的不同分别进行详细的陈述,在陈述课程教学内容的同时,罗列了其中的关键概念、问题、建议资源及建议活动等。这种格式的目的在于帮助教材编写者、教师、家长和学生理解,同样也显示了成年人是如何刺激与积极支持孩子们的学习,而不是限制与压制它，正如经常发生的孩子被迫记忆他们实在不理解的信息。①各阶段的具体教学内容如表9—6所示。

表 9—6　三年级环境课程教学内容的结构

1.家庭与朋友			
1.1 关系	1.2 植物	1.3 动物	1.4 工作与娱乐
（1）我的家庭 （2）我的家庭与我 （3）我像谁 （4）老化与残疾	（1）我们周围的植物 （2）我们生活中的树叶	（1）大动物与小动物 （2）一些能飞的爬虫 （3）鸟类	（1）我们周围的工作 （2）童工 （3）我们玩的游戏
2.食物	3.居所		4.饮水
（1）由动植物来的食物 （2）食物的烹饪 （3）家庭的饮食 （4）动物吃什么	（1）房屋与住宅 （2）装饰与打扫我们的住所 （3）我的家庭与其他动物 （4）我周围邻里的绘图		（1）家庭用水 （2）动植物需要水吗 （3）水资源匮乏 （4）生活中的水资源 （5）蓄水
5.旅游	6.我们制造和制作的事物		
（1）去的地方 （2）旅游的方式 （3）不用说的谈话 （4）邮寄一封信	（1）陶器 （2）纺织品②		

三年级的环境课程内容从自我开始，包含了"家庭""食物""居所""饮水""旅游""我们制造与制作的事物"六大主题。这六大主题内容所包含的范畴都在学生日常生活范围之内，问题的难度较低，符合这一年龄阶段儿童的经验水平，也为下一阶段的生活与学习奠定基础。例如三年级中"食物"中的"烹饪"，以家庭中所食用的食物开始，关注的是我们吃什么以及其他人吃什么，而到了四年级，关注点则变为食物是怎么生长的，我们是怎样得到食物的。"旅游"这个主题在于帮助孩子发展其旅行的观念，扩大社会与物质

①Syllabus for classes at the elementary［OB/EL］.http://www.ncert.nic.in/rightside/links/syllabus.html.

②Syllabus for classes at the elementary［OB/EL］.http://www.ncert.nic.in/rightside/links/syllabus.html

的空间。三年级的教学内容是鼓励孩子着眼于他们自己的旅行。"我们制造与制作的事物"主题设计的目的在于,一方面让孩子理解人类制作的东西不仅要符合我们的需求,而且也是表达我们自己的一种方式;另一方面,通过该主题的学习,学生要理解设计与科技、科学及社会相联系的意义。课程标准有意识地提出了童工问题,这是现实社会存在的真实问题,目的在于鼓励孩子去进行批判性的思考,提高学生的社会批判意识以及运用所学的公民教育知识去解决实际问题的能力。

表 9—7 四年级环境课程教学内容的结构

1.家庭与朋友			
1.1 关系 (1) 当你母亲是儿童时 (2) 婴儿从哪里来的 (3) 我的家庭的延伸 (4) 闭着眼睛的感受	1.2 工作与娱乐 (1) 娱乐中的乐趣与竞争 (2) 他们怎样学习技能的 (3) 在集市与马戏团的乐趣	1.3 动物 (1) 动物及其朋友 (2) 谁被花儿吸引 (3) 长耳朵还是短耳朵	1.4 植物 (1) 植物的根部 (2) 花儿 (3) 树木属于谁
2.食物	3.居所	4.饮水	
(1) 我们是怎样得到食物的 (2) 特殊的场合 (3) 舌头与牙齿 (4) 牙齿、鸟喙和爪子	(1) 当时与现在的房子 (2) 垃圾 (3) 动物住在哪儿 (4) 鸟类什么时候做巢 (5) 绘制我们的邻里	(1) 适合饮用的水 (2) 水资源 (3) 我们的河流/海洋 (4) 当水加热的时候水就消失了	
5.旅游	6.我们制作和制造的事物		
(1) 用作交通工具的动物 (2) 旅行的支付 (3) 到其他地方旅行	(1) 制作材料与工具①		

① Syllabus for classes at the elementary 〔OB/EL〕 .http://www.ncert.nic.in/rightside/links/syllabus.html.

表 9—8　五年级环境课程教学内容组织图

1.家庭与朋友			
1.1 关系 （1）家庭树 （2）从一个地方转移到另一个地方 （3）谁的笑声最大 （4）喜欢、不喜欢的 （5）阅读的感觉	1.2 工作与娱乐 （1）团队游戏（你的英雄） （2）当地的游戏/技击 （3）吹热风/吹冷风 （4）清洁工作——脏活	1.3 动物 （1）动物是怎么发现食物的 （2）我们从动物那获得了什么 （3）为什么老虎在危险之中 （4）依赖动物的人	1.4 植物 （1）生长的植物 （2）森林与森林里的人们 （3）保护树木 （4）从远方来的植物
2.食物	3.居所		4.饮水
（1）当食物变坏了 （2）谁生产了我们吃的食物 （3）早期人们种植了什么 （4）什么时候人们得到食物 （5）嘴——品尝乃至消化食物 （6）植物的食物	（1）为什么房子不同 （2）每一个人都有住所吗 （3）住在聚居地里的蚂蚁 （4）紧急时刻		（1）早期水来自哪里 （2）水流 （3）水中的植物与动物 （4）什么是漂浮物、沉积物或混合物 （5）蚊子和疟疾
5.旅游	6.我们制作和制作的事物		
（1）汽油或柴油 （2）粗糙的与艰苦的 （3）乘坐一个宇宙飞船 （4）最老的建筑	（1）生长的食物①		

　　四、五年级的环境课程将三年级教学内容所涉及的主题范围向外进行了扩延，逐渐扩展到学生所能理解的世界，从最初的家庭、邻居扩大到当地乃至整个国家、世界，这种方式与中国品德课程内容采用的"同心圆扩大"的构建方式基本类似。教学内容中提出了一些大胆的想法，例如，鼓励孩子去

---

　　① Syllabus for classes at the elementary ［OB/EL］.http://www.ncert.nic.in/rightside/links/syllabus.html.

乘坐宇宙飞船，跳出地球表面到太空去，这也许不被理解，但是符合了学生好奇的天性，激发了学生探索的兴趣。现行的环境课程在方向上迈出了新的一步，包含了环境教育问题和与社会相联系的可持续发展愿景以及适合的科学技术。与我国品德与社会课程3—5年级教学内容相比，环境课程更加关注学生的生活，衣、食、住、行，涵盖了生活的多个方面，而我国则更重视良好的品质及道德的培养。环境课程标准吸收了建构主义者学习的观点，通过合适的方法和采取干预措施，例如，在学校或者家里与成人讨论，或是在他们中间进行讨论，进行自我知识建构。

2. 社会科学课程教学大纲的课程内容

进入高年级（6—8年级）以后，学生在对国家有一些了解的基础上，开始进一步学习有关本国历史、政治、经济结构及其功能等知识。这个阶段的社会课程标准的目的在于推进和帮助孩子们更好地理解世界之间的联系，同时着眼于培养学生的社交能力，提高学生的公民素养，促进学生成长并有效地参与日常活动。

6—8年级的社会科学课程包含了历史、地理与政治学科知识，根据学生年级的不同而分别进行主题的表述。具体见表9—9。

表9—9　社会科学课程教学内容的结构

教学内容范畴	历史		地理	社会政治生活
	主题			
年级	六	我们的过去（一）	我们的栖息地	多样性和相互依存
	七	我们的过去（二）	我们的环境	民主、平等
	八	我们的过去（三）	资源与发展	法制和社会正义

6—8年级历史部分教学内容的焦点放在印度的历史上，从最早期到现在，分为三个年代，每年进行一个年代跨度的研究，目的是让学生了解一些社会、政治、经济和文化的进程。从六年级开始，阅读将会作为社会科学中历史内容的一部分被教学，这种突出文化史的教育方式有利于培养学生的历史情感、意识，感受历史的意义，学会用历史的角度思考问题。在这一阶段地理知识

的学习过程中，学生被引入需要他们理解的自己所生活世界的基本概念。通过介绍不同国家与地区的自然与人文知识，加强孩子们对相互依存的世界的理解。这其中也包含了一些当代的问题，例如，全球资源的分配、边缘化组织、性别问题、环境问题及全球化的进程。这个阶段的课程包括人类栖息地的研究、环境的研究、当地不同规模资源及发展、区域国家与世界。①"社会政治生活"部分是向学生介绍各方面的政治、社会和经济生活知识，其中包括了关于印度民主功能本质的知识。通过初步关注关键观念，采用虚构的叙述的方式让孩子用他们生活中的经验来解释。课程内容不会覆盖本国民主结构的方方面面，而是努力地为孩子提供一个作为对民主进程感兴趣的公民参与的机会，使孩子能够理解他们日常政治生活和社会之间深层次的联系。

（三）两国社会课程标准中内容的比较

1. 课程内容划分依据的差异

中印两国社会课程都采用了世界上大多数国家采用的主题轴式的构建方式，将儿童的生活经验与多个学科知识相结合，形成适合不同年级阶段的学习主题，从而对学生进行针对性教学。

我国的品德与社会课程以学生的生活为基础，采用"同心圆扩大"的构建方式，从个人、家庭、社区扩展到国家与世界的层面，包含了自然与社会、人文环境、社会活动、社会规范等要素，整合成"我的健康成长""我的家庭生活""我们的学校生活""我们的社区生活""我们的国家""我们的世界"六个主题的课程内容。学生的品德与社会性发展是在逐步扩大的生活领域中，通过与各种互动要素的交互作用而实现的。②印度社会课程内容是在年级划分的基础之上，依据主题领域的不同进行知识建构，教学内容的深度、广度与难度随着年级的增加而不断递增，呈现出了一定的顺序性与层次感。3—5 年

---

① Syllabus for classes at the elementary ［OB/EL］.http://www.ncert.nic.in/rightside/links/syllabus.html.

②张茂聪，李成泉.小学品德与社会课程标准研究与实施 ［M］.济南：山东教育出版社，2012：38.

级环境课程注重培养学生对周围环境的理解，以常见的问题为切入点，通过对"家庭与朋友""食物""居所""饮水""旅游""我们制作与制造的事物"六个主题领域的主要问题进行提问的方式激发学生的求知欲、好奇心。6—8 年级的社会科学课程以历史、地理、政治学科为依托，通过对本国历史、地理、民主政治的学习与研究，深化情感，促进学生形成现代公民所需要的基本素质。社会科学课程中有意识地设计了其他国家与印度对比的部分，一方面增进了学生对世界的了解，另一方面也培养学生的爱国之情与民族自豪感。

中印两国在课程内容上都采用"同心圆扩大"的方式进行课程内容的构建，但两国在课程内容的划分与主题的设计上存在着差异，两者相比，印度采用的在年级划分基础上分主题进行课程内容设计的模式则显得更为合理，更具有立体感。

2. 课程内容结构体系的差异

中印两国社会课程都是以学生日常的生活为核心进行课程内容的选择与整合。我国的品德与社会课程是以学生的社会生活为核心，围绕学生的个人成长、家庭生活、学校生活、社区生活、我们的国家、我们共同的世界六个主题来进行课程内容的编排。印度的社会课程虽然按照年级进行课程内容的划分，但是其课程内容的选择依旧着眼于学生的日常生活经验和学生生活紧密联系的政治生活内容。

我国中高年级开设的品德与社会课程，内容涉及政治、历史与地理学科知识，对于每一个年龄阶段没有做出规定，但在课程内容陈述之后附带了几点说明。说明部分指出各项课程内容及排列顺序与教材、课时不是一一对应的关系，各地区在掌握课程标准的前提下，可以根据学校和学生的实际情况有所拓展，这样的建议使得品德课程内容标准具有灵活性与选择性，但是这样的灵活性和选择性是建立在深入理解课程的基础之上。印度社会课程在初等教育阶段进行了分学段设计，3—5 年级称之为"环境课程"，6—8 年级称之为"社会科学课程"。环境课程围绕学生日常生活所涉及的衣食住行进行课程内容的选取与整合，六个主题课程内容的深度与难度随着学生年级的增加而不断提高，社会科学课程则是围绕本国的政治、历史、地理并结合案例进行详细的叙述，学生学习的知识主题随着年级的不同而变化，这种编排方式保证了社会科学内容的整体性与连贯性。与我国相比，印度社会课程内容的结构显得更为丰富，课程标准在表述各个阶段的课程内容之后一并陈述了课程内容所涉及的主要概念及相关概念，这与我国简单地罗列教学活动建议不同，避免了教师及教材编写者对课程标准的误读。

与我国社会课程内容设计不同的是，印度社会课程在六年级的社会政治生活部分设计了"谋生"这一知识单元，介绍了城市与乡村不同的职业类型，并对城乡之间的谋生方式进行了对比，帮助学生理解不同群体人们生活的条件，懂得抓住谋生的机遇。这一单元照应了社会课程在前言处强调的为学生拓宽更具体的职业技能这一主张，更反映出社会课程意在促进学生的社会性发展的课程性质。当然，这一单元内容的设计从客观上映射了印度小学生高辍学率与国内复杂的社会矛盾的现状，但这一知识单元不失为我们借鉴的一个亮点。

3. 课程内容设计思路的差异

我国的品德与社会课程秉持的设计思路是：一条主线，点面结合，综合交叉，螺旋上升。[①]所谓"一条主线"是指以学生的生活发展为主线，课程内容围绕学生的社会生活而组织，通过逐步扩大社会生活所辐射的范围，从而加深学生对社会生活的了解和规范的认识，提高学生参与社会生活的能力。"点面结合"是指将社会生活的几个主要因素（主要指社会环境、社会活动、社会关系）与学生逐步扩展的生活领域这个"面"相结合，在每一个生活领域这个"面"上，选取社会环境、社会活动、社会关系这三个"点"进行课程内容的构建。[②]"综合交叉，螺旋上升"是指课程内容为生活各要素的综合，

[①]中华人民共和国教育部.义务教育品德与社会课程标准（2011年版）[M].北京:北京师范大学出版社，2012：3.

[②]高峡.义务教育品德与社会课程标准（2011年版）解读[M].北京：高等教育出版社，2012：84.

同样的内容交叉在不同的主题之中，同一个主题出现在不同的年级，呈循环之状，学习的难度与要求随着年级的增加而不断提高。

　　印度的社会课程无论是环境课程还是社会课程都未把课程内容的设计思路单独作为一个板块进行说明，但课程标准中的前言部分与每个学年的教学内容中都隐含着课程内容的设计思路。社会科学课程的前言部分指出环境课程要拓宽学生社会生活的时间、空间范围，吸引3—5年级学生的注意力，用他们看到或者他们对周围世界理解的方式整合这种关注。6—8年级要注重特定主题的参与而不是信息的传递，重视塑造学生的创造力。课程内容整体上呈现出了一定的层次感与顺序性，但是就课程的设计思路而言，却未做进一步的阐述与说明，且前言中包含的设计思路略显抽象，这对于教师提纲挈领、多角度地深入理解课程内容来说难度较大。

五、课程实施建议的比较

（一）我国的品德与社会课程的实施建议

　　课程的实施环节在课程改革中是极其关键的一环，承接着课程设计与课程效果的反馈，对于完善课程理论，指导课程实践，修订与制定新的课程方案具有重要的意义。实施建议部分作为单独的一个板块，从教学、评价、教材编写、课程资源开发与利用四个方面出发，结合案例对如何更好地理解课程内涵，提高教学质量做了精细化、具体化的说明。

　　1.我国品德与社会课程的教学建议

　　课程标准中对教师如何有效地进行教学提出了以下五点建议：第一，整体把握课程目标与教学目标的关系；第二，通过创设多样化情境丰富和提升学生的生活经验；第三，引导学生自主学习和独立思考；第四，因地制宜地拓展时空；第五，有效组织适宜的教学活动。[①]

　　教学目标是课程目标的进一步具体化，其统领教学活动贯穿于整个教学

---

①中华人民共和国教育部.义务教育品德与社会课程标准［M］.北京：北京师范大学出版社，2012：18-22.

过程。课程目标相对于教学目标而言，较为宏观、笼统，缺乏针对性与操作性，因此课程标准强调教师在教学过程中要在把握整个课程目标的基础上，设计单元及课时的教学目标，要处理教学的长短期目标之间的关系，突出每节课的重难点。教师在教学中有目的地创设多样化的情境是为了让学生通过自己的尝试从中获得对生活的真实体验，以加深他们对社会的认识。引导学生学习方式的转变是新课改的主要任务之一，对于落实学生学习主体的地位具有重要的意义，体现了新课改所倡导的"为了每一位学生的发展"的核心理念。鉴于学生所在课堂的相对有限性，而学生品德的培养的时空相对是无限的；学生的课程在时空上是有限的，而学生的现实生活是无限的，为了处理好有关的无限与有限的关系，就必须强调因地制宜地整合各种教育资源。①《课标（2011）》不仅罗列了当前课堂上主要采用的教学方式，还对体验学习、探究学习、问题解决学习、小组学习做出解释说明，力求教师掌握与运用这些教学方法，促进教学模式的转变。

《课标（2011）》教学建议部分相对于《课标（实验稿）》而言，更具有导向性、具体化与可操作化等特点，清晰地说明了教学方向、教学原则、教学方法、教学策略及学习方式。

2. 我国品德与社会课程的评价建议

课程评价是对课程的计划、实施、结果等过程有着重要的导向与监控作用。课程评价不仅包括对课程本身的评价，还包含了对学生学业的评价。新课改强调对学生的评价要改变过去注重甄别与选拔的功能，将目标转移到评价的过程中，倡导发展性评价与激励性评价。课程标准在评价建议部分对评价的目的、原则、目标和内容及评价的方式和方法等进行了系统性的阐述。

评价的目的在于促进学生身心的发展，帮助教师教学的改进，改变了传统教学中评价注重选拔的倾向，体现了发展性评价的精神。评价摒弃了过去仅靠考试分数作为唯一标准的评价模式，坚持面向全体学生，在尊重学生个

---

① 高峡.义务教育品德与社会课程标准（2011年版）解读［M］.北京：高等教育出版社，2012：84.

性特征的前提下，采用多元化的评价方式对学生进行评价，有力地响应了素质教育的号召。《课标（2011）》主张采用综合性评价，评价的内容包括学生的学习态度、学习能力和方法、学习结果和教师的教学行为等。学习态度包括学生在学习过程中主动参与完成学习任务的态度；学习能力与方法包括观察、探究、思考、表达、合作能力等；学习结果包括完成学习任务的质量和进步的程度；教师教学行为包括是否能够落实教学目标、合理运用教学方法、激励学生参与学习等。[①]由于采用多元化的评价方式，所以在评价方式上同样力求实现开放式的评价。《课标（2011）》中提供了多样化的评价方法，例如，作品评价、学生自评与互评、观察记录等。与2001年《课标（实验稿）》相比较，《课标（2011）》在实施建议板块新增了"评价的实施与反馈"部分。评价的实施与反馈要求能够客观、公正、真实、可信，从整体上实现知行统一，评语要求简洁明了，具有针对性，评价结果要及时向学生反馈，方便学生了解自己的学习情况而采取有效的对策。

3. 教材编写的建议

教材是依据课程标准而编制的教学规范用书，它既是学生学习系统科学文化知识的主要工具，又是教师进行课堂教学的主要依据，所以教材在课程资源的开发与利用中具有重要的地位与作用。

《课标（2011）》指出教材的编写应考虑到学生的知识基础与年龄特征，课程内容的编写需体现品德与社会课程作为一门综合性课程的特点。在编排方式上可以采用分散与集中相统一的方式，实现课程内容深度的逐次递增，因地制宜地根据当地的特点及学生的需求选择素材进行教材的编写。

4. 关于课程资源开发与利用的建议

国内学者一般认为按照课程资源的功能特点将课程资源划分为素材性资源和条件性资源，素材性资源的特点是能够成为课程的素材与来源，条件性

[①]中华人民共和国教育部.义务教育品德与社会课程标准（2011年版）[M].北京：北京师范大学出版社，2012：24-25.

课程资源的特点是其不是课程本身的来源，但影响课程实施的范围。①

课程资源的开发不仅要考虑到校内资源，例如学生、教师、学校设施等，还要顾及校外资源，例如公共设施、风景区、名胜古迹等。课程资源的开发宜从学生周围的生活圈入手，通过不断地挖掘学生周围的各种社会资源，实现为教学服务的目的。

（二）印度社会课程的实施建议

1. 印度社会课程的教学建议

与我国品德与社会课程标准实施建议中对教师如何把握课程标准做了具体、详细的要求不同的是，印度并没有对教学大纲实施过程中教师与学生的角色定位做出一定篇幅的详细说明，只是在前言与课程内容部分略带提及。环境课程在课程内容部分表述了每个阶段的关键问题与关键概念后指出了各个阶段的建议资源与建议活动。社会科学课程教学大纲在课程内容之后提供了可供选择的设计活动，如以六年级——《我们的栖息地》中提供的设计活动为例，见表9—10。

表 9—10　《我们的栖息地》教学设计活动建议

1.制作一个图表显示行星到太阳的距离
2.画一个你的学校及位于以下几个地方的草图：（1）校长办公室（2）你的教室（3）操场（4）图书馆
3.在印度政治地图上显示你所在地区的主要野生动物保护区
4.安排一次野生动物保护区或动物园之旅
注释：可能从事的任何活动②

印度社会教学建议部分不论是课程内容建议资源还是建议活动，都重在对课程内容进一步深化与扩展，因地制宜地为教师提供多样化的教学资源，对教师从整体上把握课程目标，实现教学目标具有重要的意义。多样化的教学活动客观上也丰富了学生的生活经验，一定程度上激发了学生主动学习和

---

①张茂聪.品德与社会课程资源的开发与利用［J］.课程·教材·教法，2006（3）:67.

②Syllabus for classes at the elementary ［OB/EL］.http://www.ncert.nic.in/rightside/links/syllabus.html.

探究的兴趣，有利于教师引导学生进行自主学习。

2. 印度社会课程教材的编写建议

印度社会科学课程的教学大纲在前言部分指出教学大纲的制定者更加关注主题参与，而不是（知识）信息，教材编写者希望通过不过度关注细节而确保学生的理解。教学大纲的制定者力求确保小学高年级阶段课程内容在各年级有重叠，以便加强理解。鼓励孩子观察重叠的部分，看到不同水平之间相互联系的问题，在教材中要提供特殊的例子作为参考。[1]

上述要求使得教材编写者编写教材时要考虑课程内容的逻辑组织形式。小学高年级适宜采用直线式的逻辑组织形式，除此以外，考虑到课程内容重叠的要求，应将螺旋式的逻辑组织形式穿插其中，方便学生更好地理解教材。更重要的是，教材编写者需要将教材视为学生讨论与辩论的中介，为学生讨论提供特殊的事例，吸引学生对课程内容主题的关注与参与。

（三）两国社会课程教学与评价建议的比较

1. 我国社会课程评价的系统性突出

与印度社会课程教学大纲中的评价建议相比，我国的品德与社会课程标准中"评价建议"部分内容丰富、系统，指导性与针对性强。教学评价不仅包括对学生学习过程中各方面表现的评价，还囊括了对教师教学行为的评价。"评价建议"首先对评价的目的及原则进行了要求，指出评价是针对全体学生的评价，评价在于促进学生的发展，指导教师的教学，接着说明了评价的目标与内容，并列举出评价的方式方法，最后对评价实施的注意事项进行了阐述。综合来看，评价建议部分的设计思路清晰，逻辑性强，表述全面，系统性突出。

印度社会课程教学大纲中没有单独的"评价建议"内容的说明。《国家课程框架》中指出，课程不适宜以分数作为评价标准；评价时评价对象应该

---

① Syllabus for classes at the elementary［OB/EL］.http://www.ncert.nic.in/rightside/links/syllabus.html.

多样化，评价不仅包括学生，也包括了学习过程；评价目的在于为学习者提供反馈信息，帮助孩子思考与理解，促进学生发展。这与我国课程标准中对评价目的、评价标准与评价对象的规定具有一致性，但从课程标准中对于课程评价建议的表述来看，我国品德与社会课程则显得更为系统、逻辑。

2. 我国实施建议部分中教学建议的准确性不足

印度环境课程的建议资源与建议活动是安排在每个主题概念与主要问题之后，清晰准确地针对具体的教学内容进行说明与参考。如表 9—11 所示。

表 9—11 环境课程教学大纲中课程内容结构

问题	关键概念	建议资源	建议活动
我像谁？你的一些亲戚看起来像吗？他们哪些特征相似	亲戚之间相似的概念，遗传特征	家庭照片；由老人叙述关于家庭成员小时候的事	讨论关于涉及双胞胎的故事或电影或笑话

与我国品德与社会课程标准中实施建议部分教学活动的建议相比，印度环境课程的建议活动针对性强，语言简练，表述清楚，实践性较高。对教师准确把握教学内容、实现教学目标、有效展开教学活动有很大的帮助。我国品德与社会课程标准中的教学建议从宏观上强调教师把握课程目标、多样化教学情境与学生生活经验的联系等，但在细节方面却不能做到每一条内容都涉及，虽然提出许多可供参考的教学方式，但是并没有与具体的教学内容结合起来进行说明，准确性有待加强。

3. 印度社会课程教材的编写建议更加具体

中印两国社会课程标准在课程内容的逻辑组织形式上都主张采用螺旋式，基于学生实际生活的基础之上，设置一定数量的学习主题，引导学生主动参与、自主学习。我国的课程标准指出，各地区可以在深层次理解课程标准的前提下，根据当地的具体情况与学生发展的需要，从当地的生活背景中选取素材，组织教材的编写。教材的编制具有较大的弹性与灵活性，为教师进行课程资源的开发留了较大的余地，有利于教师扮演好"教材开发者"这一角色。印度社会课程则主张教材中应适当穿插适合学生讨论的特殊事例，鼓励不同水平的学生参与讨论并发现其中的联系。这是由于印度各邦学生的知识水平与教学条件的差异使得教材的编写具有较强的灵活性，这一点反映了印度在教材编写中注重知识的活学活用。这是两国教材编写中的不同之处，也是值得我国借鉴的地方。

六、印度课程标准对我国的启示

（一）社会课程的性质深受国家性质的影响

国家性质决定了国家的教育目的，而教育目的则是社会课程设置的依据，也决定了社会课程的性质。我国是社会主义国家，这就使得我国的教育目的在于为社会主义现代化建设服务，为人民服务，与生产劳动和社会实践相结合，造就有理想、有道德、有文化、有纪律的德智体美等全面发展的社会主义建设者和接班人。[1]我国将基础教育阶段的品德与社会课程的性质定义为一门以学生良好品德形成为核心、促进学生社会性发展的综合课程。[2]通过以上的表述，我们可以看出我国社会课程的性质与教育目的及国家性质具有内在的一致性。另一方面，社会主义的国家性质决定了品德与社会课程改革中要着眼于全体学生的发展，引导学生在社会实践中学习知识，在潜移默化中形成正确的价值判断，形成社会责任感，树立为人民服务，为共产主义事业努力奋斗的伟大理想。为了迎合时代发展的需要，品德与社会课程中增加了社会主义核心价值体系的教育，引导学生树立正确的价值观。印度宪法规定印度为联邦制国家，是一个主权的、社会主义类型的、世俗的民主共和国。[3]人们通常把印度视为资本主义国家，包括印度人在内的世人也称印度为"最大的民主国家"。[4]因此，印度社会课程教育担负着为学生成为一个现代公民而武装知识，促进

---

①全国十二所重点师范大学联合编写.教育学基础［M］.北京：教育科学出版社，2011：82.

②中华人民共和国教育部制.义务教育品德与社会科课程标准（2011年版）［M］.北京：北京师范大学出版社，2012：1.

③杨洪.印度弱势群体:教育与政策［M］.北京：人民出版社，2011：1.

④安双宏.印度教育战略研究［M］.杭州：浙江教育出版社，2013：20.

学生更好地理解一个相互联系的世界的任务。教材中强调对学生公民意识的教育，国内的社会、文化和政治问题通常是学生进行比较、讨论的重点，以通过解决现实生活中存在的种种社会问题创造更新的社会为目标。学生通过将印度的经验与全球的经验进行对比，在互动中找到关注点。使学生成为一个现代的国际公民，也是印度政府标榜的大国梦想的客观要求。

社会课程是一门特殊性质的课程，其特殊性在于它是国家意志与民族精神的体现，课程的性质及内容设置的价值取向深受国家性质的影响。社会主义的国家性质决定了我国的社会课程性质与课程内容的设置必须坚持以马克思主义思想为指导，以弘扬民族精神与爱国主义为出发点，以培养合格的社会主义建设者与接班人为己任，建设具有我国特色的社会主义德育课程体系。这是我国品德与社会课程最大的特点，也是与印度社会课程总目标差异的根源所在。

（二）在保持社会课程形态一致的前提下,其综合方式可以存在差别

中印两国社会课程都是以地理、历史、政治学科作为基础进行知识结构的构建，课程内容涉及的知识面较广，意在为初中阶段地理、政治、历史学科的继续学习打下坚实的基础。我国的品德与社会课程中，地理、政治、历史学科内容相互穿插重复，不同年级阶段的教学要求水平不同，从课程的形态来看，两国都是采用了综合性课程的方式。印度社会课程内容按照环境、历史、地理、社会政治生活学科分别呈现的方式进行课程内容的表述，在对人文常识进行教学的同时，也注重与道德课程之间的衔接。虽然印度社会课程与我国品德与社会课程都采用了综合课程的形态，但印度社会课程的综合方式更多地体现出分科课程的倾向。

当今世界其他国家的社会课程大多以综合课程的形态实施，但从课程的综合程度与综合方式的角度来说存在着较大的差异。不论是我国品德与社会课程所采取的综合程度较高的呈现方式，还是印度社会课程所采用的具有分科型倾向的综合方式，两者都采用了主题轴构建课程内容的模式，这种模式

不仅有利于社会课程内容知识的整合，还有利于跨学科之间知识网络的形成，但我国社会课程主题的系统性、完善性方面还有待进一步加强。社会课程内容如何处理好不同学科之间的横向联系及同一学科在不同年级之间的纵向联系仍是当下社会课程改革需要处理的问题。

社会课程是一门旨在促进学生社会性发展，适应并参与社会生活的课程。社会课程的内容要以地理、政治、历史学科知识为基础，进行不同的主题内容的构建。印度社会课程所采用的按照学年将课程内容按照不同学科进行主题构建的方式为我们提供了一种思路，一种选择。课程内容采用分科型的呈现方式更有利于知识的系统化与理论化学习，但忽略了社会课程内容之间的综合性，不利于学生将所学习的知识相联系。相反，综合型的呈现方式虽然有利于学生进行知识的融合，但在一定程度上割裂了某一学科知识之间的内在连接性。社会课程以什么逻辑进行综合，如何处理好公民教育、人文社会科学教育、道德与价值观教育、问题解决能力的培养等内容的关系仍是每个国家今后不断探索的课题。①

（三）课程内容应整合优秀的传统文化资源

印度社会课程内容的特点之一是穿插了本国的历史、文化、地理常识的教育，课程内容综观古今中外，课程内容中所引用的材料不仅包括了本国历史上一些历史事件、名人名言，还有其他国家的著名人物的事例及人文常识，其中就包含了中国的一句谚语"我做，我知道"。印度社会课程教学大纲中突出强调通过课本中的案例分析，加强对学生观察、调查能力的培养，尊重学生的发现与理解，体现学生是主体地位，注意学生对所学知识的主体建构。我国的品德与社会课程虽然涵盖了地理、政治、历史等学科知识，但其涉及程度较浅，范围较窄，教学要求水平要逊色于印度。我国与印度同属于文明古国，在长期的发展过程中，形成了具有中国特色的儒家文化。传统文化中

---

①高峡.义务教育品德与社会课程标准（2011年版）解读［M］.北京：高等教育出版社，2012：67.

的尊老爱幼、勤俭节约、尊敬师长、诚实守信、文明礼貌等优良的品质在课程内容中都有所体现，这是品德与社会课程教育在传统文化传承者角色的重要体现。课程标准是教材编写的依据，具有指导性的作用，因此我们要深入挖掘传统文化中的精华，设法将优秀传统文化引入道德教育，并与西方文化对话、交流与融合，形成独具特色的中国品德教育。另外，儒家文化博大精深，一方面为我们挖掘优秀的教育资源提供了基础，同时也存在一些旧时落伍的观点，需要我们结合时代的要求对其进行改造和创新。

（四）课程目标与课程内容有待进一步具体化

我国的品德与社会课程总目标结构清晰、简明、全面，分目标表述具体，层次分明，条理清楚，但与印度社会课程目标相比，我国品德与社会课程分目标的具体性、准确性则需要进一步完善。

我国品德与社会课程标准依据课程理念的内容，强调课程的综合性，分情感·态度·价值观、能力与方法、知识三个维度设置课程分目标，条理清晰，涵盖面较广，这是我国课程设置的优点。欠缺之处在于课程分目标的设置是从学生个人全面发展的视角出发，忽视了学生发展的顺序性与阶段性。此外，课程标准对教学目标的设置与实施的表述较为笼统、宽泛，教师不易把握，使得教师对于课程内容的理解容易出现偏差，这对学生的学习和教师的教学活动有着不利的影响。印度社会课程是依据学生的阶段发展水平为基础设置课程分目标与教学内容，并将一个学年的学年目标与内容安排在一起，这样的设置方式为教师准确把握课程目标与课程内容之间的关系带来极大的便利，对教师合理地组织教学材料、促进学生社会性发展的目标的实现具有重要的意义。

我国的品德与社会课程首先应该将课程目标与学生各年龄阶段的实际水平相结合，使课程目标与内容易于教师解读，从而有效地促进教学活动的顺利开展。其次，要处理好各目标领域之间的关系，注重目标结构的垂直层次性。在强调学生能力和情感发展的基础之上，处理好知识技能的掌握和情感培养的关系。另外，为使更好地实现课程目标，我国课程标准中关于课程目标的规定，不仅要考虑到课程总目标在不同阶段的落实，还要考虑阶段目标在课堂教学过程中的实现，以及各年级、单元和单元内部的层次和逻辑关系。在制定课程目标过程中，要考虑到学段、年级、学期、单元、课时的目标内容，使其既各自独立又相互衔接，层层递进并逐步加深，形成一个结构严谨、完整的目标体系。

(五) 教学活动建议的针对性有待加强

教学活动建议是对教学内容的补充，也是对教学内容的强化。开展一定的教学活动建议对于加强学生对于教学内容的理解与运用具有重要的意义。中印两国社会课程标准中在表述课程的教学内容时一并提出了教学活动建议。教学活动建议部分内容详细，可操作性强，有利于教师进行指导教学。但与印度环境课程的教学活动建议相比，我国的品德与社会教学活动建议的针对性还需进一步加强。印度环境课程的教学活动建议以围绕学生的衣食住行为中心，提出的具体建议符合国内各邦各个年龄阶段儿童的实际生活经验，注重学生的主体参与，而我国幅员辽阔，各地社会经济发展不平衡，课程标准中提出的教学活动建议没有充分考虑到各地的实际情况与各个阶段儿童的发展水平，显得较为笼统，不利于教师因材施教和实际操作。教学活动建议提到的一些活动需要一定的设施与经济条件，这为活动实施的可能性带来了不便。相比较而言，印度环境课程教学大纲中的教学活动建议着眼于各邦的实际情况，提出的活动较为贴近学生的日常生活，学生能够去广泛参与上述活动。鉴于提高教学活动的针对性与可行性，对于及时实现教学目标，提高教师的教学质量十分重要。因此，印度社会课程标准中关于教学活动的设计也是值得我们借鉴的一方面。我国品德与社会课程教学活动的建议还需细化，针对各个学年学生发展水平提出不同的教学活动建议。教学活动要坚持从学生实际生活环境出发，要考虑到全国各地经济发展水平与设施条件，有针对性地提出大多数学生能够参与的教学活动。

第十章 小学社会课程改革的思考

我国于 21 世纪初重建社会课程，距今已近二十年时间。品德与社会是一门独具中国特色的小学社会课程，这些年来该课程的发展取得了显著进步，课程标准更加完善，教科书内容的综合化程度更高。但是由于品德与社会也是我国具有独创性的一门新课程，因此，它与其他小学学科的课程改革有许多不同之处，在课程的实践过程中也遇到了种种问题，小学社会课程的路究竟该怎么走，我们只能在实践中一点点摸索、研究、调适与不断改革。因此，无论是对于小学社会课程的研制者、教材开发者，还是课程的实施者来说，积极关注国内外课程实施中所遇到的问题与解决策略都是极具价值与意义的。而且，根据国内外小学社会课程的发展状况，预测这门课程的发展趋势，也将为小学社会课程的未来良性发展奠定坚实基础。

一、国际小学社会课程标准中的经验与反思

在当代国际小学课程改革中，社会学科已经成为全球青少年社会化过程中的一门重要课程。社会课程是帮助学生连接自我与外部世界的一门专业性的指导课程。尽管在众多小学课程中，每种课程都承载着青少年学生社会化的教育目标，但是社会化只是作为这些学科的间接功能。社会化相关知识呈现出零散化、碎片化的特点，渗透于各个学科之中。社会课程则相较而言更加系统化、综合化与显性化。这门课程由于其自身的学科特性也表现出极其

敏锐的时代敏感性。与其他课程相比，社会课程改革不仅涵盖教育理念、教育内容和方法层面的变革，而且还涉及新世纪青少年社会化过程中在人生观、世界观、价值观层面的更新与整合。综观各国小学社会课程改革，可以看出21世纪的全球变革已经生动地反映在各国小学社会课程的课程改革之中。

（一）课程背景：全球化社会与国际小学社会课程改革

小学社会这门课程自产生以来就一直承载着个人发展愿望与家国梦想，进入21世纪，社会课程将引领小学生放眼天下、胸怀世界。

1. 全球公民：新身份与新教育

在新世纪的国际格局中，全球化、一体化已经成为一种不可逆转的大趋势。"在当代全球化浪潮的推动下，世界正在发生突破性的转变，因此有西方学者认为，世界正在进入'后现代化'时期，然而万变不离其宗。无论是'全球化'，抑或'后现代化'，都不过是世界现代化线索的一个合理历史延续，都将翻开世界现代化历史崭新一页"。①全球化对公民资格的影响，以及全球化背景下如何开展公民教育，已成为当今社会重要的议题。公民资格已经开始超越了原有民族国家与政府的界线。公民的全球意识升高、公民参与的增多、大众文化的产生与传播、社会正义的凸显，成了全球化背景中公民资格的主要特征。全球化浪潮的推进不仅促使各国小学社会课程有意识地加强了对公民意识和公民参与能力的培养，而且也都不约而同地开始关注"世界公民"的培养问题。全球化的内容以各种不同方式被写进了每个国家小学社会课程内容之中。

在全球化席卷整个世界的大背景下，民主已在当代世界取得稳定的进步，民主价值获得了超越文化壁垒的普遍适应性，已真正成为一种历史潮流和时代精神。而与此同时，在最早形成民主化浪潮的西方早发现代化国家却呈现出日趋显著的后现代性特征——疏离政治、多样化、个人主义。"吉登斯提

---

①周穗明.现代化：历史、理论与反思——兼论西方左翼的现代化批判 ［M］.北京：中国广播电视出版社，2002：195.

出了一个民主的悖论，正规的民主制度在全球拓展的同时，在成熟的自由民主政体中也伴随着出现了人们对民主进程越发失望。特别是年轻人，他们被认为已经对议会政治与政党精英的理想破灭。"① 民主教育、政治教育在新世纪的小学社会课程改革中受到了许多国家（特别是西方国家）的关注与重视。在国际小学社会的课程改革中掀起了一个以培养积极公民、主动公民为目标的公民教育热潮。

2. 后民族主义：传统爱国主义教育发展的新契机

全球化背景中，在现代国家框架下出现了民族主义的新形式——后民族主义、世界主义。②这对于小学社会课程改革来说既是挑战，更是契机。一方面，后现代性全球化的冲击已经导致民族主义时代那种明显的、具有排斥性的民族忠诚或爱国主义变得模糊起来，而且全球化的持续性已经使国家的边界变得模糊起来。民族国家边界的合法性已经不仅仅受到来自经济移民与跨国散居的同一民族的挑战；跨国公民、出版机构、媒体、娱乐产业、国际女权主义者或者绿色运动、人权组织、恐怖组织、网上订购、出版商、旅行者、联合国、北大西洋公约组织、国际货币基金组织、国际和平法庭，所有这些都超越或跨越了民族国家的边界。……爱国主义与民族忠诚现在似乎听起来已经很老旧。③另一方面，国家全球化、一体化实际上也刺激和增强了现代国家的权威性，民族国家依然保持着合法地位的广泛准则。也正是因为如此，爱国主义教育就显得尤为重要。在 20 世纪末以前小学社会课程中的爱国主义教育，往往只是单纯地强调民族国家内部的凝聚力；然而，伴随着"民族国家边界变得模糊起来"，国际关系变得更加重要，而爱国主义教育也更加强调国际交流与合作过程中的民族国家的国民性与多元文化的和谐共生。

---

①Christopher Gifford. National and Post-national Dimensions of Citizenship Education in the UK [J]. Citizenship Studies, Vol. 8, No. 2, June 2004：145-158.

②Christopher Gifford. National and Post-national Dimensions of Citizenship Education in the UK [J]. Citizenship Studies, Vol. 8, No. 2, June 2004：145-158.

③Pnina Werbner.Divided Loyalties, Empowered Citizenship? Muslims in Britain [J]. Citizenship Studies, Vol. 4, No. 3. 2000：307-324.

（二）课程目标：维度、方式与内容

国家课程标准中的课程目标是国家对于学生课程与教学的预期结果，涵盖了学生课程学习应达到的结果及其程度要求，是关于学生学习活动结束之后行为变化的描述。课程目标在课程标准中的地位非常的重要且特殊，因为它是指导课程设置、编排、实施和评价的依据和原则，也是课程自身性质和理念的具体体现。

1. 目标的维度

各国社会课程标准中，对课程目标的维度表述可以归纳为两种不同种类：学科领域维度、学生能力维度。学科领域维度的课程目标是基于社会课程的综合学科性质，从构成社会课程内容的主要学科领域的角度分述各个学科领域对学生学习成果与表现提出的基本目标。例如，英国、加拿大的安大略省都是按照学科领域维度来陈述课程目标的。学生能力维度的课程目标是基于小学生在学习社会课程时所涉及的主要能力，提出学生学习本课程过程中将在各方面能力的发展程度。例如，知识目标、能力目标、情感目标，这三维目标即是多个国家小学社会课程目标的基本维度。中国、美国的加州、澳大利亚的新南威尔士州的课程目标都属于能力目标维度。

学科领域维度的课程目标其优势在于，与课程标准中的具体内容可以形成清晰的逻辑对应关系，有益于教材编写者在教材设计过程中全面而清晰地呈现社会的课程内容。其局限在于，社会作为一门综合学科，分领域陈述目标容易造成各学科内容相对独立，有碍于学科领域间的交叉与融合，无法更好地为丰富多彩的学生生活提供指导和服务。教师在具体综合课程教学中也会因缺乏学科融合的经验而致使其教学片面或受到局限。能力维度的课程目标优势在于，其突出了学生在学习中的主体地位及全面发展，为多学科交叉、融合提供宽广的空间。其局限在于，同一知识点可能同时承载着情感、态度、知识多维度目标，这无疑增大了教材编写的难度，对教材编写者提出的要求很高。教师在教学实践中观察和评估学生的学习表现及成果也存在着难度和较强烈的个人主观色彩。

因此，建议我国的社会课程目标可以学习美国加州的做法增加垂直分层目标，做好学生各学习阶段的预设目标，或者可以借鉴英国、印度的做法，在具体的课程内容中体现出各方面目标随学段上升而难度递增。我国基于学生能力维度的课程目标统领下的课程内容与课程实施建议等内容应表现出与教学目标相应且清晰的逻辑衔接关系，应充分考虑到教材编写者与教师教学的实际需要，便于他们在工作中能够轻松地传达和诠释课程目标中的宗旨与精神。

2. 目标的表述方式

尽管中国与美国加州的课程目标都同属于能力目标维度，但由于每个国家对于学生能力的内涵理解差异，也使得这些国家的课程目标千差万别。这就是课程目标的表述方式的问题。

首先，在目标的名称以及顺序方面，仍以中美对比为例，中国的品德与社会课程目标和美国加州的《加州历史——社会课程标准（K—12）》课程目标在三维目标名称和排序方式上都有所不同。"美国加州的三维目标名称及排序方式为：知识与文化理解、民主理解与公民价值、技能达成与社会参与。中国社会课程的三维目标及排序方式为：情感态度价值观、技能、知识。加州的社会课标把认知目标排在最前面，并且，认知目标的篇幅和条目明显多于后两者，说明加州课标非常重视认知目标。这是因为，美国特别重视在社会中让学生学到历史、地理、政治、经济、伦理等学科领域的基础知识，认为学生获得必要的学科基础知识是他们认识社会和形成正确的民主理解与公民价值的基础。而我国的社会则把情感态度价值观目标放在了首位。其原因首先是，在中国，品德与社会等社会类课程承载了德育的重任，形成正确的情感态度价值观目标被放在了首位。其次，这与总结 20 世纪我国以及世界各国课程改革的经验教训有关。21 世纪我国的课程改革力图改变长期以来学科课程过于注重知识传授的弊端，希望加强学生的能力及正确的情感态度价值观的培养。这一举措本来是有积极意义的。"[①]

---

①何平，沈晓敏.社会科课程目标的结构、内容和表述方式探析——基于中美社会课程标准的比较［J］.全球教育展望，2008（9）：76–80.

其次，各国社会课程的目标内容大多可以归纳为"行为动词+名词短语"的形式。其中，结果性目标陈述方式是指明确指出学生学习的结果是什么，一般采用明确的、可量化的行为动词去描述，主要运用于"知识与技能"领域目标的陈述。体验性目标主要是描述学生的情绪、情感体验与心理感受，一般采用过程性的行为动词去描述，通常应用于"过程与方法"与"情感态度与价值观"领域目标的陈述。表现性目标则为学生安排了多样的发展机会，一般采用开放性的行为动词去描述，主要应用于"操作"领域目标的陈述。

以印度为例，印度的社会课程目标中体验性陈述方式所采用的行为动词在一个具体目标中包含了多个层次的水平，例如，地理课程中目标既有领悟与领悟水平的"创造"，也有反应与认同水平的"感兴趣"。除此之外，社会科学课程在陈述课程目标时附带产生该目标的条件，例如，课程标准要求"创造多样性的历史意识"，并提供了方法，即通过集中在一个区域进行个案或特定事件的研究。我国的品德与社会课程中过程与方法领域课程目标所采用的描述性行为动词多为经历与感受水平，例如，体会、参与、学习等，但课程目标在表述规定的行为习惯目标时采用了具有领悟与内化水平的"养成"一词。情感态度与价值观领域课程目标所采用的多为领悟内化水平的行为动词，例如，热爱、形成、养成等，但也采用了反应与认同水平的行为动词，例如，"保护"。总体来说，我国品德与社会课程过程与方法、情感态度价值观两个维度的课程目标在其各自领域内所采用的行为动词水平保持同一水平。

建议我国品德与社会课程目标的陈述方式中所运用的行为动词应当有所改进。知识与技能维度目标的描述性行为动词需进一步明确、具体化，而过程与方法、情感态度与价值观目标的描述性行为动词则需注重分层，应根据学生年级阶段及知识积累水平的不同，综合运用多层次描述性的行为动词，以便为教师的教学及评价提供便利。

3. 课程目标中的内容

本书中许多研究者对课程目标中的行为动词进行了专门研究，这看似很微小的视角，其中却足以看出当前国际小学社会课程目标的共同特征就是在社会认知学习的基础上，着力于培养学生的社会认同感及社会参与能力。如前所述，全球化、一体化时代的社会教育已经无法再沿用20世纪以前的做法——培养青少年对国家社会的传统保持一种非批判性的顺从和忠诚，这只会使他们接受到最低限度的爱国主义教育。这种最低限度的教育只讲授关于政府的事实，不教授礼仪、公共理性和对权威的批判态度。多元文化主义的倡导者加拿大著名哲学教授威尔·金里卡指出多元文化社会背景下应通过各种渠道使青少年以实践体验的方式养成礼仪习惯、公共理性能力以及批判能力。"通过公民教育，孩子们意识到了其他生活方式的存在，并且学到了必要的知识和技能去理解和评价其他生活方式。正如古特曼指出的那样，公民教育涉及'使孩子们具备那些评价不同于他们父母生活方式所需要的知识技能'，因为'在诸多幸福生活方式中进行选择所需要的大部分（如果不是所有的）能力对于在诸多美好社会中做出选择也是必需的'。"①

"许多国家都越来越强调参与型或经验型公民教育，即强调通过学生在学校生活与社区中的参与，强调将知识与内容的学习与鼓励调查、讨论和参与有机结合起来，以培养学生的参与意识和能力。作为前者的表现，许多国家已经或正在进行旨在使学校生活民主化并促进学生积极参与学校民主生活的'民主学校'的实践，亦被称作'学校民主精神模式'；后者体现在许多国家大力推进的社区服务或服务学习实践，亦被称作'社区行动模式'"。②只有在真实的社区生活中开展公民教育才能培养学生的认同感与实践能力。学生只有通过参与社区的活动，才能逐渐产生对社会的认同感，并在不断地互动过程中建立对社会的认同，使学生积极面对社区的问题，并有志于解决这些问题，促进社区文化的发展。

① ［加拿大］威尔·金里卡.少数的权利——民族主义、多元文化主义和公民［M］.上海：世纪出版集团，2005：342.

②饶从满.主动公民教育：国际公民教育发展的新走向［J］.比较教育研究，2006（7）：1-5.

（三）课程内容：从儿童的视角纵横古今

1.综合学科及其内在整合方式

尽管各国小学社会所涉及的学科及领域不尽相同，但是历史和地理却在多国小学社会课程中占据了重要位置。特别是历史，可谓是各国小学社会课程在多学科整合中的核心学科。通过历史教学可以抚今追昔，通过弘扬本民族的辉煌历史培养公民的民族认同感、归属感，并着意于通过树立民族英雄、历史文化名人等光辉形象，以培养学生的民族自豪感与爱国主义情感。"历史是集体记忆的一种形式，没有这种形式，一种集体的认同感是不可能的。虽然个体的记忆是对于过去经历的回忆，集体的记忆只有通过历史证据而形成共同的回忆才是可能。引入这种想象性回忆的精神活动是学校的一项重要职能。一个民族国家的公民既有必要也有权利去获取这种记忆。"①

追溯小学社会课程的产生与发展，我们会发现历史一直都是社会的"灵魂课程"，直至现在仍有许多国家将历史作为社会的核心学科。其代表性国家为日本和美国。这两个国家的社会课程以历史为线索，巧妙地将当代小学生社会生活与本国的发展史结合起来，古今对比，纵向历史维度与小学生生活的有机结合，使得小学社会科学同心圆式的环境拓展模式突破了平面化的特点，时空纵横交错，课程也更加立体化。我国的品德与生活、品德与社会课程标准采用同心圆模式，难度水平逐年级螺旋上升，构思已非常缜密；但其中的历史内容主要集中于高年级教学阶段，而且内容笼统且碎片化，没有形成系统的、连贯的历史脉络。如果我们能够借鉴这种古今结合的方式，更加重视历史在社会中的作用，将"平面化的同心圆"与纵向的地方史、中国史、世界史精当地结合一处，那么小学社会科学课程将更加系统化与立体化。

2.课程内容的儿童化表述方式

课程标准的指导对象是教师、教材编写者等工作在一线的小学教育者，

---

① ［英］德里克·希特.公民身份——世界史、政治学与教育学中的公民理想［M］.长春：吉林出版集团有限责任公司，2010：271.

虽然课程标准的读者为成年人，但是这些教育者的服务对象是小学生，他们在工作中所要做的就是将课程标准转化为符合小学生心理特征与生活方式的教学语言、教材书面语言及教学方式与方法。而课程标准中的语言表述方式（特别是课程标准中的教学内容）更多是成人化的话语方式。尽管这些课程目标的隐含主语是"学生"，但是这种表述方式更有助于教师的"教"，而非学生的"学"。

毋庸置疑，国家课程标准必须通盘考虑全国青少年学生的生活特点、地域文化差异、经济水平差异等综合因素，因此课程标准中的课程内容在语言表述上必然不可过于具体、精细，但是这也会因内容表述笼统而导致不同的教材编写者对课程标准的理解出现偏差，造成教师在课堂中将课程目标转化为理想化的教学实践存在很大难度。

通过对小学社会课程标准的国际比较研究，我们可以看出，以英国为代表的西方国家在课程内容的表述方面非常"接地气"。这些课程内容非常贴近该国儿童的日常生活，语言表述也平实且浅显易懂。课程标准中的这些内容，即使直接呈现给小学生也无须任何诠释和转化，对于教师来说，这样的课标内容简单、易行、好操作。究其原因，就在于其课程内容的表述方式上更加"儿童化"和"生活化"。

我国的国家课程标准既要考虑地域文化差异、经济水平差异等问题，又要更大程度上发挥对教育者的导向功能，在这方面可以参考西方国家课程标准中的内容表述方式，在语言上"儿童化""生活化"。依据青少年学生的身心发展特点，深入考察和研究全国各代表性地区各学段学生的生活环境与社会交往活动，总结出全国小学生的"共同社会生活"。这样才能使学生成为"社会生活"的主人，而不是"被动地"成为课程内容的隐含主语。

如果能够将课程标准教学内容的语言表述方式"儿童化""生活化"，那么将更有助于教师、教材编写者等其他教育者在实践过程中顺利地、准确地表达课程标准的内在精神与理念，从而在很大程度上避免教材编订和教学过程中对课程标准的误读，可以减少在实践过程中出现形式化的"以学生为中心"。我国小学《义务教育品德与社会课程标准（2011 年版）》在课程内容部分按照六个主题分述课程内容，并相对应地提出了教学活动建议。其中课程内容具体而全面，但其语言表述方式却与课程目标极为相近，相较而言，教学活动建议中语言却更贴近小学生的生活实践，易于教师开展实践。我们可以在兼顾全国青少年"共同社会生活"特点的前提下，将课程内容的表述"儿童化""生活化"。

（四）实施建议：提升实操性与服务性

1.增强教学建议的易操作性，预留弹性空间

从本书中所涉及的国家来看，许多国家的小学社会课程标准中都没有单独设计实施建议或评价建议部分。其中的原因是：首先，这些国家的课程内容设计中将课程目标垂直分层，细化到每个阶段的学习内容，课程内容多采用学习结果式表述方法，这就使得课程内容自身也同时带有了评价功能。其次，这些国家的课程内容中更多使用了体验性的行为动词，便于教师理解和组织开展探究性学习活动（有些国家还在内容中涉及了课程资源的开放及利用问题）。最后，还有些国家（例如，日本）在陈述各项课程内容的同时已经有针对性地提出了详细的教学建议，因此，教学建议没有被专项列出。在所研究的对象中，澳大利亚新南威尔士州与我国课程标准相似，独立而明确地提出了教学建议。澳大利亚新南威尔士州《人类社会及其环境》中的规划和编写课程原则，这两方面其实对应我国的教学、教材编写和课程资源的开发利用部分，但其以十几个问句的形式别出心裁地追问学校和教师有关课程的"是什么"和"怎么办"，引人深思，同时赋予学校和教师更多的空间和自主性，其弹性空间可见一斑。但要回答这些问题，学校、教师不仅首先要对课程目标、课程内容、课程理念、课程成果和指标了然于心，如何因地制宜地完成学习成果和指标，教师的计划设计、对学生实际的了解（包括已有的知识经验，学习需求等），再加上地区、学校以及教师的特殊性等的考虑都是开放性原则下需要不断思考的问题。另一方面，在给予学校、教师弹性空间的同时，这实际上也对他们提出了更高的素养要求，因而可以看出一个国家在

课程标准弹性空间设置方面需经过谨慎地考察和论证，模糊的弹性空间反而会带来实践中的混乱状况。

再以日本、印度为例，与中国相比，这两个国家课程标准中为教师所提供的参考建议非常细致、清楚。日本在指导教学活动的基础上，依然对教师把握课程内容、设计教学活动方面保留一定的空间与余地，更好地促进教师与学生之间的互动。教学活动建议所涉及的某些活动需要一定的设施与经济条件，这为活动的实施可能性带来了不确定。印度的社会课程标准中教学活动建议着眼于各邦的实际情况，提出的活动较为贴近学生的日常生活，学生能够去广泛参与活动。中国的教学建议安排在实施建议部分，从宏观上强调教师把握课程目标、多样化教学情境与学生生活经验的联系等，虽然提出许多具体的教学方式，但是并没有与具体的教学内容结合起来。因此，增强我国社会课程中的教学建议的实操性，就需要在未来的课程标准修订中关注教师教学的实际需要与困惑，提出具体和清晰的操作方案。

2. 课程评价的关键在于为师生发展提供支持和服务

伴随国际基础教育改革发展，课程评价新理念也已深入人心——评价主体多元化、评价标准和目标及多样化的评价方式（方法）和多样化的评价结果，追求评价的"发展"价值。具体到各国小学社会课程标准的"评价建议"部分都明显地淡化了"甄别"功能，转而为学生的过程性发展及教师的专业发展提供支持与服务。以澳大利亚为例，在澳大利亚新南威尔士州课程标准中，"评价原则"强调评价主体的多元化，提出包括学生、教师、家长、一般教学人员和相关社区人员的多主体模式；强调评价方式的多元化，坚持形成性评价和总结性评价相结合的原则，凸显评价的过程性原则和发展性目的，坚持评价既要关注学习的结果更要珍视学习的过程，掌握变化和发展的第一手资料，及时跟进教学进程，既要关注学生学习所处的水平更要关注他们在学习活动中所呈现出来的情感与态度，帮助学生认识自我，建立信心。但最为关键的是，其评价内容与课程目标中的学习成果和指标呈现出一致性，使整个评价系统具有系统性和可行性，而其中最值得关注的即为针对课程内容、不同主题、不同阶段多角度细化的具体的学习成果和指标，在其课标中课程目标阐述之后花费大量篇幅去罗列，这与澳大利亚的文化背景包括教育问责制的长期存在有密切的联系，这也正是值得我们学习和借鉴的地方。我国社会课程评价建议中的内容顺应国际基础教育评价改革趋势，提出了革新性的理念与实施建议，但是在评价建议的精细化、适用性及其与课程目标、内容的内在联系方面仍需进一步加以完善。

二、我国品德与社会课程的困顿

新世纪以来，我国小学社会课程尽管取得了不少成绩，但是它的理论与实践脱节的问题不容忽视。理论再好，如果不能付诸实践，那也是没有意义的。从某种角度上可以说，小学社会课程所遇到的实践困顿也就是我国素质教育发展所遇到的种种难题。

（一）品德与社会在小学课程中的尴尬地位

小学社会课程不同于语文、数学等传统的课程，它是在我国从应试教育向素质教育转变的大背景下产生的一门新兴课程。作为一门新兴的课程，在实施过程中，学校、家庭、社会对小学社会课程并没有给予足够的重视。最主要的原因还是我国现在仍然以应试教育为主，小学升初中、初中升高中、高中进大学都是分数说了算，对于紧盯"分数"的学校和家长来说，社会学科学习成绩的优劣与升学无关，所以社会课程通常被边缘化，使之成为徒有虚名的课程。曾经有人做过一个调查，在小学生最喜欢的课本中，就有一本是社会课本，可见孩子们内心是渴望来了解社会和未来的。这也从一个侧面提醒我们应该进一步推进和实施素质教育，把素质教育落到实处，确保小学社会课程教学目标的实现和完成，使得我们国家的下一代全面发展。此外，社会是实践性很强的一门课程，要让小学社会达到良好的教育效果，还必须将课堂教学与课外实践相结合，但是走出课堂，参加社会实践，对于当今小学生来说又存在很多困难，如人身安全、学业压力等诸多的问题。

因此，在具体的课程实践中，首先应提高对品德与社会课程地位的认识。

"上级主管部门要深入教育教学第一线认真调研，对品德与社会的教育教学工作要高度重视，要采取有效措施引导品德与社会的教育教学工作进入正轨。加强监督和支持的力度，才能最终把品德与社会的教学落到实处。小学的校级领导要充分认识到德育课的重要性和重要意义，争取理解品德课的本质和作用，才能把品德与社会的教学真正当作育人的主渠道落到实处，摆到非常重要的位置。加强对品德学科教学工作的领导和组织工作，制定相关的品德课教育教学的管理制度，对品德课的任课教师在备课、上课、教学等各个方面都做出明确的要求，知道和评价教师的工作，通过激励机制和有效的校本教研促进教师的不断成长。把品德课的教育教学摆到学校教学工作的重要议事日程上来，真正做到认识到位、机构到位、措施到位。"①

(二) "一纲多本"的教材建设出现难题

教材不仅为教师提供了教学内容，而且也为教师的教学设计、学生的学习方法、课程评价方式、方法的选择提供基础依据，因此，教材建设在课程改革中具有重要意义。特别是社会课程作为我国课程改革后新开发的一门课程，因其与社会生活、时代特点之间的密切关系，"一纲多本"的教材建设尤其具有挑战性。

目前，在品德与社会教材建设过程中仍存在着诸多问题，有些是由于教材编写者在诠释课程标准时存在偏差所造成的。"如，由于课程标准实验稿中课程内容没有明确区分中高年段，造成教材编写者的误读误解。导致不同版本教材之间难度差异较大，有的内容不符合学生年龄特点与认知规律。又有的教材编写者本身对课程的理解不到位，对课程标准的把握不准确，导致教材有生搬硬套、穿靴戴帽的问题。再如，有的编写者对教材研制的特有规律不了解，不熟悉教材语言，使得编写出的教材没能充分表现编写者的意图。教材建设实际上是需要大量调研、实验验证、不断修订的一个过程，而我们

---

①教育部基础教育课程教材专家工作委员会.义务教育品德与社会课程标准（2011年版）解读［M］.北京：高等教育出版社，2012：54.

的实验周期尚短，教材的成熟度远远不够。"①

相对于上述人为造成的问题，品德与社会课程本身的特点也造成了教材建设中无法避免的一些难题。"贴近学生的生活实际选择教育内容，是构建品德与社会课程学习内容的一个基本原则。但问题在于，我们国家地域广大、千差万别，无论以什么样的题材和方式，都难以呈现和覆盖如此广大的地区，都难以满足不同地区学生理解社会的实际需要。教材编写者在选材和设计中，不可避免地遇到许多两难问题。例如，一面要体现先进文化和发展趋势，另一面又面临着'城市化倾向'问题；一面要求贴近学生生活、引导学生关注现实，另一面又要解决选择什么样的'生活环境'为范例的问题；一面教材设计要为教师发挥主动性和学生开展丰富多样的学习活动留有余地，为不同地方的课程资源开发留有空间，另一面又遭遇到教师缺乏基本的条件（包括时间和资料）和能力，等等。符合我国实际和满足不同地区及教师实施的需要，似乎只是纸上谈兵。"②

（三）师资质量参差不齐，诠释课程标准、教材能力有限

因为小学社会课程是 20 世纪 80 年代末开始启动的一门新课，所以很多师范院校并没有开设社会教育的专业，再加上很多师范类大学生都愿意选择语文、英语、数学等传统强势学科作为首选专业进行深造，使得现在走上小学社会讲台的教师大多是其他专业教师兼职的。特别是在一些边缘地区的小学，本来师资配备就匮乏，更是把社会作为无足轻重的课程，谁的课时不足就给谁上。如此这样，往往是地理教师侧重讲解社会课程中的地理内容，历史教师则大讲历史内容，而社会课程中的品德教育则由政治老师负责，有些地方甚至社会就完全由班主任老师兼任。试问在这样的环境下，怎么能达到小学社会的预期目标，怎么能实现小学社会的价值，怎么能让小学生真正领会到社会的丰富内涵呢？所以各级教育部门应该充分认识这个问题的严重性，

---

①②教育部基础教育课程教材专家工作委员会.义务教育品德与社会课程标准（2011 年版）解读［M］.北京：高等教育出版社，2012：53.

一方面在大学里增设小学社会教育的专业或方向；另一方面给予一定的政策鼓舞和舆论导向，使得更多的大学生去选择社会教育作为首选专业进行深造，从源头上增加社会教师的质量与数量，让小学社会教师真正"到位"。

新课程的实施也是对任课教师的极大挑战。品德与社会课程标准倡导教师采用有利于学生自主活动的学习指导方式，重视学生的学习体验和合作学习能力的培养，以此促进学生的社会性、创造性和问题解决能力的发展。但教师在现实中经常会遇到下列一些问题：1. 活动设计和活动条件之间的矛盾。例如活动设计一般是围绕着内容需求展开的，但在每个教学班 40—50 人的班额，甚至更大的现实条件下，如何使活动不仅仅存在而且有效，大班额下自主活动的组织策略应该是什么？2. 活动形式和活动内容之间的适用性问题。例如，体验、探究、解决问题、小组合作等是开展社会学习的有效方式，但并不是唯一的方式，并不是所有的学习都是靠探究完成的。倡导开展多种教学活动，并不意味着排斥或取消讲授式教学。要使活动形式适合活动内容，就必须要消除活动形式与活动内容之间的牵强组合，消除形式大于内容的"新套路"，就必须探讨活动形式和内容之间的适用性问题。3.活动和学生的适用性问题。每个学生的活动倾向性不同，活动未必能开放每一个孩子的思维空间，带来成就感，而学生学习中的不满足往往会导致学业失败。在集体教学的形式下，如何关注每一个孩子的发展，使其获得空间？此外，如何促进师生互动，如何开放教学空间和利用资源，将课内外学习结合起来，如何形成个人发展评价机制等，都是落实课程目标的关键。[1]而这些问题的落实与解决都无不取决于品德与社会任课教师自身的专业素养，因此，专门针对品德与社会任课教师开展各级各类培训非常重要，同时也应尽快搜集和整理优秀教师的课例、实录等品德与社会教学中的第一手资料。加大力度开放更优质的品德与社会教师教育教材、辅导书，建立专题网站，成立全国或地区间的

---

①教育部基础教育课程教材专家工作委员会.义务教育品德与社会课程标准（2011 年版）解读［M］.北京：高等教育出版社，2012：177.

品德与社会教师社团，促进教师间日常的学习与交流，通过多个层面、多种渠道促使品德与社会教师的专业成长。

（四）课程评价理念与实践之间尚有距离

小学社会是我国实施九年制义务教育而开设的一门综合课程，它的重要任务是促进学生观察社会、认识社会、参与社会，它的特殊教育价值在于其综合性和社会实践性。因此，对于小学社会的评价不能拘泥于传统的方式。1988 年《小学社会教学大纲》指出，"社会科只进行平时考查，不进行考试。考查成绩分'及格'与'不及格'两个等级"。笼统地提出"考查的形式应灵活多样，从实际出发"。[①]与之相比而言，改革后的品德与社会对于课程的评价标准更为系统，评价的内容主要有学习态度、学习能力和方法以及学习结果，评价的方式和方法有观察记录、描述性评语、达成水平评价、作品评价、学生自评与互评。可以说，这些评价方式是与新课程改革理念吻合的。但是，从理念到实践之间的距离却是客观存在着的。"《义务教育品德与社会课程标准（2011 年版）》提出了以情感·态度·价值观为核心的目标体系，但在学习过程中，如何落实，如何评价情感·态度·价值观的实现度，这在世界范围内都是一个未解的难题。这里既存在通过教学评价情意目标的合理性问题，也存在技术、方法的问题，还有到达度的主观感受和客观标准之间不一致的问题。尤其是品德与社会课程目标所规定的情意目标，不是简单通过课程实施就能实现和做出评价的。那么，怎样在课程实施过程中体现课程的新追求，又不使课程目标成为花架子？"[②]

社会课程与教材开放性的特征，使得它的评价体系必然也是开放的。面对新的课程、新的教材与新的评价方法，与过去的考试相比，品德与社会的课程评价的确是教师遭遇的一道难题。除了这些评价方式难以操作等问题，

---

① 课程教材研究所.20 世纪中国中小学课程标准·教学大纲汇编（自然·社会·常识·卫生卷［M］.北京：人民教育出版社，2001：180.

② 教育部基础教育课程教材专家工作委员会.义务教育品德与社会课程标准（2011 年版）解读［M］.北京：高等教育出版社，2012：176.

也是因为这样的评价方式，让学生和教师都没那么重视这门课。因为小学毕业考试只考语文、数学、英语三门课，与小学社会并无直接的关系。这也就是我们的素质教育遇到的问题，理念是好的，但是落实起来困难。长期以来教师和学生都习惯了应试教育，所有课程学习的好坏都通过考试来最后评定，但是社会课程并非一般的传统学科，它更注重的是学生适应社会能力的培养，考试分数的高低根本无法评定能力的好坏。如何建立既科学又符合我国小学阶段教育的实际情况的评价体系，直接关系到小学社会课程的实践成果。

三、我国品德与社会课程展望

通过对国际小学社会课程标准的历史性梳理与细致剖析，在此将对我国现行品德与社会课程在小学课程体系中的功能与定位加以反思，同时展望该课程的未来发展趋势。

（一）品德与社会课程功能与定位的再思考

第一，课程丰富了小学生的情感体验和积极向上的生活态度，使小学生认识社会、了解社会，促使儿童社会化，使得学生的行为符合社会规范，能更快地适应社会文化环境。从小学社会培养目标看，小学社会是使小学生成为适应社会，进而立足社会、服务社会的开放性人才。小学社会的培养目标具有开放性，如它重视学生的积极参与、自我表现、联系交往、分工协作、策划组织等方面的能力培养，可以加速小学生社会化进程。

第二，课程中的实践活动可以提高小学生的思维能力、动手能力、分辨是非的能力等。小学社会的内容贴近学生的生活，具有实践性。例如，关于《义务教育法》《未成年人保护法》《环境保护法》等法律、法规的教学，都是从贴近学生现实生活的表层内容开始，逐步引向深入，把内涵深邃、哲理性很强的理论知识转化成为可知可察、实践性很强的实例，以便在教师的启发引导下，让学生产生联想、模仿甚至运作，从而提高了学生的思维和实践能力。

第三，新课程小学品德与社会课程标准，在知识目标方面也提出了关于历史、地理、社会生活常识等方面的具体目标。知识学习是品德与社会课程的主要学习目标之一。学生通过课程的学习了解一些基本的社会生活常识及规则，了解科学技术与人类生产、生活的关系，了解人口、资源和环境问题，了解我国历史及优秀文化传统，懂得民族、国家、地区间相互尊重、和睦相处的意义。

第四，通过书本的学习、具体事实的分析和典型案例的解读，社会课程能使小学生形成良好的公民意识，提高他们的思想品德，激发他们的爱国热情。如小学品德与社会教科书中加入了"社会主义荣辱观"，有利于小学生形成正确的认识观，拥有良好的品德，做社会主义的合格公民。

因此，小学品德与社会课程既不同于一般意义上的社会课程，也不同于以往的思想品德课程，作为一门新兴课程，其对于学生自身发展、对于整个社会的发展都具有举足轻重的地位。对于学生自身来说，这是引领学生走进真实生活，促使学生成长为社会人、合格公民的重要课程；从社会发展角度来说，品德与社会担负着培养公民的重任，他们将成为我们国家未来社会中更优秀的建设者。

(二) 小学社会课程综合化的深入发展趋势

目前，综合性课程是世界课程改革的重要趋势之一。开设综合性社会课程，不仅因为它所含的知识面更为广泛，也更接近实际生活，有利于学生初步了解社会，认识社会，适应社会生活，而且减少了学科的门类，减轻了学生的负担，这在科技高速发展的时代尤显重要。①

小学品德与社会较之前的社会综合化程度更高。它是在小学中高年级开设的一门以儿童社会生活为基础、促进学生良好品德形成和社会性发展的综合课程。该课程根据小学中高年级学生社会生活范围不断扩大的实际，以及认识了解社会和品德形成的需要，以儿童的社会生活为主线，将品德、行为规范和法制教育，爱国主义、集体主义和社会主义教育，国情、历史和文化

①李稚勇.小学社会课程概论 [M].上海：上海教育出版社，2001：61.

教育，地理和环境教育等有机融合，引导学生通过与自己生活密切相关的社会环境、社会活动和社会关系的交互作用，不断丰富和发展自己的经验、情感、能力、知识，加深对自我、对他人、对社会的认识和理解，并在此基础上养成良好的行为习惯，形成基本的道德观、价值观和初步的道德判断能力，为他们成长为具备参与现代社会生活能力的社会主义合格公民奠定基础。①

从目前现行的教科书内容来看，品德与社会已经超越了将品德、行为规范和法制教育，爱国主义、集体主义和社会主义教育，国情、历史和文化教育，地理和环境教育等知识的整合，但若想达到更理想的有机融合，尚需要经过更长时间的实践与调适。所以今后对小学社会课程的改革和优化过程中，需要在总体上把握知识整体和知识间的内在联系，通过各部分知识间的内在联系对知识进行拆解和融合，使原有的各部分知识由内在的结构变化引起小学社会课程的质变，使小学社会课程具有新的功能、新的特点，呈现新的规律。

回顾整个社会课程的发展轨迹，特别是近十年来品德与社会课程从无到有的过程，我们可以预见，小学社会课程体系在未来发展中将表现为多层次、全方位的深度整合，概括来说主要表现为课程内容的整合与教学方法论的整合。

1. 课程内容的进一步整合

小学社会课程所包含学科知识的整合，包括将品德、行为规范和法制教育，爱国主义、集体主义和社会主义教育，国情、历史和文化教育，地理和环境教育等学科领域的整合，构成小学社会课程的知识系统。将各学科知识有机结合需要找到学科之间的最佳契合点，例如，历史与地理课程间的融合，我们完全可以从时、空两个方面来展现它们对人类社会整体的发展变化，因为历史书写了时间尺度的变化，地理则描绘了空间尺度的变迁，时间

①中华人民共和国教育部.全日制义务教育品德与社会课程标准（实验稿）[M].北京：北京师范大学出版社，2001：1.

中融合空间、空间中展现时间，通过两者在较高层次的交叉来体现它们的特点。

除了学科知识的整合以外，品德与社会课程内容整合的另一突出问题就是实现知性知识与德性知识的整合。2011年版的品德与社会课程标准中直接指出这门课程"以良好品德形成为核心"。学生的社会性发展包含着"品德的形成"，而且品德形成正是这门课的核心任务。作为一门综合课程，课程内容涉及历史、地理、品德、政治等多方面，这就使得知性知识与德性知识之间的关系凸显出来。"以良好品德形成为核心"既表明了课程的宗旨与目标，但与此同时也需要在未来的课程实践中形成一种共识——"以良好品德形成为核心"并非要求课程中的所有知识都直接指向道德教育，否则品德与社会课程很有可能发展成为以往思想品德课的"变异课程"，本门课程改革也很可能会走向背离初衷的道路。我们需要清楚认识到，品德与社会作为一门综合课程，课程内容中许多知识、技能的学习指向是公民的基本人文素养，而并非直接指向道德教育，但这些知识也是学生理解自己国家的历史、地理环境、民族文化的基础，是学生参与社会生活应具备的能力。我们要为生活在现代民主法治国家的公民奠定基础，缺失了这样的学习，学生就难以形成民族情怀，难以成为具有国际视野的未来社会生活的创造者。

2. 学科教学方法论的整合

将品德、行为规范和法制教育，爱国主义、集体主义和社会主义教育，国情、历史和文化教育，地理和环境教育等学科知识层面和方法论层面的高度整合所形成的小学社会课程将是比较完善、比较系统的一门学科，它不再是思想品德、历史、地理等学科的缩影，而是一门具有新功能、新特点和新规律的新兴学科。品德与社会作为一门综合课程，不能单单追求相关领域知识的有机结合，课程内容的整合必然会带来课程教学方法与途径呈现出多元、多样的特点。因此，在课程标准与教材建设逐渐趋于稳固之后，学科教学方法论的研究也将被提上日程。伴随着品德与社会课程自身逐渐发展成熟，关于该课程的教学方法论的研究势必从表层经验总结开始朝向有深度的理论研究发展。

品德与社会课程无疑将在不同程度上吸纳原来地理、历史、思想品德等学科的既有教学论中的精髓思想，在实施综合课程的背景下，将会带来原有各科课程论的优势互补。例如，历史学基本方法的学习与训练是为了让人们了解概念的由来，探讨说明概念的原始资料，分析随着时代的变化而发展的概念，这关系到时空观；地理学基本方法的学习与训练是为了让人确定某一概念首次出现的地点，认清某一事物从一个区域或国家运动到另一个区域或国家，认识观念传播的全球联系，这关系到空间观。在小学社会课程中历史与地理方法论的整合，就可以从时空观和空间观的有机结合入手。

作为一门新兴学科，品德与社会课程方法论的发展尚需要更多的教学实践和理论研究作为积累，品德与社会课程的每一位研制者、参与者与研究者都将成为该学科课程方法论的构建者。

除了上述完善小学社会课程教材和教法以外，还需要进一步增强学校、家庭、社会对小学社会课程的重视程度，使得这门课程在教学实践中显现出强盛的生命力，确保小学社会课程教学目标的实现和完成。

参考文献

中文文献：

［1］中华人民共和国教育部.义务教育品德与生活课程标准（实验稿）［M］.北京：北京师范大学出版社，2002.

［2］中华人民共和国教育部.义务教育品德与社会课程标准（实验稿）［M］.北京：北京师范大学出版社，2002.

［3］中华人民共和国教育部.义务教育品德与生活课程标准（2011年版）［M］.北京：北京师范大学出版社，2012.

［4］中华人民共和国教育部.义务教育品德与社会课程标准（2011年版）［M］.北京：北京师范大学出版社，2012.

［5］李稚勇，方明生.社会科教育展望［M］.上海：华东师范大学出版社，2001.

［6］沈晓敏.社会课程与教学论［M］.杭州：浙江教育出版社，2003.

［7］高峡.小学社会课研究与实验［M］.北京：北京师范大学出版社，2004.

［8］张茂聪.小学品德与社会课程标准研究与实施［M］.济南：山东教育出版社，2005.

［9］张茂聪.品德与社会教学导论［M］.济南：山东教育出版社,2006.

［10］李稚勇.小学社会课程概论［M］.上海：上海教育出版社，2001.

［11］赵亚夫.学会行动——社会科课程公民教育的理论与实践［M］.北京：高等教育出版社，2004.

［12］教育部基础教育课程教材专家工作委员会.义务教育品德与生活课程标准解读（2011年版）［M］.北京：高等教育出版社，2012.

［13］朱煜，崔恒秀，赵明玉.小学历史·地理·社会课程60年（1949—2009）［M］.长春：吉林出版集团有限公司，2012.

［14］潘洪建，刘华，蔡澄.课程与教学论基础［M］.镇江：江苏大学出版社，2011.

［15］高峡.义务教育品德与社会课程标准（2011年版）解读［M］.北京：高等教育出版社，2012.

［16］朱旭东.新比较教育［M］.北京：高等教育出版社，2008.

［17］张茂聪，林治金.小学品德与社会课程标准研究与实施［M］.济南：山东教育出版社，2005.

［18］［西班牙］加里多著,万秀兰译.比较教育概论［M］.北京：人民教育出版社，2001.

［19］索丰.韩国基础教育［M］.呼和浩特：内蒙古教育出版社，2002.

［20］田以麟.今日韩国教育［M］.广州：广州教育出版社，1996.

［21］龚群.新加坡公民道德教育研究［M］.北京：首都师范大学出版社，2007.

［22］王学风.新加坡基础教育［M］.广州：广东教育出版社出版，2003.

［23］王学风.多元文化社会的学校德育研究：以新加坡为个案［M］.广州：广东人民出版社，2005.

［24］唐鹏，容本镇.新加坡的公民道德建设［M］.北京：民族出版社，2010.

［25］赵中建.印度基础教育［M］.广州：广东教育出版社，2007.

［26］安双宏.印度教育战略研究［M］.杭州：浙江教育出版社，2013.

［27］原芳.英国PSHE课程探析［D］.长春：东北师范大学（硕士），2010.

［28］何平，沈晓敏.社会科课程目标的结构、内容和表述方式探析——基于中美社会课程标准的比较［J］.全球教育展望，2008.9.

［29］范树成.英国的PSHE课程探析［J］.外国教育研究，2012.7.

［30］杨韶刚.英国的PSHE情感教育模式评析［J］.教育科学，2002.

［31］金敏镐.中韩小学社会课程比较研究［D］.北京：中央民族大学

（硕士），2008.5.

[32] 贾鹏飞.中美小学社会课程比较研究［D］.南京：南京师范大学（硕士），2007.5.

[33] 韩雪.90年代美国社会科课程的发展态势［J］.比较教育研究，2001（8）.

[34] 沈晓敏,何平.论社会科课程的一体化——来自美国社会科的启示［J］.全球教育展望，2008（3）.

[35] 李稚勇,任京民.论美国社会科课程标准之修订——兼论美国社会课发展趋势［J］.全球教育展望，2009（1）.

[36] 高峡.美国公民教育课程的设计与内涵——美国社会科课程标准主题探析［J］.全球教育展望，2008（9）.

[37] 杨莉娟.美国社会科课程标准鉴析及其启示［J］.课程·教材·教法，2009（2）.

[38] 孙捷.美国基础教育社会科国家课程标准探微［J］.外国教育研究，2003（11）.

[39] 周仕德.美国基础教育社会科中的多元文化教育及其启示——基于《美国国家社会科课程标准》的分析［J］.外国中小学教育,2010（3）.

[40] 柯森,孙捷.美国基础教育社会科全国性课程标准文本评析［J］.全球教育展望,2004（2）.

[41] 冯妍.加拿大安大略省基础教育新兴改革政策的措施及成效研究［D］.西北师范大学硕士毕业论文，2011.

[42] 尚立新.多元文化背景下的加拿大公民教育［D］.长春：东北师范大学比较教育学系硕士学位论文，2006.

[43] 卢宪青.中加社会科课程标准比较研究——以安大略省社会科课程标准为例［D］.华中师范大学硕士毕业论文，2011.

[44] 高春华.加拿大多元文化教育中的国家认同与族群认同问题研究——以安大略省小学社会科课程为例［D］.北京师范大学硕士毕业论文，

2010.

[45] 韩芳,李维喆.澳大利亚社会科公民教育内涵——以西澳大利亚州《社会与环境科课程框架》为例 [J].外国教育研究,2007 (11).

[46] 韩芳.澳大利亚多元文化主义与公民教育:挑战与应对 [J].外国教育研究，2010 (12).

[47] 吕宏倩.澳大利亚中小学公民教育研究 [D].华中师范大学，2009.

[48] 严书宇.社会科课程研究：反思与重建 [D].华东师范大学，2004.

[49] 赵亚夫.历史与社会课程的内容精选和整合原则 [J].课程·教材·教法，2007 (4).

[50] 许芳.以教师为主体的教材开发——战后日本社会科教材论研究 [D].上海：华东师范大学，2005.

[51] 沈晓敏.从教科书看美日社会科教育的共同特点 [J].全球教育展望，2002 (17).

[52] （日本）松尾正幸著,赵亚夫译.日本小学社会科教育的目的 [J].课程·教材·教法，1999 (2).

[53] 石飋平,张倩苇.战后日本中小学德育课程的改革及其特色 [J].比较教育研究，1995 (5).

[54] 陈晔.日本小学社会科教材分析及对我国《品德与社会》教材设计的启示 [D].长春：东北师范大学，2008.

[55] 朴珍.中韩小学道德教育课程比较研究 [D].无锡：江南大学，2013.

[56] 张梅.中新小学公民与道德教育课程标准比较研究 [D].山东：山东师范大学，2014.

[57] 权五铉.韩国社会科教科书中的国家形象透析 [J].全球教育展望，2010.

[58] 索丰.儒家文化对现代韩国基础教育的影响 [J].外国教育研究，2002.

［59］高婷.中国、新加坡学校德目比较研究［D］.兰州大学，2012.

［60］王学风.21世纪新加坡中小学德育课程、教材与教法改革及启示［J］.课程·教材·教法，2004（11）.

［61］赵映川.新加坡中小学公民教育研究［D］.辽宁师范大学，2012.

［62］卢文洁.新加坡中小学公民与道德教育课程研究与启示［D］.华中师范大学，2012.

［63］程莹.当代印度基础教育阶段科学课程发展研究［D］.广州:华南师范大学，2005：4.

［64］刘媛媛.当代印度基础教育课程改革研究［D］.南京：南京师范大学，2008.

［65］丁兆云、惠巍.印度基础教育的课程设置［J］.课程·教材·教法，1995（11）.

［66］王海林.印度基础教育阶段教学内容变革研究［D］.重庆：西南大学，2011.

［67］姚瑞丽.中印小学信息技术课程内容之比较研究［D］.金华：浙江师范大学，2010.

［68］卡罗琳·德希穆克.印度基础教育信息化［J］.世界教育信息，2013（20）.育出版社，2012.

外文文献：

［1］Judith Ryder, Lesley Campbell. Balancing acts in personal, social and health education：apractical guide for teachers［M］. London and New York：Routledge，2003.

［2］George J.Posner. Analyzing the Curriculum,Third Edition ［M］.The McGraw-Hill Companies, Inc. 2004.

［3］Wayne R E.The Social Studies Curriculum: Purposes, Problem, Possibilities ［M］.New York：State University of New York, 1997.

［4］ E. Wayne Ross. The Social Studies Curriculum: Purposes, Problems, and Possibilities ［M］. New York State University of New York Press, 2001.

［5］ Jack Zevin. Social Studies for the Twenty-First Century ［M］.Mahwah: Lawrence Erlbaum Associates, Inc, 2000.

［6］ Pamela J. Farris. Elementary& Middle School Social Studies: An Interdisciplinary Instructional Approach ［M］. New York: McGraw-Hill, 2001.

［7］ National Council for the Social Studies. Curriculum Standards for Social Studies：Expectations for Excellence ［M］.Maryland：NCSS, 2001.

［8］ Eli Mandel,David Taras.A Passion for Identity ［M］ .London:Methuen Co Ltd,1987.

［9］ Maud Barlow,Heather-Jane Robertson. Class Warfare:The Assault on Canada's Schools ［M］.Toronto:Key Porter, 1994.

［10］ Mutch, C.A. Context, Complexity, and Contestation in Curriculum Construction: Developing Social Studies in the New Zealand Curriculum ［D］ . Griffith University, 2003.

［11］ Kennedy,K.&Print,M..Citizenship for a New Age ［R］ .Keynote Addressed at the Annual Meeting of the National Council for the Social Studies, 1994.

［12］ Shaver,J.p. (ed.) .Building Rationales for Citizenship Education ［R］ . Arlington:National Council for the studies, 1977.

［13］ George J. Posner. Analyzing the Curriculum, Third Edition ［M］ .The McGraw-Hill Companies, Inc. 2004.

［14］ Nucci,L.P., & Narvaez D. Handbook of Moral and Character Education ［M］. Routledge, UK. 2008.

［15］ Beal, C., Bolick, C. M., Martorella, .P. H. Teaching Social Studies in Middle and Secondary Schools (Fifth Edition) ［M］. United States of America: Pearson Education, Inc.2009.

［16］ Levy, M. K. & Kerpelman, J. L. Identity Process and Transformative Pedagogy: Teachers as Agents of Identity Formation, Identity: An International Journal of Theory and Research ［M］. Psychology Press. 2010.

［17］ personal,social and health education（PSHE） ［EB/OL］.http:// webarchive.nationalarchives.gov.uk/20130904095020/https://www.education.gov.uk/ schools/teachingandlearning/curriculum/primary/b00199209/pshe/2011.

［18］ Beverly Falk. Standards–based Educational Reforms: Problems and Possibilities ［J］. Phi. Delta Kappan, 2002.

［19］ Francine Alexander, Charlotte Crabtree. California's new history–social science curriculum promises richness and depth ［J］.Educational Leadership, 1988, （9）.

［20］ John J Patrick. Social Studies Curriculum Reform Reports ［A］.ERIC digest, Bloomington IN: ERIC

［21］ California State Board of Education. History–Social Science Framework for California Public Schools, Kindergarden through Grade Twelve ［M］.Sacramento: California State Department of Education, 2005.

［22］ Kelly, A.V. 'Personal, social and moral education in a democratic society', in Edwards, G. and Kelly,A.V. （eds）Experience and education: Towards an Alternative National Curriculum ［M］. London: Paul Chapman Publishing, pp.161–77.

［23］ Charlotte Crabtree. Improving History in the schools ［J］.Educational Leadership, 1989, （11）: 25–28.

［24］ Michael Whelan. "Why the Study of History Should Be the Core" IN E.Wayne Ross, The social studies curriculum ［M］.State University of New York Press 2001: 54–55.

［25］ National Council for the Social Studies. Curriculum Standards for Social Studies: Expectation for Excellence ［M］.Maryland: NCSS, 2001.

［26］日本文部科学省小学学习指导要领（平成20年8月）［S］.日本: 东京书籍出版社，2009.

［27］日本文部省.小学指导书社会科篇［S］.日本,大阪书籍出版社. 1969，2.

［28］2014 Character and Citizenship Education （Primary） Syllabus ［EB/OL］. http://www.moe.gov.sg/.

［29］Personal, social and health education （PSHE）:end of key stage statements ［EB/OL］.http://webarchive.nationalarchives.gov.uk/20130904095020/ https://www.education.gov.uk/schools/teachingandlearning/curriculum/primary/ b00199209/pshe/statements/2011.11.

［30］Department for Education. Review of the NationalCurriculum in England: Remit ［EB/OL］.http://www.education.gov.uk/schools/teachingandlearning/ curriculum/nationalcurriculu m/b0073043/.

［31］Nation council of educational research and training.Nation curriculum for ele-mentary and secondary education a framework 1988 ［EB/OL］.http://www. ncert.nic.in/oth_anoun/NCESE_1988.pdf,1988-04.

［32］Nation council of educational research and training.National curriculum frame-work 2005 ［EB/OL］.http://www.ncert.nic.in/rightside/links/pdf/framework/ english/nf 2005.pdf, 2005-05-02.

［33］Nation council of educational research and training.National curriculum frame-work for school education ［EB/OL］. http://www.ncert.nic.in/oth_anoun/ NCF_2000_Eng.pdf, 2001-09.

［34］Syllabus for classes at the elementary ［OB/EL］.http://www.ncert.nic. in/rightside/links/syllabus.html.